世界公民叢書

未來的・全人類觀點

最新修訂／傅佩榮哲學經典解讀系列

（增訂新版）

新世紀繼往開來的

思想經典

傅佩榮解讀易經

一全新收錄一 傅琪媗《易經》難解之卦爻辭

傅佩榮解讀易經

　　「學無止境」一語，用在《易經》研究方面最為貼切。過去 20 年，我在推廣《易經》的義理與象數方面，所出版的書已有 8 種。其中，做為基礎教材的，正是這本《解讀易經》。這是出發點，我持續在向歷代以來的易學專家請益，並且每年都有機會為不同背景的同學講述《易經》。我得以累積許多教學相長的心得，因此每隔 10 年修訂再版本書，使它更為完善，也成為無可迴避的責任了。

　　本書是對《易經》文本，包括《易經》與《易傳》，所做的譯解與詮釋。在探討義理方面，我採取儒家立場，強調居安思危與樂天知命，在「德行、能力、智慧」三個層次修練自己。間或參酌史事，以對照某些卦辭與爻辭，由此使義理更為生動活潑而可信。至於某些難解的卦爻辭，如蠱卦卦辭「先甲三日，後甲三日」，巽卦九五爻辭「先庚三日，後庚三日」，革卦卦辭「己日乃孚」及其六二爻辭「己日乃革之」等等，這些需待他日繼續研究。此時，出乎意料之外並使我驚喜異常的事發生了。長期為我修整《易經》錄音課程的女兒琪媗，寫了一篇論文〈易經難解之卦爻辭〉，要我提供意見。她在一年前發表的〈試探傅佩榮教授易經教學之進路〉一文（收入立緒版《人性向善論發微》，為共同作者之一），已經使我驚艷。自修自學而有這種成績，殊屬不易。現在這一篇新作，她參考了大約十家不同說法，分類評估其是非曲直，歸納出合理的結論，使前述蠱卦、巽卦、革卦的文本顯示了清晰的面貌，大有助於今人的理解。她還進一步大量參考商周時期的古史資料與史事派的相關論點，就明夷卦、豐卦、革卦、同人卦來對應商周之際改朝換代的史實，可謂絲絲入扣，讓我一新耳目又頗有所悟，我由此而對史事派之易經解讀有了較為正面的看法。我把琪媗此文列為本書附錄與讀者共享，應該符合中孚卦九二之「我

有好爵，吾與爾靡之」的精神吧。

　　本書解讀《易經》文本，在義理上固然有所闡發，但是在象數的實際操作上則無法多作說明。此時我想到西方心理學家榮格（C. G. Jung，1875-1961）的一篇文章。談到西方學者研究《易經》，自然會想到衛禮賢（Richard Wilhelm，1873－1930）的德文版譯文。德譯版在 1951 年由貝恩斯（C. F. Baynes）譯為英文，並請榮格作序。榮格在序中暢談《易經》占卜何以準確的道理，他提出「共時性原理」，肯定同時發生的事件之間有內在的關聯。而所謂的巧合、機遇或偶然，其實是有意義的。他還親自示範占問兩個問題：一、這本《易經》英譯本出版之後的際遇；二、他為此書寫序之後的處境。

　　針對其一，他占得鼎卦（九二、九三為變爻），之卦為晉卦。他的解法是此書出版之後，在西方世界有如鼎，其內容代表中國古人貢獻世界的精神食糧。而其後續發展有如晉卦，象徵光明出現於大地之上。針對其二，他占得坎卦（六三為變爻），之卦為井卦。他的解法是，雖然自知困難重重，但坎卦卦辭提醒他要有信心，「行有尚」。而且後續發展有如井卦，在修砌內部之後將成為生命之泉，利益眾生。

　　榮格的占卦與解卦，或許仍有討論空間，但他啟發我們依此線索，來認識自己正在進行的工作有何際遇與處境，而結論也符合居安思危與樂天知命這兩點重要的義理。我以榮格所言為例，期許本書修訂新版也能承擔鼎卦的重任，並且與讀者朋友共勉：在艱難有如坎卦的學習過程之後，也將如晉卦一般明出地上，進而像井卦一般潤澤生命。

傅佩榮於 2022 年 4 月 19 日

　　《十三經注疏》是古人智慧的集合，中華文化的寶庫，而《易經》位列其首。這不僅是因為《易經》在時代上最為古老，更是因為它的內容涵蓋了「天道、人道、地道」，亦即要在天地之間讓人類安身立命。其方法則是「設卦觀象」，以符號代表自然界的現象，再藉符號的組合與移動，描繪自然界千變萬化的奧妙情境，由之展示人世間的吉凶禍福與因應之道。

　　目前通行的《易經》讀本，是經由「魏王弼、韓康伯注，唐孔穎達等正義」所傳下來的。孔穎達知道這項注疏工作十分艱鉅，所以特地撰寫《周易正義序》，探討八個題材。首先，「論易之三名」，「易」字有易簡、變易、不易三個意思。其次，「論重卦之人」，伏羲最先畫了八個單卦，並且重疊為六十四卦的人也應該是他。第三，「論三代易名」，夏代有連山，殷代有歸藏，周代有周易。第四，「論卦辭爻辭誰作」，答案是周文王。第五，「論分上下二篇」，上篇自乾坤至坎離，下篇由咸恆到既濟未濟。第六，「論夫子十翼」，孔子是「十翼」的作者。第七，「論傳易之人」，從孔子的學生商瞿，一直傳到王弼。最後，「論誰加經字」，答案是無從查考。

　　由此可知，《易經》是伏羲氏、周文王、孔子這三位古代聖人合作的成果。我們從今天的眼光，對此再作簡單的說明。《易經》包括兩個部分：一是「經」，內容極少，只有六十四卦的卦象，以及卦辭與爻辭；這是伏羲氏與周文王的貢獻所在。二是「傳」，原是為經作注解的，稱為「十翼」（翼為輔助），包括彖（上、下），象（上、下），繫辭（上、下），文言，說卦，序卦，雜卦。彖與象，是依《易經》分上下篇（一卦至三十卦為上篇，三十一卦至六十四卦為下篇）而分上下。文言只論及乾

坤二卦。繫辭提供全面而深入的解說，極富哲理。說卦說明卦象，亦即八個單卦所象徵的實物與處境，擴大了想像的空間。序卦就六十四卦的排列順序加以解釋，想要找出其中道理。雜卦並無次序，試圖找出六十四卦分為三十二組的不同解讀。目前學術界的共識是：「十翼」為孔子及其後學的合作成果。換言之，《易經》已經包含《易傳》在內，成為一本獨立而完整的經典了。它的主體是六十四卦，卦辭爻辭，以及象傳、彖傳。一般在研究《易經》時，大部分的心力都用在這裡。以下稍作說明。

　　《易經》首先肯定萬物的起源、發展、變化、結束，都是陰與陽這二元因素（或力量）所造成的。陰爻（--）與陽爻（—）這簡單的兩畫，合作組成八個單卦，每卦三爻。於是有了乾（☰）與坤（☷），有如父與母。由此再衍生出震（☳）、坎（☵）、艮（☶）三子，以及巽（☴）、離（☲）、兌（☱）三女。八卦分別象徵天與地，以及雷、水、山、風、火、澤。然後八個單卦再兩兩相疊，形成六十四卦，代表六十四種自然現象，以及對應的六十四種人間處境。由於每一卦有六爻，所以人間處境變成了三百八十四種。這些足以使人眼花撩亂，但是我們的真實人生遠非如此簡單就能掌握。於是，《易經》一方面助人因應特定狀況，同時也提醒人「世事無絕對」，我們還是擁有主動抉擇的能力與責任。

　　歷代研究《易經》的學者，主要分為象數派與義理派。兩派各有根據，也各有貢獻，但是卻無法獲得共識，以致每一卦的每一爻都有千奇百怪的詮釋，足以讓人望洋興嘆。《易經》的卦辭與爻辭中，出現許多占驗之辭，顯示卜筮的操作痕跡，而這一部分更是專門的學問，難以深究。

　　事實上，《易經》展開一個無限寬廣與豐富的世界，我們所盼望的只是得其門而入。我在解讀此書時，除了傳統的注疏之外，主要參考了程頤的《易程傳》、朱熹的《易本義》、楊萬里的《誠齋易學》、王船山的《周易內傳》、尚秉和的《周易尚氏學》、朱駿聲的《六十四卦經解》、馬恆君的《周易正宗》等書。受益及掠美之處不及詳說，只願與讀者共享入門之樂。

《易經》的魅力

　　長期以來，我一直盼望擁有一本可以看得懂的《易經》。年過五十以後，想到孔子所說的，「加我數年，五十以學《易》，可以無大過矣」（《論語‧述而》），這種期待就更為殷切了。

　　最初聽到《易經》，是在大學時代。當時的感覺是：大家都在推崇這部寶典，但是又說不清楚是什麼緣故。我的老師方東美先生在年輕時，以〈易之邏輯問題〉一文而受人肯定，他想要解決的是六十四卦的排列順序有何邏輯根據。他後來發揮的，大都是〈繫辭傳〉裡「生生之德」的理念，並且由之推展出一套生命哲學，對於詮釋儒家的思想基調頗有助益。

　　稍後，我聽說西方學術界對《易經》（由傳教士譯為拉丁文）也頗為著迷。譬如，德國哲學家萊布尼茲就由《易經》一陰一陽的啟示，領悟了二元對數（陰為零，陽為一），進而奠下了電腦運作的原理。瑞士心理學家榮格則由《易經》體認了共時性原理，亦即許多現象在同一時段發生，彼此之間可能有神秘的聯繫，而這正是占卜的主要依據。翻開任何一本《易經》版本，都會念到六十四卦三百八十四爻的爻辭，這些爻辭三言兩語，並且下了占驗之辭，簡直就像算命師的鐵口直斷。難怪朱熹會主張「易為卜筮之書」了。

　　《易經》裡面出現的占驗之辭，大約有九個等級，從最好到最壞，依序是，「元吉，大吉，吉，无咎，悔，吝，厲，咎，凶」。其意思是：「最為吉祥，非常吉祥，吉祥，沒有災難，懊悔，困難，危險，災難，凶禍」。當然，這要看一個人處在什麼時位而定。

　　「時」為時間，引申為人生的階段、客觀的情勢、主客之間形成的時

機，以及個人對時機的感受。「位」為空間，引申為個人的地位及處境，以及他與其他人之間的相對關係。人的吉凶禍福，一半是由時與位所決定，有如命中注定的客觀條件；而另外一半，則取決於當事人自己對時與位的認識，以及由此而採取的回應行動。說「易為卜筮之書」，只說對了一半；因為當卦辭爻辭揭示吉凶時，後續還有每一個人修正或改變命運的彈性空間。

更重要的是，六十四卦形成一套完整的人生密碼，其中首尾相應，福禍相倚，甚至吉中有凶，凶中帶吉；在你才陷入懊悔情緒時，隨即出現生機；在你正想額首稱慶時，危險卻已悄悄逼近。然後再總結這一切為：自我意識的覺醒，自我責任之提升，德行修養的必要，以及樂天知命的智慧。人生遭遇雖有一定的步驟與結局，但是苦樂卻是個人的「德行、智慧、能力」所左右的。德行修養是離苦得樂的最佳保證；智慧覺悟使人顯示整體而根本的視野，不為苦樂所困；能力卓越的人立即採取行動，或是改變環境，或是自我調適。《易經》全書再三著墨的，正是期許人們開發這三方面的資源。

我們在日常生活中，早已習慣了《易經》的許多啟示。處於逆境中，會想到「否極泰來」；前無去路，會希望「剝極而復」；看到社會亂象，則要求「革故鼎新」；遇到分配不均，則知道「有損有益」。每一卦都有好有壞，如果尋找六爻皆吉的，大概只有謙卦了。人有真才實學，又能謙卑自處，那麼還需要占卜嗎？「善為易者不占」，真正懂得《易經》道理的人，不會事事去占卜的。占卜的結果若為吉，你還是要腳踏實地活在每一個當下；占卜的結果若為凶，那麼你想盡辦法避開之後，占卜豈非失靈？這是最簡單的「算命悖論」，既然如此，何不增強理性能力，學習《易經》的義理呢？

《易經》是不必也不能一口氣讀完的。它是手邊的必備參考，每天念一兩卦，久之心領神會，境界自然開闊。我一直盼望擁有一本看得懂的《易經》。求人不如求己，現在如願以償，心得公諸同好，正是「我有好爵，吾與爾靡之。」（中孚卦九二爻辭）

怎樣讀《易經》？

　　若想進入《易經》的世界，必須先學習它所特有的術語。《易經》的主體是六十四個卦象，這些卦象都是由八個基本卦所構成的。所謂基本卦，是指八個三爻卦，就是我們在先天或後天八卦圖上所見的。

　　為了記住八卦，有一個簡單的口訣：乾三連（☰），坤六斷（☷），震仰盂（☳），艮覆盌（☶），離中虛（☲），坎中滿（☵），兌上缺（☱），巽下斷（☴）。會背就會畫，然後兩兩相重就可以畫出六十四卦了。

　　接著，必須稍費心思，依序背誦六十四卦。朱熹特地編寫了《周易卦序歌》，其文如後：

「乾坤屯（ㄓㄨㄣ）蒙需訟師，比（ㄅㄧˋ）小畜兮履泰否（ㄆㄧˇ）；
同人大有謙豫隨，蠱臨觀兮噬（ㄕˋ）嗑（ㄏㄜˊ）賁（ㄅㄧˋ）；
剝復无妄大畜頤，大過坎離三十備。
咸恆遯兮及大壯，晉與明夷家人睽；
蹇（ㄐㄧㄢˇ）解損益夬（ㄍㄨㄞˋ）姤（ㄍㄡˋ）萃，升困井革鼎震繼；
艮（ㄍㄣˋ）漸歸妹豐旅巽（ㄒㄩㄣˋ），兌（ㄉㄨㄟˋ）渙節兮中孚至；
小過既濟兼未濟，是為下經三十四。」

　　念書與做事一樣，都是熟能生巧。背完卦名次序歌之後，還有更難的一步，就是要能畫出這些卦象。每一個卦都是由兩個基本卦組成的。而基本卦的原始象徵是自然界。譬如，乾為天，坤為地，震為雷，艮為山，離

為火，坎為水，兌為澤，巽為風。

在畫卦的時候，一定要養成由下往上畫的習慣。但是人的眼睛與記憶是由上往下的，所以口中念的是上下組合，手中畫的是由下而上。譬如，屯卦是「水雷屯」（䷂），蒙卦是「山水蒙」（䷃），依此類推。

以上是入門知識。最難的挑戰來了，就是：怎樣讀懂卦辭與爻辭？《易傳》在此發揮其作用。〈彖傳〉是說明卦辭的；〈象傳〉則說明卦象與爻辭。一般把說明卦象的稱為〈大象傳〉，把說明爻辭的稱為〈小象傳〉。問題是這些說明過於扼要，未必能讓人明白其中道理。歷代學者研究《易經》，可謂費盡心思，形成兩派六宗，就是：象數派有占卜、禨祥、圖書三宗；義理派有老莊、儒理、史事三宗。

不管何派何宗，目的都是要讀懂卦辭與爻辭。我的立場是結合占卜與儒理，因此研習方法是「先有答案再找理由」。卦辭與爻辭即是答案，它為什麼這麼寫呢？要設法找出這麼寫的理由。

譬如，乾卦初九的爻辭是「潛龍勿用」，這是什麼意思？首先，乾卦六爻有四爻提到「龍」，這是因為古人認為龍是充滿活力，在水中、地上、天空都可以自由行動的生物，只有它最能代表乾卦六個陽爻所顯示的無限生機。其次，為何說初九是潛龍？因為六爻可以配合天地人三才：初與二為地，三與四為人，五與上為天。初與二為地，初是地的底下一爻，由此轉成地面之下，地面之下為水，所以說潛龍。至於「勿用」，則是占驗之詞，表示這時不能有所作為，因為位置太低，往上又有五個陽爻擋著，不妨稍安勿躁，好好修養自己，以備未來之用。

判斷一爻的好壞，可以考慮許多因素，譬如：是否當位（陽爻在初、三、五；陰爻在二、四、上）；是否陰陽正應（初與四，二與五，三與上）；是否居中（二、五）；是否陰陽相比鄰；陰爻是否乘剛（在擔任一卦主爻的陽爻上），陽爻是否有陰爻承順；上下二卦的整體關係；中間四爻構成兩個互卦（二、三、四；三、四、五）的關係；卦變（本卦由何卦變來）；爻變（本爻由陰變陽，或由陽變陰）等等。然後，爻辭所描寫的具體內容，主要來自八個基本卦的象徵，而這些象徵之複雜多樣與廣泛聯想，不免讓人望洋興嘆。

我曾歸納自己學易的三點心得：不學一定不會；學了不一定會；學會終身受用。正因為十分困難，所以特別值得去學。義理與象數並進，人生因而更充實也更有趣。

乾：元亨利貞。

〈象〉曰：天行健，君子以自強不息。

上九：亢龍有悔。
〈象〉曰：亢龍有悔，盈不可久也。

九五：飛龍在天，利見大人。
〈象〉曰：飛龍在天，大人造也。

九四：或躍在淵，无咎。
〈象〉曰：或躍在淵，進无咎也。

九三：君子終日乾乾，夕惕若；厲，无咎。
〈象〉曰：終日乾乾，反復道也。

九二：見龍在田，利見大人。
〈象〉曰：見龍在田，德施普也。

| 用九：見群龍无首，吉。 |
| 〈象〉曰：用九，天德不可為首也。 |

初九：潛龍勿用。
〈象〉曰：潛龍勿用，陽在下也。

☰ 乾（ㄑㄧㄢˊ）。元亨利貞。

〈白話〉

乾卦。創始、通達、合宜、正固。

〈解讀〉

① 《易經》有六十四卦，每一卦都是先畫出卦圖，再標出卦名。卦圖由六爻組成，爻有陰（--）與陽（—）之分。所謂六爻，其實是由兩個單卦（各有三爻）所合成。本卦稱為「乾卦」（下乾上乾），六爻皆陽，陽有剛健之意，象徵原始的生命力，充滿動態的能量。

② 乾卦在六十四卦中，是八純卦之一。所謂純卦，是指上下皆為同一個單卦所組成者。依序出現的有：乾卦（☰，第一卦），坤卦（☷，第二卦），習坎卦（☵，第二十九卦），離卦（☲，第三十卦），震卦（☳，第五十一卦），艮卦（☶，第五十二卦），巽卦（☴，第五十七卦），兌卦（☱，第五十八卦）。

③ 《易經》有〈序卦傳〉，說明六十四卦的排列順序，可供我們理解各卦之參考。譬如，〈序卦〉開頭就說：「有天地，然後萬物生焉。」意思是以乾卦為天，並以坤卦為地。有天地才能化生萬物。乾代表陽剛勁健的主動力，坤則是承受力，兩者相摩相盪而變化生出萬物。

④ 「元亨利貞」是本卦的「卦辭」，附在卦名之後，是對本卦所作的占驗判斷。「元」，原也，萬物由此創始；「亨」，通也，萬物有其共同來源，並且形成一個整體，所以彼此之間通順暢達；「利」，宜也，萬物變遷運行，對一切都有利而和諧；「貞」，正也，由此所展現的萬物，可以堅持自身的途徑，進而恆久不息。

初九。潛龍勿用。

〈白話〉

初九。龍潛伏著，不要有所作為。

〈解讀〉

① 初九：「初」指六爻由下而上的序位，依序是：初、二、三、四、五、上。「九」指陽爻，而「六」指陰爻。陽為奇數，又以動為主，所以取奇數（一、三、五、七、九）之終，表示動之極。陰為偶數，且以靜為主，所以取偶數（二、四、六、八、十）之中，表示靜之極。另一說法，則以揲蓍成卦時，得「六、七、八、九」四個數字，其中九為老陽（九大於七，七為少陽），六為老陰（陰數如負數，所以，八為少陰）。《易經》用老不用少，故稱九為陽爻，而六為陰爻。

② 「潛龍勿用」是本爻的「爻辭」，以下各爻皆有爻辭。「龍」是古代傳說中的神奇生物，充滿剛健的活力與變化的勢能，可以「乘風雲而上天」。爻辭多就本爻所處之「位」，作一客觀的描述，此為筮辭；再論斷其出處進退以及吉凶禍福，此為占驗之辭。以位而言，初、二是「地」；三、四是「人」；五、上是「天」。初九位於地之下，猶如在深淵之中，所以稱為潛龍，此時不宜有所作為。正如人在年輕時，要努力進德修業，培養實力。

九二。見（ㄒㄧㄢˋ）龍在田，利見（ㄐㄧㄢˋ）大人。

〈白話〉
九二。龍出現在地上，適宜見到大人。

〈解讀〉
① 九二：九為陽爻，二為由下而上的第二位。二、三、四、五爻，皆先稱九（或者，陰爻則稱六）。二為「地」之上，表示龍已經嶄露頭角，才華受到注意了。這時見到大人是有利的，可以獲得進一步的栽培與磨練。
② 大人：德行完備的人，在此可以指稱聖君（與九二對應的九五，為天子）。譬如，舜在耕田、捕魚時，他的卓越表現開始受到堯的賞識，那麼舜就是利見大人。通常，「大人」是指有位者，「君子」則是無位者。

九三。君子終日乾乾，夕惕（ㄊㄧˋ）若；厲，无（ㄨˊ）咎。

〈白話〉
九三。君子整天勤奮不休，晚上還戒惕謹慎；有危險，但沒有災難。

〈解讀〉

① 君子：九三是陽爻，亦即剛爻（陰爻則稱柔爻）。在《易經》的用例中，剛爻為君子，柔爻為小人。三、四是「人」位，所以九三談到君子的表現。九三位居下卦（或內卦）之上位，本身在一個小的乾卦中，上面是另一個小的乾卦，所以說「乾乾」。「終日」與「夕」都是因為乾為晝，而九三完成了小的乾卦。九三位居上下二卦之間，無法確知下一步的發展，唯有本著乾卦的精神，日夜精進。

② 「乾乾」是健行不息，「若」是語辭，有「如此」之意。「厲」與「无咎」都是占驗之辭，所論為吉凶禍福。

九四。或躍在淵，无咎。

〈白話〉

九四。或往上躍升，或留在深淵，沒有災難。

〈解讀〉

① 九四之位，上不在天（五、上），下不在田（初、二），中呢？它才由下卦移到上卦之初位，進入新的位置，有猶疑不定的情況，所以又可稱之為「中不在人」。

② 「或躍在淵」的「或」是疑辭，「躍」與「在淵」是兩種不同的選擇，表示可上可下，要看時機與條件是否配合。九四已至上卦，為何用「淵」字？因為上卦與下卦對應的位置會互相影響。初九在水中，為「潛」。九四若不躍升，就會自覺委屈，有如「在淵」。保持此一機動狀態，就不會有災難了。在《易經》中，「或」字多用於三爻與四爻。

九五。飛龍在天，利見大人。

〈白話〉

九五。龍飛翔在天空，適宜見到大人。

〈解讀〉

① 九五：九五進入「天」位，又居上卦之「中」，並且陽爻居剛位（初、三、五為剛位，二、四、上為柔位），稱為「當位」。這是既中且正的位置。

② 龍飛上天，可以行雲布雨，大顯身手。這時所見的大人可能有二義：一是天子，二是賢臣，要看此龍本身所居之位而定。事實上，這時「龍」所象徵的人，自己也是德行完備的大人了，可以呼召同伴共同發揮才幹，造福天下百姓。北宋程頤（1033-1107）在《易程傳》中說：「聖人既得天位，則利見在下大德之人，與共成天下之事。天下固利見夫大德之君也。」由此可知，「大人」可以指君，也可以指臣。

上九。亢（ㄎㄤˋ）龍有悔。

〈白話〉

上九。龍飛得太高，已經有所懊悔。

〈解讀〉

① 上九：每一卦的最上一爻都稱「上」（上九或上六）。

② 亢龍相對於初九的潛龍，達到另一極端。在物極必反的原則下，必須周而復始。亢龍前無去路，高處不勝寒，所以有悔。

用九。見（ㄒㄧㄢˋ）群龍无首，吉。

〈白話〉

用在乾卦整體，顯示六個陽爻無首無尾，吉祥。

〈解讀〉

① 用九：六十四卦中，只有乾卦另加「用九」，坤卦另加「用六」。這二卦為六爻皆同的純陽卦與純陰卦，所以可以適用（或貫通）於全卦各爻。

② 群龍無首，亦即六爻各龍順時而變、隨位而成。由於看出六爻為一個整體，沒有首尾、本末、先後、上下之分，所以結果是吉祥的。萬物的變化「始卒若環」（開始與結束像是一個連環），無法分辨先後，因而可以一往平等；人面對生命的歷程，若能體認變化的微妙，在適當的時候做合宜的事，「順受其正」（順著情理去接受它正當的部分），自然心安理得。

象（ㄊㄨㄢˋ）曰：大哉乾元，萬物資始，乃統天。雲行雨施，品物流形；大明終始，六位時成；時乘六龍以御天。乾道變化，各正性命；保合太和，乃利貞。首出庶物，萬國咸寧。

〈白話〉

〈象傳〉說：偉大啊！乾卦所象徵的元氣，萬物藉它而開始存在，它也由此主導了天體。雲四處飄行，雨降落下來，各類物種在流動中成其形體；太陽的光明終而復始地出現，爻的六個位置也按照時序形成了；然後依循時序乘著六條龍去駕馭天體的運行。乾卦的原理是引發變化，讓萬物各自安頓本性與命運；萬物保存聚合並處於最和諧的狀態，就達到合宜而正固了。乾卦為首，創生出萬物，普世都可以獲得安寧。

〈解讀〉

① 彖：彖是〈彖傳〉，用來解釋卦辭，說明一卦之卦名、卦象、卦義。最初，卦辭亦稱彖辭，「彖」字音近「斷」，意指裁斷一卦的吉凶。後來，為了標誌出卦辭，就專以「彖」代表〈彖傳〉，屬於易傳（十翼）之一。一般認為〈十翼〉是孔子及其後學的貢獻。

② 本段所言，是為了解釋卦辭「元、亨、利、貞」，因此全文第一句說的是「元」，第二句說「亨」，第三句合說「利、貞」。最後一句則讚嘆其偉大的效應，使自然界與人世間都平靜安寧。

③ 「乾元」是指原始的能量（元氣），由此創生出萬物。萬物處於變化之中，有開始也有結束，並且一直生生滅滅，因此需要一個總源頭。《易經》就以乾卦為其象徵符號，並且以龍的形象來展現其充滿活力又變化無已的特性。行天者莫若龍，行地者莫若馬。

④ 文中兩次提及的「天」（「統天」，「御天」），在此意指天體（日、月、星辰，以及風雲變化等），是人在仰觀時所見的至大之象。「天」概念在古代有多重意義，在此所謂的「天體」（或「天象」）是指自然之天，與它相對的是大地，以及天地之間的萬物。自然之天的運行規律稱為「天道」，但是一說「天道」又有二義：一是整個自然界（包括天地與萬物）的規則，二是針對人世間的善惡所作的規範及其報應。這些概念將在本書相關部分予以說明。

⑤ 「六位」：依〈說卦〉所云：「分陰分陽，迭用柔剛，故《易》六位而成章。」六位是指六個爻的位置，各依其時而成立。而所謂的「時」，則來自於對「大明終始」的觀察。接著所說的「六龍」，則是指爻辭中以「龍」來象徵六個階段的表現。「御天」的主詞仍是乾元，但是人可以效法這樣的作為，依時而進。

⑥ 乾道一直在「變化」之中，而其效應是要讓萬物各自「正」其性命，亦即在變之中有不變，並且使整體達到「太和」狀態。如此即是利與貞。

⑦ 「首出庶物」的「首」，應指乾卦而言。程頤說：「乾道首出庶物而萬彙亨，君道尊臨天位而四海從，王者體天之道，則萬國咸寧也。」他以乾道與君道對比，可知首是指乾卦，而不是「首先」之意。

象曰：天行健，君子以自強不息。

〈白話〉

〈象傳〉說：天體的運行剛健不已，君子因而要求自己不斷奮發上進。

〈解讀〉

① 象：象是〈象傳〉，又可再分為二：「大象」解釋卦象，附在〈彖傳〉之後，「小象」解釋爻象，附在各爻爻辭之後。但是在《易經》中兩者都用「象曰」來表示。在乾卦中，大象與小象並未分列。自坤卦起，小象附在各爻的爻辭之後。

② 大象所言，一般都是從上下兩個單卦（亦即基本的八卦，各有三爻）的組合上，分析卦象所顯示的意義，然後再推述人在德行修養上應該如何取法。譬如，乾卦上下皆是乾；乾為天，為健，因此要說天體的運行剛健不已；然後，君子是指立志發揮人性潛能，成就完美人格者；他在取法此卦時，所要做的是自強不息。關於「自強不息」指修養德行，請參看本卦〈文言傳〉的最後一段。

潛龍勿用，陽在下也。見龍在田，德施普也。終日乾乾，反復道也。或躍在淵，進无咎也。飛龍在天，大人造也。亢龍有悔，盈不可久也。用九，天德不可為首也。

〈白話〉

初九爻辭「龍潛伏著，不要有所作為」，是因為這個陽爻在全卦的底部。九二爻辭「龍出現在地上，適宜見到大人」，是肯定德行可以普遍施展開來。九三爻辭「整天勤奮不休」，是說要在君子之道上反覆修練。九四爻辭「或往上躍升，或留在深淵」，是因為向上進取沒有災難。九五爻辭「龍飛翔在天空」，是肯定大人處於興旺的時候。上九爻辭「龍飛得太高，已經有所懊悔」，是說滿盈的狀態無法長久維持。用在乾卦整體，發現天體的運行無始無終，循環不已，因此不可認定自己居先。

〈解讀〉

① 本文是乾卦的小象部分，共七句話，分別對應六爻的爻辭與「用九」。

② 九三的「反復道也」，是因為它處於下卦之上位，為下卦之終，同時面臨新階段的開始，形成極大的挑戰。九五的「大人造也」，「造」為聚，是說德行完備的人得君行道，群賢畢至，可以大有作為了。

③ 「天德不可為首」：乾卦雖為六十四卦之首，以其無限元氣創生萬物，但是由於萬物變化不已，形成一個整體，所以不可認定乾卦居於一個固定不移的「首」位。換言之，在乾卦六爻中，可以說「群龍無首」，而在全部六十四卦中，乾卦也「不可為首」，如此可以讓其他各卦依次展現，輪流為首。

文言曰：元者，善之長也；亨者，嘉之會也；利者，義之和也；貞者，事之幹也。君子體仁，足以長人；嘉會，足以合禮；利物，足以和義；貞固，足以幹事。君子行此四德者，故曰：乾，元亨利貞。

〈白話〉

〈文言傳〉說：創始，是一切善行的首位；通達，是美好事物的會合；適宜，是正當作為的協調；正固，是具體行事的骨幹。君子實踐仁德，足以擔任領袖；會合美好事物，足以符合禮制；維持一切適宜，足以協調義行；守正並且堅持，足以辦成事業。君子就是要做到這四種德行的人，所以說：乾卦代表了創始、通達、適宜、正固。

〈解讀〉

① 文言：是對乾坤二卦之經文（文）加以解說（言）。亦即，只有乾坤二卦有〈文言傳〉。此二卦代表天地，為一切變化之始，最為重要，所以特別加以說明。本段總述卦辭，以下接著分述六爻的爻辭。

② 有創始才有萬物，一切價值由此開端，所以這是眾善之長。萬物彼此

之間通順暢達，所有的會合皆是美好的。凡是有利或適宜於萬物的，皆有其正當性。然後，要完成一事一物，非有正固不可。君子體認「元亨利貞」，可以明白仁、禮、義，並成就事業，無異於找到了人間的康莊大道。

初九曰「潛龍勿用」，何謂也？子曰：「龍德而隱者也。不易乎世，不成乎名，遯世无悶，不見是而无悶。樂則行之，憂則違之，確乎其不可拔，潛龍也。」

〈白話〉

初九的爻辭說，「龍潛伏著，不要有所作為」，這是什麼意思？孔子說：「這是指具有龍的德行而隱遁的人。他不會為了世俗而改變自己，也不會為了名聲而有所作為，避開社會而不覺苦悶，不被別人承認也不覺苦悶。別人樂於接受，他就推行主張；別人有所疑慮，他就自己退避。他的心志是堅定而無法動搖的，這就是潛伏的龍啊。」

〈解讀〉

① 本文以師生問答的方式，進一步說明乾卦各爻對人生的啟發。「子」是指孔子。

② 既有龍德，為何要潛隱？因為位居初爻，時機未至。即使德行已著，但是尚未顯示效應，尚未受到別人的肯定。由此可見，儒家一方面要有堅定的立場，同時也保持深刻的社會關懷。

九二曰「見龍在田，利見大人」，何謂也？子曰：「龍德而正中者也。庸言之信，庸行之謹，閑邪存其誠，善世而不伐，德博而化。《易》曰『見龍在田，利見大人』，君德也。」

〈白話〉

九二爻辭說，「龍出現在地上，適宜見到大人」，這是什麼意思？孔子

說：「這是指具有龍的德行而處於正中位置的人。平常說話都能守信，平常做事都能謹慎，防範邪惡以保持內心的真誠，為善於世而不誇耀，德行廣被而感化世人。《易經》說『龍出現在地上，適宜見到大人』，這是君主的德行啊！」

〈解讀〉

① 九二居下卦三爻之中，所以稱為「正中」。由於位置適當，龍德發揮了作用。其作用依然是從自己開始，要反身而誠，由近及遠，再修己以安人，化民成俗。

② 君德：上述的表現已經是君主的德行，但是並未擁有君主之位。為人臣者，也應有人君之德，矢志為百姓服務。事實上，若是修養到了「君子」的程度，則擔任「君主」亦非難事。

③ 「閑邪存其誠」與下一段的「修辭立其誠」，是理解儒家「真誠」觀點的重要參考。若防範邪惡才可保持真誠，則真誠與邪惡勢不兩立，由此可知人性向善。

九三曰「君子終日乾乾，夕惕若；厲，无咎」，何謂也？子曰：「君子進德修業。忠信，所以進德也；修辭立其誠，所以居業也。知至至之，可與言幾也；知終終之，可與存義也。是故，居上位而不驕，在下位而不憂。故乾乾因其時而惕，雖危无咎矣。」

〈白話〉

九三爻辭說，「君子整天勤奮不休，晚上還戒惕謹慎；有危險，但沒有災難」，這是什麼意思？孔子說：「這是講君子應該增進德行與樹立功業。做到忠誠而信實，由此可以增進德行；修飾言詞以確保其誠意，由此可以累積功業。知道時勢將會如何來到，就設法使它來到，這樣才可以同他談論幾微之理；知道時勢將會如何終止，就坦然讓它終止，這樣才可以同他堅守正當作為。因此，處在上位而不驕傲，處在下位而不憂愁。所以能夠勤奮不休，按所處的時勢來警惕自己，這樣即使有危險也不會有災難啊。」

〈解讀〉

① 九三居下卦之上位，走到終點，但是尚未進入上卦，因此面臨了考驗。就下卦而言，它處於上位，就全卦而言，它仍在下卦；所以除了進德修業之外，別無良策。這種考驗培養了過人的智慧，否則如何可以與他「言幾」、「存義」。由「修辭立其誠」，可知真誠並非自以為是，而應做到「言為心聲，言行一致」，妥善與人溝通。

② 「幾」是幾微之理，亦即可以洞燭機先，在事情發生前就看出了端倪，然後可以預作準備。「義」是適宜，在此指正當的作為，否則沒有堅守的必要。

③ 「進德修業」一語在下一段重複出現。進德在於自己努力，修業的業是指功業，要對人群有所貢獻。這代表了儒家「修己安人」的立場。

九四曰「或躍在淵，无咎」，何謂也？子曰：「上下无常，非為邪也。進退无恆，非離群也。君子進德修業，欲及時也，故无咎。」

〈白話〉

九四爻辭說，「或往上躍升，或留在深淵，沒有災難」，這是什麼意思？孔子說：「上去或下來沒有一定，但不是出於邪惡的動機；前進或後退也沒有一定，但不會離開自己的同類。君子增進德行與樹立功業，都想要把握時機，所以沒有災難。」

〈解讀〉

① 九四開始進入上卦，又以剛爻（陽爻）居於柔位（二、四為柔位），顯得不夠安穩，所以用「或」這個疑辭。由於配合時位而無常、無恆，反而是正確的表現，所以沒有災難。

② 「君子進德修業，欲及時也」，表示不論是在出處進退的任何狀況下，都必須努力進德修業。這才是「无咎」的真正原因。這是「下學而上達」的關鍵階段，所謂「君子行法以俟命」也。

九五曰「飛龍在天，利見大人」，何謂也？子曰：「同聲相應，同氣相求；水流濕，火就燥；雲從龍，風從虎；聖人作而萬物睹。本乎天者親上，本乎地者親下，則各從其類也。」

〈白話〉

九五爻辭說，「龍飛翔在天空，適宜見到大人」，這是什麼意思？孔子說：「聲調相同就會互相呼應，氣息相同就會彼此吸引；水會流向潮濕的地方，火會燒向乾燥的區域。雲隨著龍而浮現，風跟著虎而飄動；聖人興起，引來萬物矚目。以天為本的事物會親近在上的天，以地為本的事物會親近在下的地，萬物都是各自隨從它自己的群類。」

〈解讀〉

① 九五之位既中（在上卦之中）且正（陽爻居剛位），所以充分彰顯了乾卦龍德的精采。本文所述為變化中之各安其位，秩序井然。這一切的關鍵在於「聖人作」；而「萬物睹」的「物」包含人在內，表示自然界與人世間都獲得了安頓。

② 「雲從龍，風從虎」：唐朝孔穎達（574-648 年）說：「龍是水畜，雲是水氣，故龍吟則景雲出，是雲從龍也。虎是威猛之獸，風是震動之氣，此亦是同類相感，故虎嘯則谷風生，是風從虎也。」這一段所說的是感應；只有聖人在位，萬物才會依其感應而真正安定。

③ 「本乎天者」，是指日、月、星辰等；「本乎地者」，則是草木、鳥獸、蟲魚等。

上九曰「亢龍有悔」，何謂也？子曰：「貴而无位，高而无民，賢人在下位而无輔，是以動而有悔也。」

〈白話〉

上九爻辭說，「龍飛得太高，已經有所懊悔」，這是什麼意思？孔子說：「地位尊貴卻沒有職位，高高在上卻失去百姓，賢人居下位而無法前來輔

佐，所以他一行動就會有所懊悔。」

〈解讀〉

① 上九位居上卦之終，為全卦之最高位，但是已非九五之中位，所以雖然高貴，卻無民無位，亦得不到賢人輔助。此時不必有所作為，否則將會懊悔。

② 乾卦各爻形成一個對比：初九與上九是「潛龍勿用」與「亢龍有悔」，都不宜行動。九二與九五都強調「利見大人」，因為兩者皆居中位；九三與九四在〈文言傳〉中都提及「進德修業」，表示自強不息之意。此六爻形成一個整體，始卒若環，首尾相應。《易經》所標舉的變化之意，在此得一最佳示範。

潛龍勿用，下也。見龍在田，時舍也。終日乾乾，行事也。或躍在淵，自試也。飛龍在天，上治也。亢龍有悔，窮之災也。乾元用九，天下治也。

〈白話〉

（初九）龍潛伏著，不要有所作為；這是因為處於卑下的位置。（九二）龍出現在地上；這是因為順著時勢而一步步前進。（九三）整天勤奮不休；這是因為正要進行該做的事。（九四）或往上躍升，或留在深淵；這是因為要檢驗自己的能力。（九五）龍飛翔在天空；這是因為處於上位，可以治理百姓。（上九）龍飛得太高，已經有所懊悔；這是因為走到窮困時會有災難。（用九）乾卦的元氣施展在全卦中；這是因為天下都治理好了。

〈解讀〉

① 本段依各爻爻辭，說明人的行動應如何配合時與位。

② 「時舍」是指因時而舍。「舍」是古代行軍或旅行時，到了一站住下來。九二的「時」是「地」的上位，並且處於下卦之中位，所以有較佳的機會。

③「乾元用九」，因為全卦皆為陽爻，可以上下貫通，無首無尾，形成一個不斷流變的過程，亦即「窮則變，變則通，通則久」。這與「天下治也」是互為表裡的。

潛龍勿用，陽氣潛藏。見龍在田，天下文明。終日乾乾，與時偕行。或躍在淵，乾道乃革。飛龍在天，乃位乎天德。亢龍有悔，與時偕極。乾元用九，乃見天則。

〈白話〉

（初九）龍潛伏者，不要有所作為；這是由於陽氣處在潛伏隱藏的時期。（九二）龍出現在地上；這是由於天下萬物紛紜有序並且顯現光明。（九三）整天勤奮不休；這是由於隨著時勢一起前進。（九四）或往上躍升，或留在深淵；這是由於乾卦進展的變革已經來到。（九五）龍飛翔在天空；這是由於上達天位，可以展現天的功能。（上九）龍飛得太高，已經有所懊悔；這是由於隨著時勢走到窮困的地步。（用九）乾卦的元氣施展在全卦中；這是由於顯現了天的規律。

〈解讀〉

① 本段依各爻爻辭，說明其相關的現象是怎麼回事。

② 「陽氣」是指陽剛的生命活力，亦即乾卦的元氣；初九代表一切生命處於萌發狀態。九二，陽氣升到地面，萬物顯示了文采與光明。九三順著時勢抵達下卦的終點。九四的「乾道」，是指陽氣所形成的乾卦已經有其進展路線，而由下卦走到上卦了。九五的「天德」，是指天位而言，因為從陽氣發展為乾道，接著所體現出來的莫過於「天」。天德是就天的功能而言，亦即九五已是天子之位，應該治理百姓。最後用九所說的「天則」，是指天的規律，亦即真正的統治是讓乾元的變化自然運作，顯示「群龍無首」的和諧境界。

③ 本段文字所形成的對比，與前段有所不同。初九與九四，是陽氣潛藏與乾道乃革；九二與九五，是天下文明與乃位乎天德；九三與上九，

是與時偕行和與時偕極。這三組對照，在《易經》中是常見的，亦即有相應的關係，就是上下二單卦各就其相同位置而呼應。

乾元者，始而亨者也。利貞者，性情也。乾始能以美利利天下，不言所利，大矣哉！大哉乾乎！剛健中正，純粹精也。六爻發揮，旁通情也。時乘六龍，以御天也。雲行雨施，天下平也。

〈白話〉

乾卦所象徵的元氣，是萬物得以創始並且通順暢達的基礎。至於適宜與正固，則是就萬物的本性與實情來說的。乾卦的創始作用能夠以美妙與適宜來造福天下萬物，但是它並不指明自己對什麼有利，這實在太偉大了！偉大啊，乾卦！剛強勁健而居中守正，本身是純粹不雜的精氣。六爻按時位進展運作，向外貫通了萬物的實情。依循時序乘著六條龍，是要駕馭天體的運行。雲四處飄行，雨降落下來，是要使天下獲得太平。

〈解讀〉

① 本段是就前面的〈彖傳〉再作說明。

② 首先解釋「元亨利貞」：「元」是始，「亨」是通，「利貞」則是指萬物「各正性命，保合太和」，亦即萬物要保持天賦的「性情」（本性與實情）。

③ 乾之「大」在於「不言所利」，就是不限定它對何物有利，也即是對萬物皆有利，但是毫不居功。

④ 乾的元氣是純粹精氣，因為六爻皆陽，「其性剛強，其行勁健」；占有二位與五位，是為居中守正。六爻發揮，描寫萬物變化的狀況，形成一個周流不虛的整體。「旁通」一詞值得留意，因為隨著任何一個陽爻或陰爻的變化，六十四卦之間皆有相通的可能。雲行雨施，則萬物皆蒙其利，而天下平也。

君子以成德為行，日可見之行也。潛之為言也，隱而未見，行而未成，是以君子弗用也。君子學以聚之，問以辨之，寬以居之，仁以行之。易曰：「見龍在田，利見大人。」君德也。九三重剛而不中，上不在天，下不在田，故乾乾，因其時而惕，雖危无咎矣。九四重剛而不中，上不在天，下不在田，中不在人，故或之。或之者，疑之也，故无咎。夫大人者，與天地合其德，與日月合其明，與四時合其序，與鬼神合其吉凶。先天而天弗違，後天而奉天時。天且弗違，而況於人乎？況於鬼神乎？亢之為言也，知進而不知退，知存而不知亡，知得而不知喪。其唯聖人乎？知進退存亡，而不失其正者，其唯聖人乎？

〈白話〉

君子以成就道德做為行動的目標，要體現在日常可見的行為中。（初九）所謂的潛伏，是說隱藏而尚未顯露能力，行動而尚未成就道德，因此君子不會有所作為。（九二）君子努力學習以累積知識，向人請教以辨別是非，以寬容態度處世，以仁愛之心做事。《易經》說：「龍出現在地上，適宜見到大人。」因為他具備了君主所應有的德行。九三上下皆為剛爻，又未居中位（二、五），往上沒有達到天位，向下又已離開了地位，所以要勤奮不休，按所處的時勢來警惕自己，這樣即使有危險也不會有災難啊。九四上下皆為剛爻，又未居中位，往上沒有達到天位，向下已經脫離地位，中間又失去了人的合適位置，所以用「或」字來描寫它。所謂「或」，是疑而未決的意思，所以沒有災難。（九五）至於大人，他的道德與天地的功能相合，他的智慧與日月的光明相合，他的行事作風與四時的秩序相合，他的賞善罰惡與鬼神的吉凶報應相合。他的行動先於天的法則，天的法則不會違逆他；他的行動後於天的法則，他就會順應天的法則所界定的時勢。天的法則尚且不會違逆他，那麼何況是人類呢？何況是鬼神呢？（上九）所謂的「亢」，是說只知前進而不知後退，只知生存而不知死亡，只知獲得而不知喪失。只有聖人吧？能知進退存亡的道理而不致偏離正途的，大概只有聖人做得到吧？

〈解讀〉

① 本段是對〈象傳〉（包括大象與小象）所作的說明。首先談的就是自強不息，「以成德為行」。以下接著分述六爻。

② 九二的「君德」，意指處於下卦中位，君主之德已具，但是畢竟未到九五可以大顯身手的階段。

③ 九四比起九三，多了「中不在人」一語，是指它已完全脫離「地」位，而接近「天」位，這不是人的合宜位置。此時的「或」代表警覺狀態，保持可上可下的彈性，所以「无咎」。

④ 九五的一段描述是常被引用的材料，但意思不夠明確。「與天地合其德」，是指天地有大生廣生之德；在天地是「功能」，在大人則是「道德」。「與日月合其明」，是指大人的智慧不會受到遮蔽，可以洞察一切真相。「與四時合其序」，表示大人的施政合乎時宜。「與鬼神合其吉凶」，所指應是大人對於百姓的善惡所作的裁決與賞罰，符合鬼神的吉凶報應。「先天」與「後天」二詞，表示天的法則在運作上有一定的時機，所以應以「天的法則」來翻譯「天」。至於此一法則所代表的是「主宰之天」或「自然之天」，則仍有討論空間。

坤：元亨，利牝馬之貞。君子有攸往，

先迷，後得主。利西南得朋，東北喪朋。安貞吉。

〈象〉曰：地勢坤，君子以厚德載物。

☷	☷	**上六：龍戰於野，其血玄黃。** 〈象〉曰：龍戰於野，其道窮也。
☷	☷	**六五：黃裳，元吉。** 〈象〉曰：黃裳元吉，文在中也。
☷	☷	**六四：括囊，无咎无譽。** 〈象〉曰：括囊无咎，慎不害也。
☷	☷	**六三：含章可貞。或從王事，无成有終。** 〈象〉曰：含章可貞，以時發也；或從王事，知光大也。
☷	☷	**六二：直方大，不習，无不利。** 〈象〉曰：六二之動，直以方也；不習，无不利，地道光也。
☷	☷	**初六：履霜，堅冰至。** 〈象〉曰：履霜堅冰，陰始凝也。馴致其道，至堅冰也。

用六：利永貞。
〈象〉曰：用六永貞，以大終也。

☷ 坤。元亨，利牝（ㄆㄧㄣˋ）馬之貞。君子有攸（ㄧㄡ）往，先迷，後得主。利西南得朋，東北喪朋。安貞吉。

〈白話〉

坤卦。開始，通達，適宜像母馬那樣的正固。君子有所前往時，領先而走會迷路，隨後而走會找到主人。有利於在西南方得到朋友，並在東北方喪失朋友。安於正固就會吉祥。

〈解讀〉

① 「元」只有在乾卦是指創始，在其他卦則是指開始。不過坤卦的「元」特別是指繼創始之後的最初生成作用。這一點在〈彖傳〉會有所說明。萬物生成之後所形成的整體，自然也是通順暢達的。相對於乾為天，坤是地，是萬物之母。

② 坤卦異於乾卦之處，是「利牝馬之貞」，而不是普遍的利貞。牝馬是母馬，柔順而健行，所以取為象徵。在此，牝馬象徵坤道有如大地，順著天的法則健行不已，又能養育萬物。

③ 君子有攸（所）往時，要參考坤卦的隨順，而不能率先帶頭。隨順在後，則會找到主人，亦即以乾卦為其依歸。《易經》有陽先陰從的觀念。

④ 西南是陰方，坤可以找到同類；東北是陽方，雖然失去同類，但獲得了主人。因此以上二者皆為有利。關於方位，在此可參考〈後天八卦圖〉：西南皆為陰類，東北則屬陽類。

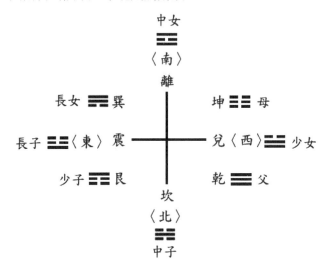

彖曰：至哉坤元，萬物資生，乃順承天。坤厚載物，德合无疆。含弘光大，品物咸亨。牝馬地類，行地无疆，柔順利貞。君子攸行，先迷失道，後順得常。西南得朋，乃與類行；東北喪朋，乃終有慶。安貞之吉，應地无疆。

〈白話〉

〈彖傳〉說：至廣啊！坤卦所象徵的元氣，萬物藉它而得以生成，它也由此順應了天體。坤卦代表的大地以其厚重來承載萬物，功能也回應了無邊無際的需求。它包容寬裕而廣闊遠大，使各類物種都通順暢達。母馬是屬於大地的生物，馳行大地而沒有疆界，性格柔順而適宜正固。君子在前進時，率先行動會迷惑而失去正道，在後隨順就可以獲得恆常法則。在西南方得到朋友，是指伴隨同類前進；在東北方喪失朋友，是指最終會有喜慶。安於正固的吉祥，在於配合大地而沒有疆界。

〈解讀〉

① 從坤卦開始，都是在〈卦辭〉之後，接上〈彖傳〉與〈象傳〉（大象）。然後是分述各爻〈爻辭〉。各爻的〈象傳〉（小象）則直接附於其〈爻辭〉之後。

② 「至哉坤元」：「至」有微妙無比之意，在此譯為至廣，是為了配合地的屬性。「坤元」：乾與坤稱「元」，有如父與母，代表原始的生命力。由此可知，《易經》在以「乾」為首時，並未忽略要靠乾坤並建、陽與陰合作，才可充分說明萬物生成變化之理。乾是「資始」，坤是「資生」。乾是「統天」，坤是「順承天」，各有功能，不可互缺。我們以「天地」為萬物之父母，即出於類似觀點。

③ 坤卦六爻皆陰，所象徵的是無比的承受力與柔順度。這正是與「天」相對應的「地」。像母馬那樣，既能健行又至為柔順，如此恆常堅持，就是牠的「利貞」所在。換言之，這種柔順其實也是一種剛強。君子效法坤卦，隨順而行，但仍可「得常」。

④ 「西南得朋」與「東北喪朋」各有其利。譬如，女子年輕時有眾多同性朋友；後來離開眾友而與男子成親。二者皆利。朱震《漢上易傳》說：「得君者，臣之慶；得親者，子之慶；得夫者，婦之慶。慶者，未有不離其朋類而得者也。」由此可知，乾與坤（陽與陰）的關係是可以應用在多重人際關係上的。一般而言，陽主陰從，陽先陰後。陽為主動者，陰為受動者。坤卦以「安貞」為吉，其故也在此。

象曰：地勢坤，君子以厚德載物。

〈白話〉

〈象傳〉說：大地的形勢順應無比，君子因而厚植自己的道德來承載眾人。

〈解讀〉

① 「大象」是解說全卦的。坤卦由下坤上坤組成。它所代表的是「地」，而其性質則是「順」。

② 相對於乾卦的「自強不息」，坤卦是「厚德載物」。物包括人在內，此處的物是指眾人。乾坤搭配，則過程與目的同時顯現，而君子的人生規畫也十分清楚。

初六。履霜，堅冰至。
象曰：履霜堅冰，陰始凝也。馴致其道，至堅冰也。

〈白話〉

初六。腳下踏著霜，堅冰將會到來。

〈象傳〉說：腳下踏著霜，堅冰將會到來，這是因為霜是陰氣開始凝結的現象。循著此一規律發展下去，就會出現堅冰。

〈解讀〉

① 坤卦第一爻是陰爻，稱為「初六」，位居最下，有如人之「足」，所以用「履」字。霜是稀薄的碎冰，看似微不足道，但是由「見微知著」，可以判斷將有堅冰。霜與冰皆為陰寒之物，初六上面全為陰爻，故有此喻。

② 程頤說：「猶小人始雖甚微，不可使長，長則至於盛也。」《易經》常以陰爻比擬小人，可供參考。

六二。直方大，不習，无不利。
象曰：六二之動，直以方也；不習，无不利，地道光也。

〈白話〉

六二。直接產生，遍及四方，廣大無邊；不必修練，無不有利。
〈象傳〉說：六二這一爻的活動，是直接產生而可以遍及四方；不必修練卻無不有利，是因為大地之道廣大無邊。

〈解讀〉

① 六二居下卦之中位，又是陰爻居柔位，並且二是「地」位，所以它是最足以代表全卦之爻。爻辭無異於對坤卦做為地道的描述。

② 古人認為天的運動是圓環狀，地的運動是直線狀，由此形成「天圓地方」的觀念。在此，依孔穎達所云：「生物不邪，謂之直也；地體安靜，是其方也；無物不載，是其大也。」換言之，「直」是萬物各自依其條件，「直接」產生，只要條件成熟就「自然」出現了。能夠如此，才會使萬物遍及「四方」，由此造成「廣大」無邊的大地現象。「地道光也」的「光」，意為「廣」。

③ 地道是「直方大」，君子在效法時，直代表「真誠」，方代表「方正」，大代表「包容」。對內真誠而對外方正，互為表裡；而根本態度則是包容。「不習」是不必刻意修練或修治，順其自然就可以了。「无不利」之意是「無不有利」（而不只是「沒有不利」），如此文意較順並且符合地道的性質。

六三。含章可貞。或從王事，无成有終。
象曰：含章可貞，以時發也；或從王事，知光大也。

〈白話〉

六三。蘊含文采而可以正固。或者跟隨君王做事，沒有功業卻有好的結局。

〈象傳〉說：蘊含文采而可以正固，是要等待時機再作發揮；或者跟隨君王做事，是因為智慮周延而遠大。

〈解讀〉

① 六三進入「人」位，相較於「天」位而言，它代表了臣道。此外，六三處於下卦之上位，必須待時而動。

② 此時完成了一個小的坤卦，可以含章，但雖有文采（亦即德行可觀），也要正固守之位，等待時機成熟。

③ 「或從王事」的「或」字，代表可能性，這是配合六三的位置而言。如果真有這種機會，也須「无成」，不談功業，要將榮耀歸於君王（六五），如此才會「有終」。處於危疑變動之際，最需要的就是「知光大也」。「光」字通「廣」。顧炎武《日知錄》說：「凡交於大國，朝聘、會盟、征伐之事，謂之王事。其國之事，謂之政事。」

④ 由全卦看來，六三已經形成一個單卦的坤，具有坤的基本德行，但是因為處於下卦，所以合而言之是「含章可貞」。其次，六三尚未形成完整的坤卦（无成），但是下卦已經走到終點（有終）。

六四。括囊，无咎无譽。
象曰：括囊无咎，慎不害也。

〈白話〉

六四。繫起口袋，沒有災難也沒有稱譽。
〈象傳〉說：繫起口袋而沒有災難，是因為謹慎所以沒有禍害。

〈解讀〉

① 六四進入上卦，位近六五之君，處境危疑不安，最好更加收斂。「括囊」是不管才華如何傑出，也須繫起袋口，不要外露，即要謹言慎行。

② 如此，自然可以「无咎」，但是相對的也不會有任何稱譽。如果與乾卦的九三與九四對照，可知處在「三、四」這二爻能做到「无咎」，就應該滿意了。

六五。黃裳，元吉。
象曰：黃裳元吉，文在中也。

〈白話〉

六五。黃色的裙子，最為吉祥。
〈象傳〉說：黃色的裙子，最為吉祥，是因為既有文采又居於中位。

〈解讀〉

① 六五是陰爻居剛位，並且是中位。這時應該怎麼辦？「黃」是中色，依後代的五行之說，認為黃是土的色，並且位居中間（東為木，青色；南為火，紅色；西為金，白色；北為水，黑色；中為土，黃色）。「裳」是下身之衣（古代所謂的「衣裳」，是指上衣下裳），所以譯為「裙子」。六五居中位，所以穿上黃色（中色，又是土地之色）的裳。「裳」是下衣，表示陰之順陽，不敢居上位。因此，俞琰《俞氏易集說》指出：「坤之從乾，猶裳之從衣。六五雖君，其道則臣，故不言黃衣，而言黃裳。」配合大地之色，又是居中的黃色，穿上黃色裙子，可謂完全符合坤卦的角色，因此「元吉」。元吉的美好程度最高，超過了大吉。

② 如果在此沒有採取「黃裳」，則後果不堪設想。這無異於以臣代君，以婦代夫，元吉可能成為大凶。至於「文在中也」，則再度強調有文采而能守中的重要。

上六。龍戰於野，其血玄黃。

象曰：龍戰於野，其道窮也。

〈白話〉

上六。龍在郊野爭戰，牠的血是青黃色的。

〈象傳〉說：龍在郊野爭戰，是因為牠的路已經到了盡頭。

〈解讀〉

① 上六是坤卦完成的一爻，此時六爻皆陰，陰氣盛極，因此自以為是龍。牠與象徵乾卦的龍在郊野（上六居六爻最外，有如在大地的邊遠地區）作戰。

② 「玄」為青，是天色；「黃」是地色。「血」是兩龍俱傷之證，表示陰爻在讓位之前的掙扎，出現交接之際的玄黃混雜階段。

③ 乾卦上九爻辭說「亢」，坤卦上六象傳說「窮」，都在提醒我們上位是個結束，必須改弦更張。只有變化才可能找到新的出路，也才可能讓生命力持續發展。

用六。利永貞。

象曰：用六永貞，以大終也。

〈白話〉

用在坤卦整體。適宜永久正固。

〈象傳〉說：用在坤卦整體可以永久正固，是因為它是大的終局。

〈解讀〉

① 「用六」有如乾卦的「用九」，是《易經》中僅有的兩句附加爻辭。由於坤卦六爻皆陰，就以「用六」說明如何應用於全卦。由於坤卦本性柔順，所以須由「永貞」而有利。

② 乾為始，坤為終。乾創始萬物，坤接納萬物，猶如大地讓一切安頓，

把上天所造的一切都加以完成。要實現此一大的終局，則要靠永貞。

文言曰：坤至柔而動也剛，至靜而德方。後得主而有常，含萬物而化光。坤道其順乎，承天而時行。

〈白話〉

〈文言傳〉說：坤卦最為柔順，但活動時卻是剛健的；最為靜止，但功能遍及四方。它隨後而走才找到主人，但卻有恆常法則；包容萬物，並且化育廣大。坤卦的原理就是順應吧，它順承天體並且按照時序運行。

〈解讀〉

① 〈文言傳〉只論乾坤二卦，無異於揭示純陽與純陰的性質、功能及啟發。對於理解其餘六十二卦的陰陽關係是不可或缺的。

② 《易經》有一套相對觀，就是以陽表示動、剛、圓、開，以陰表示靜、柔、方、合，但是陽與陰並非截然二分，而是彼此相含，有如太極圖中的陰陽魚（陰魚有陽眼，陽魚有陰眼）。以坤卦為例，它是至柔的（順承天體），但活動卻依然剛健（按時序進行而不曾中止）。它是至靜的（宛如沒有任何變動），但功能卻遍及四方。在此，「德方」常被譯為「德行方正」，這是聯想到人的修養功夫，離本段主題稍遠。

③ 最能代表坤卦的是六二，配合六二爻辭的「直方大」，可知本段所指：動也剛是描寫「直」（直接產生），德方是描寫「方」（遍及四方），化光是描寫「大」（廣大無邊）。最後談及「坤道」時，再回歸到〈象傳〉的主旨。本段以下分別述及各爻，則發揮〈象傳〉主旨，其中著重君子所得之啟發。這也是我們不把本段的「德方」譯為「德行方正」的原因之一。

④ 「承天而時行」一語中的「天」，是指天體，或天體的運行法則（此時可稱為「天道」）。在此若使用「天道」一詞，必須強調其自然義，否則「時行」二字失去對應。

積善之家必有餘慶，積不善之家必有餘殃。臣弒其君，子弒其父，非一朝一夕之故，其所由來者漸矣，由辨之不早辨也。《易》曰：「履霜，堅冰至。」蓋言順也。

〈白話〉

（初六）積累善行的人家必定會有多餘的吉慶留給後代，積累惡行的人家必定會有多餘的災禍留給後代。像臣子殺害國君，兒子殺害父親這種大罪，其原因不是一天之內突然發生的，而是長期逐漸累積形成的，只是由於沒有及早辨明罷了。《易經》說：「腳下踏著霜，堅冰將會到來。」說的就是循著趨勢發展的現象。

〈解讀〉

① 從人的性格養成，到社會各種現象，都是逐漸形成的，所以對於惡行要「防微杜漸」。等到出現重大禍害，就來不及了。因此，要留意「趨勢」與「方向」，早作防備。

② 「積善之家」一語，是由上述趨勢觀點來強調「積」的重要，並且以「必有」來下斷語，提醒人們多加注意。不過，所謂的「善、惡」，若以「家」為單位，則每一個人做為行動主體與道德主體的角色，將會顯得模糊。一方面，長期下來，每一「家」的善惡在加加減減之下可能差不太多；另一方面，後代子孫由於「家」而有餘慶餘殃，那麼他個人的角色與責任如何界定呢？結果可能變成：每一個人都須為祖先及子孫負責，卻反而忘記了對自己負責才是人生的重點。

直其正也，方其義也。君子敬以直內，義以方外，敬義立而德不孤。「直方大，不習，无不利」，則不疑其所行也。

〈白話〉

（六二）直接產生，是說它的正確模式；遍及四方，是說它的適當表現。君子以嚴肅態度持守內心的真誠，以正當方式規範言行的表現。做到既嚴

肅又正當，他的德行就不會孤單了。「直接產生，遍及四方，廣大無邊；不必修練，無不有利。」這樣就不會疑惑自己的所作所為了。

〈解讀〉

① 由「直其正也，方其義也」一語，可知是到了〈文言傳〉，才推衍出爻辭的道德意義。由直接（直）與正確（正），推及嚴肅（敬）與內心真誠（直內）；由四方（方）與適當（義），推及正當（義）與規範言行（方外）。而「德不孤」即是「大」的效應。這種效應將會自動出現，所以可以「不疑其所行」。

② 《論語‧里仁》有：子曰，「德不孤，必有鄰。」如果深思此語，可知其前提是人性「向」善，所以有德者「必定」引發人心的支持。《論語‧雍也》也記載孔子的話：「人之生也直，罔之生也幸而免。」在此的「直」是指真誠而正直。可供參考。

陰雖有美含之，以從王事，弗敢成也。地道也，妻道也，臣道也。地道无成，而代有終也。

〈白話〉

（六三）陰性角色雖有美好條件也要隱藏起來，以這種態度跟隨君王做事，不敢成就什麼功業。這是地的法則，妻的法則，臣的法則。地的法則並不成就什麼，只是代替天去完成好的結局。

〈解讀〉

① 古人的陰陽觀念在此說得較為明確。屬於陽性的有「天、夫、君」，陰性則有「地、妻、臣」。這是相對而相成的想法，彼此相需而各有功能。此外，陰陽角色是多重而複雜的。譬如，一男子為臣，則屬陰；為夫，則屬陽。

② 地道的「无成」有三種可能：一，真正沒有成就；二，有成就而不自居；三，不敢有所成就（弗敢成）。在此，還有第四種可能，就是它

的成就是完成天所開始的工作，讓一切順利終結。

天地變化，草木蕃。天地閉，賢人隱。《易》曰：「括囊，无咎无
譽。」蓋言謹也。

〈白話〉

（六四）天地之間變化不已，草木滋長茂盛。天地之間閉塞不通，賢人就
會隱退。《易經》說：「繫起口袋，沒有災難也沒有稱譽。」說的就是要
謹慎啊。

〈解讀〉

① 「天地變化」是指陰陽二氣交感流通，連草木都茂盛，何況是人間？
　 但是遇到「天地閉」，萬物凋零，賢人就應該隱遁，表示要小心謹
　 慎。

② 人的出處進退，要考量時勢。孟子推崇孔子為「聖之時者也」（《孟
　 子‧萬章下》），認為這是最高明的聖人表現。

君子黃中通理，正位居體，美在其中，而暢於四支，發於事業，美
之至也。

〈白話〉

（六五）君子採用屬於中色的黃色，表示他明白道理；坐在正確的位置
上，表示他處世安穩；他內心蘊含的美德，流通在身體的行動中，再展現
於他所經營的事業上，這真是美德的極致啊。

〈解讀〉

① 坤為地，六五為中，而黃色正是屬於地的中色。君子明白道理，穿上
　 黃色的裙子，代表六五居中守正，立身安穩。

② 「美在其中」，是含蓄之德；內在有源頭活水，才會真誠而自動地顯

示於行動中，再擴及他的事業。古人以所經營的為「事」，經營成功的為「業」。「美之至也」一語，表示美德以實踐出來為最理想。

陰疑於陽必戰。為其嫌於无陽也，故稱龍焉。猶未離其類也，故稱血焉。夫玄黃者，天地之雜也。天玄而地黃。

〈白話〉

（上六）陰氣受到陽氣猜疑，必然發生爭戰。由於陰氣猜測沒有陽氣存在，所以也稱它為龍。但是陰氣尚未離開它的類別，亦即陰無法勝過陽，所以用流血來描寫。至於「青黃」，那是天地混雜的顏色。天是青色，地是黃色。

〈解讀〉

① 到了上六，六爻皆陰，陰氣盛極，必然會受到相對的另一元素「陽氣」的猜疑，因而發生爭戰。此時，陰氣以為根本沒有陽氣，所以可以稱之為龍。這是雙龍爭霸的局面。

② 不過，陰氣畢竟仍是陰氣，依其類別就無法勝過陽氣，相鬥的結果只能用「血」來描寫。換言之，極盛的陰氣與蓄勢待發的陽氣，仍只是戰個平手而已。「其血玄黃」一語，表示兩敗俱傷。既然如此，還是放棄獨大的心態，讓陰陽二氣合作來演變後續的六十二卦吧。

屯：元亨利貞，勿用有攸往，利建侯。

〈象〉曰：雲雷屯，君子以經綸。

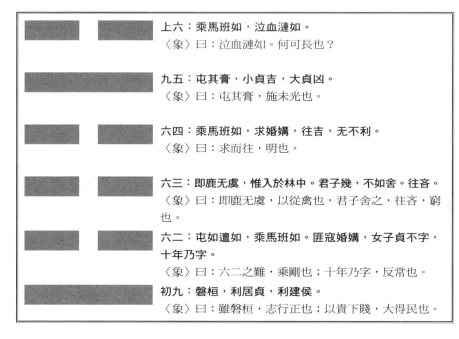

上六：乘馬班如，泣血漣如。
〈象〉曰：泣血漣如。何可長也？

九五：屯其膏，小貞吉，大貞凶。
〈象〉曰：屯其膏，施未光也。

六四：乘馬班如，求婚媾，往吉，无不利。
〈象〉曰：求而往，明也。

六三：即鹿无虞，惟入於林中。君子幾，不如舍。往吝。
〈象〉曰：即鹿无虞，以從禽也，君子舍之，往吝，窮也。

六二：屯如邅如，乘馬班如。匪寇婚媾，女子貞不字，十年乃字。
〈象〉曰：六二之難，乘剛也；十年乃字，反常也。

初九：磐桓，利居貞，利建侯。
〈象〉曰：雖磐桓，志行正也；以貴下賤，大得民也。

䷂ 屯（ㄓㄨㄣ）：元亨利貞，勿用有攸往，利建侯。

〈白話〉

屯卦。開始、通達、適宜、正固。不要有所前往，適宜建立侯王。

〈解讀〉

① 屯卦是下震上坎，亦即「水雷屯」。〈序卦〉說：「盈天地之間者唯萬物，故受之以屯。屯者，盈也，屯者，物之始生也。」

② 「元」在此是指「開始」，而不是乾卦的「創始」，也異於坤卦的「生成」。屯卦象徵萬物開始出生的階段，這種生命力將會使萬物充

滿天地之間，進而通順暢達，並且顯得適宜而正固。「元亨利貞」是卦的四德，這四者只有在乾卦是充分而完美的意義，在其他各卦（如坤卦、屯卦、隨卦、臨卦、无妄卦、革卦）則是「具體而微」，並且各有其限制。譬如，屯卦的「利」是指「建侯」而言。

③ 「勿用有攸往」：此時萬物剛剛出現，一切都在動盪之中，人們沒有必要到處奔走，反而適宜安定下來，建國立侯。

象曰：屯，剛柔始交而難生。動乎險中，大亨貞。雷雨之動滿盈，天造草昧（ㄇㄟ丶），宜建侯而不寧。

〈白話〉

〈象傳〉說：屯卦，陽剛之氣與陰柔之氣開始交流，困難隨之而生。在險阨中活動不已，要使一切通達而正固。打雷下雨遍布各地，上天的造化仍在草創冥昧的階段，適宜建立侯王，並且勤奮努力不休。

〈解讀〉

① 「剛柔始交」，在卦象上是指陽爻與陰爻開始交錯搭配，所指即是二氣交流開始具體產生萬物。這時的困難是指萬物始生之不易。

② 「動乎險中」，來自下震上坎的解說。震為動，居下卦；坎為險，居上卦。下與上，猶如內與外，內為外所包，所以說「動乎險中」。「大亨貞」的「大」有普遍涵蓋之意，所以譯為「要使一切通達而正固」。

③ 「雷雨之動」也是取象。震為雷，有振起之用；坎為水或為雨，有滋潤之用，兩者合作足以引發萬物生生不息。不過，萬物的創始根源仍須歸之於「天」（由乾卦所象徵）。此時對人而言是原始的草昧階段，最好聚集成部落，建國立侯來領導大家，而不能安逸休息。

象曰：雲雷屯，君子以經綸。

〈白話〉

〈象傳〉說：上卦坎為雲雨，下卦震為雷，兩者相合就是屯卦。君子由此領悟，要努力經營籌畫。

〈解讀〉

① 此為「大象」，解釋卦象，依例都是先說明上下卦的組合，再指出它對人們的啟發。坎是水，引申為雨，或為雲。有關「雲雷屯」，可以對照「雷雨解」（解是第四十卦，下坎上震䷧），可知以坎為「雲」時，是說雲在聚集，正如「屯」有屯聚之意，尚未解開，所以君子要「經綸」以化解困難。

② 坎為水，為坎陷；震為足，為行動。行動入於坎陷，則有回旋難進之象，這是解析各爻時可以參考的。有關基本八卦所指涉之豐富而多樣的物象，請參考本書〈說卦傳〉。

初九。磐桓（ㄏㄨㄢˊ），利居貞，利建侯。
象曰：雖磐桓，志行正也；以貴下賤，大得民也。

〈白話〉

初九。徘徊不進，適宜守住正固，適宜建立侯王。

〈象傳〉說：雖然徘徊不進，但是前進的心意是正當的；尊貴而處於卑賤之下，這樣可以得到百姓的廣泛支持。

〈解讀〉

① 屯卦由下震上坎組成。震為行，總要有所作為，而震卦的初九正是發動的力量所在。這也是本爻的「志行」，此志行之「正」，在於陽爻居剛位，並且上有六四與之相應（初與四，二與五，三與上，若為一陰一陽，則屬正應）。至於「磐桓」的緣由，則是上卦坎為險，磐為

大石，桓為大柱，使人無法順利前進。另外，初九為本卦主爻，因為它的爻辭「利建侯」亦見於卦辭中。

② 《易經》以陽爻為貴，陰爻為賤。由全卦看來，初九在三個陰爻之下，是「以貴下賤」，而這三個陰爻又形成一個坤卦的互卦。（六爻之二、三、四、五，可以另行組為不同的單卦，稱為互卦；對於理解某爻之意，常可提供參考。）坤為民，自然擁護謙虛的初九，願意推舉他為侯王。

六二。屯如邅（ㄓㄢ）如，乘馬班如。匪（ㄈㄟ）寇婚媾（ㄍㄡˋ），女子貞不字，十年乃字。
象曰：六二之難，乘剛也；十年乃字，反常也。

〈白話〉

六二。困難重重，徘徊難行，騎上馬也是團團打轉。要是沒有盜賊，就前去結婚了。女子守正而不出嫁，十年才可出嫁。

〈象傳〉說：六二的難局，是因為凌駕於剛爻之上；十年才可出嫁，是因為最後一切回歸正常。

〈解讀〉

① 六二處於困境之中，即使騎上馬（在震卦中，震為善鳴馬）也走不得，原因在於「乘剛」（陰爻居於做為主爻的陽爻之上，這是不吉利的現象）。與六二正應的九五在坎卦中，坎為寇，九五是其所欲婚媾的對象。

② 六二居下卦之中，又是陰爻居柔位，並且上有正應，所以可以「貞」得住。至於「十年乃字」，有二說：一是十為數之終，只要堅持到底，總會回歸正常；二是十為坤之數，而六二在互坤（坤做為坤卦的簡稱）裡，所以如此說。

六三。即鹿无虞，惟入於林中。君子幾（ㄐㄧ），不如舍（ㄕㄜˇ）。往吝。

象曰：即鹿无虞，以從禽也。君子舍之，往吝，窮也。

〈白話〉

六三。追逐野鹿卻沒有獵官帶領，這樣只會困處於山林中。君子察知幾微，不如放棄算了。前往會有困難。

〈象傳〉說：追逐野鹿卻沒有獵官帶領，是因為貪圖禽獸。君子放棄了，是因為前往會有困難，會陷於困境。

〈解讀〉

① 六三在下卦震裡，震為行動；又在互坤裡，坤為地、為田。兩者相合而引申為田獵。不過，六三以陰爻居剛位，又與上六相敵（不應就是敵），所以沒有虞人（古代掌山林的官，擔任打獵時的嚮導）來配合。六三、六四、九五這三爻形成互艮，艮為山，所以說它「惟入於林中」。

② 「禽」：泛指飛禽走獸。「從禽」是貪念在作祟，君子察覺事情不妙，只好放棄了。「吝」是吉凶斷語之一，有困難、屈辱之意。再往下就是「厲」（危險）與咎（災難）了。

六四。乘馬班如，求婚媾，往吉，无不利。

象曰：求而往，明也。

〈白話〉

六四。騎上馬而團團打轉。若是要求結婚，前往是吉祥的，沒有什麼不適宜。

〈象傳〉說：要求結婚而前往，是明智的做法。

〈解讀〉

① 六四已進入上坎，坎為美脊馬，所以也說「乘馬」。六四和六二處境同樣是「班如」，因為仍然處於屯卦下震上坎的大格局中。

② 「求婚媾」有二途：一是比（相鄰為比），亦即往上找相鄰的九五，是為「往吉」。二是應，六四與初九正應，但它本身在互艮中，艮為止。捨初取五，是明智的選擇。

九五。屯其膏，小貞吉，大貞凶。

象曰：屯其膏，施未光也。

〈白話〉

九五。屯積恩澤，小規模的正固是吉祥的，大規模的正固就有凶禍。

〈象傳〉說：屯積恩澤，是因為施布不夠廣大。

〈解讀〉

① 九五居坎卦之中，坎在此為雲，表示集聚為雲氣而尚未轉化為普施天下的雨，所以說「屯其膏」。膏是油脂、膏澤，屯而未施，表示天子的恩澤未能廣布。

② 九五與六二正應，在此表示有所私，是「施未光也」，所以適宜小規模（或小事上）正固，亦即以漸進方式守正，而無法全面大規模要求正固。若是勉強為之，則大貞將會帶來凶禍。另一說法是，以貞為「占」，亦即占問小事（與己有關者）吉祥，占問大事（與國有關者）則凶險。從象辭「施未光也」看來，兩種解法可以並存。

上六。乘馬班如，泣血漣（ㄌㄧㄢˊ）如。

象曰：泣血漣如，何可長也？

〈白話〉

上六。騎著馬團團打轉，哭泣得血淚漣漣。

〈象傳〉說：哭泣得血淚漣漣，怎麼能夠長久呢？

〈解讀〉

① 上六居坎卦上爻，坎為美脊馬，所以說「乘馬」。本卦三個陰爻（二、四、上）都居柔位，也都提及「乘馬」，意圖有所前進，但是三者都陷於「班如」的處境。這是屯卦的特色。

② 上六走到頂點，前無去路，下與六三又是敵而不應，所以情況最慘。它所居的坎卦，又有水、血之象，於是只得「泣血漣如」了。這樣是不會持久的。屯卦也到了向前變化的時機了。

❹ 蒙卦 ䷃

蒙：亨。匪我求童蒙，童蒙求我。

初筮告，再三瀆，瀆則不告。利貞。

〈象〉曰：山下出泉，蒙。君子以果行育德。

䷃	**上九：擊蒙。不利為寇，利禦寇。** 〈象〉曰：利用禦寇，上下順也。
	六五：童蒙，吉。 〈象〉曰：童蒙之吉，順以巽也。
	六四：困蒙，吝。 〈象〉曰：困蒙之吝，獨遠實也。
	六三：勿用取女，見金夫，不有躬。无攸利。 〈象〉曰：勿用取女，行不順也。
	九二：包蒙，吉。納婦吉。子克家。 〈象〉曰：子克家，剛柔接也。
	初六：發蒙，利用刑人，用說桎梏。以往，吝。 〈象〉曰：利用刑人，以正法也。

䷃ 蒙。亨。匪我求童蒙，童蒙求我。初筮（ㄕˋ）告，再三瀆（ㄉㄨˊ），
瀆則不告。利貞。

〈白話〉

蒙卦。通達。不是我去求蒙昧的兒童，是蒙昧的兒童來求我。初次占筮，
告訴他結果；兩次三次占筮，是褻瀆神明；褻瀆就不告訴他。適宜正固。

〈解讀〉

① 蒙卦是下坎上艮，亦即「山水蒙」，〈序卦〉說：「物生必蒙。蒙

者，蒙也，物之穉也。」物之幼稚階段，有如蒙昧未開的狀態，在人則是童蒙。

② 蒙卦是萬物初生之後的發展階段，所以不說它「元」（開始），而說它「亨」，因為發展的目標是要使一切通順暢達。至於文末所說的「利貞」，則是必須先考量中間一段話所設定的條件，亦即做到這些才可進而利貞。

③ 「童蒙」：兒童尚未拜師學習時，心智處於蒙昧狀態（亦即依本能的需要而行動），所以稱為童蒙。在此借為比喻，所指為心智像童蒙的人。他自知有所不明，所以要來求我（明白易理，懂得占筮的人）。占筮以誠意為要，再三占筮則有瀆神之嫌，即對神明不敬，想利用神明來肯定自己的意念。

彖曰：蒙。山下有險，險而止，蒙。蒙亨，以亨行時中也。匪我求童蒙，童蒙求我，志應也。初筮告，以剛中也。再三瀆，瀆則不告，瀆蒙也。蒙以養正，聖功也。

〈白話〉

〈彖傳〉說：蒙卦。山下有危險，遇到危險就停下來，這就是蒙昧的狀況。蒙卦通達，是因為它以通達的方式做到合時與中道。不是我去求蒙昧的兒童，是蒙昧的兒童來求我，這表示心意相互呼應。初次占筮，告訴他結果，那是因為本卦有剛毅中正之象。兩次三次占筮，是褻瀆神明，褻瀆就不告訴他，因為他既蒙昧又褻瀆。蒙昧之時可以用來培養正道，這是造就聖人的功業啊。

〈解讀〉

① 蒙卦：由下坎上艮組成。艮為山，為止；坎為水，為險；所以說「山下有險」。外有山阻擋，內又有險難，使人不知所適，「險而止」，情況蒙昧。

② 蒙昧則求通達，在此所指為九二所顯示的象，亦即九二得時（有六五

為應）而處中（居下卦中位）。程頤說：「時謂得君之應，中謂處得其中。」他所謂的「君」是指六五（五為君位），但是此君以陰爻居剛位，又在上卦艮中，艮為少男，所以說是童蒙。「童蒙求我」，是六五求九二，兩者心意相應。

③「剛中」是指九二以剛爻居中位，表示剛毅中正，可以正確引導童蒙。但是，童蒙再三占筮，已無誠意可言，就不必對他多言了。「蒙以養正」，是說一啟蒙就要培養正道，由此可以修成聖人功夫。兒童階段若有偏差言行，往後一生也將歧路多艱。

象曰：山下出泉，蒙。君子以果行育德。

〈白話〉

〈象傳〉說：山下流出泉水，形成蒙卦的意象。君子由此領悟，要以果決的行動培育道德。

〈解讀〉

① 蒙卦下坎上艮，是山下有水，亦即山下流出泉水，清澈又可匯聚成河，是成長之象。此時必須把握良機，接受適當教育。

② 「君子」是指立志成為君子的人。儒家以「君子」為理想人格的典型，凡是有此心志者，即是君子。相形之下，「小人」或凡民則是無此心志的人。因此，君子也須由年輕時就「果行育德」。

初六。發蒙，利用刑人，用說（ㄊㄨㄛ）桎（ㄓˋ）梏（ㄍㄨˋ）。以往，吝。

象曰：利用刑人，以正法也。

〈白話〉

初六。啟發蒙昧，適宜用刑罰來規範人們，藉此讓他們擺脫桎梏。依此有所前往，會陷入困難。

〈象傳〉說：適宜用刑罰來規範人們，是為了端正法紀。

〈解讀〉

① 初六以陰爻居下，代表被統治的人民處於蒙昧之中。這時統治者以刑罰規範，是為了讓他們擺脫（說，同脫）桎梏。「桎梏」是腳鐐手銬的刑具，在此有二義：本能欲望對人的控制，以及真正犯法受刑的狀態。啟蒙對於解脫這兩種桎梏，皆有具體的作用。初六在下卦坎中，坎為陷，為險，所以用「刑人」為喻。

② 「以往，吝」：如果只知借助於刑罰，往未來推展下去，結果將會陷入困境，有如孔子所說的：「道之以政，齊之以刑，民免而無恥；道之以德，齊之以禮，有恥且格。」（《論語·為政》）「民免而無恥」，將是整個社會的困境。此外，「以往，吝」也可以由爻象來看，亦即初六與六四敵而不應，所以不宜前往。「以正法也」，表示這樣做是為了端正法紀，除此之外還需要德與禮的配合。

九二。包蒙，吉。納婦吉。子克家。
象曰：子克家，剛柔接也。

〈白話〉
九二。包容蒙昧，吉祥。容納婦人，吉祥。兒子能夠持家。
〈象傳〉說：兒子能夠持家，因為剛爻與柔爻可以接應。

〈解讀〉

① 在蒙卦中，九二以陽爻居中，又有六五與之相應，自然可以承擔責任，包容蒙昧之人。「納婦」是指接納六五而言。「剛柔接」亦由此取象，只要陰陽相濟，就吉祥了。

② 在古代封建制度下，諸侯的封地稱「國」，大夫的采邑稱「家」。五是天子位，二是大夫位，所以九二提及「家」。並且，九二與六三、六四，形成一個互卦震（☳），而震為長子。這是「子克家」的依據。

六三。勿用取女，見金夫，不有躬。无攸利。

象曰：勿用取女，行不順也。

〈白話〉

六三。不要娶這個女子，她見到有錢的男子，就會失身。娶她沒有任何好處。

〈象傳〉說：不要娶這個女子，是因為她的行為不順理。

〈解讀〉

① 六三與上九是正應，但是蒙卦的主角是九二。九二為眾望所歸，成為「金夫」；六三以陰爻居剛位，又居上下卦交接之際，原本就三心二意很不安分，現在與九二相鄰，難免見利忘義，取悅九二。在理解爻辭時，也可使用「爻變」。此處即為變六三為九三，形成互兌（九二、九三、六四）。兌為少女，亦為金，夫則是指原來的互震（九二、六三、六四）。如此，則爻辭可以闡釋得更為清楚。

② 「取」通「娶」：「躬」為「自身」。六三在互坤（六三、六四、六五）中，坤為母，為有身，引申為自身。它若取悅九二，就會離開互坤，所以說它「不有躬」。娶了無法守住自身的女子，不會有任何好處。至於「行不順」，是指六三「乘剛」，凌駕於九二這個主爻之上，在《易經》中，所乘之剛為主爻，總是不順理與不順利的。

六四。困蒙，吝。

象曰：困蒙之吝，獨遠實也。

〈白話〉

六四。困處於蒙昧之中，有困難。

〈象傳〉說：困處於蒙昧之中而有困難，是因為只有自己遠離了剛爻。

〈解讀〉

① 在蒙卦中，陽爻代表主動的啟蒙者，陰爻則是被動的蒙昧者。六四上下皆為陰爻，困處於蒙昧之中，這是真正的困境啊！六四爻變，出現互坎，坎為坎陷，為困。

② 進一步觀察可知，此困境在於：只有六四遠離了擁有實力的陽爻。六四與初六敵而不應，與九二及上九也都隔了一個陰爻，正是求告無門。但全卦只有六四當位，所以說它「吝」，尚不至於有咎。

六五。童蒙，吉。
象曰：童蒙之吉，順以巽也。

〈白話〉

六五。蒙昧的兒童，吉祥。
〈象傳〉說：蒙昧的兒童是吉祥的，因為他以謙遜來表達順從。

〈解讀〉

① 蒙卦卦辭所說的「童蒙」，即指此爻。六五在上卦艮中，艮為少男，即是童蒙。兒童處於蒙昧，乃人生必經階段；只要認清自己的角色與處境，再設法尋求啟蒙之道，結果是吉祥的。

② 「順以巽」：六五居上卦之中位，與九二正應，等於天子以柔順姿態，任用剛明賢者，如此可以為整個天下啟蒙。六五又在互坤（六三、六四、六五）中，坤為順。六五爻變為九五，使上卦成為巽，巽為風，為謙遜，所以說他以謙遜來表示順從，如此自然吉祥。

上九。擊蒙。不利為寇，利禦寇。

象曰：利用禦寇，上下順也。

〈白話〉

上九。擊走蒙昧。不適宜做強盜，適宜抵禦強盜。

〈象傳〉說：適宜用來抵禦強盜，是因為上下相順。

〈解讀〉

① 上九是陽爻，也有啟蒙責任。它在上卦艮裡，艮為手，所以要說用手打擊，要擊走蒙昧。

② 上九與六三雖然正應，但是六三「見金夫」，不來相應；同時六三在下卦坎中，坎為盜寇，所以「不利為寇」。艮為止，為禦，上九不宜利用別人的蒙昧來取得個人利益，而應該結合眾人抵抗外來的盜寇。

③ 「上下順也」，上指上九，下指互坤（六三、六四、六五）。坤為眾，為順，亦即下有眾人順從。上下相順，足以度過蒙卦的階段。

❺ 需卦 ䷄

需：有孚，光亨，貞吉。利涉大川。

〈象〉曰：雲上於天，需。君子以飲食宴樂。

上六：入於穴，有不速之客三人來，敬之終吉。
〈象〉曰：不速之客，敬之終吉；雖不當位，未大失也。

九五：需於酒食，貞吉。
〈象〉曰：酒食貞吉，以中正也。

六四：需於血，出自穴。
〈象〉曰：需於血，順以聽也。

九三：需於泥，致寇至。
〈象〉曰：需於泥，災在外也。自我致寇，敬慎不敗也。

九二：需於沙，小有言，終吉。
〈象〉曰：需於沙，衍在中也；雖小有言，以吉終也。

初九：需於郊，利用恒，无咎。
〈象〉曰：需於郊，不犯難行也；利用恒，无咎，未失常也。

䷄ 需。有孚，光亨，貞吉。利涉大川。

〈白話〉

需卦。有誠信，光明通達，正固吉祥。適宜渡過大河。

〈解讀〉

① 需卦是下乾上坎，亦即「水天需」。〈序卦〉說：「物穉不可不養也，故受之以需。需者，飲食之道也。」有所需要，也是有所等待。

② 「孚」是信，有孚是指誠而有信。《易經》常以「有孚」描寫異性交的親近遇合，如本卦九五（上下皆為陰爻）即是有孚。有了誠信，就

會光明通達，守住正固而得吉祥。

③ 本卦由下乾上坎組成，乾為健，即使遇水（坎為水），也能奮勇前
　進，所以說「利涉大川」。六十四卦中，卦辭談到「利涉大川」的有
　七卦：需卦、同人卦、蠱卦、大畜卦、益卦、渙卦及中孚卦。這些卦
　的組合中，必有一個單卦為乾或巽。

象曰：需。須也，險在前也。剛健而不陷，其義不困窮矣。需有
孚，光亨，貞吉。位乎天位，以正中也。利涉大川，往有功也。

〈白話〉
〈象傳〉說：需卦。有所等待，因為前面出現了危險。有剛健之德而不會
陷於險難，從道理上講不會走到困窮的地步。需卦有誠信，光明通達，正
固吉祥。九五處在天位，可以端正而守中。適宜渡過大河，前往可以建立
功業。

〈解讀〉
① 「須」是待，要等待條件成熟才可以行動。上卦為坎，坎為險；上為
　前，下為後，所以說「險在前也」。險在前，不容不有所待而後濟。
　下卦為乾，乾有剛健之德，所以不會陷入險中。「義」指道理或合宜
　的推斷。
② 五位是「天位」；九五是陽爻居天位，足以做到正與中。「利涉大
　川」是常見的用語，意指像大河這樣的險阻也擋不住，並且還有利可
　得，亦即建立功業。

象曰：雲上於天，需。君子以飲食宴樂。

〈白話〉
〈象傳〉說：雲氣上升到天空，這就是需卦的取象。君子由此領悟，要飲
食與宴樂。

〈解讀〉

① 本卦下乾上坎，乾為天，坎為水，水在天上，引申為雲。雲在天上，尚未凝聚成雨，所以要耐心等待。君子即使有才德，也須待機而動。

② 君子在等待時，該做什麼？程頤說：「飲食以養其氣體，宴樂以和其心志，所謂居易以俟命也。」處於平常日子，要自養（飲食）與自怡（宴樂），準備接受天命。

初九。需於郊，利用恆，无咎。

象曰：需於郊，不犯難行也；利用恆，无咎，未失常也。

〈白話〉

初九。在郊野等待，適宜守常不動，沒有災難。

〈象傳〉說：在郊野等待，是不要冒險前進；適宜守常不動而沒有災難，是因為沒有失去常理。

〈解讀〉

① 需卦顯示「等待」之意。初九離上坎的危險最遠，有如處在郊野。《爾雅》謂：「邑外謂之郊，郊外謂之野。」在都城之外等待，只要不失其常度，守健自持而不變，就沒有災難。

② 「未失常也」，是因為陽爻居初位，上又有六四相應，所以可以遠離危險，等待時機。

九二。需於沙，小有言，終吉。

象曰：需於沙，衍在中也；雖小有言，以吉終也。

〈白話〉

九二。在沙灘上等待，有些小的責難，最後吉祥。

〈象傳〉說：在沙灘上等待，是因為沙洲浮現在水中；雖然有些小的責難，最後還是吉祥收場。

〈解讀〉

① 九二離水（上坎為水）較近，到了沙灘。由於是陽爻居柔位，並且在互兌（九二、九三、六四）中，兌為口，為毀折，所以有些小的口舌是非。不過，處在下卦中位，又是等待不前，所以終究還是吉祥。

② 「衍」是水中泥沙，有如沙洲。九二的對應是九五，九五為坎中（水中）之陽爻，有如沙洲。九二與九五敵而不應，有如見沙洲而無法前行。

九三。需於泥，致寇至。

象曰：需於泥，災在外也。自我致寇，敬慎不敗也。

〈白話〉

九三。在泥沼中等待，招來了強盜。

〈象傳〉說：在泥沼中等待，是因為外面有強盜。由我自己招來強盜，所以恭敬謹慎就不會陷於禍敗。

〈解讀〉

① 九三居下卦之上位，緊鄰坎水，等於停留在河邊泥沼中。它若繼續向前行動，就會引來強盜（坎為盜），因為強盜就在外面。

② 九三與上六相應，等於自己招來了強盜。這時若能「敬慎」，即可立於不敗之地，因為下卦為乾，乾為健，尚有自衛能力。

六四。需於血，出自穴。

象曰：需於血，順以聽也。

〈白話〉

六四。在血泊中等待，從洞穴中逃出來。

〈象傳〉說：在血泊中等待，是因為以聽命來表示順從。

〈解讀〉

① 六四下臨三個剛爻的進逼，有如陰陽之戰，必定見血。並且，六四已經進入坎卦，而坎為血卦。這雙重取義，使六四「需於血」。同時，坎為陷，引申為陷井或地下之穴。六四「出自穴」，表示大難不死。

② 在血泊中等待而可以逃生，是因為以陰爻居柔位，並且上順九五，又有初九與之相應，這是「順以聽」，可以保住性命。「聽」取象於坎為耳。

九五。需於酒食，貞吉。
象曰：酒食貞吉，以中正也。

〈白話〉

九五。在享用酒食中等待，正固吉祥。
〈象傳〉說：在享用酒食中等待，是因為守中而端正。

〈解讀〉

① 九五為需卦主爻，所以，爻辭與〈彖傳〉、〈象傳〉相應。九五居上卦中位，又是陽爻居剛位，為正。行為守中而端正，守住正固自然吉祥。九五在上坎中，坎為水，又在互離中，離為火，有水有火，引申為酒食。

② 由此可知，「酒食」（飲食宴樂）在等待時機的時候也是不可或缺的。關鍵在於自己是否合乎中正之道。在此，「需於酒食」亦指以酒食等待下乾三陽爻（賢者）之來。

上六。入於穴，有不速之客三人來，敬之終吉。

象曰：不速之客來，敬之終吉；雖不當位，未大失也。

〈白話〉

上六。進入洞穴中，有不請自來的三個客人到了，尊敬他們，最後吉祥。

〈象傳〉說：不請自來的客人到了，尊敬他們，最後吉祥；上六雖然位置不當，但沒有大的過失。

〈解讀〉

① 上六為坎卦上爻，相對於下卦而言，是入於坎（為穴）的內部，又是陰爻居柔位，算是可以安居了。「速」是召請，「不速之客」是指下卦三個陽爻（三人）而言。需卦最後「利涉大川」，所以三個陽爻要往上前進，變成不召而來。

② 「不當位」是指上六對九五「乘剛」而不順，並且到了全卦末爻，擋不住需卦的前進趨勢。「未大失」是指還有九三的正應。九三說「敬慎不敗」，上六說「敬之終吉」，兩者呼應可以逢凶化吉。本卦六爻，兩言「終吉」，可知需之為道，無速效，必須久而後吉。

訟：有孚，窒惕，中吉，終凶。利見大人，不利涉大川。

〈象〉曰：天與水違行，訟。君子以做事謀始。

上九：或錫之鞶帶，終朝三褫之。
〈象〉曰：以訟受福，亦不足敬也。

九五：訟，元吉。
〈象〉曰：訟，元吉，以中正也。

九四：不克訟，復即命，渝安貞，吉。
〈象〉曰：復即命，渝安貞，不失也。

六三：食舊德，貞厲，終吉。或從王事，无成。
〈象〉曰：食舊德，從上古也。

九二：不克訟，歸而逋，其邑人三百戶无眚。
〈象〉曰：不克訟，歸逋竄也；自下訟上，患至掇也。

初六：不永所事，小有言，終吉。
〈象〉曰：不永所事，訟不可長也；雖小有言，其辯明也。

䷅ 訟。有孚，窒惕，中吉，終凶。利見大人，不利涉大川。

〈白話〉

訟卦。有憑證可信，窒塞而須警惕，中間吉祥，最後有凶禍。適宜見到大人，不適宜渡過大河。

〈解讀〉

① 訟卦是下坎上乾，亦即「天水訟」。〈序卦〉說：「飲食必有訟，故受之以訟。」人與人之間因為爭取需求而發生訴訟。

② 孚是信，九二與九五皆陽爻居中，各有其憑證或證據。但是，處於訟卦，各執一詞，證據未必被採信，顯示窒塞不通的狀況，所以要小心戒懼。

③ 「中吉」指訴訟之事，中間和解，可吉。「終凶」，訴訟若不能適可而止，則最後的結局將是凶禍。此時適宜見到公正廉明的大人，而不適宜逞勇冒險。

象曰：訟。上剛下險，險而健，訟。訟有孚，窒惕，中吉，剛來而得中也。終凶，訟不可成也。利見大人，尚中正也；不利涉大川，入於淵也。

〈白話〉

〈象傳〉說：訟卦。上卦剛強，下卦險惡；遇到險惡還健行不已，就形成訟卦。訟卦有憑證可信，卻窒塞而須警惕；至於中間吉祥，是因為剛爻來到下卦並居於中位。最後有凶禍，是因為爭訟不可能成就任何事。適宜見到大人，是因為崇尚守中而端正的品德；不適宜渡過大河，是因為本身陷於深淵之中。

〈解讀〉

① 訟卦由下坎上乾組成。坎為險，乾為剛，是為「上剛下險」。遇到險惡還往前奮進，或者內心險惡外表剛強，自然難免爭訟了。

② 九二雖有孚，但處於下卦坎中。坎有險阻之意，並且對人而言，坎是「加憂，心病」，所以合成「窒惕」。若是不窒，何必爭訟？「中吉」由九二居中的中，引申為爭訟的中間過程。「終凶」是指爭訟不會有好結果。

③ 九五陽爻居剛位，又在上卦之中，是具有中正之德的「大人」，可以秉公斷案。「入於淵也」，是指九二本身在坎的中間。由「剛來而得中」一語可知訟卦係由遯卦（䷠）變來，九三與六二換位而成。這是「卦變」。由此可知九二為主爻，欲與九五爭訟。大多數的卦皆由十

二消息卦變成，有關消息卦請參考臨卦的解讀部分。因此，「入於淵也」，是指九二本身到了坎的中間位置，爭訟不可能成功。

象曰：天與水違行，訟。君子以做事謀始。

〈白話〉

〈象傳〉說：天與水相違而行，就是訟卦。君子由此領悟，做事要在開始時就謀畫好。

〈解讀〉

① 訟卦下坎上乾，乾為天，坎為水。天原本居上，水原本在下，兩者背道而馳，無法溝通交流，所以會有爭訟。

② 君子做任何事都要想到將來的最壞結果，所以在開始時謹慎籌謀。否則的話，「人無遠慮，必有近憂」（《論語‧衛靈公》）。

初六。不永所事，小有言，終吉。
象曰：不永所事，訟不可長也；雖小有言，其辯明也。

〈白話〉

初六。不要把事情做到底，有小的責難，最後吉祥。

〈象傳〉說：不要把事情做到底，因為爭訟不可以長期堅持；雖然有小的責難，還是可以辨明道理。

〈解讀〉

① 訟卦初六是爭訟的開始階段，陰爻力弱，又在初位，表示不會長久進行此事（爭訟之事），所以只有口舌之爭，最後吉祥。初六爻變，下卦成兌，兌為口，所以說「小有言」。

② 初六有「其辯（辨）明也」，是因為上有九四為正應，九四在互離（九二、六三、九四），離為明。訟卦既是爭訟，每一爻的敵與應就很關鍵了。敵則相抗，應則支援。

九二。不克訟，歸而逋（ㄅㄨ），其邑人三百戶无眚（ㄕㄥˇ）。
象曰：不克訟，歸逋竄也；自下訟上，患至掇（ㄉㄨㄛˊ）也。

〈白話〉

九二。爭訟沒有成功，回來躲避，他采邑的三百戶人口沒有災害。
〈象傳〉說：爭訟沒有成功，回來躲避是要逃開爭訟的事；居下位而與居上位者爭訟，禍患來到是自己找的。

〈解讀〉

① 九二與九五敵而不應，而九五為尊位，所以九二爭訟不能成功。並且這是明顯的「自下訟上」，無異於自取禍患。九二在下卦坎中，坎為險，情況極為不利。

② 「二」是大夫位，大夫的采地為「邑」。三百戶為下大夫所有。九二敗訴逃回來，由於居下卦中位，所以勉強沒事，並且邑人也不會受到牽連。

③ 「逋」是逃避躲藏，「眚」是較小的災禍。「掇」是拾取。本爻強調形勢比人強，先避訟免禍再說。

六三。食舊德，貞厲，終吉。或從王事，无成。
象曰：食舊德，從上吉也。

〈白話〉

六三。享用祖先的餘蔭，但一直如此會有危險，最後吉祥。或者跟隨君王做事，沒有成就。
〈象傳〉說：享用祖先的餘蔭，是因為跟隨上位者就會吉祥。

〈解讀〉

① 「舊德」是祖先的恩德，亦即承襲所得的爵祿。「三」是公位，是由祖先的餘蔭而來。遯卦變為訟卦時，六二與九三換位，六二原與九五正應，這是「舊德」，現在成了六三，仍可上承九四、九五形成互巽，巽為近利市三倍，正如有舊德可食。但一直如此會有危險，亦即「貞厲」。明白這一點而從上，則「終吉」。

② 六三有上九正應，上九在乾卦中，乾為君，所以說「從上吉也」。六三在下坎，坎為險為厲；六三也在互巽中，巽為風為不果，所以「无成」。

九四。不克訟，復即命，渝安貞，吉。

象曰：復即命，渝安貞，不失也。

〈白話〉

九四。爭訟沒有成功，返回到自己命定的角色，變得安於正固，吉祥。

〈象傳〉說：返回到自己命定的角色，變得安於正固，是因為這樣沒有失去身分。

〈解讀〉

① 九四與九二的處境相同，都是「不克訟」，因為訟卦的主角是九五。九四（為諸侯）爭不過九五（為天子）；它與初六正應，不必興訟，所以爭訟無成。

② 「渝」是變，變得安於正固，就是回到命限。九四在上卦乾中，乾為天，又在互巽（六三、九四、九五）中，巽為風，猶如傳來天之命，因此諸侯守住天命，沒有失去身分，自然吉祥。

九五。訟，元吉。

象曰：訟，元吉，以中正也。

〈白話〉

九五。爭訟，最為吉祥。

〈象傳〉說：爭訟，最為吉祥，是因為守中而端正。

〈解讀〉

① 九五陽爻居剛位，得正，五又是上卦中位，這表示大人得位，以公正嚴明的態度處理訴訟。就爭訟而言，沒有更好的情況了。九五爻變，上卦成離，離為明，為訟之所需。

②「元吉」是上上大吉，接著才是「大吉」與「吉」。占筮之辭以此為最理想。

上九。或錫之鞶（ㄆㄢˊ）帶，終朝三褫（ㄔˇ）之。

象曰：以訟受服，亦不足敬也。

〈白話〉

上九。或許受賜官服大帶，但是一天之內被剝奪三次。

〈象傳〉說：因為爭訟而獲得官服，也就不值得尊敬了。

〈解讀〉

① 上九居訟卦頂端，可以由爭訟而取利；但是又走到了乾卦上爻，可謂剛極之至，欲爭訟到底，即使勝訴也必結怨。

②「錫」，賜也；「鞶帶」，大帶，為古代官服的一部分。這取象於上乾，乾為衣，引申為衣帶。藉著爭訟而獲官職，並不值得尊敬。「終朝」是終日，指一天之內。「三褫之」，褫是奪走；若由象上看，乾為白晝為一日，三陽爻為三次。上九爻變，上卦成兌，兌為毀折，所以說「褫之」。上九有悔，是可以理解的。

師：貞。丈人吉，无咎。

〈象〉曰：地中有水，師，君子以容民畜眾。

上六：大君有命，開國承家，小人勿用。
〈象〉曰：大君有命，以正功也。小人勿用，必亂邦也。

六五：田有禽，利執言，无咎。長子帥師，弟子輿尸，貞凶。
〈象〉曰：長子帥師，以中行也；弟子輿尸，使不當也。

六四：師左次，无咎。
〈象〉曰：左次无咎，未失常也。

六三：師或輿尸，凶。
〈象〉曰：師或輿尸，大无功也。

九二：在師中，吉无咎，王三錫命。
〈象〉曰：在師中吉，承天寵也。王三錫命，懷萬邦也。

初六：師出以律，否臧，凶。
〈象〉曰：師出以律，失律凶也。

䷆ 師。貞。丈人吉，无咎。

〈白話〉

師卦。正固。有威望的長者吉祥，沒有災難。

〈解讀〉

① 師卦是下坎上坤，亦即「地水師」。〈序卦〉說：「訟必有眾起，故受之以師。師者，眾也。」爭訟的人越來越多，以致形成了軍隊。

② 「師」原指軍隊編制，有作戰任務，所以必須正固。「丈人」是指有威望的長者；由於此語在《易經》只出現一次，所以常被認為是「大人」的誤寫。丈人帶領軍隊，是吉祥的。

③「无咎」是因為軍隊作戰並非可喜之事，談不上「无不利」。

彖曰：師，眾也；貞，正也。能以眾正，可以王矣。剛中而應，行險而順，以此毒天下，而民從之，吉又何咎矣？

〈白話〉

〈彖傳〉說：師卦的師，由眾人組成；正固是堅持正道。能夠帶領眾人走上正路，就可以稱王天下了。剛強者居中並且上下相應，遭遇危險還能順利前進，用這種做法來役使天下，而百姓跟隨他，結果是吉祥，另外還會有什麼災難呢？

〈解讀〉

① 師是軍隊，由眾人所組成。古代軍隊編制為：五人一伍，五伍一兩，四兩一卒（一百人），五卒一旅，五旅一師（二千五百人）。帶領眾人而能正固，實非丈人莫屬。

② 師卦六爻只有九二為陽，等於一陽（丈人）帶五陰（眾人）。九二是剛爻居下卦之中位，可以行正道，上又有六五相應。因此，他有為王的氣象。

③「行險而順」：本卦下坎上坤，坎為險，坤為順，亦即遇到危險而終能順利化解。「毒」是指役使，因為作戰之役使有如荼毒百姓。這原本會帶來憂苦，但是百姓依然支持正義之師，所以結果是「吉」。

象曰：地中有水，師。君子以容民畜（ㄒㄩˋ）眾。

〈白話〉

〈象傳〉說：地裡面有水，這就是師卦。君子由此領悟，要容納百姓，養育眾人。

〈解讀〉

① 師卦由下坎上坤合成；坤為地，坎為水，所以說「地中有水」。水聚集在地下，正如兵藏民中，由眾人集合可以組成軍隊。

② 君子的志向是修養道德以建立功業，所以要「容民畜眾」。

初六。師出以律，否（ㄆㄧˇ）臧（ㄗㄤ），凶。
象曰：師出以律，失律凶也。

〈白話〉

初六。軍隊出動要按照軍紀，不順從的，將有凶禍。
〈象傳〉說：軍隊出動要按照軍紀，因為破壞軍紀會有凶禍。

〈解讀〉

① 初六是師卦第一爻，表示要發動軍隊去作戰，這時須以軍紀為上。初六在下卦坎中，坎為水，水為平，引申為法令與規範。所以說，「師出以律」。

② 「否臧」：「否」是惡、逆，「臧」是善、順。一般講「臧否人物」，是指評斷人物的好壞優劣。在此，「否臧」是指逆而不順。「失律」對任何團體都是危機，而對軍隊則是凶禍。

九二。在師中，吉无咎，王三錫命。
象曰：在師中吉，承天寵也。王三錫命，懷萬邦也。

〈白話〉

九二。率領軍隊而能守中，吉祥而沒有災難，君王三次賜命嘉獎。
〈象傳〉說：率領軍隊而能守中吉祥，是因為受到上天的寵幸。君王三次賜命嘉獎，是為了使萬國都來臣服。

〈解讀〉

① 九二居下卦中位，就軍隊而言，可以統一指揮又可以守住中道，所以「吉无咎」。九二與六五正應，六五為天位或天子位，對九二全力支持，六五到九二有三步，所以說「三錫命」。《周禮》有「一命受職，再命受服，三命受位」之說。

② 「承天寵」：九二為全卦唯一陽爻，往上直通天位而毫無阻隔，又與六五正應，可謂得天獨厚。「懷萬邦」：君王獎賞功臣，萬邦樂於歸順。上卦為坤，為國，一致應合九二，唯九二馬首是瞻。所以，獎賞功臣，正可以懷柔萬邦。

六三。師或輿（ㄩˊ）尸（ㄕ），凶。
象曰：師或輿尸，大无功也。

〈白話〉

六三。軍隊或許會載著屍體回來，凶禍。
〈象傳〉說：軍隊或許會載著屍體回來，完全沒有功勞可言。

〈解讀〉

① 六三居下卦坎之上位，坎為「多眚輿」，多災多難的車輛；六三又在互坤中，坤為純陰，無活力，為尸，所以「或輿尸」。這在師卦中當然是凶禍之兆。

② 六三以陰爻居剛位，其位不正；對九二則是乘剛，與上六又敵而不應，所以「大无功」。

六四。師左次，无咎。

象曰：左次无咎，未失常也。

〈白話〉

六四。軍隊後退駐紮，沒有災難。

〈象傳〉說：後退駐紮而沒有災難，是因為沒有失去常規。

〈解讀〉

① 軍隊作戰需要勇健，而六四陰爻居柔位，有退避之象。「左」：軍中尚右，以左為退；「次」：駐紮兩天以上。《左傳‧莊公三年》：「凡師，一宿為舍，再宿為信，過信為次。」

② 沒有取勝的把握，就「左次」，這在作戰中是合乎常規的，所以「无咎」。

六五。田有禽，利執言，无咎。長子帥師，弟子輿尸，貞凶。

象曰：長子帥師，以中行也；弟子輿尸，使不當也。

〈白話〉

六五。田裡有禽獸，適宜說明捕獲的理由，沒有災難。長子統率軍隊，弟子載屍而歸，這樣下去會有凶禍。

〈象傳〉說：長子統率軍隊，因為他根據中道行動；弟子載屍而歸，是使用人不恰當的後果。

〈解讀〉

① 「田有禽」：坤為地，為田，有田地就可能有禽獸加害作物。既然是軍隊，就須驅逐國土內的禽獸（指作亂滋事者）。這一點顯然需要師出有名。六五與九二正應，九二在互震（九二、六三、六四），震為鳴，為言，所以說「利執言」（獵捕的理由）。如此可以「无咎」。

② 「長子帥師」，所指為九二，因為全卦只有它是陽爻，並且九二在互震中，震為長男。其爻辭有「在師中吉」一語。至於「弟子輿尸」，則指六三而言，六三在下坎中，坎為中男，而六三「或輿尸」。由於下令任用的權力在於六五，六五先是用人不當，然後看到「弟子輿尸」還是堅持不改（貞），結果自然是凶了。

上六。大君有命，開國承家，小人勿用。
象曰：大君有命，以正功也；小人勿用，必亂邦也。

〈白話〉

上六。天子頒賜爵命，封為諸侯可以開國，封為大夫可以立家，對小人則不要任用。

〈象傳〉說：天子頒賜爵命，是要按軍功作正確的獎賞；對小人則不要任用，因為他們一定會使國家動盪不安。

〈解讀〉

① 師卦到了最後一爻，表示作戰結束，要論功行賞了。大君是指天子，對有功者可以封賞諸侯（國）與大夫（家）。但是，小人即使有功，也須小心勿用。

② 所謂「小人」，顯然是指德行修養而言，他們也有可能建立軍功，但是正如程頤所云：「賞之以金帛祿位可也，不可使有國家而為政也。」

③ 六爻配合爵位而言，大致如下：初爻是元士位，二爻是大夫位，三爻是公位，四爻是諸侯位，五爻是天子位，六爻是宗廟位。本卦上六是天子封賞功臣，典禮常在宗廟舉行，有如奉行先王神靈的旨意。所以，亦合乎爻位之說。

比：吉。原筮，元永貞，无咎。不寧方來，後夫凶。

〈象〉曰：地上有水，比。先王以建萬國，親諸侯。

		上六：比之无首，凶。
		〈象〉曰：比之无首，无所終也。
		九五：顯比，王用三驅，失前禽。邑人不誡，吉。
		〈象〉曰：顯比之吉，位正中也。舍逆取順，失前禽也。邑人不誡，上使中也。
		六四：外比之，貞吉。
		〈象〉曰：外比於賢，以從上也。
		六三：比之匪人。
		〈象〉曰：比之匪人，不亦傷乎？
		六二：比之自內，貞吉。
		〈象〉曰：比之自內，不自失也。
		初六：有孚，比之，无咎。有孚盈缶，終來有它吉。
		〈象〉曰：比之初六，有它吉也。

䷇ 比（ㄅㄧˋ）。吉。原筮，元永貞，无咎。不寧方來，後夫凶。

〈白話〉

比卦。吉祥。推究占筮，開始而長久正固，沒有災難。從不安定中剛剛轉變過來，後到的會有凶禍。

〈解讀〉

① 比卦是下坤上坎，亦即「水地比」。〈序卦〉說：「眾必有所比，故受之以比。」〈雜卦〉則說：「比樂師憂。」師卦憂慮而比卦喜樂。

② 「比」是親近依靠、互相幫助之意。對人群相處而言，吉祥。「原

笙」是要辨明實情，以免有虛偽的人矇混。如此才可以開始「比」，並使之長久、正固。此事大為不易，但是「无咎」。

③ 到了比卦，天下才從「不寧」中轉變過來。「後夫」的「夫」是語辭，凡是後到的（包括眾人與小國家），由於親比不上，所以「凶」。

象曰：比，吉也。比，輔也，下順從也。原筮，元永貞，无咎，以剛中也。不寧方來，上下應也。後夫凶，其道窮也。

〈白話〉
〈象傳〉說：比卦，吉祥。比是輔助的意思，在下的人都能順從。推究占筮，開始而長久正固，沒有災難，是因為剛強者居中。從不安定中剛剛轉變過來，是因為居上位者有底下的人來應和。後到的會有凶禍，是因為他的路走到盡頭了。

〈解讀〉
① 「比」有親近、互助之意。下卦坤為順，表示「下順從也」，百姓都來相輔。上是指九五，占天子之位，並且剛爻居中，有剛健中正之德。
② 九五剛中，六二陰爻居柔位，也居下卦之中位，所以上下相應無間，天下開始太平。「後夫」則指後到者，遲疑不肯親比，最後無路可走，所以「凶」。

象曰：地上有水，比。先王以建萬國，親諸侯。

〈白話〉
〈象傳〉說：大地上有水，這就是比卦。先王由此領悟，要封建萬國，親近諸侯。

〈解讀〉

① 比卦下坤上坎，坎為水，坤為地，是「地上有水」。地承載水，水滋潤地，兩者相互依存。

② 先王是指古代天子，在安定天下之後廣建諸侯之國。夏朝有「萬國」之說，商湯時有七千七百七十三國，周初仍有一千八百多國。小國越多，有如眾星拱月，共同來輔佐天子。

初六。有孚，比之，无咎。有孚盈缶（ㄈㄡˇ），終來有它吉。
象曰：比之初六，有它吉也。

〈白話〉

初六。有誠信，去親近依靠，沒有災難。有誠信如同瓦罐盈滿，會有另外的吉祥最後來到。

〈象傳〉說：比卦的初六，將有另外的吉祥。

〈解讀〉

① 比卦須以誠信為先，所以初六兩言「有孚」。而初六所比的對象，自然是全卦唯一的陽爻九五了。願意去「比」，就「无咎」。

② 「盈缶」：下坤為釜（鍋），借為「缶」（瓦罐）；上坎為水。瓦罐水滿，有如誠信無比。那麼，先是「无咎」，而最終會有其他的吉祥來到。「終來」是因為初六離九五最遠，不過最後還是得到吉祥。

六二。比之自內，貞吉。
象曰：比之自內，不自失也。

〈白話〉

六二。從內部去親近依靠，正固吉祥。

〈象傳〉說：從內部去親近依靠，是因為沒有失去自己的立場。

① 六二在下卦（又稱內卦）之中，陰爻居柔位，又與九五正應，所以說「比之自內」。

② 六二本身也是居中得正，所以「貞吉」。雖然是向九五親近依靠，但是並未失去自身的立場。

六三。比之匪人。
象曰：比之匪人，不亦傷乎？

〈白話〉

六三。親近依靠的是不適當的人。

〈象傳〉說：親近依靠的是不適當的人，不也讓人感傷嗎？

〈解讀〉

① 比卦以九五為主爻，六三可以親近依靠誰呢？六三在互艮（六三、六四、九五）中，艮為止，無路可走。六二與九五正應，六四也上承九五，六三與上六又敵而不應，結果變成無依無靠，想比也沒有著落，是為「比之匪人」。「匪」同非，不適當也。

② 「傷」字可以指感傷，也可以指傷害。六三爻變，出現互坎（六二、九三、六四），坎為血卦，為傷害，顯然是不好的情況。

六四。外比之，貞吉。
象曰：外比於賢，以從上也。

〈白話〉

六四。向外去親近依靠，正固吉祥。

〈象傳〉說：向外去親近依靠賢者，是要順從上面的九五。

〈解讀〉

① 六四與初六敵應，不過在比卦中各陰爻皆須歸附九五，所以六四就要「外比之」，向外去找九五了。六四陰爻居柔位，得正，所以「貞吉」。

② 九五為剛正賢明之君，又在六四之上，六四就是「以從上也」。

九五。顯比，王用三驅，失前禽。邑人不誡，吉。

象曰：顯比之吉，位正中也。舍逆取順，失前禽也。邑人不誡，上使中也。

〈白話〉

九五。發揚親近依靠的作風。君王用三驅之禮狩獵，失去往前跑的禽獸。國中的人沒有戒懼，吉祥。

〈象傳〉說：發揚親近依靠的作風，是吉祥的，因為處在端正守中的位置上。捨去叛離的，容納歸順的，所以失去往前跑的禽獸。國中的人沒有戒懼，因為在上位的人所行使的是中道。

〈解讀〉

① 九五為全卦主爻，充分發揮比卦的精神，是為「顯比」。九五為王，下坤為田，可供狩獵，所以用田獵來比擬。

② 「三驅」：古代君王狩獵時，採取後、左、右三面包抄，但是不阻絕正前方。如此，會失去往前跑的禽獸，等於留一條生路而不一網打盡。在此，前禽是指上六，以致上六會陷於「比之无首」的困境。

③ 「舍逆取順」：就官方狩獵而言，由於獵物要供祭祀、招待賓客或獻給君王享用，所以必須不損傷獵物的顏面與外觀，因此「舍逆取順」。亦即，不射殺逆向而來（面朝我）的禽獸，而射殺順著我的方向（背朝我）的禽獸。但是這句話用在比卦，意思變成：要捨棄叛離我的人（舍逆），而容納順從我的人（取順）。

④ 「邑人不誡」：下坤為地，為眾，可稱為「邑人」；「誡」同戒，有

警惕恐懼之意。何以「邑人不誡」？因為九五居中守正，不會胡作非為。

上六。比之无首，凶。
象曰：比之无首，无所終也。

〈白話〉

上六。要親近依靠卻沒有開始的機會，凶禍。

〈象傳〉說：要親近依靠卻沒有開始的機會，也就沒有任何好的結局。

〈解讀〉

① 比卦重心在九五，到九五已大功告成，容納了初六、六二、六四。上六之應在六三，兩者相敵，等於找不到開始的機會（无首），在六三則是「比之匪人」。

② 上六對九五乘剛，注定不順，而自己走到了全卦盡頭，要結束也是無處可去，所以說「凶」。

小畜：亨。密雲不雨，自我西郊。

〈象〉曰：風行天上，小畜。君子以懿文德。

上九：既雨既處，尚德載。婦貞厲。月既望，君子征凶。
〈象〉曰：既雨既處，德積載也。君子征凶，有所疑也。

九五：有孚攣如，富以其鄰。
〈象〉曰：有孚攣如，不獨富也。

六四：有孚，血去惕出，无咎。
〈象〉曰：有孚惕出，上合志也。

九三：輿說輻，夫妻反目。
〈象〉曰：夫妻反目，不能正室也。

九二：牽復，吉。
〈象〉曰：牽復在中，亦不自失也。

初九：復自道，何其咎？吉。
〈象〉曰：復自道，其義吉也。

☰ 小畜（ㄒㄩˋ）。亨。密雲不雨，自我西郊。

〈白話〉

小畜卦。通達。濃雲密布而不下雨，從我西邊的郊野飄聚過去。

〈解讀〉

① 小畜卦是下乾上巽，亦即「風天小畜」。〈序卦〉說：「比必有所畜，故受之以小畜。」相對於此，另有大畜卦（☰，第二十六卦）可資參考。

② 「雲」是陰陽二氣互動所形成的，但是尚未凝結為雨。小畜卦下乾上巽，依《後天八卦圖》，乾之位在西北，巽之位在東南，爻畫由下而

上，等於風雨（巽為風）由西北吹向東南，使濃雲未及下雨就飄聚過
去。並且，乾在內卦，可稱「我」，所以說「自我西郊」。

③ 如果扣緊「西風」一詞，則可說：本卦以六四為主爻，六四在上巽
　（風）與互兌（九二、九三、六四）中，兌之位在西，所以合為「西
　風」。

④ 小畜是蓄積較少，成雲而未及下雨，但是到了上九就「既雨」了。

象曰：小畜，柔得位而上下應之，曰小畜。健而巽（ㄒㄩㄣˋ），剛
中而志行，乃亨。密雲不雨，尚往也；自我西郊，施未行也。

〈白話〉

〈象傳〉說：小畜卦，柔爻得居正位而上下都來應合，稱之為小畜。健行
又能順利，陽剛居中而心意可以推行，所以通達。濃雲密布而不下雨，是
因為風往上吹；從我西邊的郊野飄聚過去，是因為施雨還不到實現的時
候。

〈解讀〉

① 小畜卦一陰畜五陽，陰為小，陽為大，以小畜大，所以稱為小畜卦。
　六四陰爻居柔位，是最恰當的正位，上下五個陽爻都來呼應。其次，
　本卦下乾上巽，乾為健，巽為入，為順，既健行又順利；二、五皆為
　陽爻，是既剛且中，可以「志行」，所以亨。

② 「密雲不雨」，因為下乾上巽是風在天上吹。「尚往也」，尚即是
　上。「施未行」，是說小畜（恩澤）所積尚不足以大行於天下。

象曰：風行天上，小畜。君子以懿文德。

〈白話〉

〈象傳〉說：風在天上吹行，這就是小畜卦。君子由此領悟，要美化自己
的文采與道德。

〈解讀〉

① 「風行天上」，剛健的乾卦位居隨順的巽卦之下，這是小畜卦的取象。以柔養剛，並且是一柔對五剛，格局與效果都有限，所以稱為小畜。

② 程頤說：「君子所蘊蓄者，大則道德經綸之業，小則文章才藝。」此處所謂的「文德」，可以兼指文采與道德，兼及禮樂之事，是君子所不可或缺的。

初九。復自道，何其咎？吉。
象曰：復自道，其義吉也。

〈白話〉

初九。循著正路回來，會有什麼災難？吉祥。
〈象傳〉說：循著正路回來，理當是吉祥的。

〈解讀〉

① 初九陽爻居剛位，又有六四正應，代表依循正路回到此位。所以不會有咎。

② 小畜卦是小格局的蓄積，初九循規蹈矩、安於本分，就會吉祥。

九二。牽復，吉。
象曰：牽復在中，亦不自失也。

〈白話〉

九二。由牽連而回來，吉祥。
〈象傳〉說：由牽連而回來，位置居中，也算沒有失去自己的立場。

〈解讀〉

① 九二爻變，下卦成離，離為麗，為依附，所以說「牽復」。

② 九二的吉，主要是居下卦之中位，又有九五配合（五陽面對一柔時，彼此不會相斥），所以不會失去立場。

九三。輿說（ㄊㄨㄛ）輻，夫妻反目。
象曰：夫妻反目，不能正室也。

〈白話〉

九三。大車脫落輻條，夫妻反目失和。
〈象傳〉說：夫妻反目失和，是因為不能端正家庭關係。

〈解讀〉

① 「輿」是車，「說」同脫，「輻」是車輪上的輻條。車脫落輻條，就無法前進，正如九三的去路被全卦唯一的陰爻六四所阻。九三爻變，出現互震（九二、六三、六四），震為輿。九三本身在互兌（九二、九三、六四）中，兌為毀折，二者合起來，就是「脫輻」。

② 九三也像其他陽爻一般，要與六四呼應，奈何六四居上乘剛，使夫妻的上下關係顛倒了，以至於「反目」。此外，在下乾上巽的結構中，乾為男，巽為女，為「多白眼」。九三又在互離（九三、六四、九五）中，離為目，所以說「反目」，也因而不能「正室」。

六四。有孚，血去惕出，无咎。
象曰：有孚惕出，上合志也。

〈白話〉

六四。有誠信，避開流血並走出戒懼，沒有災難。
〈象傳〉說：有誠信而走出戒懼，是因為與上位者心意相合。

〈解讀〉

① 六四以一柔面對五剛，必須有誠信，否則後果不堪設想。六四在互離

（九三、六四、九五），離為戈兵，又在互兌（九二、九三、六四），兌為毀折，血與惕皆由此而來。誠信足夠，則不會有傷害（血去），也不必再戒懼（惕出）。六四為全卦主爻，本身當位，與初九正應，又與九五相比，但只能做到「无咎」，實因以柔待剛，力有未逮。

② 「上合志」的「上」，是指九五而言。九五亦見「有孚」。

九五。有孚攣（ㄌㄩㄢˊ）如，富以其鄰。
象曰：有孚攣如，不獨富也。

〈白話〉

九五。有誠信而繫念著，要與鄰居一起富裕。

〈象傳〉說：有誠信而繫念著，是因為不要獨自富裕。

〈解讀〉

① 九五以陽爻居上卦中位，可謂既中且正，是尊貴的領袖，又有六四緊承其下，是「有孚」充實之象。「富以其鄰」的「以」是「與」的意思。九五在上卦巽中，巽為近利市三倍，所以九五有能力「富以其鄰」。六四為本卦主爻，故九五降尊而稱鄰。

② 九五的「攣如」來自它不想獨自富裕，而願與六四及各爻分享。九五爻變為艮（六四、六五、上九），艮為手。「攣」為雙手緊握，繫念於心。

上九。既雨既處，尚德載。婦貞厲。月既望，君子征凶。
象曰：既雨既處，德積載也。君子征凶，有所疑也。

〈白話〉

上九。已經下了雨，已經可以安居，要推崇道德滿載。婦女維持作風會有危險。月亮已經滿盈，君子前進會遭遇凶禍。

〈象傳〉說：已經下雨了，已經可以安居，是因為道德累積到滿載。君子前進會遭遇凶禍，是因為有所疑慮。

〈解讀〉

① 本卦卦辭是「密雲不雨」，上九完成此卦，表示「小畜」告一段落，所以「既雨」，本身也可以「既處」。雨為雨澤，為德，這種「德載」值得推崇，但是不可忘記它是由六四所下的工夫。六四以一陰止五陽，非止之以力，須止之以德。上九爻變為坎，為雨；並且因爻變為上六而當位，為處。

② 巽居乾上，巽為婦。婦雖有功，但須功成身退，所以她維持作風會有危險。這種情形有如月亮已經滿盈。有關月亮，依先天八卦圖的順序，乾為十五日（月盈），巽為十六日，艮為二十三日，坤為三十日（月虛），震為三日，兌為八日。本卦上巽，所以說「月既望」。在陰柔的勢力籠罩下，君子有所行動就會「凶」。此時所「疑」，是因為上九為最後一爻，已無路可走。並且上九爻變，上卦為坎，有危險。

履：履虎尾，不咥人，亨。

〈象〉曰：上天下澤，履。君子以辯上下，定民志。

上九：視履考祥，其旋元吉。
〈象〉曰：元吉在上，大有慶也。

九五：夬履，貞厲。
〈象〉曰：夬履貞厲。位正當也。

九四：履虎尾，愬愬，終吉。
〈象〉曰：愬愬終吉，志行也。

六三：眇能視，跛能履。履虎尾，咥人，凶。武人為於大君。
〈象〉曰：眇能視，不足以有明也。跛能履，不足以與行也。咥人之凶，位不當也。武人為於大君，志剛也。

九二：履道坦坦，幽人貞吉。
〈象〉曰：幽人貞吉，中不自亂也。

初九：素履，往无咎。
〈象〉曰：素履之往，獨行願也。

☰ 履。履虎尾，不咥（ㄉㄧㄝˊ）人，亨。

〈白話〉

履卦。踩在老虎尾巴上，老虎不咬人，通達。

〈解讀〉

① 履卦是下兌上乾，亦即「天澤履」。〈序卦〉說：「物畜然後有禮，故受之以履。」履者，禮也。〈繫辭下〉有修德九卦，履列第一，為「德之基」，蓋因德行始於實踐。

② 「履」意思是鞋子，引申為穿鞋走路、行事合乎禮儀。本卦的通達，

在於遭遇最危險的事，也不會受害。

③ 本卦下兌上乾，兌為口，為悅，乾為人；有口而不咬人，反而以悅待
人，自然通達了。

象曰：履，柔履剛也。說（ㄩㄝˋ）而應乎乾，是以履虎尾，不咥
人，亨。剛中正，履帝位而不疚，光明也。

〈白話〉

〈象傳〉說：履卦，柔順者以禮對待剛強者。以和悅去回應強健，所以踩
在老虎尾巴上，老虎不咬人，通達。剛強者居中守正，踏上帝位也沒有愧
疚，是因為光明坦蕩。

〈解讀〉

① 本卦的用意在於肯定「柔履剛」。不過，下兌上乾，是下柔上剛，為
何說是「柔履剛」？理由是：柔在下，原是恰當的，以其柔順方式來
對待陽剛，亦即依禮行事，則可以走遍天下。

② 九五剛爻，既中且正，又居君位，因為在履卦，所以說是「履帝
位」，沒有愧疚可言。又因為主爻是六三（唯一的陰爻），六三在互
離（九二、六三、九四）中，離為火、為光明，所以稱之「光明」。

象曰：上天下澤，履。君子以辯上下，定民志。

〈白話〉

〈象傳〉說：天在上，澤在下，這就是履卦。君子由此領悟要分辨上下秩
序，安定百姓的心意。

〈解讀〉

① 履卦下兌上乾，兌為澤，乾為天，所以是上天下澤，這是自然界原本
的位序。

② 君子分辨（辯）社會上應有的秩序，才可使人各安其位，相互以禮來往，進而安定百姓的心意。

初九。素履，往无咎。
象曰：素履之往，獨行願也。

〈白話〉

初九。按平常的踐履方式，前往沒有災難。
〈象傳〉說：按平常的踐履方式前往，是因為只想實現自己的願望。

〈解讀〉

① 「履」卦意在向前走去，而初九陽爻有動力，又位在足（初爻如足），所以依其平素正常方式去踐履（實踐、履行），就可以「往无咎」。初九在兌卦，依後天八卦圖，兌在西，其色為白，為素。禮以質為本，故重「素」。

② 「獨行願」，是因為與上無應，獨行其志，不是為了任何利益。

九二。履道坦坦，幽人貞吉。
象曰：幽人貞吉，中不自亂也。

〈白話〉

九二。所走的路平坦寬闊，幽隱的人正固吉祥。
〈象傳〉說：幽隱的人正固吉祥，是因為他守中使自己不亂。

〈解讀〉

① 九二爻變，下卦為震，震為大塗，所以說「履道坦坦」。不過，由於下卦兌為澤，所以適合澤中之人（幽人）正固吉祥。「中不自亂」，因為他位居中爻，可以守常不亂。

② 「幽人」的原意為「處於幽暗中的人」，與「視不明」有關。九二為

六三所掩，在下卦兌中，兌為毀折；又在互卦離（九二、六三、九四）中，離為目；合之則為目有毀折，所以處身幽暗。在此則指幽隱之人。

六三。眇（ㄇㄧㄠˇ）能視，跛能履，履虎尾，咥人，凶。武人為於大君。

象曰：眇能視，不足以有明也。跛能履，不足以與行也。咥人之凶，位不當也。武人為於大君，志剛也。

〈白話〉

六三。眼有疾還能看，腳跛了還能走。踩在老虎尾巴上，老虎咬人，凶禍。勇武之人要為大王效力。

〈象傳〉說：眼有疾還能看，但沒辦法看清楚。腳跛了還能走，但沒辦法走遠路。老虎咬人的凶禍，是因為位置不適當。勇武之人要為大王效力，是因為心意剛強。

〈解讀〉

① 六三在下卦兌（毀折）與互卦離（目）中，是眼有疾；又在互卦巽（六三、九四、九五）中，巽為股，是腿受傷。既看不清又走不遠，只要一冒險前進（履虎尾），就有凶禍。上卦乾為虎，六三履虎尾。六三與上九正應，上九回頭咥人。兌為口，六三等於落入虎口。本卦卦辭說「履虎尾，不咥人」，是依全卦取象，與本爻依相關位置取象不同。

② 六三是全卦唯一的陰爻，因而成為主爻，惜以陰爻居剛位而位不當。但六三往上可與九五配合，成為互巽（六三、九四、九五），順之而行可免凶禍，就如志剛武人要為大君效力。「大君」為天子之尊稱，指九五。

九四。履虎尾，愬愬（ㄙㄜˋ），終吉。
象曰：愬愬終吉，志行也。

〈白話〉

九四。踩在老虎尾巴上，戒慎恐懼，最後吉祥。

〈象傳〉說：戒慎恐懼而最後吉祥，是因為心意是要往前走。

〈解讀〉

① 上卦乾為虎，九四居其下位，也是「履虎尾」。九四履虎尾而未被咬，是因為已脫離兌卦，中間有了分界。不過，恐懼發抖（愬愬）還是難免。乾卦為白晝，有戒懼之意。

② 九四下有六三來順承，本身又剛健能行。在履卦中，它的心意可以實現，所以「終吉」。

九五。夬（ㄍㄨㄞˋ）履，貞厲。
象曰：夬履貞厲，位正當也。

〈白話〉

九五。剛決履行，一直如此會有危險。

〈象傳〉說：剛決履行而一直如此會有危險，是因為位置居正而當令。

〈解讀〉

① 「夬」亦為卦名（䷪，第四十三卦）。「貞」在此是說「一直堅持」剛決的態度，將會有危險。九五爻變，互卦成坎，表示有隱伏的危險。

② 九五為君位，又處乾卦（陽剛而進取）中爻，可謂「位正當」，程頤說：「居至尊之位，據能專之勢，而自任剛決，不復畏慎，雖使得正，亦危道也。」

上九。視履考祥，其旋元吉。

象曰：元吉在上，大有慶也。

〈白話〉

上九。審視走過的路，考察吉凶禍福，如此返回最為吉祥。

〈象傳〉說：最為吉祥的居於上位，這是大有喜慶的事。

〈解讀〉

① 履卦到了上九，完成任務，可以回顧過去所踐履的，並考核其吉凶（祥）。「祥」有「禎祥、凶祥、徵應」三義。上九與六三正應，六三在互離中，離為目為視；離亦為龜為占卜，引申為考祥。既然有此體驗，返回時不再行差踏錯，結果「元吉」。

② 上九有六三主爻與之正應，並且自身爻變為兌，為悅，所以說是「大有慶也」。

泰：小往大來，吉亨。

〈象〉曰：天地交，泰，

后以財成天地之道，輔相天地之宜，以左右民。

上六：城復於隍，勿用師。自邑告命，貞吝。
〈象〉曰：城復於隍，其命亂也。

六五：帝乙歸妹，以祉元吉。
〈象〉曰：以祉元吉，中以行願也。

六四：翩翩不富以其鄰，不戒以孚。
〈象〉曰：翩翩不富，皆失實也；不戒以孚，中心願也。

九三：无平不陂，无往不復。艱貞无咎。勿恤其孚，於食有福。
〈象〉曰：无往不復，天地際也。

九二：包荒，用馮河，不遐遺，朋亡，得尚於中行。
〈象〉曰：包荒，得尚於中行，以光大也。

初九：拔茅，茹以其彙，征吉。
〈象〉曰：拔茅征吉，志在外也。

䷊ 泰。小往大來，吉亨。

〈白話〉

泰卦。小的前往，大的來到，吉祥通達。

〈解讀〉

① 泰卦是下乾上坤，亦即「地天泰」。〈序卦〉說：「履而泰然後安，故受之以泰。泰者，通也。」按禮儀去行動，就可以通達，並且平安。

② 爻由下向上為「往」，由上向下為「來」。泰卦乾下坤上，表示陽爻都來到下卦，而陰爻都前往上卦，陽大陰小，正是小往而大來。得到多而失去少，吉祥而通達。泰卦為消息卦，代表農曆正月，春之始，象「三陽開泰」。

③ 陰爻與陽爻有些常用的對比詞：陰爻為小，為小人，為臣，為女性等。陽爻為大，為君子，為君，為男性等。不過，兩者相需相成，否則無法成卦，也無法寫象宇宙與人生的複雜變化。

象曰：泰，小往大來，吉亨。則是天地交而萬物通也；上下交而其志同也。內陽而外陰，內健而外順，內君子而外小人。君子道長，小人道消也。

〈白話〉

〈象傳〉說：泰卦，小的前往，大的來到，吉祥通達。意思就是天地二氣互相交流，使得萬物通順暢達；上位者與下位者彼此來往，使得心意相同。陽剛居內而陰柔處外，內在剛健而外在柔順，進用君子而疏遠小人。君子的作風在成長，小人的作風在消退。

〈解讀〉

① 有往來才有變化，小往大來，所以吉亨。泰卦乾下坤上，乾為天，坤為地；天本在上而地本在下，現在天來到地之下，是為二氣交感流動，萬物自然生氣蓬勃。比擬於人事，則是上位者來到下位者之下，順應民情，「其志同也」。唐朝徐堅《初學記》說：「夫陰陽交，萬物成；君臣交，邦國治；士庶交，德行光。同憂樂，共富貴，而友道備矣。」

② 接著三句談到「內外」，可知下卦為內，上卦為外。乾為陽，為健，為君子；坤為陰，為順，為小人。這是「外柔內剛」之象，既有原則又能順應。

③ 爻的運動由下往上，乾卦三陽爻在下，自然往上發展（君子道長），坤卦三陰爻在上，已經前無去路（小人道消）。

象曰：天地交，泰。后以財成天地之道，輔相天地之宜，以左右民。

〈白話〉

〈象傳〉說：天地二氣互相交流，這就是泰卦。君王由此領悟，要根據天地運行的法則來設計制度，配合天地運行的條件來助成效益，藉此引導百姓。

〈解讀〉

① 泰卦的取象是天氣與地氣的交往。「后」是君王，繼先王之後的王侯皆可稱「后」。〈象傳〉稱「后」者，僅泰卦與姤卦二卦。
② 「財成」是指裁成，要依循自然界的法則來制定人群的生活方式，如農業社會的春耕、夏耘、秋收、冬藏。「輔相」則有參贊化育之意。「左右」是指君王對百姓的帶領、輔助與影響。

初九。拔茅，茹（ㄖㄨˊ）以其彙（ㄏㄨㄟˋ），征吉。
象曰：拔茅征吉，志在外也。

〈白話〉

初九。拔取茅草，根莖牽連著同類，向前推進而吉祥。
〈象傳〉說：拔取茅草，向前推進而吉祥，是因為心意是要向外發展。

〈解讀〉

① 初九居下卦乾的起步位置，乾有上進的動性，初九有九二、九三為同類，一起努力，所以「征吉」。
② 初九爻變，下卦成巽，巽為木，在初為茅，「茅」是菅草；「茹」為

根莖相連的樣子；「彙」是類。拔取這種茅草，會連帶拉出許多細的根莖。初九的行動有九二、九三配合，相連而進。

③ 「志在外」，整個乾卦（在內）要向坤卦（在外）推進，初九又有六四正應，為陰陽相引之象，所以志在外。君子志在天下，不在一身。

九二。包荒，用馮（ㄆㄧㄥˊ）河，不遐（ㄒㄧㄚˊ）遺，朋亡，得尚於中行。

象曰：包荒，得尚於中行，以光大也。

〈白話〉

九二。包容廣闊，徒步過河，不因遙遠而有所遺漏，失去朋黨，守中而行受到推崇。

〈象傳〉說：包容廣闊，守中而行受到推崇，是因為光明遠大。

〈解讀〉

① 乾卦陽剛健行，向上發展，九二居其中，最足以代表。

② 「中行」之德有四。一，「包荒」，九二有六五正應；要從下乾到上坤，無異於涵蓋天下，包容廣闊，這是有仁德。二，「用馮河」，「馮」是憑，直接徒步過河，這是勇敢果決的行動。三，「不遐遺」，「遐」是遠，不因遙遠而遺漏小事，這是有智慧。四，「朋亡」，「朋」是朋友，引申為朋黨；為政最怕結黨營私，以致無法守中而行。

③ 九二爻變，下卦成離，又出現互坎，離為日坎為月，有日有月是為「包荒」。「用馮河」的河來自互坎，坎為水。九二與六五正應，是「得尚於中行」，並且「不遐遺」。「朋亡」則是九二有互兌，可以擺脫下卦三陽爻之朋黨。能做到這樣，自然顯得光明而遠大。

九三。无平不陂（ㄅㄧˋ），无往不復，艱貞無咎。勿恤其孚。於食有福。

象曰：无往不復，天地際也。

〈白話〉

九三。沒有只平坦而不傾斜的，沒有只前往而不返回的。在艱難中正固，沒有災難。不必擔憂，保持誠信。在食物上有福可享。

〈象傳〉說：沒有只前往而不返回的，是因為它處在天地交接之處。

〈解讀〉

① 九三在上下二卦之間，下乾上坤的平衡，會因為陽動陰靜而產生變化。有平陂往復，原是自然界的常態。九三互震，在動盪之際，只要正固就可以無咎。不必憂慮（恤）。它的誠信（孚）來自陽爻居剛位，又有上六正應。

② 「於食有福」是指面臨三個陰爻，有很大的發展空間。依卦象而言，九三在互兌（九二、九三、六四）之中，兌為口，上臨坤卦，坤為眾；合而引申之，為可食之物眾多。

六四。翩翩（ㄆㄧㄢ）不富以其鄰，不戒以孚。

象曰：翩翩不富，皆失實也；不戒以孚，中心願也。

〈白話〉

六四。輕鬆而不靠財富就得到鄰居支持，由於誠信而不加戒備。

〈象傳〉說：輕鬆而不靠財富，是因為都失去了實質；由於誠信而不加戒備，是因為內心願意如此。

〈解讀〉

① 六四面對三個陽爻的推進，首當其衝而立足不穩。六四在互震（九三、六四、六五）中，自身爻變又使上卦成震，兩個震使它「翩翩」

（輕飄狀），引申為輕鬆不費力，亦即不靠財富，就得到「鄰」（指
六五、上六）的支持，因為這三個陰爻皆虛而不實（陽為實，陰為
虛）。

② 六四的「孚」，來自陰爻居柔位以及下有初九正應。六四「不戒」，
因為六五、上六都願意配合。

六五。帝乙歸妹，以祉元吉。
象曰：以祉元吉，中以行願也。

〈白話〉

六五。帝乙嫁來妹妹，以此得福最為吉祥。

〈象傳〉說：以此得福最為吉祥，是因為居中而實現自己的願望。

〈解讀〉

① 「帝乙歸妹」：帝乙是商紂王的父親，他把妹妹嫁給周的王季（季
歷），生下周文王。爻辭的意思是帝王之女嫁諸侯，也應按禮制規
定，順從其夫。六五與九二正應，陰居帝位而順下陽，兩者皆居中，
可以「行願」。

② 可參考歸妹卦（䷵，第五十四卦），下兌上震，兌為少女，震為長
男。泰卦的六五在互震（九三、六四、六五），其下則面臨互兌（九
二、九三、六四），亦有歸妹之象。

上六：城復於隍，勿用師。自邑告命，貞吝。
象曰：城復於隍，其命亂也。

〈白話〉

上六。城牆倒塌在壕溝裡，不要出動軍隊。從鄉邑傳來命令，一直如此將
有困難。

〈象傳〉說：城牆倒塌在壕溝裡，因為命令已經亂了。

〈解讀〉

① 泰卦走到最後又要變化了。上六爻變為艮為城；它與九三正應，九三在互兌中，兌為澤為隍，所以說「城復於隍」。「隍」是護城河，最初掘壕溝時，累其土為牆，現在牆倒，土又回到壕溝，正是循環往復。坤為眾為師，「勿用師」，因為大勢所趨無法抵抗。

② 「自邑告命」：上六與九三正應，九三在互兌、互震，有口可令；坤為邑，合起來就是「自邑告命」。本來是從京城向鄉邑發令，現在情形顛倒了。如果堅持不變，將遭到困難。談及「邑」，皆為內治之事。

否：否之匪人。不利君子貞，大往小來。

〈象〉曰：天地不交，否。君子以儉德辟難，不可榮以祿。

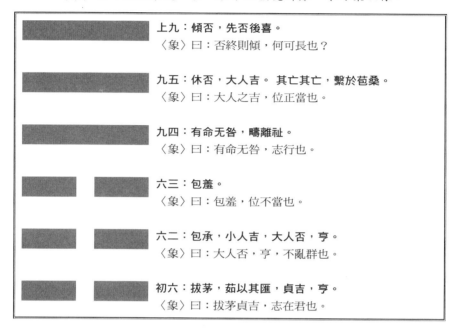

上九：傾否，先否後喜。
〈象〉曰：否終則傾，何可長也？

九五：休否，大人吉。 其亡其亡，繫於苞桑。
〈象〉曰：大人之吉，位正當也。

九四：有命无咎，疇離祉。
〈象〉曰：有命无咎，志行也。

六三：包羞。
〈象〉曰：包羞，位不當也。

六二：包承，小人吉，大人否，亨。
〈象〉曰：大人否，亨，不亂群也。

初六：拔茅，茹以其匯，貞吉，亨。
〈象〉曰：拔茅貞吉，志在君也。

☷ 否（ㄆㄧˇ）之匪人。不利君子貞，大往小來。

〈白話〉

否卦違背人的需求。君子正固是不適宜的，大的前往，小的來到。

〈解讀〉

① 否卦是下坤上乾，亦即「天地否」。〈序卦〉說：「物不可終通，故
　受之以否。」永遠通達是不可能的，所以會有阻塞。

② 「否」由下坤上乾組成，天在上，地在下，互不交往，形成閉塞不通
　的現象。萬物無法生長，人類又怎能生存？所以說它違背人的需求。

③ 乾卦三陽爻在上，是「大往」；坤卦三陰爻在下，是「小來」。君子要順應趨勢而退隱，不宜正固不變。否卦為消息卦，代表農曆七月，秋之始。

象曰：否之匪人，不利君子貞，大往小來。則是天地不交，而萬物不通也；上下不交，而天下无邦也；內陰而外陽，內柔而外剛，內小人而外君子。小人道長，君子道消也。

〈白話〉

〈象傳〉說：否卦違背人的需求，君子正固是不適宜的，大的前往，小的來到。意思就是天地二氣互不交流，使得萬物無法通順暢達；上位者與下位者不相往來，天下沒有國家可以存在；陰柔居內而陽剛處外，內在柔順而外在剛健，進用小人而疏遠君子。小人的作風在成長，君子的作風在消退。

〈解讀〉

① 否卦下坤上乾，天本在上而地本在下，兩者不相交感流通，就是否，亦即閉塞不通。「匪人」，是指非人，不合乎人道。

② 在政治上沒有上下之交，國家也無法繼續存在，所以說「无邦」。其餘各語皆是泰卦的反面現象，可參考泰卦的解說。由此可知，《易經》的變化理論中，有相對相反而平衡的觀念。有「泰極否來」，就有「否極泰來」。

象曰：天地不交，否。君子以儉德辟難，不可榮以祿。

〈白話〉

〈象傳〉說：天地二氣不相交往，這就是否卦。君子由此領悟，要收斂修德以避開災難，不可謀取祿位來顯耀自己。

〈解讀〉

① 六爻的發展由下而上，乾卦三陽爻居上，注定走向消退，所以君子不宜正固，要先避開小人所加的災禍，這就是「儉德辟難」。「辟」為避。

② 在「小人道長」之時，如果想要「榮以祿」，就必須同流合污，不然必有後患。

初六。拔茅，茹以其彙，貞吉，亨。
象曰：拔茅貞吉，志在君也。

〈白話〉

初六。拔取茅草，根莖牽連著同類，正固吉祥，通達。
〈象傳〉說：拔取茅草，正固吉祥，是因為心意在君王身上。

〈解讀〉

① 「茹以其彙」的「彙」，與泰卦初九的「彙」，皆指「類」而言。初六爻變，下卦為震，震為木，其初為茅。「茹」為根莖相連的樣子，在此是指初六牽連著六二、六三。泰卦是「君子道長」，所以說「征吉」。否卦是「君子道消」，所以對君子要說「貞吉」，以正固為好。

② 貞吉之「亨」，來自上有九四正應，九四在上乾中，乾為君，所以說「志在君也」。下位者存念君上，在「否」之初保持正固，可謂合宜。

六二。包承，小人吉，大人否，亨。
象曰：大人否，亨，不亂群也。

〈白話〉

六二。包容承載，小人吉祥，大人閉塞，通達。
〈象傳〉說：大人閉塞，六二通達，是因為沒有變亂同類成群。

〈解讀〉

① 泰卦九二說「包荒」，否卦六二說「包承」，都是以中爻代表該卦的特性。「包荒」是乾（天）的包容廣闊；「包承」是坤（地）的包容承載。否卦是坤卦要向上推進，乾卦有消亡之虞，所以「小人吉，大人否」。

② 「大人否，亨」：既然說大人閉塞，何以又是「亨」？大人不隨波逐流，能固窮則亨，所指為其道亨通，大人身否而道亨。六二上有九五正應，陰陽互通，並且六二上下皆是陰爻，「不亂群也」。

六三。包羞。
象曰：包羞，位不當也。

〈白話〉

六三。包藏羞恥。
〈象傳〉說：包藏羞恥，是因為位置不恰當。

〈解讀〉

① 六三是陰爻居剛位，不正，又不處在中位。處於不中不正的位置，所作所為如何恰當？六三在互巽中，巽為風，六三立場搖擺不定，所以說「包羞」。

② 「羞」也是因為六三上遇九四，兩者皆不中不正，又是陰陽相鄰，所以有羞恥或羞怯之象。

九四。有命无咎，疇（ㄔㄡˊ）離祉。
象曰：有命无咎，志行也。

〈白話〉

九四。有所受命，沒有災難，眾人依附而得福。
〈象傳〉說：有所受命而沒有災難，是因為心意得以實行。

〈解讀〉

① 九四上臨九五，九五為君位；並且，九四處於互巽（六三、九四、九五），而巽為風，引申為傳令。

② 「疇」：儔也，同類或眾人。「離」：麗也，附麗或依附。在此，九四下臨三個陰爻，有如眾人前來依附。

③ 既能受君所命，又能福利眾人，九四的心意可以實現。

九五。休否，大人吉。其亡其亡，繫於苞（ㄅㄠ）桑。

象曰：大人之吉，位正當也。

〈白話〉

九五。終止閉塞，大人吉祥。想到要滅亡了，要滅亡了，這樣才會繫在大桑樹上。

〈象傳〉說：大人的吉祥，是因為位置居正而恰當。

〈解讀〉

① 否卦到了九五，才停止下來。「其亡」的「其」是表示推測的語詞，「其亡」是提醒自己快要亡了，如此才有可能穩定下來。九五在互巽中，巽為木，為高大的苞桑；巽又為繩，為繫，所以說「繫於苞桑」。此為「居安思危」之意。

② 九五下臨互艮（六二、六三、九四），艮為止，所以說「休否」。九五位居上卦中位，陽爻剛位，既中且正，是「位正當也」。另外，有關此爻，〈繫辭・下〉引述孔子之語，可供參考。

上九。傾否，先否後喜。

象曰：否終則傾，何可長也？

〈白話〉

上九。傾覆閉塞的現象，先閉塞然後喜悅。

〈象傳〉說：閉塞到了極點就會傾覆，怎麼會長久呢？

〈解讀〉

① 否卦到了上九，前無去路，必然傾倒翻覆。只要在閉塞中堅持到底，最後總會有破涕為笑的時刻。上九爻變，上卦為兌，兌為悅為喜。

② 「何可長也？」一語，其實可以用在任何處境。若是不知變化的道理，認定人生一切安穩，那麼就會陷於無所適從的困境。《易經》教人善處變化，正是期許人們培養智慧，亦即懂得出處進退並且堅持正當的原則。

⑬ 同人卦 ☰

同人：同人於野，亨。利涉大川，利君子貞。

〈象〉曰：天與火，同人。君子以類族辨物。

▬▬▬▬▬	**上九：同人於郊，无悔。** 〈象〉曰：同人於郊，志未得也。
▬▬▬▬▬	**九五：同人，先號咷而後笑，大師克相遇。** 〈象〉曰：同人之先，以中直也。大師相遇，言相克也。
▬▬▬▬▬	**九四：乘其墉，弗克攻，吉。** 〈象〉曰：乘其墉，義弗克也；其吉，則困而反則也。
▬▬▬▬▬	**九三：伏戎於莽，升其高陵，三歲不興。** 〈象〉曰：伏戎於莽，敵剛也。三歲不興，安行也。
▬▬ ▬▬	**六二：同人於宗，吝。** 〈象〉曰：同人於宗，吝道也。
▬▬▬▬▬	**初九：同人於門，无咎。** 〈象〉曰：出門同人，又誰咎也？

☰ 同人於野，亨。利涉大川，利君子貞。

〈白話〉

聚合眾人於郊野，通達。適宜渡過大河，適宜君子正固。

〈解讀〉

① 同人卦是下離上乾，亦即「天火同人」。〈序卦〉說：「物不可以終否，故受之以同人。」一直阻隔也不行，所以要與人聚合。

② 同人卦下離上乾。乾為天，「離」字古作「羅」，為網羅之意；天下有網羅，可以聚合眾人。「野」：邑外有郊，郊外有野，表示是在郊野曠遠之地與人聚合，沒有任何私心。

③ 乾為天，離為火為日，光天化日，心無所私，君子聚合眾人，則可不
　　畏險阻，堅持正道。

象曰：同人，柔得位得中，而應乎乾，曰同人。同人曰：「同人於
野，亨。利涉大川。」乾行也。文明以健，中正而應，君子正也。
唯君子為能通天下之志。

〈白話〉
〈象傳〉說：同人卦，柔順者取得合宜之位也取得居中之位，又與乾卦互
相呼應，這就稱為同人卦。同人卦說：「聚合眾人於郊野，通達。適宜渡
過大河。」這是因為乾卦是向前行進的力量。文采光輝而健行，居中守正
而應合，這是君子的正道。只有君子可以溝通天下人的心意。

〈解讀〉
① 同人卦為五陽一陰組成，因此解說重點在於一陰。六二居下卦之中
　　位，又是陰爻居柔位，可謂「得位得中」。上有九五正應，而九五在
　　此所代表的是乾卦。上下一心，所以「亨」。乾卦是健行的動力，所
　　以「利涉大川」。
② 同人卦下離上乾，離為火，為文明，乾為健，合稱「文明以健」。九
　　五代表君子，居中守正，又有六二正應，只有這樣的君子才有能力
　　「通天下之志」，達成同人卦的理想。

象曰：天與火，同人。君子以類族辨物。

〈白話〉
〈象傳〉說：天與火組成的現象，就稱為同人卦。君子由此領悟，要歸類
族群，分辨事物。

〈解讀〉

① 乾為天，離為火；天在上，而火之性也向上，兩者可以聲氣相通，所以形成「同人」。

② 上天下火，正是天下光明之象，君子洞燭一切，懂得合異為同（類族）與別同為異（辨物）。〈繫辭‧上〉說：「方以類聚，物以群分」，即是此意。

初九。同人於門，无咎。
象曰：出門同人，又誰咎也？

〈白話〉

初九。在門外聚合眾人，沒有責難。
〈象傳〉說：走出門外聚合眾人，又有誰來給你責難？

〈解讀〉

① 「同人於野」是本卦的理想。現在進入卦中，初九為第一爻，尚在門外，尚未進入門戶，還不至於偏私，所以「无咎」。「咎」為災難，為責難。

② 在六爻中，二位是大夫，大夫才有家。初九在初位，無異於在家門之外，所以要用「出門」解釋「於門」。出門與天下善士交往，何咎之有？

六二。同人於宗，吝。
象曰：同人於宗，吝道也。

〈白話〉

六二。在宗族裡聚合眾人，鄙陋。
〈象傳〉說：在宗族裡聚合眾人，這是走向鄙陋的路。

〈解讀〉

① 六二進入家位，只與同宗族的人聚合。意思是：此卦五個陽爻都希望
　　與六二同心，但是六二與九五正應，有如排除了不同宗的人，有違
　　「同人」理想。

② 「吝」有羞辱、屈辱、受困、困難之意。在此譯為「鄙陋」，是說因
　　為鄙陋而引來困難。

九三。伏戎於莽，升其高陵，三歲不興。
象曰：伏戎於莽，敵剛也。三歲不興，安行也。

〈白話〉

九三。在草莽中埋伏士兵，或者登上高陵瞻望，三年不能發動攻擊。
〈象傳〉說：在草莽中埋伏士兵，是因為敵人剛強。三年不能發動攻擊，
是因為找不到去處。

〈解讀〉

① 九三在下卦離中，離為甲胄，為戈兵，又在互巽中，巽為草木，所以
　　說「伏戎於莽」。九三在互巽中，巽為高；它爻變出現互艮，艮為
　　山，所以說「升其高陵」。

② 九三陽爻居剛位，勇猛躁進。它處於同人卦中，欲得六二之心，因此
　　必須與九五爭勝。奈何九五位尊而剛中，以致九三在上臨三陽爻的情
　　況下，「三歲不興」。「安行」的「安」為「何」。何行也，何處可
　　去，亦即無路可走。

九四。乘其墉，弗克攻，吉。

象曰：乘其墉，義弗克也；其吉，則困而反則也。

〈白話〉

九四。登上城牆，卻不能進攻，吉祥。

〈象傳〉說：登上城牆，理當不能進攻；它的吉祥，是因為遇到困難就返回到法則上。

〈解讀〉

① 九四位居互巽（六二、九三、九四）之上位，巽為繩直，為高，有城牆之象，所以說「乘其墉」。「墉」為城牆。九四與九五，僅一步之隔。九四爻變出現互離，有戰爭之象，它也想與九五爭奪六二，所以想要進攻。

② 九四以陽爻居柔位，自己未能中正，在道義上就不能進攻。而它的「吉」，在於「困而反則」，沒有何去何從的困擾。

九五。同人，先號咷而後笑，大師克相遇。

象曰：同人之先，以中直也。大師相遇，言相克也。

〈白話〉

九五。聚合眾人，先是痛哭後是歡笑，大部隊能夠會合。

〈象傳〉說：聚合眾人，會先痛哭後歡笑，是因為居於中位而行為正直。大部隊能夠會合，是說已經戰勝了敵人。

〈解讀〉

① 九五與六二正應，但是中間有九三、九四橫加阻隔，所以難免悲憤哭泣。最後破涕為笑，是因為居中行直，取得了勝利。九五與六二正應，六二在互巽中，巽為號為哭；九五爻變出現互兌，兌為悅為笑；所以說「先號咷而後笑」。

② 「大師克相遇」，則是以正制邪，使全卦同心同德，大家可以會合。九五爻變，上卦成離，離為甲冑戈兵，有軍隊之象；上卦為乾，乾稱大，合之則為「大師」。「相遇」是指與主爻六二正應。

③ 〈繫辭‧上〉孔子引用本卦九五爻辭，發揮其意，說：「君子之道，或出或處，或默或語。二人同心，其利斷金。同心之言，其臭如蘭。」由此亦可見「同心」之可貴。

上九。同人於郊，无悔。
象曰：同人於郊，志未得也。

〈白話〉

上九。聚合眾人於郊外，沒有懊惱。
〈象傳〉說：聚合眾人於郊外，是因為心意沒有得到回應。

〈解讀〉

① 上九居同人卦最後一爻的位置，離六二最遠，有如位於郊外，即將引退。不過它依然秉持全卦精神而聚眾，接近卦辭所謂「同人於野」，所以「无悔」。

② 「志未得也」，因為上九不但距六二最遠，與九三又敵而不應。

大有：元亨

〈象〉曰：火在天上，大有。君子以遏惡揚善，順天休命。

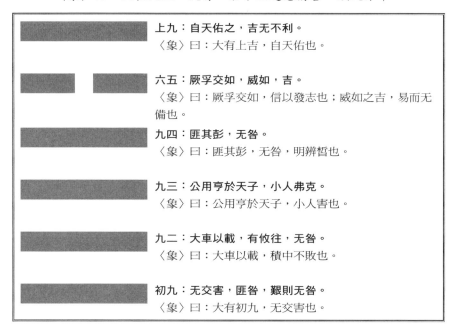

上九：自天佑之，吉无不利。
〈象〉曰：大有上吉，自天佑也。

六五：厥孚交如，威如，吉。
〈象〉曰：厥孚交如，信以發志也；威如之吉，易而无備也。

九四：匪其彭，无咎。
〈象〉曰：匪其彭，无咎，明辨晢也。

九三：公用亨於天子，小人弗克。
〈象〉曰：公用亨於天子，小人害也。

九二：大車以載，有攸往，无咎。
〈象〉曰：大車以載，積中不敗也。

初九：无交害，匪咎，艱則无咎。
〈象〉曰：大有初九，无交害也。

䷍ 大有，元亨。

〈白話〉

大有卦，最為通達。

〈解讀〉

① 大有卦是下乾上離，亦即「火天大有」。〈序卦〉說：「與人同者，物必歸焉，故受之以大有。」聚合眾人之後，物產自然豐富。

② 大有卦是同人卦的覆卦（又稱綜卦，亦即全卦倒過來看）。「元亨」之「元」為大為長，有如「元吉」之元，所以譯「元亨」為「最為通

達」。卦辭出現「元亨」者有三：大有卦、蠱卦、升卦，可對照參考。

彖曰：大有，柔得尊位，大中而上下應之，曰大有。其德剛健而文明，應乎天而時行，是以元亨。

〈白話〉

〈彖傳〉說：大有卦，柔順者取得尊貴的位置，大行中道而上下都來應合，所以稱為大有。它的作風陽剛勁健又有文采光輝，配合天體法則又能按時運行，因而最為通達。

〈解讀〉

① 本卦由一陰五陽組成，六五位居尊位，在陽爻（陽爻為大）之中，是為「大中」；上下五陽皆來相應支持，所以「元亨」。

② 本卦下乾上離，乾為健，離為文明，亦即「剛健而文明」。六五與九二正應，六五在上卦離中，離為日；九二在下卦乾中，乾為天；陰柔（六五）順應陽剛（九二），有如太陽依天體法則而運行，一年四季得以循環進展，此為「應乎天而時行」。古人依其常識，仍有「日動說」的觀念，在此不必深究。

象曰：火在天上，大有。君子以遏惡揚善，順天休命。

〈白話〉

〈象傳〉說：火在天的上方，這就是大有卦。君子由此領悟，要抑制邪惡、顯揚善德，順從上天所賦的美好使命。

〈解讀〉

① 下乾上離，就是「火在天上」，大放光明，照亮萬物。人間善惡無所遁形，君子也知道應該如何行動，就是遏（抑制）惡而揚（發揚）善。

② 「順天休命」：「休命」是美好的命令，要順從天的美好命令。〈繫
辭·下〉說：「天地之大德曰生，聖人之大寶曰位。何以守位？曰
仁。何以聚人？曰財。」聖人守位聚人，就是做到了順天休命。大有
卦的君子亦有同樣的領悟。

③ 從「順天休命」一語，可以理解孔子自述生平的「六十而順」。「六
十而〔耳〕順」一語中的「耳」是衍字，孔子所說的是他六十歲時做
到了「順天命」。請參考《傅佩榮解讀論語》（立緒版，2·4）。

初九。无交害，匪咎，艱則无咎。
象曰：大有初九，无交害也。

〈白話〉

初九。沒有因為交往所帶來的害處，這不是災難，在艱困中就沒有災難。
〈象傳〉說：大有卦的初九，還沒有因為交往所帶來的害處。

〈解讀〉

① 大有卦唯一的陰爻是六五，五個陽爻都想與它應合，而初九距離最
遠，所以說「無交」。如果初九剛剛進入大有卦，就想勉強出頭，則
如初富而生驕奢之念，將有「害」。

② 「匪咎」：非咎。匪咎要看時機，無咎則靠自己。處在困境中安分修
養，就可以「无咎」。

九二。大車以載，有攸往，无咎。
象曰：大車以載，積中不敗也。

〈白話〉

九二。用大車來裝載，有所前往，沒有災難。
〈象傳〉說：用大車來裝載，是因為積累在中間不會毀壞。

〈解讀〉

① 乾卦為大車，九二爻變為離，中虛可載重。乾卦有向前的動力，九二在大有卦中已經積累了資源，又居二陽爻之中，所以可以前往而「无咎」。

② 九二有六五正應，兩者皆處中，是為「積中」，沒有毀壞之虞。

九三：公用亨於天子，小人弗克。

象曰：公用亨於天子，小人害也。

〈白話〉

九三。公侯接受天子的款待，小人不能如此。

〈象傳〉說：公侯接受天子的款待，小人如此則是有害。

〈解讀〉

① 「亨」在古代與享、烹通用。在此，為「用享」之意。三為公位，九三陽爻居剛位，本身富足，又受天子六五賞識。九三有互兌（九三、九四、六五），兌為口，九三爻變出現互坎與互離，有水有火為料理之象，有飲食可享。

② 小人如果接受這樣的款待，將會放肆僭禮，反而有害。如《論語·八佾》所載的季氏，在魯國專政專權而僭禮，以致「舞佾歌雍」。在此提醒六五要謹慎用人。

九四。匪其彭，无咎。

象曰：匪其彭，无咎，明辨晢也。

〈白話〉

九四。不仗恃他的盛大，沒有災難。

〈象傳〉說：不仗恃他的盛大，沒有災難，是因為懂得分辨清楚。

〈解讀〉

① 「彭」：盛大貌。《詩經》有「行人彭彭」（〈載驅〉），「駟騵彭彭」（〈大明〉），以「彭彭」描寫行人眾多，良馬壯盛。四為諸侯位，九四又是連續第四個陽爻，可謂盛大至極，但面臨六五柔順之君，應該如何？九四爻變，上卦為艮，艮為止，所以「匪其彭」，才可「无咎」。

② 九四已進入離卦，離為目，為明，可以「明辨晢」。

六五。厥孚交如，威如，吉。
象曰：厥孚交如，信以發志也；威如之吉，易而无備也。

〈白話〉

六五。以誠信來交往的樣子，展現威望的樣子，吉祥。

〈象傳〉說：以誠信來交往的樣子，是要用誠信引發人們的心意；展現威望的樣子而吉祥，是要使人們和悅而沒有戒備。

〈解讀〉

① 六五居上卦之中，上下五個陽爻皆來應合，是有誠信，值得信賴。「厥孚」為「其孚」；「交如」、「威如」二語之「如」，是描述其狀。六五以陰爻居五的尊位，除了有誠信，還須有威望，才會「吉」。

② 六五在互兌（九三、九四、六五）中，兌為虎，有威望，是為「威如」。同時，兌又引申為「悅」，所以人人和悅平易而不加戒備，不去計較。

上九。自天佑之，吉无不利。
象曰：大有上吉，自天佑也。

〈白話〉

上九。獲得天的助佑，吉祥而無所不利。

〈象傳〉說：大有上九的吉祥，是獲得天的助佑。

〈解讀〉

① 關於此爻，〈繫辭・上〉孔子的話可供參考。孔子說：「佑者，助也。天之所者，順也；人之所助者，信也。履信思乎順，又以尚賢也，是以自天佑之，吉無不利也。」在此可以呼應本卦〈象傳〉所謂的「順天休命」一語。

② 上九在大有卦之終，卻處無位之地，等於不居其有。它又在上卦離之上位，離為明，所以行為不會過度。上九在六五之上，而六五有誠信，所以上九「履信」（實踐誠信），並且降志以應六五，是為「思順」。如此自然獲得天佑，「吉无不利」。

③ 「自天佑之」一語，肯定了「天」的原始意義，亦即天有主宰及賞罰的作用。《易經》中的「天」，至少有兩種用意，一是主宰之天，二是自然之天。有關中國古代的天，請參考傅佩榮《儒道天論發微》（聯經版）。

謙：亨，君子有終。

〈象〉曰：地中有山，謙。君子以裒多益寡，稱物平施。

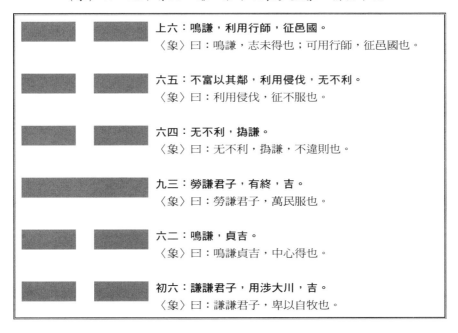

上六：鳴謙，利用行師，征邑國。
　〈象〉曰：鳴謙，志未得也；可用行師，征邑國也。

六五：不富以其鄰，利用侵伐，无不利。
　〈象〉曰：利用侵伐，征不服也。

六四：无不利，撝謙。
　〈象〉曰：无不利，撝謙，不違則也。

九三：勞謙君子，有終，吉。
　〈象〉曰：勞謙君子，萬民服也。

六二：鳴謙，貞吉。
　〈象〉曰：鳴謙貞吉，中心得也。

初六：謙謙君子，用涉大川，吉。
　〈象〉曰：謙謙君子，卑以自牧也。

䷏ 謙。亨，君子有終。

〈白話〉

謙卦。通達，君子有好的結果。

〈解讀〉

① 謙卦是下艮上坤，亦即「地山謙」。〈序卦〉說：「有大者不可以盈，故受之以謙。」在大有卦之後，要能謙遜。做到謙遜退讓，何處不能通達？

② 山本崇高，卻處於地之下。越是自視卑下，別人越尊重他；越是自己隱晦，德行就越光輝。這樣的人會有好的結果。〈繫辭·下〉修德九

卦之二，即是以謙卦為「德之柄」，是德性的要領，可謂無謙不成德行。

彖曰：謙亨。天道下濟而光明，地道卑而上行。天道虧盈而益謙，地道變盈而流謙，鬼神害盈而福謙，人道惡盈而好謙。謙尊而光，卑而不可踰，君子之終也。

〈白話〉

〈彖傳〉說：謙卦通達。天的法則是向下救助萬物而大放光明，地的法則是讓萬物處於低卑而向上發展。天的法則是減損滿盈者而增益謙卑者，地的法則是改變滿盈者而流注謙卑者，鬼神的法則是加害滿盈者而福佑謙卑者，人的法則是厭惡滿盈者而喜愛謙卑者。謙卑者處於尊貴的位置就展現光輝，處於低下的位置，則沒有人可以超越他，這真是君子的歸宿啊。

〈解讀〉

① 謙卦的「亨」來自於天地二氣的交流。為了說明此種交流，可以由「卦變」的觀點來看。謙卦由剝卦（☶，第二十三卦）變來，亦即剝卦的上九下到三位，成為九三，而原有的六三升到上位，成為上六，於是變成了謙卦（☷）。如此可以解釋「天道下濟」（上九變九三）與「地道上升」（六三變上六）。

② 接著所說的「天道、地道、鬼神、人道」，都是我們可以觀察到的客觀現象。以天與地而言，自然界的變化向來是物極必反，保持動態的平衡，如月圓則缺，月缺則圓；又如春夏秋冬依序運行。在人看來，這些是對於「盈、謙」的適當安排。其次，以害與福描述「鬼神」的作用，表示鬼神有如實存之靈界力量，可以對人世間採取某種報應措施。至於人道，則所言甚是，「滿招損，謙受益」，實為不辯自明之理。謙卦六爻「非吉則利」，為六十四卦所僅見者，但要藏山於地之下，談何容易！

③ 君子若能守「謙」，則將「尊而光」，並且「卑而不可踰」。即處於

尊貴時發出德行的光輝，處於卑賤時也不會受人凌辱。如此自然是「君子之終」了。

象曰：地中有山，謙。君子以裒（ㄆㄡˊ）多益寡，稱物平施。

〈白話〉

〈象傳〉說：地裡面有山存在，這就是謙卦。君子由此領悟要減損多的，增益少的，衡量事物而公平給與。

〈解讀〉

① 謙卦下艮上坤，坤為地，艮為山，所以是「地中有山」。高聳的山原本在地上，現在卻潛入地下。正如一個有德有才的人含藏優點而不去張揚。

② 「裒」是減損，「稱」是衡量。君子在職責與能力的範圍內，須秉持公平原則，使世間更為和諧。

初六。謙謙君子，用涉大川，吉。

象曰：謙謙君子，卑以自牧也。

〈白話〉

初六。謙而又謙的君子，可以渡過大河，吉祥。

〈象傳〉說：謙而又謙的君子，是以謙卑的態度管理自己。

〈解讀〉

① 初六居謙卦之下位，是為「謙謙」。君子如此，則面對任何險阻，都不會受困；「用涉大川」是說用謙道可以渡過大河。初六上臨互坎（六二、九三、六四），坎為水，為險，所以說大川。

② 「自牧」的「牧」為管理、照顧之意。能夠「卑以自牧」，自然「吉」了。

六二。鳴謙，貞吉。
象曰：鳴謙貞吉，中心得也。

〈白話〉

六二。響應謙卑的態度，正固吉祥。

〈象傳〉說：響應謙卑的態度，正固吉祥，是因為守中而內心自得。

〈解讀〉

① 謙卦一陽五陰，以九三為主爻。六二上承九三，為鄰相比，有如發出
　 共鳴。六二上臨互震（九三、六四、六五），震為雷，為善鳴馬，所
　 以用「鳴」字。

② 六二陰爻處柔位，又居下卦之中位，是為「貞吉」。加以上有九三可
　 承，是「中心得也」。

九三。勞謙君子，有終，吉。
象曰：勞謙君子，萬民服也。

〈白話〉

九三。有功勞而謙卑的君子，有好結果，吉祥。

〈象傳〉說：有功勞而謙卑的君子，所有百姓都順服。

〈解讀〉

① 九三為謙卦唯一的陽爻，居剛位勤奮不已，又在下卦，等於是勞苦有
　 功而又謙卑的君子。下卦艮為止，表示「有終」，做事有始有終，可
　 以堅持到底，所以「吉」。

② 九三在互坎（六二、九三、六四）中，坎有「勞」之意，〈說卦〉
　 說：「勞乎坎。」君子如此，則效果將如五陰爻之相應相從，「萬民
　 服也」。

③ 針對此爻，〈繫辭・上〉孔子說：「勞而不伐，有功而不德，厚之至

也。語以其功下人者也。」勞苦有功而不自誇，不自以為有德，真是寬厚之至。這是說那些雖有功勞卻願屈居下位的人。

六四。无不利，撝（ㄏㄨㄟ）謙。
象曰：无不利，撝謙，不違則也。

〈白話〉
六四。沒有任何不適宜的事，只要發揮謙卑的精神。
〈象傳〉說：沒有任何不適宜的事，只要發揮謙卑的精神，這是因為沒有違背法則。

〈解讀〉
① 六四上有六五謙卑之君，下有九三大功之臣，這時只有「撝謙」才可以「无不利」。「撝」，揮也，發揮或施展之意。六四雖對九三主爻「乘剛」，但在謙卦，並無凶險。
② 六四陰爻居柔位，又做到謙卑，所以說是「不違則」。

六五。不富以其鄰，利用侵伐，无不利。
象曰：利用侵伐，征不服也。

〈白話〉
六五。不靠財富就得到鄰居支持，適宜進行征戰，沒有不利的事。
〈象傳〉說：適宜進行征戰，是要去討伐不順服的人。

〈解讀〉
① 「不富以其鄰」一語在泰卦（第十一卦）六四出現過。在此，是指六五的上下二爻皆為同類之「鄰」。六五處君位而謙卑，因而做到「不富以其鄰」。
② 六五居君位，不能只圖謙卑而無威嚴，亦即要恩威並重，所以「利用

侵伐，無不利」。「不服」，是說即使君王謙卑，還是會有些人桀驁不馴，不肯順服。六五爻變，上坤成坎，坎為弓輪；又有互離，離為戈兵，合之則為「侵伐」。

上六。鳴謙，利用行師，征邑國。
象曰：鳴謙，志未得也；可用行師，征邑國也。

〈白話〉
上六。響應謙卑的態度，適宜派遣軍隊，討伐屬邑小國。
〈象傳〉說：響應謙卑，是因為心意未能實現；可以派遣軍隊，是因為討伐的是屬邑小國。

〈解讀〉
① 上六位居謙卦之極，可謂謙柔之至。出於剛柔相濟的要求，所以要「利用行師」，所討伐的是自己的附屬小國。天子分封諸侯的稱「國」，分封大夫的稱「邑」。上六無君位，所征者為自己的邑國。坤為邑國，亦為師。
② 上六與九三正應，九三在互震中，震為鳴，所以說「鳴謙」。震又為行動，表示有行師的實力。上六的「志未得」，是指在謙卦而位居最高，並不符合謙卦的精神。

豫：利建侯行師。

〈象〉曰：雷出地奮，豫。

先王以作樂崇德，殷薦之上帝，以配祖考。

▬▬ ▬ ▬	上六：**冥豫，成有渝，无咎。** 〈象〉曰：冥豫在上，何可長也？
▬ ▬ ▬ ▬	六五：**貞疾，恒不死。** 〈象〉曰：六五貞疾，乘剛也；恒不死，中未亡也。
▬▬▬▬	九四：**由豫，大有得。勿疑，朋盍簪。** 〈象〉曰：由豫大有得，志大行也。
▬ ▬ ▬ ▬	六三：**盱豫，悔。遲有悔。** 〈象〉曰：盱豫有悔，位不當也。
▬ ▬ ▬ ▬	六二：**介於石，不終日，貞吉。** 〈象〉曰：不終日，貞吉，以中正也。
▬ ▬ ▬ ▬	初六：**鳴豫，凶。** 〈象〉曰：初六鳴豫，志窮凶也。

䷏ 豫，利建侯行師。

〈白話〉

豫卦。適宜建立侯王，出兵征伐。

〈解讀〉

① 豫卦是下坤上震，亦即「雷地豫」。〈序卦〉說：「有大而能謙必
　豫，故受之以豫。」在此之前是大有卦與謙卦，接著一定是代表愉悅
　的豫卦。豫卦與謙卦為正覆關係，「豫」有愉悅之意，但也有居安思
　危的「預備」之意。

② 本卦主爻為九四，四為諸侯位，九四在上卦震中，震為動，所以「利
　建侯」。下卦坤為眾，而眾可稱為「師」（見師卦，第七卦），所以
　利「行師」。

彖曰：豫，剛應而志行，順以動，豫。豫，順以動，故天地如之，
而況建侯行師乎！天地以順動，故日月不過而四時不忒。聖人以順
動，則刑罰清而民服。豫之時義大矣哉！

〈白話〉
〈彖傳〉說：豫卦，剛強者得到呼應而心意可以實現，順勢而行動，就是
豫。豫卦，順勢而行動，所以天地會同它一樣，何況是建立侯王與出兵征
伐呢！天地順著時勢而活動，所以日月的運行不會失誤，四季的次序也不
會偏差。聖人順著時勢而行動，就會做到刑罰清明而百姓順從。豫卦依時
而行的意義真是偉大啊！

〈解讀〉
① 豫卦為一陽五陰的結構，九四有五個陰爻與它呼應，所以說「剛應而
　志行」。
② 本卦下坤上震，震為動，坤為順，亦即「順以動」。連天地都是如
　此，建侯行師自無問題。在此，「順」是指隨順物性、形勢、人心
　等，聖人也可依此治理百姓。
③ 《易經》重視「時」，共有十一卦論及。程頤說：「豫、遯、姤、
　旅，言時義；坎、睽、蹇，言時用；頤、大過、解、革，言時，各以
　其大者也。」把握變化中的時機，才可作出正確的判斷及行動。在此
　可以補充一點，就是隨卦（第十七卦）的〈彖傳〉有「隨時之義大矣
　哉」一語，也談到「時」。

象曰：雷出地奮，豫。先王以作樂（ㄩㄝˋ）崇德，殷薦之上帝，以配祖考。

〈白話〉

〈象傳〉說：雷從地下出來，萬物振作，這就是豫卦。古代君王由此領悟，要制作音樂來推崇道德，再隆重地向上帝祭祀，連帶也向祖先祭祀。

〈解讀〉

① 下坤上震，震為雷，坤為地，就是「雷出地上」，猶如春雷乍響，大地奮然振興，一切又充滿生機，所以是豫（愉悅）。

② 坤為順，居下卦，是為和順積中；震為雷，雷為發聲；合而觀之，則是制作音樂，以此讚揚生生之德。再推源其本，以盛大儀式祭祀上帝以及祖先。此處言及音樂之原始目的，在於祭祀。

③ 「上帝」在此為受享祭祀之主神，代表萬物的主宰，亦為萬物存在之源。祖考（祖先）則專就人類而言。此語顯示古人的宗教觀念，值得留意。

初六。鳴豫，凶。
象曰：初六鳴豫，志窮凶也。

〈白話〉

初六。響應愉悅的態度，有凶禍。

〈象傳〉說：初六響應愉悅的態度，是因為心意抵達極點，會有凶禍。

〈解讀〉

① 初六剛剛進入豫卦，就得到九四主爻的正應，九四在上卦震中，震為鳴，所以說「鳴豫」。但是，此時愉悅則不思長進，所以「凶」。與謙卦對照可知，鳴謙則吉，鳴豫則凶。可見謙可鳴而豫不可鳴。

② 「志窮」，是說初六已經志得意滿，或得意忘形，再也無處可去，所以說「凶也」。

六二。介於石，不終日，貞吉。

象曰：不終日，貞吉，以中正也。

〈白話〉

六二。耿介如堅石，不用一整天，正固吉祥。

〈象傳〉說：不用一整天，正固吉祥，是因為居中守正。

〈解讀〉

① 豫卦描述愉悅，而人們好逸惡勞，往往在此時種下禍根。只有六二對
主爻九四無比無應，有耿介獨立不移之象。

② 「不終日」原指不用一整天，意思是：很快就會覺悟不可耽於逸樂。
〈繫辭・下〉引述此爻爻辭後，說：「介如石焉，寧用終日？斷可識
矣。君子知微知彰，知柔知剛，萬夫之望。」能夠在愉悅中把持立
場，一定是有所見識，知道出處進退，並因而成為百姓的盼望。

③ 六二位居下卦之中位，可以居中守正。它又在互艮（六二、六三、九
四）中，艮為山，為石，所以說「介於石」。並且，艮為止，六二爻
變，出現互離（九二、六三、九四），離為日，所以說「不終日」。
離又為明，知幾而有所豫，自然「貞吉」。

六三。盱（ㄒㄩ）豫，悔。遲有悔。

象曰：盱豫有悔，位不當也。

〈白話〉

六三。向上仰望而愉悅，懊惱。行動遲緩也有懊惱。

〈象傳〉說：向上仰望而愉悅，也有懊惱，是因為位置不恰當。

〈解讀〉

① 「盱」是張目上視的樣子。九四為豫卦之主爻，六三仰目向上，希求

愉悅，但是由於自己是陰爻居剛位，「位不當」，所以無法如願而懊惱。

② 六三在互艮（六二、六三、九四）中，艮為止；六三爻變，出現互巽，巽為風為不定，止而未定，就是行動遲緩。它既不能擺脫誘惑，又無法果決行動，結果自然是「悔」了。猶豫不決，兩「悔」並出。

九四。由豫。大有得。勿疑，朋盍簪（ㄗㄢ）。
象曰：由豫大有得，志大行也。

〈白話〉

九四。由此而產生愉悅。大有收穫。不必疑慮，朋友都來聚合。
〈象傳〉說：由此而產生愉悅並且大有收穫，是因為心意可以充分實現。

〈解讀〉

① 「由豫」是指愉悅的由來，因為九四為全卦主爻。一陽得五陰呼應，坤以眾順，是「大有得」。上下皆來應合，有如簪子集攏了長髮，所以說「朋盍簪」。「盍」是闔、合的意思。

② 九四在互坎（六三、九四、六五）中，坎為加憂，為疑慮，九四有五陰應合，所以說「勿疑」。它以陽爻居柔位，以大臣而得上下之信賴，結果是愉悅和順，「志大行也」。

六五。貞疾，恆不死。
象曰：六五貞疾，乘剛也。恆不死，中未亡也。

〈白話〉

六五。處於其位會有疾病，但總不至於死亡。
〈象傳〉說：六五處於其位會有疾病，是因為凌駕在剛爻之上。總不至於死亡，是因為居中的位置沒有失去。

〈解讀〉

① 在豫卦中，六五以陰爻居君位，等於柔弱而耽溺於愉悅。「貞疾」是指處於其位會有疾病，因為六五在互坎（六三、九四、六五）中，坎為心病。最大的問題在於六五乘剛，居唯一的陽爻之上，所以諸事不順。

② 六五又居上卦震之中，震為反生（植物先向下生根，再向上生枝葉與花果），又為東方之卦，代表生機蓬勃的春季，所以「恆不死」。它居中位，擁有優勢，因此不致喪亡。

上六。冥豫，成有渝，无咎。
象曰：冥豫在上，何可長也？

〈白話〉

上六。在昏昧中愉悅，最後出現改變，沒有災難。
〈象傳〉說：在昏昧中愉悅而走到極點，怎麼會長久呢？

〈解讀〉

① 「冥」，昏昧；「成」，終；「渝」，變。豫卦上六是愉悅到了極點，有執迷不悟之象，所以說「冥豫」。不過，既然前無去路，終究會有變化，如此就可以「无咎」。

② 豫卦原為愉悅之卦，但是只有六二與九四為佳。由此可見，人在安樂中反而容易失去方向，因而必須早些警惕，預作防備，而「豫」正有預備、預防之意。

隨：元亨利貞，无咎。

〈象〉曰：澤中有雷，隨。君子以嚮晦入宴息。

上六：拘係之，乃從維之，王用亨於西山。
〈象〉曰：拘係之，上窮也。

九五：孚於嘉，吉。
〈象〉曰：孚於嘉吉，位正中也。

九四：隨有獲，貞凶。有孚，在道以明，何咎？
〈象〉曰：隨有獲，其義凶也。有孚在道，明功也。

六三：係丈夫，失小子。隨有求，得，利居貞。
〈象〉曰：係丈夫，志舍下也。

六二：係小子，失丈夫。
〈象〉曰：係小子，弗兼與也。

初九：官有渝，貞吉。出門交有功。
〈象〉曰：官有渝，從正吉也；出門交有功，不失也。

䷐ 隨。元亨利貞，无咎。

〈白話〉

隨卦。最為通達而適宜正固，沒有災難。

〈解讀〉

① 隨卦是下震上兌，亦即「澤雷隨」。〈序卦〉說：「豫必有隨，故受
之以隨。」意思是，愉悅一定有人隨從。〈雜卦〉說：「隨，無故
也。」意思是，隨並沒有特別事故，而要依時勢與條件而定行止，亦
即隨時。

② 隨卦是雷震動而澤隨順，有如少女（兌）之依從長男（震）。但就六
爻而言，皆是以下隨上的進展，所以「元亨」並且「利貞」，如此就
自然「无咎」了。

象曰：隨，剛來而下柔，動而說，隨。大亨貞，无咎，而天下隨
時。隨時之義大矣哉。

〈白話〉

〈象傳〉說：隨卦，剛強者來到柔順者之下，活動而喜悅，就是隨卦。大
通達並且正固，沒有災難，然後天下萬物隨著時勢而運行。隨著時勢的意
義真是偉大啊。

〈解讀〉

① 由「剛來而下柔」一語，可知隨卦是由否卦（☰，第十二卦）演變而
成，亦即否卦的上九成為初九，而初六轉成上六。剛強者現在來到下
位，願意隨順了。其次，兌為悅，震為動，亦即動而悅，也可以說是
悅而動。

② 以「元亨利貞」描述隨卦，是因為天下萬物無一不是隨順時勢而運
作。人若如此，自然「无咎」。「隨時」一詞提醒人們要體察時勢的
變化，調整自己的行動，其意義值得深思。

象曰：澤中有雷，隨。君子以嚮晦入宴息。

〈白話〉

〈象傳〉說：大澤中有雷潛藏，這就是隨卦。君子由此領悟，要在傍晚回
家安靜休息。

〈解讀〉

① 隨卦下震上兌，兌為澤，震為雷，正是澤中有雷。雷在一年之中也須隨著季節（陰曆二月出地，八月入地）而蟄伏，有如潛藏於大澤之下。

② 嚮，為向，接近；晦，夜晚；宴，安。君子日出而作，日入而息，這是最簡單的「隨時」的道理，由此可以推及因應天下一切事物。《韓非子‧解老》說：「故萬物必有盛衰，萬事必有弛張。」隨卦為弛道，君子因其時而弛。

初九。官有渝，貞吉。出門交有功。
象曰：官有渝，從正吉也；出門交有功，不失也。

〈白話〉

初九。官員有變通，正固吉祥。出門與人交往會有功績。
〈象傳〉說：官員有變通，是因為依循正途而吉祥；出門與人交往會有功績，是因為沒有過失。

〈解讀〉

① 初九是「剛來而下柔」的陽爻，為隨卦主爻，能夠依循時勢需要而採取應變措施。初九在震卦，震為侯為官，震為動為變，所以說「官有渝」。官員以守法為首務（貞），但是施政必須通權達變（有渝），如此才會吉祥。

② 「出門交」，表示不在門內秘密交往。初九位居互艮（六二、六三、九四）之下，艮為門闕，所以它是走出門外。震為大塗，等於開大門走大路，所以「有功」，沒有過失可言。初九一入隨卦，必須隨上爻而行動，所以「出門交」以隨六二。

六二。係小子，失丈夫。

象曰：係小子，弗兼與也。

〈白話〉

六二。繫住小孩，失去丈夫。

〈象傳〉說：繫住小孩，是因為不能同時跟從兩者。

〈解讀〉

① 「係」有牽繫、執著、顧念之意。在隨卦中，各爻皆隨上爻，因此初九「出門」與六二交，六二隨六三，無法兼顧初九。六三陰爻稱小子，初九陽爻為丈夫，於是六二「係小子，失丈夫。」「弗兼與」，「與」是跟從，表示六二無法兼顧兩者，只好選擇其一，最後得不償失。

六三。係丈夫，失小子。隨有求，得，利居貞。

象曰：係丈夫，志舍下也。

〈白話〉

六三。繫住丈夫，失去小孩。隨從而有所求，可以得到。適宜守住正固。

〈象傳〉說：繫住丈夫，是因為心意捨棄了下位者。

〈解讀〉

① 六三必須隨九四而放棄六二，九四陽爻為丈夫，六二陰爻為小子，於是六三「係丈夫，失小子」，這是因為心意是要捨棄下位者。

② 六三與九四近比相得，隨從九四，有所求就會得到。並且六三在互巽（六三、九四、九五）中，巽為「近利市三倍」，有利可圖。此時仍須提醒自己「居貞」，不可唯利是圖。

九四。隨有獲，貞凶。有孚，在道以明，何咎？

象曰：隨有獲，其義凶也。有孚在道，明功也。

〈白話〉

九四。隨從而有收穫，一直如此會帶來凶禍。保持誠信，以明智處於正
道，會有什麼災難？

〈象傳〉說：隨從而有收穫，理當遇到凶禍。保持誠信而處於正道，是明
智的功勞。

〈解讀〉

① 九四在隨卦，又在互巽（六三、九四、九五）中，巽為利，所以說它
「隨有獲」。九四又在互艮（六二、六三、九四）中，艮為止，表示
不可一直「隨有獲」。因為若只知取利，結果理當是「凶」。九四隨
九五，以臣隨君，二爻皆有「孚」字。

② 下震為大途，隨九四，可謂九四「在道」。九四已入上卦之兌，兌為
見（顯示）為明，合之可說「在道以明」。

九五。孚於嘉，吉。

象曰：孚於嘉吉，位正中也。

〈白話〉

九五。對美善之事保持誠信，吉祥。

〈象傳〉說：對美善之事保持誠信而吉祥，是因為處在守正居中的位置。

〈解讀〉

① 九五居上卦之中位，陽爻居剛位，既中且正，為「孚」，理當是吉。

② 九五隨上六，在上卦兌中，兌為悅；又在互巽（六三、九四、九五）
中，巽為利；同時處在隨卦中，得到其下各爻支持。其誠信（孚）在
於推行一切美善（嘉）。

上六。拘係之，乃從維之。王用亨於西山。

象曰：拘係之，上窮也。

〈白話〉

上六。把他抓住捆起來，後來又放開他。君王在西山獻祭。

〈象傳〉說：把他抓住捆起來，是因為往上走到了盡頭。

〈解讀〉

① 隨卦走到上六，前無去路，若是回頭依循九五，就是被「拘係」了。
但是九五不會違背隨卦，「乃從維之」。「乃從」是而後；「維」，
帛書作「𢱢」，是解開之意。此處所指為周文王被商紂王「拘於羑
里」之事，由於周文王隨順，所以被釋放回到岐山。在此，「王」指
文王，乃周朝建國之後追封之稱。

② 上六在互巽（六三、九四、九五）之外，巽為繩直，有捆縛之象。所
以它在「上窮」時，受困還可脫困。飽經憂患之後，應當隨從的是天
意，所以談到獻祭。上卦兌為西方之卦，所以說西山。由此可知，隨
順將可逢凶化吉，並且要心存感恩。

⑱ 蠱卦 ䷑

蠱：元亨，利涉大川。先甲三日，後甲三日。

〈象〉曰：山下有風，蠱。君子以振民育德。

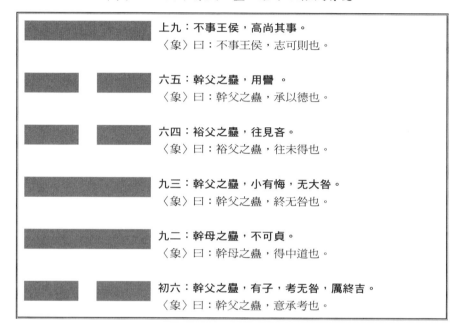

上九：不事王侯，高尚其事。
〈象〉曰：不事王侯，志可則也。

六五：幹父之蠱，用譽 。
〈象〉曰：幹父之蠱，承以德也。

六四：裕父之蠱，往見吝。
〈象〉曰：裕父之蠱，往未得也。

九三：幹父之蠱，小有悔，无大咎。
〈象〉曰：幹父之蠱，終无咎也。

九二：幹母之蠱，不可貞。
〈象〉曰：幹母之蠱，得中道也。

初六：幹父之蠱，有子，考无咎，厲終吉。
〈象〉曰：幹父之蠱，意承考也。

䷑ 蠱。元亨，利涉大川。先甲三日，後甲三日。

〈白話〉

蠱卦。最為通達，適宜渡過大河。開始之前的三天，開始之後的三天。

〈解讀〉

① 蠱卦是下巽上艮，亦即「山風蠱」。〈序卦〉說：「以喜隨人者必有事，故受之以蠱。」在此上承豫卦與隨卦，亦即愉悅而隨從別人，一定會有事故，形成某些弊端，需要整頓修改。所謂「亂為治之根，蠱為飭之源」，如此方可「元亨」。

② 隨卦（☳）與蠱卦形成一組正覆卦，〈雜卦〉說：「隨，无故也；
蠱，則飭也。」可見蠱卦必須革除積弊，採取行動，以致冒險犯難，
「利涉大川」。

③ 「先甲三日，後甲三日」：古人以天干紀日，亦即甲、乙、丙、丁、
戊、己、庚、辛、壬、癸。甲是開始，在此前三日要除舊，在此後三
日要布新，經過這一連串的措施，才可以達成目標。

象曰：蠱。剛上而柔下，巽而止，蠱。蠱元亨，而天下治也。利涉
大川，往有事也。先甲三日，後甲三日，終則有始，天行也。

〈白話〉

〈象傳〉說：蠱卦。剛強者上去而柔順者下來，和順而有所阻止，就是蠱
卦。蠱卦最為通達，是要使天下都治理好。適宜渡過大河，是要前往積極
辦事。開始之前的三天，開始之後的三天，表示終結之後又有新的開始，
這是天道的運行法則。

〈解讀〉

① 由「剛上而柔下」一語，可知本卦是由泰卦（☷，第十一卦）演變而
成。亦即泰卦的初九往上成了上九，成為下巽上艮的蠱卦。巽為風，
為遜順；艮為山，為止。以和順態度來阻止偏差的事情。蠱有亂之
意，亦有治亂之意，這兩者無法分開。

② 蠱之「元亨」，就在於勇於革除惡習，尤其是把前人留下的積弊加以
匡正，「而天下治也」。要整頓亂象，必須妥善結束，再謹慎開始。
「先甲三日」，是要終結以前的敗亂；「後甲三日」，是要迎接新的
契機。終則有始，是「天行也」。「終則有始」一語亦見於恆卦象
傳。

象曰：山下有風，蠱。君子以振民育德。

〈白話〉

〈象傳〉說：山下有風吹拂，這就是蠱卦。君子由此領悟，要振作百姓，培育道德。

〈解讀〉

① 蠱卦下巽上艮，艮為山，巽為風，亦即山下有風。風遇山即回，將會拂亂一切，同時也盪滌一切。這種既亂又治之象十分特別。風以振民，山以育德。

② 君子眼見陳腐的積弊，無法再因循苟且，決心要「振民育德」。

初六。幹父之蠱，有子，考无咎。厲終吉。
象曰：幹父之蠱，意承考也。

〈白話〉

初六。救治父親留下的積弊，才是好兒子，他使亡父沒有受人責難。這樣做會有危險，但最後吉祥。

〈象傳〉說：救治父親留下的積弊，用意是要繼承亡父的願望。

〈解讀〉

① 「幹」有導正、修飭、救治之意。古代封建社會採行世襲之制。父親輩留下的積弊，到兒子手中就須設法救治，否則不能算是有兒子。這樣做會受到別人質疑，所以說「厲」，但是「終吉」。「考」是指過世的父親。

② 由象上看，蠱卦（☶）由泰卦（☷）變來，是泰卦的上六下來成為初六。此一變化，使下卦乾消失，乾為父，是為亡父。上卦變成艮，艮為少男，是為「有子」。初六的「意承考」，來自泰卦必須持續變化，繼承父親的願望以除舊布新，否則無法因應新的形勢，所以會有蠱卦的出現。

九二。幹母之蠱，不可貞。
象曰：幹母之蠱，得中道也。

〈白話〉

九二。救治母親留下的積弊，不可正固。
〈象傳〉說：救治母親留下的積弊，是要符合居中之道。

〈解讀〉

① 九二的正應在六五，六五原在泰卦上坤，泰卦變蠱卦之後上坤消失，
　坤為母，是為亡母。對柔順的六五不可正固，亦即不宜過於剛強以免
　傷害親情。在古代，父之蠱往往是政治及社會上的大問題；母之蠱則
　局限於家人親族，所以手段不可過剛。

② 九二在下巽，巽為隨順，所以「不可貞」。九二居下卦中位，又有六
　五正應，「得中道也」，所以要適可而止。

九三。幹父之蠱，小有悔，无大咎。
象曰：幹父之蠱，終无咎也。

〈白話〉

九三。救治父親留下的積弊，有小的懊惱，沒有大的災難。
〈象傳〉說：救治父親留下的積弊，最後是沒有災難的。

〈解讀〉

① 九三陽爻居剛位，位正而不居中，有過剛之嫌。在本卦中，救治父親
　的積弊時，難免矯枉過正，以致「小有悔」。不過，由於九三所行配
　合新的形勢所需，故「无大咎」。

② 「終无咎也」：「終」是因為九三位於下卦之終；又面臨上卦艮，艮
　為止，所以最後不會有什麼災難。

六四。裕父之蠱，往見吝。

象曰：裕父之蠱，往未得也。

〈白話〉

六四。寬容對待父親留下的積弊，前往會陷入困境。

〈象傳〉說：寬容對待父親留下的積弊，前往不會有收穫。

〈解讀〉

① 六四陰爻居柔位，柔順有餘而無法果決面對「父之蠱」，以至於容忍積弊。

② 六四已進入艮卦，艮為止，適可而止，有寬容之意。相對於此，它也因受阻而無法往前走。

六五。幹父之蠱，用譽。

象曰：幹父用譽，承以德也。

〈白話〉

六五。救治父親留下的積弊，受到稱譽。

〈象傳〉說：救治父親留下的積弊而受到稱譽，是因為以道德來繼承父業。

〈解讀〉

① 六五以陰爻居上卦中位，為柔順之君；下有九二正應，得剛強之臣相輔。行動溫和而正派，所以用譽。六五爻變，上卦成巽，巽為風為令，等於順承命令；巽為近利市三倍，因而受人肯定。

② 「承以德」是以道德來繼承之意。無論父業為政治或經濟，子孫唯有以德承之，才可發揚祖先的功業與榮耀。我們所謂的「光宗耀祖」，亦以此為正途。

上九。不事王侯，高尚其事。
象曰：不事王侯，志可則也。

〈白話〉

上九。不去事奉王侯，以高尚來要求自己的作為。

〈象傳〉說：不去事奉王侯，是因為他的心意值得取法。

〈解讀〉

① 上九從泰卦下乾的初九上來，乾為君王；又高居互震（九三、六四、六五）之上，震為諸侯；所以說它「不事王侯」。上九位居蠱卦之終，不再捲入世間的活動，而可以「高尚其事」。

② 上九看到社會的蠱亂，所以可能存心成為隱士，也可能就此專務修德。這兩者並不衝突。正如孔子所云：「隱居以求其志，行義以達其道，吾聞其語矣，未見其人也。」（《論語・季氏》）隱居不是為了避世，而是為了「求其志」（磨練他的志節）；一有機會，則以實踐道義來「達其道」（貫徹他的理想）。

⑲ 臨卦 ䷒

臨：元亨利貞。至於八月有凶。

〈象〉曰：澤上有地，臨。君子以教思无窮，容保民无疆。

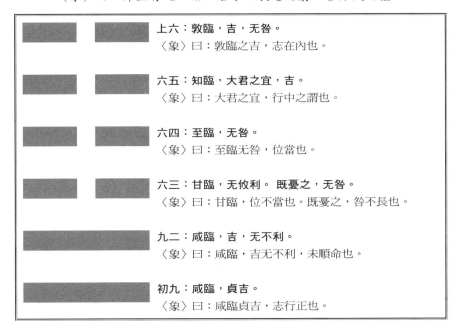

上六：敦臨，吉，无咎。
〈象〉曰：敦臨之吉，志在內也。

六五：知臨，大君之宜，吉。
〈象〉曰：大君之宜，行中之謂也。

六四：至臨，无咎。
〈象〉曰：至臨无咎，位當也。

六三：甘臨，无攸利。 既憂之，无咎。
〈象〉曰：甘臨，位不當也。既憂之，咎不長也。

九二：咸臨，吉，无不利。
〈象〉曰：咸臨，吉无不利，未順命也。

初九：咸臨，貞吉。
〈象〉曰：咸臨貞吉，志行正也。

䷒ 臨。元亨利貞。至於八月有凶。

〈白話〉

臨卦。最為通達，適宜正固。到了八月將有凶禍。

〈解讀〉

① 臨卦是下兌上坤，亦即「地澤臨」。〈序卦〉說：「有事而後可大，
故受之以臨。臨者，大也。」在有所作為的蠱卦之後，才有壯大的可
能。臨是壯大之意，來臨之後才可發展而壯大。

② 就「臨」是壯大來說，它是陽爻向上推展的六個消息卦之一。這六卦
是：復卦（䷗，第二十四卦），臨卦（䷒，第十九卦），泰卦（䷊，第

十一卦），大壯卦（☳，第三十四卦），夬卦（☱，第四十三卦），以及乾卦（☰，第一卦）。在此臨卦，陽爻向上進展，日漸壯大，由於陽氣是創生而具有活力的，所以說它「元亨利貞」。

③ 為何說「至於八月有凶」？十二消息卦與夏曆對照，則有如下關係。依序為：復（☷）為十一月，臨為十二月（☷），泰（☷）為正月，大壯（☳）為二月，夬（☱）為三月，乾（☰）為四月，姤（☴）為五月，遯（☶）為六月，否（☷）為七月，觀（☷）為八月，剝（☶）為九月，坤（☷）為十月。臨卦為十二月，經過八個月，正好是八月的觀，成為臨的覆卦，並且顯然是陽消陰長，所以說「有凶」。並且夏曆八月多雨，洪水最易氾濫，針對此卦（澤在地下），會形成相反的局面（澤在地上），所以「有凶」。「有凶」表示「未必一定」，與單說「凶」不同。消息卦各爻皆以向上推進之趨勢為重，知其趨勢則知如何自處。

象曰：臨。剛浸而長。說而順，剛中而應，大亨以正，天之道也。至於八月有凶，消不久也。

〈白話〉

〈象傳〉說：臨卦。剛強者漸漸發展而成長。喜悅而柔順，剛強者居中而有應合，大通達又能正固，這是天的運行法則。到了八月將有凶禍，是因為消退之期不久將會來到。

〈解讀〉

① 臨卦下兌上坤，二陽在下，往上漸長。兌為悅，坤為順，內悅而外順；九二以陽爻居下卦中位，又有六五正應，所以是「大亨以正」。

② 「消不久也」一語，所指為觀卦，由此可以說明《易經》中的消息卦。消是消退，息是生長，消與息不停地循環，原是變化的常理。陽爻生長的六卦已見於上文，而陰爻生長的六卦則是：姤卦（☴，第四十四卦），遯卦（☶，第三十三卦），否卦（☷，第十二卦），觀卦

（☷，第二十卦），剝卦（☶，第二十三卦），坤卦（☷，第二卦）。
臨卦顯示陽爻壯大之象，但有壯大就有消亡，其覆卦為觀卦，不久將
會到來。

象曰：澤上有地，臨。君子以教思无窮，容保民无疆。

〈白話〉

〈象傳〉說：沼澤之上有大地，這就是臨卦。君子由此領悟要教導思慮而
不懈怠，包容保護百姓而無止境。

〈解讀〉

① 臨卦下兌上坤，是澤上有地之象。沼澤以大地為岸，大地親臨沼澤，
   有如君子面對百姓。

② 君子效法大地，大地有「思」的特性。《尚書·洪範》談到五行時，
   以「五曰土」殿後，接著談五事，以「五曰思」殿後，可見土與思相
   應。中醫以五臟中的脾屬土，也是主思。至於大地的「容保民」，則
   由地之無不承載而來。

初九。咸臨，貞吉。
象曰：咸臨貞吉，志行正也。

〈白話〉

初九。一起來臨，正固吉祥。

〈象傳〉說：一起來臨而正固吉祥，是因為心意與行為正當。

〈解讀〉

① 臨卦二陽在下，咸為感，初二兩爻皆有應，所以初九與九二「咸
   臨」。以初九來說，是陽氣始生的第一步，必須守住正固，以做為後
   續發展的基礎。

② 初九的「志行」被稱為「正」，可見《易經》面對陰陽消長之時，是站在陽的一方，希望陽盛而陰伏。

九二。咸臨，吉，无不利。
象曰：咸臨，吉无不利，未順命也。

〈白話〉
九二。一起來臨，吉祥，沒有不適宜的。
〈象傳〉說：一起來臨，吉祥而沒有不適宜的，是因為它不是靠順從命令而做到的。

〈解讀〉
① 九二與初九「咸臨」，陽氣形成上升的力道，所以「吉，无不利」。
② 九二居下卦中位，是悅（兌）的代表，上有六五正應，而六五是順（坤）的代表；下悅上順，陰陽正應，形勢自然如此，所以說它不是靠順從命令才做到「吉无不利」。

六三。甘臨。无攸利。既憂之，无咎。
象曰：甘臨，位不當也。既憂之，咎不長也。

〈白話〉
六三。以和柔態度對待來臨者，沒有什麼利益。已經對此憂慮，就沒有災難了。
〈象傳〉說：以和柔態度對待來臨者，是因為位置不適當。已經對此憂慮，災難就不會長久了。

〈解讀〉
① 「甘」是甜美和柔，「攸」是所。六三在下卦兌中，兌為口；上接坤卦，坤為土，《尚書·洪範》有「土爰稼穡……稼穡作甘」之語，所

以坤為甘。「口中有甘」，十分和柔。六三面對初九與九二來勢洶洶，只好以甘臨之。

② 六三是陰爻居剛位，又下乘二剛，「位不當也」，所以「无攸利」。不過，六三與上六不應，已經在憂慮自身的處境，即使有災難，也是「咎不長也」。

六四。至臨，无咎。
象曰：至臨无咎，位當也。

〈白話〉

六四。直接面對來臨者，沒有災難。

〈象傳〉說：直接面對來臨者而沒有災難，是因為位置適當。

〈解讀〉

① 六四位居上卦，直接面對下卦的來臨。「至」有「來到」之意，也有「最為」之意。由卦象看來，六四在互震（九二、六三、六四）中，震為足，足可行，所以有主動前往、直接面對之意。

② 六四陰爻居柔位，又有初九正應，「位當也」，所以「无咎」。

六五。知臨，大君之宜，吉。
象曰：大君之宜，行中之謂也。

〈白話〉

六五。以明智態度面對來臨者，這是偉大君主的合宜表現，吉祥。

〈象傳〉說：偉大君主的合宜表現，所說的是推行中道。

〈解讀〉

① 六五在上卦坤中，坤為思，「思曰睿」（《尚書・洪範》），有明智之意，所以說「知臨」。君臨天下時，「來臨者」是指百姓。五為君

位，所以說「大君」。在下兌上坤的臨卦中，天下人喜悅而順從，「吉」。

② 六五在上卦中位，下有九二正應，施政時自然會「行中」。

上六。敦臨，吉，无咎。

象曰：敦臨之吉，志在內也。

〈白話〉

上六。以敦厚態度面對來臨者，吉祥，沒有災難。

〈象傳〉說：以敦厚態度面對來臨者是吉祥的，因為心意在於國內的百姓。

〈解讀〉

① 上六居坤卦之終，坤為地，為厚，又為順，所以要以敦厚態度臨民。陰柔在上，原本無法臨民，但是由於敦厚而順下，所以「吉，无咎」。

② 上六之吉，是因為「志在內」。「內」指內卦兌，尤其是初九與九二這兩個陽爻。就國家而言，則是指國內的百姓。臨卦是陽氣上升中的一卦，上六即將退位，其心意向內卦進展是恰當的，所以「无咎」。總之，臨卦六爻無凶象，故於卦辭曰「至於八月有凶」，要人居安思危，及早預防。

觀：盥而不薦，有孚顒若。

〈象〉曰：風行地上，觀。先王以省方觀民設教。

▅▅▅▅▅	**上九：觀其生，君子无咎。** 〈象〉曰：觀其生，志未平也。
▅▅▅▅▅	**九五：觀我生，君子无咎。** 〈象〉曰：觀我生，觀民也。
▅▅　▅▅	**六四：觀國之光，利用賓於王。** 〈象〉曰：觀國之光，尚賓也。
▅▅　▅▅	**六三：觀我生，進退。** 〈象〉曰：觀我生進退，未失道也。
▅▅　▅▅	**六二：闚觀，利女貞。** 〈象〉曰：闚觀女貞，亦可醜也。
▅▅　▅▅	**初六：童觀，小人无咎，君子吝。** 〈象〉曰：初六童觀，小人道也。

䷓ 觀。盥（《ㄨㄢˋ）而不薦，有孚顒（ㄩㄥˊ）若。

〈白話〉

觀卦。祭祀開始時洗淨雙手，還未到進獻祭品的階段，心中誠信已經莊嚴
地表現出來。

〈解讀〉

① 觀卦是下坤上巽，亦即「風地觀」。〈序卦〉說：「物大然後可觀，
故受之以觀。」前面的臨卦有「大」之意，大則可「觀」。聖人由仰
觀俯察而領悟天之道，再依此安排人之道，正是《易經》的基本觀
念。

② 古代祭祀的儀式十分複雜。祭祀之前必須齋戒沐浴；祭祀之時，首先
洗淨雙手，稱為「盥」，此時態度恭敬肅穆；接著是「灌」禮，澆酒
於茅草上，象徵請神享用；然後進入繁複的「薦」禮，進獻腥的與熟
的犧牲。古人相信祭祀是與神明來往，應以虔誠心意為重，而不必過
度強調牲品，所以說「盥而不薦」。《易經》在萃卦（☷，第四十五
卦）、升卦（☷，第四十六卦）、既濟卦（☵，第六十三卦），皆顯
示了類似的思想。

③ 「孚」為誠信，「顒若」是莊嚴肅穆的樣子。觀卦為消息卦之一，代
表農曆八月。就趨勢而言，九五與上九處境堪慮，此時唯有以祭祀來
安頓百姓。

象曰：大觀在上，順而巽，中正以觀天下，觀。盥而不薦，有孚顒
若，下觀而化也。觀天之神道，而四時不忒。聖人以神道設教，而
天下服矣。

〈白話〉

〈象傳〉說：偉大的德行展現在上位，教化柔順而順利，能夠居中守正來
觀察天下的人，這就是觀卦。祭祀開始時洗淨雙手，還未到進獻祭品的階
段，心中誠信已經莊嚴地表現出來，百姓仰觀時就受到教化了。觀察天地
神妙的法則，就知道四季的運行沒有偏差。聖人依循這種神妙的法則來設
立教化，天下的人都順服了。

〈解讀〉

① 觀卦的主爻是九五，它以陽爻處於全卦尊位，有如天子為萬民所瞻
仰。本卦下坤上巽，坤為地，為柔順，巽為風，為順利，百姓柔順而
服從，天子施政順利無比。九五、上九為天位，底下四爻為人位與地
位；陽爻居天位，九五既中且正，以此「觀天下」。

② 天子主祭時的虔誠表現，使臣民在仰觀時就受到教化了。這時感動人
心的不是祭品的豐厚，而是心意的真誠。本卦有如放大的艮卦，艮為

門闕，引申為廟堂，為萬民所瞻仰，故稱觀卦。國之大事在祀與戎；禮之可觀莫盛乎宗廟，宗廟之可觀莫盛於祭祀。

③ 「天之神道」，是指天地的神妙法則，由此可知四季運行中規中矩而恰到好處。「神」字是形容詞，因為對人而言太神妙了。聖人根據神妙的天道來設立教化，使百姓生活合乎人道的原則，百姓自然心悅誠服。

象曰：風行地上，觀。先王以省方觀民設教。

〈白話〉

〈象傳〉說：風吹行在大地上，這就是觀卦。古代帝王由此領悟，要巡視四方，觀察民情，設立教化。

〈解讀〉

① 觀卦由下坤上巽組成，巽為風，坤為地，合之為「風行地上」。風吹拂過大地，有如遊歷周覽，對天下萬物無不知情。風又是最有影響力的，可用以比喻政令教化。孔子說：「君子之德，風；小人之德，草；草上之風，必偃。」（《論語‧顏淵》）

② 先王「省方」，是為了觀民與設教，了解民俗民情，設定政教制度。

初六。童觀，小人无咎，君子吝。
象曰：初六童觀，小人道也。

〈白話〉

初六。像孩童那樣觀看，小人沒有災難，君子就有困難。

〈象傳〉說：初六像孩童那樣觀看，是小人的作風。

〈解讀〉

① 初六距九五最遠，又是陰爻，有如純樸百姓，像小孩一樣看問題。他

對國家的德政教化並不了解，算是情有可原，所以「无咎」。但是，
君子或有官位或有德行，若是「童觀」，就將陷於困境了。

② 觀卦（☴☷）有如艮卦（☶）的放大，艮為少男。初六居最下位，具體
表現了無知孩童的心態，正是「小人道也」。

六二。闚（ㄎㄨㄟ）觀，利女貞。
象曰：闚觀女貞，亦可醜也。

〈白話〉

六二。從門縫向外觀看，適宜女子正固。

〈象傳〉說：從門縫向外觀看，雖然女子可以正固，但君子則應覺得羞
愧。

〈解讀〉

① 觀卦為放大的艮卦，艮為門闕，下卦坤為女，有如女子由門內向外觀
看，所見難免局限而有偏差。古代女子受的教育有限，又很少到戶外
走動，對國家政教所知不多，實為無奈之事。

② 六二以陰爻居柔位，又有九五正應，所以「利女貞」。至於「亦可醜
也」，「亦」是乃，所指為君子。君子童觀則「吝」，闚觀則「可
醜」，亦即不可忽略更高的自我要求。

六三。觀我生，進退。
象曰：觀我生進退，未失道也。

〈白話〉

六三。觀察我的生民，再決定該進或該退。

〈象傳〉說：觀察我的生民再決定該進或該退，並未偏離正途。

〈解讀〉

① 六三在下卦坤中，坤為眾，為生民；它與上九正應，上九在巽卦中，巽為進退。所以六三要觀察民眾的作為，再決定自己的進退。

② 三、四是人位，六三為臣，又是陰爻居剛位，很難有什麼作為，所以有「進退」的考慮。不過，它的考慮配合身分，又有上九正應，所以是「未失道也」。道不失，則進退皆可。

六四。觀國之光，利用賓於王。

象曰：觀國之光，尚賓也。

〈白話〉

六四。觀察國家的政教光輝，適宜從政追隨君王。

〈象傳〉說：觀察國家的政教光輝，是要往上追隨君王。

〈解讀〉

① 六四已經進入上卦，又以陰爻居柔位，並且上承九五君位，所觀察的是國家的整體發展，對於政教光輝深有所知。六四下臨坤卦，坤為邑為國。坤又為文，有光輝。

② 「尚」是上；「賓」是從，是客，古代為官有如應邀的賓客。程頤說：「古者有賢德之人，則人君賓禮之，故士之仕進於王朝，則謂之賓。」六四在巽卦中，巽為近利市三倍，它之追隨九五是極其自然的。

九五。觀我生，君子无咎。

象曰：觀我生，觀民也。

〈白話〉

九五。觀察我的生民，君子沒有災難。

〈象傳〉說：觀察我的生民，就是觀察我的百姓。

〈解讀〉

① 九五居中守正,以天子的身分觀察生民,再設立合適的政教制度來造福他們。這是他的本分與職責,做到了才可以「无咎」,所以不說「吉无不利」之類的美言。

② 九五下有四爻擁戴,正如天子受到百姓的支持。天子若想了解自己的德行表現,或者自己是否「大觀在上」,最好的辦法就是觀察百姓的苦樂。

上九。觀其生,君子无咎。

象曰:觀其生,志未平也。

〈白話〉

上九。觀察他的生民,君子沒有災難。

〈象傳〉說:觀察他的生民,是因為心意不得安定。

〈解讀〉

① 上九居高而無權無位,只能觀察九五的生民,所以說他「觀其民」。觀卦二陽爻在上,上九能觀,就算盡責了,所以「无咎」。君子無位而有憂,小人有位而無憂,「志未平」即在此。

② 觀卦四陰爻在下,再往上推升就成了剝卦(☶,第二十三卦)。上九處在即將消退的位置,還在「觀其生」,實是因為「志未平也」。

㉑ 噬嗑卦 ䷔

噬嗑：亨。利用獄。

〈象〉曰：雷電噬嗑。先王以明罰敕法。

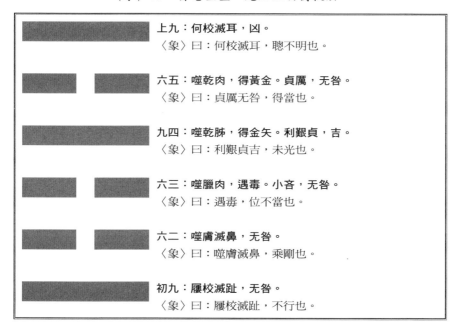

上九：何校滅耳，凶。
〈象〉曰：何校滅耳，聰不明也。

六五：噬乾肉，得黃金。貞厲，无咎。
〈象〉曰：貞厲无咎，得當也。

九四：噬乾胏，得金矢。利艱貞，吉。
〈象〉曰：利艱貞吉，未光也。

六三：噬臘肉，遇毒。小吝，无咎。
〈象〉曰：遇毒，位不當也。

六二：噬膚滅鼻，无咎。
〈象〉曰：噬膚滅鼻，乘剛也。

初九：屨校滅趾，无咎。
〈象〉曰：屨校滅趾，不行也。

䷔ 噬（ㄕˋ）嗑（ㄏㄜˊ）。亨。利用獄。

〈白話〉

噬嗑卦。通達。適宜判決訴訟。

〈解讀〉

① 噬嗑卦是下震上離，亦即「火雷噬嗑」。〈序卦〉說：「可觀而後有
所合，故受之以噬嗑。嗑者，合也。」推行政教制度有了可觀的成
就，民心自然相合，所以接著出現了此卦。但是，〈雜卦〉又說：
「噬嗑，食也。」觀此卦為：用牙咬合以食之。合而言之，噬嗑卦的

目的是要使民心相合，但是先決條件是正確判斷訴訟案件。正如我們食用一物，須以牙咬斷，才可消化一樣。

② 此卦以斷案求合民心為主，如此自然通達。「獄」指訴訟案件，包括調查、審判、用刑、定罪等，亦即古代的司法部門所負責的事務。由卦名及〈象傳〉看來，易經有六卦與訴訟有關，即：訟、噬嗑、賁、豐、旅、中孚。由此可知，古人生活與此相關者約十分之一。

彖曰：頤中有物曰噬嗑。噬嗑而亨，剛柔分，動而明。雷電合而章。柔得中而上行，雖不當位，利用獄也。

〈白話〉

〈象傳〉說：口腔中有東西，這種象就稱作噬嗑卦。噬嗑卦咬斷而合之就通達了。剛強者與柔順者分開，一行動就見到光明。雷聲閃電相合而彰顯一切。柔順者取得中位而向上前進，雖然位置不恰當，但適宜判決訴訟。

〈解讀〉

① 頤卦（☲，第二十七卦）有如一張口，上下兩排牙齒。噬嗑卦（☲）則有如在口中加一硬物（九四），所以說「頤中有物」。由於多了九四，使剛爻與柔爻可以分開，陰陽交錯才會「亨」。

② 本卦下震上離。震為足，為行，為動；離為火，為目，為明；所以說「動而明」。其次，震為雷，離為電，合起來是打雷閃電，聲勢驚人而照見一切，正好可以用來明察秋毫，判斷案件。

③ 由「柔得中而上行」一語，可知本卦是從否卦（☳，第十二卦）演變而成。否卦的初六上行成為噬嗑卦的六五。六五陰爻居剛位，是「不當位」，但是在審理訴訟時不宜過剛，所以這樣反而有利。

象曰：雷電噬嗑。先王以明罰敕（ㄔˋ）法。

〈白話〉

〈象傳〉說：打雷與閃電合在一起，這就是噬嗑卦。古代帝王由此領悟，要明辨刑罰，端正法律。

〈解讀〉

① 噬嗑卦由下震上離組成，在取象上就是閃電（離）與打雷（震）。雷聲震撼萬物，使人不敢隱瞞；閃電大放光明，使人無所遁形。

② 民心以公平與正義為其依歸，先王由本卦懂得「明罰敕法」。明為辨明，務求刑罰合宜；「敕」為導正，不可循私枉法。

初九。屨（ㄐㄩˋ）校（ㄐㄧㄠˋ）滅趾，无咎。
象曰：屨校滅趾，不行也。

〈白話〉

初九。戴上腳枷，遮住腳趾，沒有災難。

〈象傳〉說：戴上腳枷，遮住腳趾，不能行動了。

〈解讀〉

① 初九在震卦，震為木，在此轉為「校」。「校」是枷鎖的總稱，在腳稱「桎」，在手稱「梏」，在頸稱「枷」。「屨」是鞋，在此為穿鞋之意。初九在下卦震的底部，震為足；它又在互坎（六三、九四、六五）的底下外邊，坎為水，所以初九沒在水之下；合而言之則是「屨校滅趾」。

② 在噬嗑卦中，初九是指受刑的平民，平民犯罪受刑，是「小懲而大誡」，未必是壞事，所以說「无咎」。初九受刑，與九四不應，九四在互艮中，艮為止，等於使初九無路可走，不能再為惡，所以是「无咎」。

③ 在本卦中，三陽爻皆指剛強之人，為受刑者。其中九四有雙重角色，最值得留意。三陰爻則是用刑者，因此本卦二、三、四、五爻皆始於「噬」字。

六二。噬膚滅鼻，无咎。
象曰：噬膚滅鼻，乘剛也。

〈白話〉
六二。咬食肥肉，鼻子沒入，沒有災難。
〈象傳〉說：咬食肥肉而鼻子沒入，是因為凌駕在剛強者之上。

〈解讀〉
① 「膚」是指連著皮的肥肉，大口咬食將會使鼻子沒入其中。六二在互艮（六二、六三、九四）中，由艮為果蓏（外為硬殼，內為軟實）可推知它連皮帶肉的具體形象。同時，艮為鼻，又為黔喙之屬，鼻口相連，所以會「噬膚滅鼻」。六二不是受刑人，而是用刑人，所以雖然手段不雅，還是「无咎」。
② 六二吃相何以如此不雅？原因是「乘剛」。它凌駕在初九之上，乘剛者自身不順，又須用刑於剛強之人，所以不太計較手段。

六三。噬臘肉，遇毒。小吝，无咎。
象曰：遇毒，位不當也。

〈白話〉
六三。咬食臘肉，遇到有毒的部分。有小的困難，沒有災難。
〈象傳〉說：遇到有毒的部分，是因為位置不恰當。

〈解讀〉
① 六三在互艮（六二、六三、九四）中，但是其上為離卦，離為火；所

以它所咬食的不是肥肉，而是被火燻乾的臘肉。同時，六三在互坎（六三、九四、六五）中，坎為險，為隱伏，在人則是加憂，所以為有毒之象。由於六三是用刑者，所以是「小吝，无咎」。

② 六三以陰爻居剛位，本身「位不當」，所以在用刑時招來怨毒反應。

九四。噬乾肺（ㄗˋ），得金矢。利艱貞，吉。
象曰：利艱貞吉，未光也。

〈白話〉
九四。咬食骨頭上的乾肉，獲得金屬箭頭。適宜在艱難中正固，吉祥。
〈象傳〉說：適宜在艱難中正固，吉祥，是因為作為還不夠光明。

〈解讀〉
① 九四為大臣，大臣有善有惡，由善者對付惡者，所噬者為乾肺。九四在互艮（六二、六三、九四）中，又已進入離卦，加以本身是剛爻，等於是骨頭上烤過的乾肉。肺是骨頭上的肉。九四在互坎（六三、九四、六五）中，坎為弓輪；又在上卦離中，離為戈兵；弓上的戈自然是箭了。並且，這個離卦是由否卦的初六與九五換位而來，否卦的上乾變為噬嗑卦的上離。乾為金，金所變成的矢，是為「金矢」。善臣得金矢，惡臣為被噬的乾肺。

② 九四以陽爻居柔位，又在互坎中，坎為險，所以「利艱貞」。九四雖在離卦，但不是位居中爻，光明比不上六五，就是「未光也」。

六五。噬乾肉，得黃金。貞厲，无咎。
象曰：貞厲无咎，得當也。

〈白話〉
六五。咬食乾肉，獲得黃金。一直如此會有危險，但沒有災難。
〈象傳〉說：一直如此會有危險，但沒有災難，是因為作為都還恰當。

〈解讀〉

① 六五是「柔得中而上行」的一爻，為全卦主爻。處於噬嗑卦，六五為用刑者，面臨結案的難關，所噬亦為乾肉。它所得的是「黃金」，如前爻所述，本卦由否卦變來，否卦初六上行成六五，使下坤上乾變成下震上離；坤為地，色黃；乾為金；這些都應驗在六五身上。

② 六五以陰爻居剛位，並且下乘九四，所以「貞厲」。不過，在噬嗑卦中，能夠秉持中道，溫和而明鑑，是為「得當」而「无咎」。

上九。何（ㄏㄜˋ）校滅耳，凶。
象曰：何校滅耳，聰不明也。

〈白話〉

上九。肩扛著枷，遮住耳朵，有凶禍。

〈象傳〉說：肩扛著枷，遮住耳朵，聽不清也看不見。

〈解讀〉

① 「何」為荷，擔負之意。上九居離卦終位，又在互坎（六三、九四、六五）之上；離為目，坎為耳；上九爻變，出現震卦，震為木，為校，為刑具；所以刑具遮住了耳與目。初九與上九皆為受刑者，刑罰從屨校到何校，可見嚴重程度已到極點，所以「凶」。〈繫辭・下〉對此亦有所評論。

② 「聰不明也」，是「不聰不明」的簡說。表面上是「何校滅耳」造成不聰不明，而實際上則是不聰不明，胡作非為，然後結果才是「何校滅耳」。

賁：亨。小利有攸往。

〈象〉曰：山下有火，賁。君子以明庶政，无敢折獄。

▬▬▬▬▬▬	**上九：白賁，无咎。** 〈象〉曰：白賁无咎，上得志也。
▬▬▬ ▬▬▬	**六五：賁於丘園，束帛戔戔。吝，終吉。** 〈象〉曰：六五之吉，有喜也。
▬▬▬ ▬▬▬	**六四：賁如，皤如，白馬翰如，匪寇婚媾。** 〈象〉曰：六四當位疑也。匪寇婚媾，終无尤也。
▬▬▬▬▬▬	**九三：賁如，濡如，永貞吉。** 〈象〉曰：永貞之吉，終莫之陵也。
▬▬▬ ▬▬▬	**六二：賁其須。** 〈象〉曰：賁其須，與上興也。
▬▬▬▬▬▬	**初九：賁其趾，舍車而徒。** 〈象〉曰：舍車而徒，義弗乘也。

䷕ 賁（ㄅ一ˋ）。亨。小利有攸往。

〈白話〉

賁卦。通達。小的範圍適宜有所前往。

〈解讀〉

① 賁卦是下離上艮，亦即「山火賁」。〈序卦〉說：「物不可以苟合而已，故受之以賁。賁者，飾也。」事物不可以勉強相合就算了，還須加以文飾，所以在噬嗑卦之後是賁卦。不過，〈雜卦〉說：「賁，无色也。」由此可知，所謂的文飾，並非加上顏色，而是以無色來突顯

其原有的面貌；至於方法，則是通過適當的安排，使事物處在合宜的位置。《說文》說：「文，錯畫也。」以線條交錯為文，亦是調整位置以顯示秩序之意。

② 關於以文為無色，可以參考孔子所說的「繪事後素」（《論語·八佾》），亦即：繪畫時，最後才上白色。古代繪畫以有色的絹布為底，先上各種彩色，最後才上白色，白色使原先所上的彩色更加鮮艷，所以接著才有孔子對「禮後乎」的肯定。換言之，禮是白色或無色。人間一切制度設計，無非是要讓人性得以順利而正常地發展，而不是要另外加給人性什麼。

③ 賁卦是噬嗑卦的覆卦，同樣是陰陽交錯而通達。至於「小利有攸往」，「小」是指小的範圍，而非指六二。因為《易經》中卦辭說「利有攸往」的有八卦（復、大過、恆、損、益、夬、萃、巽），說「不利有攸往」的有二卦（剝、无妄），說「勿用有攸往」的有一卦（屯），皆就全卦而言，不就單爻而言。且以本卦六二來說，它是「柔來而文剛」，沒有「攸往」的情況。

象曰：賁，亨，柔來而文剛，故亨。分剛上而文柔，故小利有攸往，天文也。文明以止，人文也。觀乎天文，以察時變；觀乎人文，以化成天下。

〈白話〉

〈象傳〉說：賁卦，通達。柔順者來到，文飾剛強者，所以通達。分出剛強者往上行，去文飾柔順者，所以是小的範圍適宜有所前往，這是合乎自然界的文飾。以文明的方式規範人的行為，則是人間的文飾。觀察自然界的文飾，可以探知季節的變化；觀察人間的文飾，可以教化成就天下的人。

〈解讀〉

① 由「柔來而文剛」一語，可知下卦的六二是由上卦來的。如果回復原

狀，則是泰卦（☰☷）。現在一經變動，陰陽交錯又重現生機，所以「亨」。柔來之後，下卦的剛也須「上而文柔」，這是小範圍的「利有攸往」，只是為了文飾而已。泰卦下卦為乾，乾為天，由下卦分出剛爻，成為賁卦的上九，賁為飾；兩者合起來就是「天文」，即自然界之文飾，如日月星辰之錯列，陰陽寒暑之代變等。

② 賁卦下離上艮，離為火，為明，艮為山，為止；所以說「文明以止」。以文飾而顯明的手段，來規範、約束人民的言行，就是「人文」的意思。由人文可以創作禮樂制度，推行教化，以至於「化成天下」。「文化」一詞即脫胎於此。

象曰：山下有火，賁。君子以明庶政，无敢折獄。

〈白話〉

〈象傳〉說：山下出現火光，這就是賁卦。君子由此領悟，要明察各項政務，不能依此果敢判決訴訟。

〈解讀〉

① 賁卦下離上艮，艮為山，離為火，所以是「山下有火」。山上有眾物（動物、植物、礦物），山下出現火光，可以照見眾物。君子以此明辨各項政務。「庶」為眾。

② 「折」為斷；為何「无敢折獄」？因為賁卦的光明是為了文飾，文飾則無法得其實情，所以不可用來斷案。

初九。賁其趾，舍車而徒。
象曰：舍車而徒，義弗乘也。

〈白話〉

初九。文飾腳趾，捨棄車子而徒步行走。
〈象傳〉說：捨棄車子而徒步行走，是理當不用坐車。

〈解讀〉

① 初九為士，位低，如人之趾；既在賁卦，則「賁其趾」。腳打扮好了，就可以大步前進，士無車也不必乘車。

② 初九在互坎（六二、九三、六四）之下，坎為通輿，在坎之下所以下車走路，這在道理上（義）也是不該乘車的。

六二。賁其須。

象曰：賁其須，與上興也。

〈白話〉

六二。文飾鬚髯。

〈象傳〉說：文飾鬚髯，是要隨著上位者而行動。

〈解讀〉

① 六二爻變，出現互兌（九二、九三、六四），兌為口，口旁之文飾莫如須。下卦離為附麗，為文采，口旁之文為「須」。

② 六二是與上九交換的一爻，是隨著上位者而行動的，所以說它「與上興也」。其意也在於：文飾只是外在修整，不足以改變其實質，所以要隨其實質而調節。

九三。賁如，濡（ㄖㄨˊ）如，永貞吉。

象曰：永貞之吉，終莫之陵也。

〈白話〉

九三。有文飾的樣子，潤澤的樣子，長久正固吉祥。

〈象傳〉說：長久正固吉祥，是因為終究沒有人凌駕其上。

〈解讀〉

① 九三在互坎（六二、九三、六四）中，坎為水，水有潤澤之意。九三

又是二柔文一剛，可謂賁之至也，加上陽爻居剛位，有堅持之力，所以「永貞吉」。

② 以賁為飾而言，九三位置最理想，沒有人比得上。上卦為艮，艮為止，止於此之意。上卦各爻，皆無九三的條件，所以「終莫之陵」。

六四。賁如，皤（ㄆㄛˊ）如，白馬翰（ㄏㄢˋ）如，匪寇婚媾（ㄍㄡˋ）。
象曰：六四當位疑也。匪寇婚媾，終无尤也。

〈白話〉

六四。有文飾的樣子，潔白的樣子，白馬壯碩的樣子。不是強盜，而是來求婚配的。

〈象傳〉說：六四處在多疑的位置。不是強盜，而是來求婚配的，這是說終究沒有怨責。

〈解讀〉

① 六四爻變出現互巽（六二、九三、九四），巽為木為白。「皤」為老人鬚髮之白，在此描寫六四質樸素白。有文飾而潔白，是因為與初九正應，得以發揮賁卦的特質。六四在互坎（六二、九三、六四）中，坎為美脊馬，所以說「白馬」；「翰」同骭，強壯之意。

② 六四在互坎中，坎為盜；但是全卦唯有六四與初九正應，有婚媾之象，所以說「匪寇婚媾」。這是因六四處在多疑（坎為疑）的位置，不過最終明白真相而「无尤」。

六五。賁於丘園，束帛戔戔（ㄐㄧㄢ）。吝，終吉。
象曰：六五之吉，有喜也。

〈白話〉

六五。所文飾的是丘山田園，只用很少的一束布帛。有困難，最後吉祥。

〈象傳〉說：六五的吉祥，是因為有喜慶之事。

〈解讀〉

① 以賁為飾來說，陰柔要文飾陽剛；六五雖居尊位，但在下無應，所以須向上文飾上九。六五在艮卦，艮為山。賁卦由泰卦演變而來，泰卦上卦為坤，坤為地，為田園；所以說「賁於丘園」。坤為布，又為吝嗇，所以說「束帛」。「束帛」是捆為一束的五匹帛，古代用為聘問、饋贈的禮物。「戔戔」為少量，微薄。

② 六五的表現並不大方，所以說「吝」。但是「終吉」，因為有上九可以相承，仍有陰陽相鄰之喜。文飾時，所重的是實質，而不是禮物的豐厚。

上九。白賁，无咎。
象曰：白賁无咎，上得志也。

〈白話〉

上九。用白色來文飾，沒有災難。
〈象傳〉說：用白色來文飾而沒有災難，是因為在上位者實現了心意。

〈解讀〉

① 上九居賁卦最高位，覺悟了文飾的最高境界是：以白為賁。此即前文所謂的「繪事後素」（繪畫時，最後才上白色）。所行為是，自然「无咎」。上九爻變，上卦為坤，坤為靜，可比喻為無色。

② 上九依「分剛上而文柔」所云，是由下卦上來文飾柔爻的，現在圓滿完成了任務，可謂「上得志也」。

剝:不利有攸往。

〈象〉曰:山附於地,剝。上以厚下安宅。

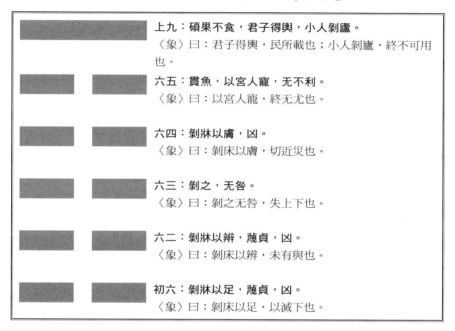

上九:碩果不食,君子得輿,小人剝廬。
〈象〉曰:君子得輿,民所載也;小人剝廬,終不可用也。

六五:貫魚,以宮人寵,无不利。
〈象〉曰:以宮人寵,終无尤也。

六四:剝牀以膚,凶。
〈象〉曰:剝床以膚,切近災也。

六三:剝之,无咎。
〈象〉曰:剝之无咎,失上下也。

六二:剝牀以辨,蔑貞,凶。
〈象〉曰:剝床以辨,未有與也。

初六:剝牀以足,蔑貞,凶。
〈象〉曰:剝床以足,以滅下也。

䷖ 剝。不利有攸往。

〈白話〉

剝卦。不適宜有所前往。

〈解讀〉

① 剝卦是下坤上艮,亦即「山地剝」。〈序卦〉說:「致飾,然後亨則盡矣,故受之以剝。剝者,剝也。」經過賁卦的文飾,通達到了盡頭,接著就是剝蝕了。這也有物極必反之意。剝卦為消息卦之一,代表夏曆九月,只剩上九一個陽爻,時序即將進入冬季。

② 剝卦是五陰一陽的局面，再往前推進就成為全陰的坤卦了。《易經》
以陽爻為君子，陰爻為小人，所以會說「不利有攸往」，以免陷入困
境。

象曰：剝，剝也。柔變剛也。不利有攸往，小人長也。順而止之，
觀象也。君子尚消息盈虛，天行也。

〈白話〉

〈象傳〉說：剝卦，就是剝蝕的意思。柔順者要改變剛強者。不適宜有所
前往，因為小人的力量在增長。順著時勢停止下來，是觀察卦象的結果。
君子重視消退、生長、滿盈、虛損的現象，因為那是天的運行法則。

〈解讀〉

① 剝卦是陰爻由下向上推進所形成的，是柔爻要改變、消滅剛爻。對君
子而言，小人勢力正盛，當然「不利有攸往」。這是「易為君子謀，
不為小人謀」。

② 剝卦下坤上艮，艮為止，坤為順，合為「順而止之」。這一點從象上
就可以看得出來，君子也應該順勢而止，閉門修德。

③ 「消」是消退，「息」是生長。「消息盈虛」是自然界變化的常理，
了解之後就懂得如何出處進退。

象曰：山附於地，剝。上以厚下安宅。

〈白話〉

〈象傳〉說：山依附於大地上，這就是剝卦。上位者由此領悟，要厚待下
民，穩固根基。

〈解讀〉

① 剝卦下坤上艮，艮為山，坤為地，是「山附於地」。山高突而出，但

是不能離開大地。若是忽略這一點，則剝蝕也將由下而上，危及高山。

② 「上」是上位者，指政治領袖。「下」與上相對，應指下民、百姓。「宅」為根基。《尚書·五子之歌》有「民惟邦本，本固邦寧」的觀念，與此相符。

初六。剝床以足，蔑貞，凶。
象曰：剝床以足，以滅下也。

〈白話〉
初六。剝蝕床腳，除去正固，有凶禍。
〈象傳〉說：剝蝕床腳，是要消滅底部。

〈解讀〉
① 剝卦為消息卦之一，屬於陰爻由下而上取代陽爻的一類。這類的消息卦的第一個是姤卦（☰，第四十四卦），姤卦下卦為巽，巽為木，其象如床。巽卦（☴，第五十七卦）九二與上九爻辭皆有「巽在床下」，可供參照。

② 初六爻變，下卦為震，震為足。「蔑」為滅，為消除。陰爻驅逐陽爻，以邪勝正，是為「蔑貞」。從底部開始受到剝蝕，「凶」。

六二。剝床以辨，蔑貞，凶。
象曰：剝床以辨，未有與也。

〈白話〉
六二。剝蝕床腿，除去正固，有凶禍。
〈象傳〉說：剝蝕床腿，是因為沒有相應的支持。

〈解讀〉

① 「辨」是分隔上下的，指床足與床板之間，所以譯為床腿。六二比初六高些，所指為床腿。這兩爻的情況同樣是「蔑貞，凶」。六二爻變，下卦成坎，坎為水，水可分隔兩岸，有分辨之象。

② 六二與六五無應，上下又都是陰爻。既然無法阻止剝蝕，就只能往上侵奪了。

六三。剝之无咎。

象曰：剝之无咎，失上下也。

〈白話〉

六三。剝蝕它，沒有災難。

〈象傳〉說：剝蝕它而沒有災難，是因為離開了上下的小人。

〈解讀〉

① 六三以陰爻居剛位，又有上九與之正應，得兩剛相輔，所以剝蝕不會造成災難。

② 六三的上下是四個陰爻，但是唯獨它有上九正應，所以與同類相失；沒有小人的簇擁，所以「无咎」。

六四。剝床以膚，凶。

象曰：剝床以膚，切近災也。

〈白話〉

六四。剝蝕床蓆，有凶禍。

〈象傳〉說：剝蝕床蓆，迫近災難了。

① 六四在上卦艮中，如噬嗑卦所云，艮有膚意。就床而言，「膚」指床蓆，其「凶」可知。

② 人坐臥在床時，直接觸及床蓆，所以說「切近災也」。

六五。貫魚，以宮人寵，无不利。
象曰：以宮人寵，終无尤也。

〈白話〉

六五。連成一串魚，以宮人身分獲得寵愛，沒有不利。
〈象傳〉說：以宮人身分獲得寵愛，終究沒有人會責怪。

〈解讀〉

① 艮為門闕，六五居尊位，所以用皇宮為喻。五個陰爻排列整齊如一串魚。魚為陰物，所以稱陰爻為魚。「宮人」指妻妾侍使等，是負責伺候天子的人。六五承主爻上九，因此得寵。

② 剝卦至此，小人大勝，為何可以「无不利」？答案在於：小人安於其位與其分，如宮人魚貫受寵，則可化險為夷。六五爻變，上卦為巽，巽為近利市三倍，所以說「无不利」。六五在艮卦，艮為止，這也合乎「順而止」的原則。

上九。碩果不食，君子得輿，小人剝廬。
象曰：君子得輿，民所載也；小人剝廬，終不可用也。

〈白話〉

上九。碩大的果子沒有人吃，君子將獲得車馬，小人將被剝除屋宇。
〈象傳〉說：君子將獲得車馬，是因為受到百姓擁戴；小人將被剝除屋宇，是因為終究是行不通的。

〈解讀〉

① 上九為剝卦唯一的陽爻，又居上位，有如碩果僅存。上九為剛爻，又在艮卦中，艮為果蓏，所以說「碩果」。

② 「君子得輿」，取象下卦坤為大輿；上九底下五個陰爻，有如萬民擁戴。「小人剝廬」，則就全卦看來，上九有如屋宇之頂，上九爻變，上卦為坤，坤為虛，是為「剝廬」。如此一來，剝卦也會隨之消失，所以說「終不可用也」。

㉔ 復卦 ䷗

復：亨。出入无疾，朋來无咎。反復其道，七日來復，利有攸往。

〈象〉曰：雷在地中，復。先王以至日閉關，商旅不行，后不省方。

		上六：迷復，凶。有災眚。用行師，終有大敗，以其國君凶，至於十年不克征。 〈象〉曰：迷復之凶，反君道也。
		六五：敦復，无悔。 〈象〉曰：敦復无悔，中以自考也。
		六四：中行獨復。 〈象〉曰：中行獨復，以從道也。
		六三：頻復，厲，无咎。 〈象〉曰：頻復之厲，義无咎也。
		六二：休復，吉。 〈象〉曰：休復之吉，以下仁也。
		初九：不遠復，无祇悔，元吉。 〈象〉曰：不遠之復，以修身也。

䷗ 復。亨。出入无疾，朋來无咎。反復其道，七日來復，利有攸往。

〈白話〉

復卦。通達。外出入內沒有疾病，朋友前來沒有災難。在軌道上反覆運行，七天回來重新開始，適宜有所前往。

〈解讀〉

① 復卦是下震上坤，亦即「地雷復」。〈序卦〉說：「物不可以終盡，剝窮上反下，故受之以復。」剝卦走到極點，陽爻又須回到底下重新

開始。復卦為消息卦，在夏曆十一月。復卦為剝卦的覆卦，稱作「由剝而復」，是「一陽復始」的局面，大地重現生機，所以「亨」。

② 「出入无疾」：陽氣始生，充滿活力。「出」指初九陽爻之出現，「入」指初九進入到五個陰爻之下；「朋來」是指五個陰爻一起來歡迎初九這個唯一的陽爻。此為自然之趨勢，所以无疾也无咎。

③ 「反復其道」：「道」是萬物消長的規則，自古以來一直在循環輪替展現。「七日來復」：乾卦的陽爻自姤卦開始消退，經遯、否、觀、剝、坤，再回到復卦的一陽復起，是到第七步才成功的。七日與七月皆就七個階段而言，可以相通。陽爻向上推進，對君子有利，所以說「利有攸往」。

④ 復卦為〈繫辭·下〉修德九卦之三，是「德之本」，德行的本質在於返回初心，由真誠而發出行善的力量。

彖曰：復。亨。剛反，動而以順行，是以出入无疾，朋來无咎。反復其道，七日來復，天行也。利有攸往，剛長也。復，其見天地之心乎！

〈白話〉

〈彖傳〉說：復卦。通達。剛強者回來，行動是順勢前進的，所以外出入內沒有疾病，朋友前來沒有災難。在軌道上反覆運行，七天回來重新開始。這是天的運行法則。適宜有所前往，因為剛強者正在成長。從復卦，大概可以看出天地的用意吧！

〈解讀〉

① 復卦五陰一陽，但陽爻居初位，代表它剛剛回來，將會打開新的局面。本卦下震上坤，坤為順，震為足，為行，亦即「動而以順行」。這一切都是配合「天行」的。

② 由復卦可以看出天地之「心」，亦即希望一切蓬勃而有朝氣。雖有陰陽消長的相反相成，但是仍以生生之德為其鵠的。

象曰：雷在地中，復。先王以至日閉關，商旅不行，后不省方。

〈白話〉

〈象傳〉說：雷還藏在地下，這就是復卦。古代帝王由此領悟，要在冬至之日開始關閉城門，商人旅客不得通行，君王也不去四方視察。

〈解讀〉

① 復卦下震上坤，坤為地，震為雷，所以說「雷在地中」。此時，雷尚無法發揮作用，必須安靜以待時勢。

② 「至日」：冬至之日，是復卦（農曆十一月）所代表的節氣，由此日開始陽氣漸生。先王效法「雷在地中」，所以「閉關」。所謂「至日」，非指一日，而是「盡乎一冬之辭」，讓大家休養生息。「后」為君王，可以包括諸侯在內。

初九。不遠復，无祗（ㄓ）悔，元吉。

象曰：不遠之復，以修身也。

〈白話〉

初九。走得不遠就返回，沒有到懊惱的程度，最為吉祥。

〈象傳〉說：走得不遠而返回，是為了修養自己。

〈解讀〉

① 初九是最先返回的陽爻，它在震卦，有行動力，所以說「不遠復」。「祗」為抵，抵達。由於迅速返回而沒有做出任何「悔」事。如此確實「元吉」。初九爻變，下卦為坤，坤為身，復其身，亦即「修身」。

② 〈繫辭·下〉引述孔子的話說：「顏氏之子，其殆庶幾乎？有不善未嘗不知，知之未嘗復行也。《易》曰不遠復，无祗悔，元吉。」這是孔子對顏淵的稱讚。人的認知與行動不可能完美，但是只要真誠察覺

危機就立即回歸正途，則為「修身」的良方。

六二。休復，吉。
象曰：休復之吉，以下仁也。

〈白話〉

六二。停下來返回，吉祥。

〈象傳〉說：停下來返回而吉祥，是為了向下親近仁者。

〈解讀〉

① 「休」是止。在復卦中，六二也是走得不遠，就停下來返回。這是由於六二以陰爻居柔位，又居下卦之中位，所以作出正確的抉擇。

② 六二之「吉」是因為向下親近初九。初九為君子，為仁者，又是本卦主爻，六二處於震卦，採取正確引動，向下親近仁者。由此可知，復卦所謂的「返回」，是指返回正道而言。

六三。頻復，厲无咎。
象曰：頻復之厲，義无咎也。

〈白話〉

六三。再三地返回，有危險但沒有災難。

〈象傳〉說：再三地返回而有危險，是理當沒有災難的。

〈解讀〉

① 六三以陰爻居剛位，原本就不安穩，又處在下卦震卦的終位，震為動，所以六三會頻頻返回正道，是屢得屢失之象。六三爻變出現互坎，坎為險，有「厲」。

② 由於六三返回的是正道，所以在迷失時有危險，而在返回時又有了希望，這正是孔子的學生子夏所謂「出見紛華盛麗而說，入聞夫子之道

而樂」，但知悔改，即可无咎。

六四。中行獨復。
象曰：中行獨復，以從道也。

〈白話〉

六四。走在行列中間而獨自返回。

〈象傳〉說：走在行列中間而獨自返回，是為了追隨正道。

〈解讀〉

① 六四位於一串陰爻的中間，上下各二，所以是「中行」。只有它返回，是因為它陰爻居柔位，又與初九正應。一般而言，中行者最不易復，所以要特別強調。

② 說六四「獨復」，並不表示其他各爻不復。而是說六四的「復」最為直截了當，並且是回應全卦唯一的陽爻初九，「以從道也」。

六五。敦復，无悔。
象曰：敦復无悔，中以自考也。

〈白話〉

六五。敦厚地返回，沒有懊惱。

〈象傳〉說：敦厚地返回而沒有懊惱，是因為居中而能自我省察。

〈解讀〉

① 六五居上卦坤的中爻，坤為地，為厚，可以承載萬物。「敦」亦為厚。六五以陰爻居尊位，所以能夠敦厚地返回，沒有懊惱。

② 六五居中位，「中」亦有內心之意。它無應失位，在返回中道時，會「自考」其得失，所以「无悔」。

上六。迷復，凶。有災眚（ㄕㄥˇ）。用行師，終有大敗，以其國君凶，至於十年不克征。

象曰：迷復之凶，反君道也。

〈白話〉

上六。在迷惑中返回，有凶禍。出現危難與災禍。發動軍隊作戰，最後會大敗，對國君的凶禍最大，甚至十年之內都不能再用兵。

〈象傳〉說：在迷惑中返回而有凶禍，是因為違背了君王的正道。

〈解讀〉

① 上六居上卦坤之終位，前無去路，坤為黑夜，為迷惑，為死喪，故為凶，並有災眚。坤為眾，為師，下卦為震，為行，合稱「行師」，並因而大敗。

② 上六走到最後，因處於復卦，還必須回顧初九。初九在下卦震，震為諸侯，亦稱國君，所以說「以其國君凶」。十為坤之數，十年代表長期如此。

③ 上六在復卦而不能學習先王「閉關」，反而興師動武，所以說它「反君道也」。

无妄：元亨利貞。其匪正有眚，不利有攸往。

〈象〉曰：天下雷行，物與无妄。先王以茂對時，育萬物。

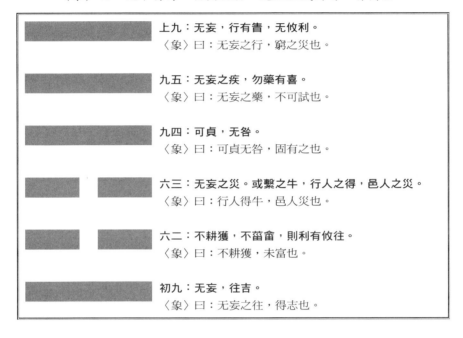

上九：无妄，行有眚，无攸利。
〈象〉曰：无妄之行，窮之災也。

九五：无妄之疾，勿藥有喜。
〈象〉曰：无妄之藥，不可試也。

九四：可貞，无咎。
〈象〉曰：可貞无咎，固有之也。

六三：无妄之災。或繫之牛，行人之得，邑人之災。
〈象〉曰：行人得牛，邑人災也。

六二：不耕獲，不菑畬，則利有攸往。
〈象〉曰：不耕獲，未富也。

初九：无妄，往吉。
〈象〉曰：无妄之往，得志也。

☲ 无妄。元亨利貞。 其匪正有眚，不利有攸往。

〈白話〉

无妄卦。最為通達，適宜正固。如果不守正就會有危難，不適宜有所前往。

〈解讀〉

① 无妄卦是下震上乾，亦即「天雷无妄」。〈序卦〉說：「復則不妄矣，故受之以無妄。」能夠返回正道，就不會虛妄了。

② 對人而言，「无妄」即是真誠，能夠真誠，就符合《中庸》所云：「誠者，天之道也；誠之者，人之道也。」（第二十章）如此自然「元亨利貞」。

③ 不過，如果「匪（非）正」，稍有偏差，就會自己招來危難。這表示起心動念都必須謹慎，否則「不利有攸往」。

彖曰：无妄，剛自外來而為主於內。動而健，剛中而應，大亨以正，天之命也。其匪正有眚，不利有攸往，无妄之往，何之矣？天命不佑，行矣哉？

〈白話〉

〈彖傳〉說：无妄卦，是剛強者從外部來到內部成為主力。行動充滿活力，剛強者居中而有呼應，十分通達而能守正，這是天命的要求。如果不守正就會有危難，不適宜有所前往，不虛妄時還要前往，能去哪裡呢？天命不肯保佑，能夠行得通嗎？

〈解讀〉

① 由「剛自外來而為主於內」一語，可知无妄卦是由遯卦（☰，第三十三卦）變來，是遯卦的九三來到初九的位置。无妄卦下震上乾，乾為天，為健，震為行，為動，所以說「動而健」。九五與六二陰陽正應，正是「剛中而應」。「大亨以正」，「以」也可以作「因為」講，就是因為守正才可大亨。

② 「无妄之往」，是說「无妄」是唯一正途，應該守住，若是想要前往他處，又能「何之矣」？若是虛妄，則天命不佑，「行矣哉？」

象曰：天下雷行，物與无妄。先王以茂對時，育萬物。

〈白話〉

〈象傳〉說：有雷在天下運行，萬物全都不可虛妄。古代帝王由此領悟，努力配合天時，養育萬物。

〈解讀〉

① 本卦下震上乾，乾為天，震為雷，是「雷行天下」之象。雷之聲威，震動天下，使萬物驚懼，无敢虛妄。

② 「茂」，勉力；「對」，配合。天時運行依其法則，從不虛妄，先王了解之後，就要依此治理百姓，養育萬物。此即《尚書·洪範》所謂的「天工人其代之」。

初九。无妄，往吉。

象曰：无妄之往，得志也。

〈白話〉

初九。沒有虛妄，前往吉祥。

〈象傳〉說：沒有虛妄而前往，是因為實現了心意。

〈解讀〉

① 初九在下卦震中，震為足，為動，所以前往是吉祥的。前面〈彖傳〉說「无妄之往，何之矣？」是就全卦而言。在此是就單爻而言。只要无妄（真誠），則處於應該行動的時機與位置，還是「往吉」。

② 初九的「得志」，正是〈彖傳〉所說的「剛自外來而為主於內」，所以得心應手。

六二。不耕獲，不菑（ㄗ）畬（ㄩˊ），則利有攸往。

象曰：不耕獲，未富也。

〈白話〉

六二。不耕種卻有收穫，不墾荒卻有熟田，那就適宜前往了。

〈象傳〉說：不耕種卻有收穫，是因為沒有求取財富。

〈解讀〉

① 「菑」是耕耘、開墾，「畬」是開發三年的熟田。六二是陰爻居柔位，又有九五正應，所以雖然不存心發財，也會有所收成。「耕」與「菑」都是有心開始，六二卻無心而為。六二為地（初與二為地），在震卦為動，在互艮為手，手動於田，自然有耕菑之效，如此，「則利有攸往」。

② 「未富也」的「富」字，是指求取財富而言。六二在互巽（六三、九四、九五）之外，巽為近利市三倍，所以六二並未心存財富，而是順其自然。

六三。无妄之災。或繫之牛，行人之得，邑人之災。
象曰：行人得牛，邑人災也。

〈白話〉

六三。沒有虛妄卻遇上災難。有人拴了一頭牛，過路人把牠牽走，村裡人遭殃。

〈象傳〉說：過路人牽走牛，使村裡人遭殃了。

〈解讀〉

① 六三以陰爻居剛位，又不是居中，所以遇上了「无妄之災」。六三在下卦震裡，震為行，引申為行人；也在互艮（六二、六三、九四），艮為手；又在互巽（六三、九四、九五），巽為繩直。合起來，則是行人手牽繩子。

② 以牛與邑人為喻，其象皆來自坤卦。下卦震（☳）為坤卦（☷）所變，亦即初爻由陰變陽。坤為牛，為土（引申為國邑），現在一變兩失，則是牛被牽走而邑人受災。此爻所說的是：有人得，則有人失；因此，人在有所得時，必須知所戒惕。

九四。可貞，无咎。
象曰：可貞无咎，固有之也。

〈白話〉

九四。可以正固，沒有災難。
〈象傳〉說：可以正固而沒有災難，這是它本來就具有的條件。

〈解讀〉

① 九四已脫離下卦震（震為行），與初九又無應，所以可以守住正固。
　 在无妄卦中，正固自然「无咎」。
② 九四下乘六三，上比九五之君，乘比皆優，不必變動，又居互艮（六
　 二、六三、九四）的上爻，艮為止。所以會說它的正固是「固有之
　 也」。

九五。无妄之疾，勿藥有喜。
象曰：无妄之藥，不可試也。

〈白話〉

九五。沒有虛妄卻生了病，不用吃藥也會痊癒。
〈象傳〉說：沒有虛妄時所開的藥，不可嘗試服用。

〈解讀〉

① 「无妄」是指沒有虛妄，引申為無緣無故。若是無緣無故生了病，這
　 時不可輕易服藥，否則无妄變成有妄，會出現別的症狀。
② 九五本身守正居中，又有六二正應，當然是無妄之極。九五爻變出現
　 互坎，坎為疾；九五在互巽中，巽為草木，引申為草藥。這種「疾」
　 不必服藥，因為九五與六二正應，六二在下卦震中，震有行動力，引
　 申為不藥而癒。「有喜」在針對疾病時，所指為痊癒。

上九。无妄,行有眚,无攸利。

象曰:无妄之行,窮之災也。

〈白話〉

上九。沒有虛妄,行動會遇到災禍,沒有任何好處。

〈象傳〉說:沒有虛妄而行動,是窮困處境帶來的災難。

〈解讀〉

① 上九處於无妄卦的最終位置,不必也不該有所行動。它若心存動念,想要與六三呼應,則「行有眚,无攸利」。六三在互艮(六二、六三、九四)中,艮為止,將會讓上九行不通。

② 上九的災難,來自它處在全卦終位,前無去路,只能徒呼奈何。

㉖ 大畜卦 ䷙

大畜：利貞，不家食，吉。利涉大川。

〈象〉曰：天在山中，大畜。君子以多識前言往行，以畜其德。

上九：何天之衢，亨。

〈象〉曰：何天之衢，道大行也。

六五：豶豕之牙，吉。

〈象〉曰：六五之吉，有慶也。

六四：童牛之牿，元吉。

〈象〉曰：六四元吉，有喜也。

九三：良馬逐，利艱貞。曰閑輿衛，利有攸往。

〈象〉曰：利有攸往，上合志也。

九二：輿說輹。

〈象〉曰：輿說輹，中无尤也。

初九：有厲，利已。

〈象〉曰：有厲利已，不犯災也。

䷙ 大畜（ㄒㄩˋ）。利貞。不家食，吉。利涉大川。

〈白話〉

大畜卦。適宜正固。不吃家裡的飯，吉祥。適宜渡過大河。

〈解讀〉

① 大畜卦是下乾上艮，四陽畜二陰，陽為大；乾為金玉，藏於山中，故稱「大畜」。〈序卦〉說：「有无妄然後可畜，故受之以大畜。」不虛妄則是真誠而實在，由此培養內涵，然後可以大有積蓄。

② 積蓄德行與學識之後，成為賢人，將會受到國家禮遇，不必在家裡吃閒飯。這表示政治上軌道，所以說「吉」。面對艱難險阻，也可以大

步前行，是為「利涉大川」。可參考小畜卦（風天小畜☴），一陰畜五陽，以小畜大。

彖曰：大畜。剛健篤實，輝光日新，其德剛上而尚賢。能止健，大正也。不家食吉，養賢也。利涉大川，應乎天也。

〈白話〉

〈彖傳〉說：大畜卦。剛強勁健又厚重實在，輝映光彩而日日更新，它的作風是要讓剛強者居上位，由此推崇賢人。能夠止住勁健，是因為充滿正固的力量。不吃家裡的飯而吉祥，是因為國家在培養賢人。適宜渡過大河，則是為了配合天的法則。

〈解讀〉

① 大畜卦下乾上艮，艮為山，乾為天。天行剛健而山處厚實；外靜而內動，在大的積蓄中，還須不斷推陳出新。由「剛上」一語可知本卦由大壯卦（☳，第三十四卦）變成，亦即九四成為上九，陽爻居最高位，是為「尚賢」，由此而來的「養賢」，則是「不家食」。

② 「能止健」，內動強勁（乾），而外有山止（艮），畜通蓄，蓄為止，所止者莫大於天，所畜者大，是為大畜。如此具有極大的正固力量，進而可以克服險阻，亦即「利涉大川」。

象曰：天在山中，大畜。君子以多識前言往行，以畜其德。

〈白話〉

〈象傳〉說：天處在山裡面，這就是大畜卦。君子由此領悟，要廣泛學習並記得古人的言行，以培養自己的深厚道德。

〈解讀〉

① 大畜卦下乾上艮，其象即是「天在山中」。天為至大而無所不覆，現

在卻被山所包容，可見本卦蓄積之大。

② 「識」為由學習而記住。「畜德」表示道德也須蘊蓄以成其厚。向古
人學習，是一個好辦法。

初九。有厲，利已。
象曰：有厲利已，不犯災也。

〈白話〉

初九。有危險，適宜停止。

〈象傳〉說：有危險而適宜停止，是為了不要招惹災禍。

〈解讀〉

① 大畜卦以積蓄涵養為原則。初九陽剛易動，又有六四正應，有躍躍欲
試之象，所以要警惕它「有厲」。

② 「利已」，「已」是停止；停止是為了「不犯災」，「犯」是干犯、
招惹。在此卦中，有陰爻正應的陽爻，都以「止」為宜。

九二。輿說（ㄊㄨㄛ）輹（ㄈㄨˋ）。
象曰：輿說輹，中无尤也。

〈白話〉

九二。車廂脫離了車軸。

〈象傳〉說：車廂脫離了車軸，是因為居中而沒有過失。

〈解讀〉

① 「說」同脫，「輹」是連接車廂與車軸的零件（古稱伏兔）。九二與
六五正應，但六五在艮卦中。九二也是想行動而不可得。九二在互震
（九三、六四、六五）之下，與震分離，震為行，又有車廂之象，九
二也在互兌中，兌為毀折，所以與車廂脫了節。

② 九二居下卦中位，言行適中，現在因「輿說輹」而行不得，尚可「无尤」。此時君子修德，不以進退為念，則无尤。

九三。良馬逐，利艱貞。日閑輿衛，利有攸往。
象曰：利有攸往，上合志也。

〈白話〉

九三。駿馬奔馳，適宜在艱難中正固。每天練習駕車與防衛，適宜有所前往。

〈象傳〉說：適宜有所前往，是因為與上位者心意相合。

〈解讀〉

① 九三在下卦乾中，乾為馬；又在互震（九三、六四、六五）中，震為行；合之則為「良馬逐」。不過，它面臨艮卦，艮為止，表示有阻力，所以「利艱貞」。

② 乾為「日」，九三在乾卦第三爻，代表一再練習；「閑」為嫻熟、練習；「輿」指駕車，「衛」指防衛，都是古代作戰必備的能力。輿與衛都來自互震：震為輿，亦為護衛天子的諸侯，引申為防衛。具備這些條件，才可以「利有攸往」。

③ 九三雖與上九無應，但兩者皆為陽爻，在本卦中，可謂心意相合，可以往前邁進。

六四。童牛之牿（《ㄨㄟˋ），元吉。
象曰：六四元吉，有喜也。

〈白話〉

六四。小牛在角上綁了橫木，最為吉祥。

〈象傳〉說：六四最為吉祥，是因為有了喜悅之事。

〈解讀〉

① 「牿」是綁在牛角上的橫木，使牛角無法刺傷人。這是古人畜養小牛的方式。如此一來，小牛由野而馴，成為極有價值的家畜，可以耕田也可以拖車，確實「元吉」。程頤說：「人之惡，止於初則易，既盛而後禁，則扞格而難勝。」小惡之人，導之可使為善。六四在艮卦，艮為少男為童；六四爻變，上卦為離，離為牛（參考離卦卦辭）；兩者合稱「童牛」。六四又在互震，震為木，引申為牿。

② 大畜卦也可以看成四陽畜二陰，在六四與六五分別談及牛與豬，所畜皆為對人類有利之生物。六四在互兌（九二、九三、六四）中，兌為悅，所以「有喜」。

六五。豶（ㄈㄣˊ）豕（ㄕˋ）之牙，吉。
象曰：六五之吉，有慶也。

〈白話〉

六五。閹豬口中的牙，吉祥。
〈象傳〉說：六五的吉祥，是因為有了喜慶之事。

〈解讀〉

① 六五在艮卦，艮為黔喙之屬，豬即是其一；六五與九二正應，九二在互兌，兌為口，口中有牙；六五也在互震，震為生長；艮又為止，止其牙與生長，所以說「豶豕之牙」。

② 「豶」是閹割過的豬，「豕」是豬。野豬的獠牙是傷害人的利器，「豶豕」已無野性，牠的牙對人就沒有威脅了。豕反而成為人類食物的來源，所以說「吉」。

③ 六五居尊位，又有九二正應，現在把天下人引以為患的野豬馴成了家畜，自然「有慶」。「豶豕」之喻，是要從根本上化解不當欲望的來源，而最好的方法則是修明政教，上行下效，大家一起蓄積德行。

上九。何天之衢（ㄑㄩˊ），亨。

象曰：何天之衢，道大行也。

〈白話〉

上九。位處上天所賜的通路，通達。

〈象傳〉說：位處上天所賜的通路，正道可以充分實現了。

〈解讀〉

① 「何」為荷，為擔負、承受、獲得之意。「衢」為交通要道。上九居天位，在全卦最上，獲得全卦的支持；上九又在互震（九三、六四、六五）之上，震為大途；合而觀之，則是「何天之衢」，亦即位居上天所展示的大路上。

② 大畜卦所蓄積的條件，在上九發揮了作用，使它可以無往不利，充分實現正道。六十四卦中，上爻有「亨」的僅此一卦。

頤：貞吉。觀頤，自求口實。

〈象〉曰：山下有雷，頤。君子以慎言語，節飲食。

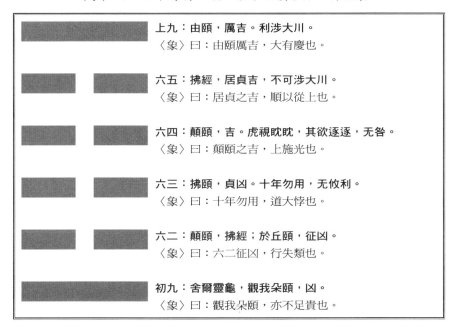

上九：由頤，厲吉。利涉大川。
〈象〉曰：由頤厲吉，大有慶也。

六五：拂經，居貞吉，不可涉大川。
〈象〉曰：居貞之吉，順以從上也。

六四：顛頤，吉。虎視眈眈，其欲逐逐，无咎。
〈象〉曰：顛頤之吉，上施光也。

六三：拂頤，貞凶。十年勿用，无攸利。
〈象〉曰：十年勿用，道大悖也。

六二：顛頤，拂經；於丘頤，征凶。
〈象〉曰：六二征凶，行失類也。

初九：舍爾靈龜，觀我朵頤，凶。
〈象〉曰：觀我朵頤，亦不足貴也。

䷚ 頤。貞吉。觀頤，自求口實。

〈白話〉

頤卦。正固吉祥。觀察養育狀況，自己求取食物。

〈解讀〉

① 頤卦是下震上艮，亦即「山雷頤」。〈序卦〉說：「物畜然後可養，故受之以頤。頤者，養也。」積蓄之後，就要養育，使其順利發展。

② 「頤」在臉上是指口與下巴；由卦象看，則是一張嘴，等著吃東西。所以，頤是養，由口腹之養，推及養身、養德、養人與養於人。既然是養，自以貞為吉。

③ 頤卦有如放大的離卦，離為目，可觀之。「口實」是指口中裝的食物，「自求口實」有自力更生之意，如此合乎正道。

彖曰：頤。貞吉。養正則吉也。觀頤，觀其所養也；自求口實，觀其自養也。天地養萬物，聖人養賢以及萬民，頤之時大矣哉。

〈白話〉

〈彖傳〉說：頤卦。正固吉祥。養育合乎正道，就會吉祥。觀察養育狀況，是要觀察他所養育的對象；自己求取食物，是要觀察他如何養育自己。天地養育萬物，聖人養育賢人，從而養育所有百姓。頤卦隨順時勢，真是偉大啊。

〈解讀〉

① 人生在世，無不有所養育。觀察一個人，有兩個方法：一是看他養育什麼，養育的是小人還是君子。譬如，我們教養子女時，所注重的是什麼？第二個方法是看他如何自養，亦即除了自食其力之外，還能養德嗎？

② 就自然界而言，天地養育萬物。天無不覆，地無不載，四時寒暑使萬物各得其時與其所。就人間而言，聖人首先要「養賢」，提拔賢人（包括賢良、賢明、賢能之人），任用他們，一起來照顧百姓。頤卦要依時而養，所以「大哉矣」。

象曰：山下有雷，頤。君子以慎言語，節飲食。

〈白話〉

〈象傳〉說：山下有雷在震動，這就是頤卦。君子由此領悟，言語要謹慎，飲食要節制。

〈解讀〉

① 頤卦下震上艮，艮為山，震為雷，就是「山下有雷」。雷在山下震動，使山上的植物得以發芽滋長，由此而有養育之功。從卦象看來，震為動，艮為止，行動要適可而止。

② 頤卦象徵人的口，口之用在於言語與飲食，要慎其出而節其入，所以君子由此領悟的是：「慎言語」，以此修德；「節飲食」，以此養身。

初九。舍爾靈龜，觀我朵頤，凶。
象曰：觀我朵頤，亦不足貴也。

〈白話〉

初九。拋棄你的大烏龜，看著我嚼食東西，有凶禍。
〈象傳〉說：看著我嚼食東西，也就沒什麼可貴了。

〈解讀〉

① 「靈龜」：古人以龜為靈驗之物，可供占卜之用。在此是指烏龜自有高明的養生之法，現在主人卻捨棄不用，而去羨慕別人口中的食物。「朵」為花葉下垂，在此描寫口頰上下張合。爻辭為告誡初九之語。「爾」指初九，陽爻為實，有如靈龜；「我」指六四，六四在互坤，坤為自身為我，坤又為虛，有如朵頤。

② 初九居頤卦之始，頤卦（☷）有如放大的離卦（☲），離為龜，大離則為大龜，所以取之為喻。初九陽爻易動，又有六四正應，難以忍受誘惑，於是捨己求人，既「不足貴」，也會有凶禍。

六二。顛頤，拂經；於丘頤，征凶。
象曰：六二征凶，行失類也。

〈白話〉

六二。顛倒養育方式，違背了常理；往高處求養育，前進有凶禍。

〈象傳〉說：六二前進有凶禍，是因為前往會失去同類。

〈解讀〉

① 六二陰爻居柔位，上卦又無正應，不足以自養，所以要回頭找初九，是為「顛頤」。六二對初九為乘剛，現在竟有需求於它，是為「拂經」。

② 於是，六二只能向上遠求另一陽爻上九，上九在上卦艮中，艮為山，所以說「於丘頤」。六二的「征凶」，主要是因為它所前往的上九，並非它所該尋找的同類（既非應又非比）。

六三。拂頤，貞凶。十年勿用，无攸利。
象曰：十年勿用，道大悖也。

〈白話〉

六三。違背養育方式，一直如此會有凶禍。十年不能有所作為，沒有任何適宜的事。

〈象傳〉說：十年不能有所作為，是因為過度背離了正道。

〈解讀〉

① 六三以陰爻居剛位，又處震卦上爻之位，是非動不可的形勢；不安於室，就是「拂頤」，但是正固不動又有違本性，亦即「貞凶」。這是進退兩難的局面。

② 六三陷入困境，它在互坤中，十為坤之數，所以說「十年勿用」，原因是「道大悖也」。它雖有上九正應，但是上九在艮卦，艮為止，與它的動向相悖。

六四。顛頤，吉，虎視眈眈，其欲逐逐，无咎。
象曰：顛頤之吉，上施光也。

〈白話〉

六四。顛倒養育方式，吉祥。像老虎般瞪視，欲望接連而來，沒有災難。
〈象傳〉說：顛倒養育方式而吉祥，是因為上位者廣施恩惠。

〈解讀〉

① 六四已居上卦，卻要向正應初九尋求奧援，這種回頭求助就稱為「顛頤」。不過，由於這是陰陽正應，所以「吉」。六四在艮卦，艮為山林，虎為其王，所以說「虎」；六四爻變，上卦為離，離為目為視；六四視初九，正是「虎視眈眈」。「眈眈」為下視之狀。

② 六四陰爻居柔位，已居上卦而順從初九，所以必須展現官威，否則無以服眾。六四爻變，出現互坎，坎為盜有「欲」；坎又為水，其象「逐逐」。六四是負責照顧百姓的大臣，須有威嚴，「虎視眈眈」，又要密切注意供需分配，「其欲逐逐」。它的「无咎」在於能夠居上位而廣施恩惠。

六五。拂經，居貞吉，不可涉大川。
象曰：居貞之吉，順以從上也。

〈白話〉

六五。違背常理，守住正固就吉祥。不可以渡過大河。
〈象傳〉說：守住正固而吉祥，是因為順應與跟隨上位者。

〈解讀〉

① 在頤卦中，六五以陰爻居君位，又無正應，這對於負責養育百姓的國君而言，顯然是「拂經」。能夠守住正固，才可「吉」。但是它只能退而守成，「不可涉大川」。

② 六五承上九，符合以柔順剛的原則，在本卦中，亦可有「居貞吉」之效果。

上九。由頤，厲吉。利涉大川。
象曰：由頤厲吉，大有慶也。

〈白話〉

上九。由此而得養育，危險而吉祥。適宜渡過大河。
〈象傳〉說：由此而得養育，危險而吉祥，是因為大有喜慶。

〈解讀〉

① 頤卦的關鍵是上下兩個陽爻。初九「不足貴也」，上九則彌足珍貴了。頤的源頭在此，所以說「由頤」。上九猶如太傅，為帝王之師，所以六五亦須「順以從上」。此時必須深自戒惕，但又對全局有利，所以說「厲吉」。

② 上九使天下百姓皆得養育，下有互坤承之，大家團結一致，可以「利涉大川」，自然是「大有慶也」。

大過：棟橈。利有攸往，亨。

〈象〉曰：澤滅木，大過。君子以獨立不懼，遯世无悶。

上六：過涉滅頂，凶，无咎。
〈象〉曰：過涉之凶，不可咎也。

九五：枯楊生華，老婦得其士夫，无咎无譽。
〈象〉曰：枯楊生華，何可久也？老婦士夫，亦可醜也。

九四：棟隆，吉；有它吝。
〈象〉曰：棟隆之吉，不橈乎下也。

九三：棟橈，凶。
〈象〉曰：棟橈之凶，不可以有輔也。

九二：枯楊生稊，老夫得其女妻，无不利。
〈象〉曰：老夫女妻，過以相與也。

初六：藉用白茅，无咎。
〈象〉曰：藉用白茅，柔在下也。

䷛ 大過。棟橈（ㄋㄠˊ）。利有攸往，亨。

〈白話〉

大過卦。棟樑彎曲，適宜有所前往，通達。

〈解讀〉

① 大過卦是下巽上兌，亦即「澤風大過」。〈序卦〉說：「不養則不可動，故受之以大過。」養育有成，才可以行動，一行動就可能過當。

② 大過卦沒有覆卦，因為整個卦倒過來並無差異，它只有變卦（各爻皆變），亦即成為頤卦（䷚，第二十七卦）。像這種沒有覆卦而只有變卦的例子，共有四組。另外三組是：乾（䷀，第一卦）與坤（䷁，第

二卦），習坎（☵，第二十九卦）與離（☲，第三十卦），中孚（☲，第六十一卦）與小過（☳，第六十二卦）。

③ 大過卦陽盛於陰，但是二陰分居上下，有如房屋棟樑的兩端都不穩，有崩塌之兆，所以用「棟橈」描述。陽爻代表君子，君子勢盛則「利有攸往」，並且「亨」。

象曰：大過。大者過也。棟橈，本末弱也。剛過而中，巽而說行，利有攸往，乃亨。大過之時大矣哉。

〈白話〉

〈象傳〉說：大過卦。大的方面勢力過當。棟樑彎曲，是因為首尾兩端太過柔弱。剛強者過盛卻能守中，行動順利而和悅，適宜有所前往，可以通達。大過卦隨順時勢，真是偉大啊。

〈解讀〉

① 「大者過也」：陽爻稱大，陰爻稱小，所以這是指陽爻過多而言。相對於此，小過卦（☳）就是「小者過」（參看第六十二卦）。「本末弱也」：本是指在下的初六，末是指在上的上六。相對於陽爻，陰爻為弱。如此將使「棟橈」。本卦應該橫著看，因為棟樑是架在屋子上方的。而所謂初六與上六，雖說是本末，其實是左右兩端。中間四陽爻有如一根粗木棟樑。

② 剛爻過半，卻能守住中位（九五與九二）。處在下巽上兌的格局中，巽為風，為順利，兌為悅，成為「巽而說行」。最後，「大過卦」的「時」是什麼？是處在危機時刻，應該懂得如何自處。程頤說得十分積極：「大過之時，其事甚大，故贊之曰大矣哉。如立非常之大事，興不世之大功，成絕俗之大德，皆大過之事也。」

象曰：澤滅木，大過。君子以獨立不懼，遯世无悶。

〈白話〉

〈象傳〉說：沼澤淹沒了樹木，這就是大過卦。君子由此領悟，要堅定不移而無所畏懼，避世隱居而毫無苦悶。

〈解讀〉

① 大過卦下巽上兌，兌為澤，巽為木，所以說「澤滅木」。應用在人間，這顯然是個危機時代，天下即將大亂。危機也可能是轉機，就看君子如何自處了。

② 君子學到的心得是：獨立而不懼，遯世而無悶。能有這種不懼與無悶的修養，才可能進而成就程頤所謂的大事。

初六。藉用白茅，无咎。
象曰：藉用白茅，柔在下也。

〈白話〉

初六。用白色茅草墊在底下，沒有災難。

〈象傳〉說：用白色茅草墊在底下，是因為柔弱者處在下位。

〈解讀〉

① 初六在下卦巽中，巽為木，為白，初六又是柔爻，所以用「白茅」為喻。「藉」為墊；「白茅」是白色的茅草。古人墊白茅，是要在上面擺設祭品，表示慎重與虔誠。「柔在下」時，如此自可「无咎」。白為潔身自愛，柔則免於猜忌。

② 〈繫辭・上〉引孔子的話說：「苟錯諸地而可矣，藉之用茅，何咎之有？慎之至也。夫茅之為物薄，而用可重也。慎斯術也以往，其无所失矣。」

九二。枯楊生稊（ㄊㄧˊ），老夫得其女妻，无不利。

象曰：老夫女妻，過以相與也。

〈白話〉

九二。乾枯的楊樹長出新的枝葉，老頭子獲得少女為妻，沒有不適宜的事。

〈象傳〉說：老頭子以少女為妻，是走過之後再來相識。

〈解讀〉

① 大過卦陽氣過盛，陽爻需要陰爻來調和，九二上無對應，只能回顧初六，以求陰陽相合，所以說它「過以相與」，並且是「老夫女妻」的情況。

② 九二居中，又有初六相承比，充滿生機，所以說它「枯楊生稊」。「稊」為荑，是樹木新生的枝葉。九二在下卦巽中，巽為木，上卦兌為澤，近澤之木為楊樹。九二在互乾，乾卦為老，所以說枯楊，又說老夫。九二為老夫，初六為其女妻，巽為婦也。九二爻變，下卦成艮，全卦成為咸卦（澤山咸），可相感應。「老夫女妻」仍可生育，有如「枯楊生稊」，所以「无不利」。

九三。棟橈，凶。

象曰：棟橈之凶，不可以有輔也。

〈白話〉

九三。棟樑彎曲，有凶禍。

〈象傳〉說：棟樑彎曲而有凶禍，是因為沒有辦法得到幫助。

〈解讀〉

① 九三與九四在全卦中間，所以都以「棟」為象。九三以陽爻居剛位，正犯了大過卦「剛過」的大忌。九三在巽卦，巽為風，〈說卦〉有

「撓萬物者莫疾乎風」，「撓」通「橈」，所以說「棟橈」。棟樑彎曲，則屋頂隨時會崩塌下來，所以「凶」。

② 九三雖有上六正應，但是在大過卦中，是「本末弱也」的局面，上六根本幫不上忙，所以說它「不可以有輔也」。

九四。棟隆，吉。有它吝。
象曰：棟隆之吉，不橈乎下也。

〈白話〉

九四。棟樑隆起，吉祥。會有別的困難。

〈象傳〉說：棟樑隆起而吉祥，是因為不向下彎曲。

〈解讀〉

① 九四也是棟樑，它在下卦巽之上，巽為長為高，所以向上隆起，使房屋暫時不會崩塌。九四以陽爻居柔位，使剛強獲得調和，所以說「吉」。

② 不過，九四與初六正應。初六在下卦，這對九四構成誘惑，所以「有它吝」。而九四的「吉」也正在於不向下彎曲。

九五。枯楊生華，老婦得其士夫，无咎无譽。
象曰：枯楊生華，何可久也？老婦士夫，亦可醜也。

〈白話〉

九五。乾枯的楊樹長出花朵，老婦人獲得壯男為夫，沒有責難也沒有榮譽。

〈象傳〉說：乾枯的楊樹長出花朵，怎麼會長久？老婦人以壯男為夫，是一件難堪的事。

〈解讀〉

① 九五與九二都以「枯楊」為喻，但是結果不同。九二配初六，是「老夫女妻」；九五配上六，則是「老婦士夫」。「男未室曰士，女已嫁曰婦」，上六之位高於九五，稱「老婦」。九五爻變，上卦成震，全卦成恆卦（雷風恆），有夫妻象。就陰陽相濟而言，可說九五「无咎」，但是上卦為兌，兌為口，言而無實，如花開無法持久，所以說它「无譽」。

② 至於「亦可醜也」，若就老婦無法生育而言，是可以理解的；若就男女平權而言，則未必正確。這也反映了古人的觀念。

上六。過涉滅頂，凶，无咎。
象曰：過涉之凶，不可咎也。

〈白話〉

上六。發大水時渡河，淹沒了頭頂，有凶禍，但沒有責難。
〈象傳〉說：發大水時渡河而有凶禍，不應該加以責怪。

〈解讀〉

① 上六位高，下有互乾，乾為首，在首之上為頂。上卦為兌為澤，這是本卦「澤滅木」的具體寫照。上六以陰爻居柔位，對大勢所趨無可奈何，雖有「凶」，但是「無咎」。

② 這正是大過卦的「時」所提供的啟示。處在此一時與位，若能「獨立不懼，遯世无悶」，又何咎之有？「咎」為災難，在此則有過錯、責怪之意。

習坎：有孚。維心亨。行有尚。

〈象〉曰：水洊至，習坎。君子以常德行，習教事。

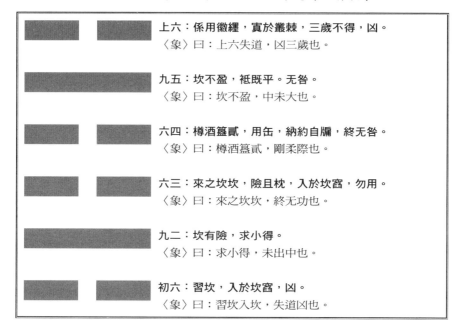

上六：係用徽纆，寘於叢棘，三歲不得，凶。
〈象〉曰：上六失道，凶三歲也。

九五：坎不盈，祗既平。无咎。
〈象〉曰：坎不盈，中未大也。

六四：樽酒簋貳，用缶，納約自牖，終无咎。
〈象〉曰：樽酒簋貳，剛柔際也。

六三：來之坎坎，險且枕，入於坎窞，勿用。
〈象〉曰：來之坎坎，終无功也。

九二：坎有險，求小得。
〈象〉曰：求小得，未出中也。

初六：習坎，入於坎窞，凶。
〈象〉曰：習坎入坎，失道凶也。

䷜ 習坎。有孚。維心亨。行有尚。

〈白話〉

習坎卦。有誠信。因為內心而通達。行動表現了上進。

〈解讀〉

① 習坎卦是下坎上坎，重坎。「習」為重，「坎為水」。〈序卦〉說：「物不可以終過，故受之以坎。坎者，陷也。」大過卦有行動過當之意，也有順利通過之意，所以接著是代表險阻的坎卦。八個重卦中，只有坎卦稱為「習坎」，程頤說：「習謂重習，它卦雖重，不加其名，獨坎加習者，見其重險。險中復有險，其義大也。」

② 本身相重的卦稱為純卦，在《易經》中共有八個，依其出現順序為：
乾、坤、習坎、離、震、艮、巽、兌。程頤說：「八純卦皆有二體之
義。乾內外皆健，坤上下皆順，震威震相繼，巽上下隨順，坎重險相
習，離二明繼照，艮內外皆止，兌彼已相悅。」

③ 「有孚」，九二與九五，二陽爻居中位，表示內在有誠信。「維心
亨」，維通唯，有因為之意；內心真誠才可通達。「行有尚」一語，
顯示本卦是由臨卦（☷，第十九卦）變來，亦即臨卦初九與六五換
位，成為九五，是為上進。

象曰：習坎，重險也。水流而不盈，行險而不失其信。維心亨，乃
以剛中也。行有尚，往有功也。天險，不可升也；地險，山川丘陵
也。王公設險以守其國。險之時用大矣哉。

〈白話〉

〈象傳〉說：習坎卦，它就是重重險阻。水流動而不滿盈，行動有險阻而
不失信。因為內心而通達，正是由於剛強者居於中位。行動表現了上進，
是說前往會有功勞。天象的險阻，是沒有辦法跨越的；地理的險阻，是山
川丘陵。王公設置險阻來守衛自己的國家。險卦的時勢作用太偉大了。

〈解讀〉

① 坎為水，為陷，「習坎」為重重陷阱。水重複在流動，所以「不
盈」，因為盈則止；並且，流水不腐，流水使物常新，永不失去原
貌，有如堅定守信。合之則為「行險而不失其信」。

② 坎卦陽爻居中，上下二陰爻，是剛中而有孚，說明「維心亨」。「往
有功」，「往」是由下卦前往上卦，所以指初九到了九五，正好配合
「行有尚」。

③ 「天險」是天象的險阻，包含自然規律的運行在內；「不可升」是不
可逾越。「地險」指地理形勢的阻礙。王公所設的是「人險」，包括

國家的政教制度等。不知習坎卦的「險」而不預作防範，才是真正處
於險境。

象曰：水洊（ㄐㄧㄢˋ）至，習坎。君子以常德行，習教事。

〈白話〉

〈象傳〉說：水連續不斷流過來，這就是習坎卦。君子由此領悟，要不斷
修養德行，熟習政教之事。

〈解讀〉

① 「洊」為重疊、連續之意。坎為水，水流不止，即成此卦。由此可以
聚為江河海洋，全在其不捨晝夜。

② 君子所得的啟示是「常德行」，亦即要擇善而固執之，以變化氣質，
成就不凡的人生。「習教事」，「習」有練習以求熟練之意；不習教
事，則無法化民成俗。

初六。習坎，入於坎窞（ㄉㄢˋ）。凶。

象曰：習坎入坎，失道凶也。

〈白話〉

初六。在重重險阻中，掉入陷阱。有凶禍。

〈象傳〉說：在重重險阻中掉入陷阱，是迷失道路造成的凶禍。

〈解讀〉

① 初六在雙坎之下，「窞」是坎中之坎。情況之「凶」，不言可喻。

② 初六為陰爻居剛位，本身柔弱又上無應援，此為「失道」，所以
「凶」。

九二。坎有險，求小得。

象曰：求小得，未出中也。

〈白話〉

九二。坎陷中出現險阻，求取小的會有收穫。

〈象傳〉說：求取小的會有收穫，因為尚未從中間離開。

〈解讀〉

① 九二在下坎中，難免遇到險阻；不過，它有初六來承比，是求小而有得。「小」可以指陰爻初六，也可以指收穫大小的小。

② 九二居中，但是也陷於二陰爻之中間，上無應援，所以未能離開困境。只能「求小得」，而無法求大得。

六三。來之坎坎，險且枕，入於坎窞，勿用。

象曰：來之坎坎，終无功也。

〈白話〉

六三。來去都是險阻，險難還到處遍布。掉入陷阱，不可有所作為。

〈象傳〉說：來去都是險阻，終究沒有功勞。

〈解讀〉

① 「來之」是來與往。六三以陰爻居剛位，有動象，但是上下皆坎，往上往下都是險阻，幾乎滿地都是陷井。「枕」為鋪墊，引申為滿地之意。在這種處境中，只好「勿用」。

② 六三下乘九二，諸事不順；上無應援又成事不足，所以「終无功也」。

六四。樽（ㄗㄨㄣ）酒簋（ㄍㄨㄟˇ）貳，用缶（ㄈㄡˇ），納約自牖（一ㄡˇ），終无咎。

象曰：樽酒簋貳，剛柔際也。

〈白話〉

六四。一盅酒與兩盤供品，用瓦盆盛著。從窗戶送進簡約的祭品，終究沒有災難。

〈象傳〉說：一盅酒與兩盤供品，是因為遇到剛強者與柔順者交往的時候。

〈解讀〉

① 坎為水為酒，互震為木為足，合為「樽酒」；互震為木為仰盂，互艮形狀為覆盆，合為「簋」，「貳」為配為副，所以習稱「簋貳」。「樽」為酒器，「簋」為外圓內方的容器。互震為「缶」，為瓦器。「樽酒簋貳，用缶」，代表簡約而樸實的祭禮。六四在互艮中，艮為門為窗，「牖」為窗戶，古代貴族家庭的女子在未出嫁前，舉行「牖下之祭」，祈求心意得遂。「約」為簡約，亦有與神明約定之意，約定之「言」來自互震為鳴。

② 六四處於上坎，以陰爻居柔位，所要面對的是九五之君。此時唯有以真誠態度取得信賴，所以搬出祭祀時的擺設，以表示自己質樸又順服的心意。「納約自牖」，是柔順者與剛強者交往時的合宜態度，如此才可以「終无咎」。古代為臣者處險之道，大致如此。事實上，六四示範了處險之道，足以啟發眾人。

九五。坎不盈，祇（ㄓ）既平。无咎。

象曰：坎不盈，中未大也。

〈白話〉

九五。坎陷尚未滿盈，抵達齊平的程度。沒有災難。

〈象傳〉說：坎陷尚未滿盈，是因為居中而不夠壯大。

① 九五居全卦尊位,但仍陷在兩個陰爻之間,有如流水無法滿盈。「祇」為抵達,「既」為已經,表示已經齊平水位了。水平則險不為險。九五在互艮(六三、六四、九五)中,艮為止,有齊平之意。既然如此,則「无咎」。

② 「坎不盈」的原因,是九五居中而無應,以致力量不夠壯大。

上六。係用徽(ㄏㄨㄟ)纆(ㄇㄛˋ),寘(ㄓˋ)於叢棘,三歲不得,凶。

象曰:上六失道,凶三歲也。

〈白話〉

上六。用繩索捆綁起來,放在牢獄中,三年不能出來,有凶禍。

〈象傳〉說:上六迷失道路,所以凶禍持續三年。

〈解讀〉

① 坎為陷阱為牢獄;上六爻變為巽,巽為繩。「係」為捆縛,「徽纆」為繩索(三股為徽,兩股為纆),「寘」為置,「叢棘」為牢獄。上六以陰爻居習坎卦之極,其處境之危險更甚於初六,有如陷入牢獄之中。《周禮·司圜》有云:「司圜掌收教罷民……能改者,上罪三年而舍,中罪二年而舍,下罪一年而舍,其不能改而出圜土者,殺。」重罪至少要關三年。

② 上六乘九五,已是不順,又無正應,顯然「失道」。初六失道,尚可說未經一事;上六失道,則不知悔,所以會「凶三歲」。

離：利貞，亨。畜牝牛，吉。

〈象〉曰：明兩作，離。大人以繼明照於四方。

▃▃▃▃▃	上九：王用出征，有嘉。折首，獲匪其醜，无咎。 〈象〉曰：王用出征，以正邦也。
▃▃ ▃▃	六五：出涕沱若，戚嗟若，吉。 〈象〉曰：六五之吉，離王公也。
▃▃▃▃▃	九四：突如其來如，焚如，死如，棄如。 〈象〉曰：突如其來如，无所容也。
▃▃▃▃▃	九三：日昃之離，不鼓缶而歌，則大耋之嗟，凶。 〈象〉曰：日昃之離，何可久也？
▃▃ ▃▃	六二：黃離，元吉。 〈象〉曰：黃離元吉，得中道也。
▃▃▃▃▃	初九：履錯然，敬之，无咎。 〈象〉曰：履錯之敬，以辟咎也。

☲ 離。利貞，亨。畜牝牛，吉。

〈白話〉

離卦。適宜正固，通達。畜養母牛，吉祥。

〈解讀〉

① 離卦是下離上離，「離為火」。〈序卦〉說：「陷必有所麗，故受之以離。離者，麗也。」在坎陷中一定要有所依附，「離」就是附麗、依附之意。火本身不能獨存，必須有所附麗才可顯示。既然有所依附，就以「利貞」而「亨」。

② 「牝牛」為母牛。牛的本性是溫順的,母牛更是如此。對於強調依附的離卦而言,「畜牝牛」十分恰當,所以「吉」。就卦象來說,單卦的離（☲）是二陽拱著一陰,一陰得自於坤,坤為牛,在柔位則為母牛。上下皆為母牛,有畜養之象。古代也有直接說「純離為牛」者,可供參考。

象曰:離,麗也。日月麗乎天,百穀草木麗乎土。重明以麗乎正,乃化成天下。柔麗乎中正,故亨,是以畜牝牛吉也。

〈白話〉

〈象傳〉說:離卦,就是附麗的意思。日月附麗在天上,百穀草木附麗在地上。以雙重光明來附麗於正道,就可以教化成就天下人。柔順者附麗於居中守正的位置,所以通達,因此畜養母牛是吉祥的。

〈解讀〉

① 離為火,依物而燃並且放出光明。萬物無不有所依附,連日月也不例外。古人的宇宙觀局限於天與地之間,如果追問天地依附什麼,則只能推到一個無以名狀的「太極」（〈繫辭・上〉）。

② 離為火,為明,雙離則是「重明」。就人間而言,不能只求活著,還要考慮如何活,亦即要「麗乎正」。六二、六五居中正之位,唯有光明可以照見正義,由此「化成天下」。本卦兩個柔爻處在「中正」（六二為中正,六五為中）的位置,所以說「亨」。

象曰:明兩作,離。大人以繼明照於四方。

〈白話〉

〈象傳〉說:光明重複升起,這就是離卦。大人由此領悟,要代代展現光明來照耀四方百姓。

〈解讀〉

① 離卦是二明重疊，象徵光明重複升起。「作」是起來。「大人」以德行而言，是指聖人；以地位而言，則指君王。〈象傳〉言大人者，僅此一卦。

② 「繼明」是承續前人的光明，使之代代相傳，否則無以教化百姓。每一代的政治領袖都要負起這樣的責任。

初九。履錯然，敬之，无咎。

象曰：履錯之敬，以辟咎也。

〈白話〉

初九。腳步中規中矩，採取恭敬態度，沒有災難。

〈象傳〉說：腳步中規中矩的恭敬態度，是為了避開災難。

〈解讀〉

① 初九在全卦下位，所以用「履」（鞋子、步履、行走之意）。履與禮通，以敬為主。「錯然」是交錯而有序的樣子，有如「文明」的「文」字。

② 初九以陽爻居剛位，有向前走去的動力，如果貿然行動將難免遇「咎」。因此要「敬之」，「敬」為恭敬而謹慎。「辟」為避。

六二。黃離，元吉。

象曰：黃離元吉，得中道也。

〈白話〉

六二。黃色的附麗，最為吉祥。

〈象傳〉說：黃色的附麗最為吉祥，是因為獲得居中之道。

〈解讀〉

① 六二居中得正，等於有了黃色的附麗。「黃」是中色。古人以五行配合方位及顏色，亦即：木在東方，為青色；火在南方，為紅色；金在西方，為白色；水在北方，為黑色；土在中間，為黃色。黃色居中，最為尊貴。在離卦六二，則為「黃離」，表示美好的文明，「元吉」。

② 六二陰爻居柔位，上下有陽爻守護，並且處在下卦的離中，可以光而不耀、長明不滅，確實「得中道也」。

九三。日昃（ㄗㄜˋ）之離。不鼓缶（ㄈㄡˇ）而歌，則大耋（ㄉㄧㄝˊ）之嗟（ㄐㄧㄝ），凶。
象曰：日昃之離，何可久也？

〈白話〉

九三。太陽西斜的附麗。不能敲著瓦盆唱歌，就會發出垂老之人的哀嘆，有凶禍。
〈象傳〉說：太陽西斜的附麗，怎麼會長久呢？

〈解讀〉

① 九三居下卦離之終位，有如光明將盡。「日昃」是太陽西斜將落。這時附麗的景觀有何象徵意味？九三爻變，下卦成震為缶，又有互艮，艮為手，有鼓缶之象；九三在互兌，兌為口為歌；「鼓缶而歌」表示樂天知命，隨遇而安。但是九三陽爻居剛位，難以就此認命，奈何大勢已去，只能發出「大耋之嗟」。「耋」是八十歲的老人，「嗟」是嗟嘆。互兌為毀折，如人之老弱；互巽為風，為嗟嘆。

② 離為明為日，九三在互兌中，兌為西，有如日薄西山，光明「何可久也？」

九四。突如其來如，焚如，死如，棄如。
象曰：突如其來如，无所容也。

〈白話〉

九四。貿然闖進來的樣子，灼熱的樣子，沒命的樣子，被棄的樣子。
〈象傳〉說：貿然闖進來的樣子，是因為沒有容身之地。

〈解讀〉

① 九四爻變而有互震，震為動，而其位置不中不正，無異於以其剛猛之性「突如其來如」。九四居臣位，面對六五柔順之君如此，將無所容於天下。

② 離為火，九四在二火之間，「焚如」描寫其灼熱、暴躁有如火焚。九四爻變出現互坎，坎為血卦；此時上卦為艮，艮為止，為人所棄。「死如」描寫其大禍臨頭至於喪命；「棄如」則是連聲名也將被人唾棄。世間之凶，莫過於此。

六五。出涕沱若，戚嗟若，吉。
象曰：六五之吉，離王公也。

〈白話〉

六五。眼淚湧出的樣子，悲痛哀嘆的樣子。吉祥。
〈象傳〉說：六五的吉祥，是因為附麗於王公的位置上。

〈解讀〉

① 「涕」是眼淚，「沱若」為淚流如雨的樣子。六五以陰爻居尊位，但是下無應援，又處在兩個陽爻之間，以致憂患畏懼到極點。在取象上，離為目，六五又在互兌（九三、九四、六五）中，兌為澤，目出水如澤，是為「出涕沱若」；兌為口，在此則為「戚嗟若」。能夠如此低調而謹慎，所以「吉」。

② 六五居上卦之中位，五為王公之位。在「離」卦中，正可以此做為依附，展現光明之德。

上九。王用出征，有嘉。折首，獲匪其醜，无咎。
象曰：王用出征，以正邦也。

〈白話〉

上九。君王可以出兵征伐，會有功勞。斬了首領，俘獲的不是一般隨從，沒有災難。

〈象傳〉說：君王可以出兵征伐，是為了使國家走上正道。

〈解讀〉

① 離卦為甲冑戈兵，上九陽爻有實力，居二離卦之上位，可奉六五王命出征。其目的是為了「正邦」，所以說「有嘉」。

② 離卦於木為科上槁，有折首之象，「折首」為斬首，「匪」為非，「醜」為眾，指相從的同類人。所要俘獲並加以懲處的，不是一般隨從，而是敵方主要的領袖。上九完成了此卦，故「有嘉」。

㉛ 咸卦 ䷟

咸：亨，利貞。取女吉。

〈象〉曰：山上有澤，咸。君子以虛受人。

▆▆ ▆▆	**上六：咸其輔、頰、舌。** 〈象〉曰：咸其輔、頰、舌，滕口說也。
▆▆▆▆	**九五：咸其脢，无悔。** 〈象〉曰：咸其脢，志末也。
▆▆▆▆	**九四：貞吉悔亡，憧憧往來，朋從爾思。** 〈象〉曰：貞吉悔亡，未感害也。憧憧往來，未光大也。
▆▆▆▆	**九三：咸其股，執其隨，往吝。** 〈象〉曰：咸其股，亦不處也。志在隨人，所執下也。
▆▆ ▆▆	**六二：咸其腓，凶，居吉。** 〈象〉曰：雖凶居吉，順不害也。
▆▆ ▆▆	**初六：咸其拇。** 〈象〉曰：咸其拇，志在外也。

䷟ 咸。亨，利貞。取女吉。

〈白話〉

咸卦。通達，適宜正固。娶妻吉祥。

〈解讀〉

① 咸卦是下艮上兌，亦即「澤山咸」。〈序卦〉說：「有天地然後有萬物，有萬物然後有男女，有男女然後有夫婦，有夫婦然後有父子，有父子然後有君臣，有君臣然後有上下，有上下然後禮義有所錯。夫婦之道不可以不久也，故受之以恆。」人間由夫婦一倫開始構成，所以咸卦先談從男女到夫婦的過程，接著就是講求夫婦長久的恆卦。

② 《易經》分為上經與下經，上經為前三十卦，下經由咸卦到未濟卦，共三十四卦。程頤說：「天地萬物之本，夫婦人倫之始，所以上經首乾坤，下經首咸，繼以恆也。」不過，上下二經仍是一個整體，正如人間也在自然界裡，只是多了人文特質而已。

③ 咸卦下艮上兌，艮為少男，兌為少女，皆純潔而多情易感，相處之際，「亨」；情感最需正固，亦即情好易通，得正則吉，所以「利貞」。「取」為娶，「女」指以女為妻。上喜悅而下篤實，「吉」。

彖曰：咸，感也。柔上而剛下，二氣感應以相與。止而說，男下女。是以亨利貞，取女吉也。天地感而萬物化生，聖人感人心而天下和平。觀其所感，而天地萬物之情可見矣。

〈白話〉

〈彖傳〉說：咸卦，就是感應的意思。柔順者上去而剛強者下來，陰陽二氣相互感應才結合在一起。穩定而喜悅，男方以謙下態度對待女方。所以通達而適宜正固，娶妻吉祥。天地相互交感流通，萬物才得以變化生成，聖人感化人心，天下才會祥和太平。觀察這種感應現象，就可以看出天地萬物的真實情況了。

〈解讀〉

① 「咸」為感應之意。〈雜卦〉說：「咸，速也；恆，久也。」男女之感應是快速而直接的，有如自然形成；但是必須配合下一卦恆卦，以求其長久。

② 由「柔上而剛下」一語，可知咸卦由否卦（☶，第十二卦）所變成，亦即否卦六三與上九換位，化解否卦上下隔絕的情況，使「二氣感應以相與」，形成六爻皆有正應的難得現象。咸卦下艮上兌，兌為悅，艮為止，所以說「止而說」。少男在下，表示男子主動示意，符合古代社會的要求，所以「亨利貞」，然後就「取女吉」了。

③ 接著，分別敘述自然界與人世間。自然界是由天地交感而化生，人世

間的和平則須靠聖人「感人心」才能達成。「感人心」的「感」字，
有感應、感動、感化之意。「天地萬物之情」的「情」，是「實」的
意思。

象曰：山上有澤，咸。君子以虛受人。

〈白話〉
〈象傳〉說：山上有沼澤，這就是咸卦。君子由此領悟，要以謙虛態度接
納別人。

〈解讀〉
① 咸卦下艮上兌，兌為澤，艮為山，亦即「山上有澤」。山雖高聳，卻
　 能空出一片地方容納沼澤；沼澤的水可以滋潤養育山上眾物。兩者搭
　 配得宜，可謂自然感應。由虛而感，由感而應。
② 君子在德行、知識、能力方面都高人一等，仍然應該「以虛受人」，
　 先接納百姓，再推行政教，才可化民成俗，天下和平。

初六。咸其拇。
象曰：咸其拇，志在外也。

〈白話〉
初六。感應到腳的拇趾。
〈象傳〉說：感應到腳的拇趾，是因為心意在外面。

〈解讀〉
① 艮為手，為指，初六位居最下，有如腳趾受到感應。「拇」是腳的大
　 拇趾。此時感應最淺，還不足以付諸行動。
② 初六與九四陰陽正應，心意是要向外卦前進，所以說「志在外也」。

六二。咸其腓，凶，居吉。

象曰：雖凶居吉，順不害也。

〈白話〉

六二。感應到小腿肚上，有凶禍，安居就會吉祥。

〈象傳〉說：雖有凶禍，但安居就會吉祥，是因為順應就沒有災害。

〈解讀〉

① 「腓」為小腿肚。六二有互巽（六二、九三、九四）中，巽為股，股的下方為腓。腓本身處在下足與上股之間，有感應也動彈不得。六二有九五正應，有動象而不可得，所以說「凶」。

② 六二在下卦艮中，艮為止；以陰爻居柔位，又能守中而止，順從這些條件而安居，則是「順不害也」，甚至化險為夷，有「吉」。

九三。咸其股，執其隨，往吝。

象曰：咸其股，亦不處也。志在隨人，所執下也。

〈白話〉

九三。感應到了大腿，控制住跟隨的動作，前往會有困難。

〈象傳〉說：感應到了大腿，也是不能安處的。心意是要跟隨別人，但是卻被下方控制住了。

〈解讀〉

① 九三在互巽（六二、九三、九四）中，巽為股，所以說「咸其股」。九三陽爻居剛位，又有上六正應，動性極強，是「亦不處也」。其次，巽為風，為隨順，但是下卦為艮，艮為止，表示這種隨順被阻止了，所以說「往吝」。

② 股要「隨人」，奈何下卦是止，亦即它受到足與腓的控制。光靠股是無法成行的。

九四。貞吉悔亡，憧憧（彳ㄨㄥˊ）往來，朋從爾思。

象曰：貞吉悔亡，未感害也。憧憧往來，未光大也。

〈白話〉

九四。正固吉祥而懊惱消失，忙著來來往往，朋友跟從你的想法。

〈象傳〉說：正固吉祥而懊惱消失，是因為尚未受到感應帶來的災害。忙著來來往往，是因為感應還不夠廣大。

〈解讀〉

① 九四已至上卦，位置應在心臟，「心之官則思」（《尚書‧洪範》），心是感應的主體，所以九四顯示了此卦的主旨「貞吉」。能貞則吉，並且「悔亡」（悔消失）。

② 感應之「貞」，在於心胸坦然而無私念。〈繫辭‧下〉談到「憧憧往來，朋從爾思」時，引述孔子的話說：「天下何思何慮？天下同歸而殊塗，一致而百慮。」人以真誠之心體驗萬物，會發現「殊途同歸，百慮一致」的道理，所以不必忙著交際應酬，也不必擔心朋友不認同你的想法。只要你秉持誠意待人處事，將如孔子所言：「德不孤，必有鄰。」（《論語‧里仁》）「憧憧」是往來不絕的樣子。

③ 咸卦描述感應，並且六爻皆有正應，但是又以貞為吉，意思是不能隨感而應，否則將出現患得患失的心態。九四在互乾（九三、九四、九五）中，陽剛勁健，忙著往來，並且處於三陽爻之中，可謂「朋從爾思」。但是如此將違背「貞吉」的原則。狹隘而有私心的感應是有害的，九四「未感害」，但是也「未光大」理想的感應。

九五。咸其脢（ㄇㄟˊ），无悔。

象曰：咸其脢，志未也。

〈白話〉

九五。感應到了後背上，沒有懊惱。

〈象傳〉說：感應到了後背上，是因為心意尚未實現。

〈解讀〉

① 「脢」為後背上的肉，古人以為後背位置比心稍高。後背即使有感應也無法有所行動，所以說「无悔」。

② 九五居中守正，又有六二正應；但是以其帝王之尊，所要感應的是天下百姓。這種心意尚未實現，所以只能說无悔，而談不上吉祥。「志未」一語的「未」，在古代版本作「末」，應改為「未」。

上六。咸其輔、頰、舌。

象曰：咸其輔、頰、舌，滕（ㄊㄥˊ）口說也。

〈白話〉

上六。感應到牙床、臉頰、舌頭。

〈象傳〉說：感應到牙床、臉頰、舌頭，所以會信口開河。

〈解讀〉

① 「輔」為牙床（細分而言，輔為上牙床，車為下牙床）。上六位在全卦之頂端，有如人之口部。上卦兌，兌為口，正與此相合。

② 「滕」，意思如「騰」，用於口，則是能言善道，試圖以言語表達豐富的感應。在上位者如此，有巧言取寵之嫌，應該知所警惕。

恒：亨，无咎，利貞。利有攸往。

〈象〉曰：雷風恒。君子以立不易方。

�— �—	上六：振恒，凶。 〈象〉曰：振恒在上，大无功也。
�— �—	六五：恒其德，貞。婦人吉，夫子凶。 〈象〉曰：婦人貞吉，從一而終也。夫子制義，從婦凶也。
▅▅▅	九四：田无禽。 〈象〉曰：久非其位，安得禽也？
▅▅▅	九三：不恒其德，或承之羞，貞吝。 〈象〉曰：不恒其德，无所容也。
▅▅▅	九二：悔亡。 〈象〉曰：九二悔亡，能久中也。
�— �—	初六：浚恒，貞凶，无攸利。 〈象〉曰：浚恒之凶，始求深也。

䷟ 恆。亨，无咎，利貞。利有攸往。

〈白話〉

恆卦。通達，沒有災難，適宜正固。適宜有所前往。

〈解讀〉

① 恆卦是下巽上震，亦即「雷風恆」。〈序卦〉說：「夫婦之道不可以不久也，故受之以恆。恆者，久也。」咸卦描述男女感應，推及夫婦之道；在迅速引發情感之後，接著要考慮的是長久維持，所以出現了恆卦。咸卦與恆卦是一對正覆卦。

② 恆卦下巽上震，震為長男，巽為長女。長男在長女之上，符合古人男尊女卑的觀念，為夫婦居家的常道。值得留意的是，為了守恆，必須「貞」，也必須「有攸往」。換言之，恆有不易之恆，也有不已之恆。正如「易」有不易與變易的雙重意義。宇宙萬物皆有各自的恆常規律，同時也都應時順勢向前變化發展。人間的關係也有類似的情況。

③ 恆卦是〈繫辭・下〉修德九卦之四，「恆，德之固也」，德行要穩固，須靠有恆於實踐。

彖曰：恆，久也。剛上而柔下。雷風相與，巽而動，剛柔皆應，恆。恆亨，无咎，利貞，久於其道也。天地之道，恆久而不已也。利有攸往，終則有始也。日月得天而能久照，四時變化而能久成，聖人久於其道而天下化成。觀其所恆，而天地萬物之情可見矣。

〈白話〉

〈彖傳〉說：恆卦，就是長久的意思。剛強者上去而柔順者下來。雷與風相互配合，隨順而行動，剛強者與柔順者都能上下應合，這就是恆卦。恆卦通達，沒有災難，適宜正固，是要長久走在自己的路上。天地的運行法則，是有恆長久而不停止的。適宜有所前往，是因為終結之後會有新的開始。日月依循天時，才能長久照明；四季變遷推移，才能長久形成；聖人長久保持自己的正道，才能教化成就天下的人。觀察這種恆久現象，就可以看出天地萬物的真實情況了。

〈解讀〉

① 由「剛上而柔下」一語，可知恆卦由泰卦（☷，第十一卦）變來，亦即泰卦的初九與六四換位，使得原本平衡穩定的局面又出現新的契機，亦即六爻皆為陰陽相應。本卦下巽上震，震為雷，巽為風，是雷風搭配的形勢；震為動，巽為風，為隨順，有隨順而行動之意。

② 以「天地之道」而言，「利貞」是指「恆久而不已」；「利有攸往」是指「終則有始」。此一見解完全合理。在自然界是守常能變，在人

世間則有賴於聖人的智慧與作為，由此化成天下。因為人道也須守常能變，亦即「守經達權」，否則無以化成。最後，正如咸卦，我們也可以由恆卦看出天地萬物的真實狀況。

③〈繫辭・下〉並觀復卦與恆卦，指出：「復，德之本也；恆，德之固也。」又說：「復小而辨於物，恆雜而不厭。」道德修養必須有本有固，既須從細微處分辨善惡，也須在常與變中實踐而永不滿足。

象曰：雷風恆。君子以立不易方。

〈白話〉

〈象傳〉說：雷與風相互配合，這就是恆卦。君子由此領悟，要立身處世不改變自己的正道。

〈解讀〉

① 雷風為恆，因為雷在天上，風在地上，這是長久的狀態；更重要的是，這種狀態不是靜止式的恆久，而是動而能順，以致恆久。

② 君子「立不易方」，「方」指正道而言。

初六。浚（ㄐㄩㄣˋ）恆，貞凶，无攸利。
象曰：浚恆之凶，始求深也。

〈白話〉

初六。深入追求恆久，一直如此會有凶禍，沒有任何適宜的事。
〈象傳〉說：深入追求恆久會有凶禍，是因為一開始就追求得太深。

〈解讀〉

①「浚」為深入挖掘。恆卦初六位居全卦底部，又在三個陽爻之下，所以說它「浚恆」。一直如此，將會忽略九四的正應，以致守常而不知變，成為「凶」。

② 初六如果想要回應九四，也將困難重重，因為中間有兩個陽爻阻隔，並且九四為震卦之始，充滿上進的動向，未必會帶領初六變化。所以又說它「无攸利」。這種「凶」來自於初六一開始就執著於恆久，欲速則不達，以致泥足深陷了。

九二。悔亡。
象曰：九二悔亡，能久中也。

〈白話〉

九二。懊惱消失。
〈象傳〉說：九二懊惱消失，是因為能夠長久保持中道。

〈解讀〉

① 九二之「悔」，來自陽爻居柔位，不正；不正則難以恆久。不過，《易經》談到「位」時，中優於正，所以「悔亡」。
② 九二本身居下卦之中位，又有六五正應，使它可以穩定而長久地居於中位。居中位者代表行中道，不致有「悔」。

九三。不恆其德，或承之羞，貞吝。
象曰：不恆其德，无所容也。

〈白話〉

九三。不能恆守德行的人，常常會受到羞辱，一直如此會有困難。
〈象傳〉說：不能恆守德行的人，無處可以容納他。

〈解讀〉

① 九三在下卦巽中，巽為進退，為不果，並且，巽為風而易隨順。所以，在九三以陽爻居剛位，充滿動力的情況下，「不恆其德」是不難理解的。「或」是或許、有時、常常之意，「承」是受。如此無恆而

受到羞辱，也是情理之常。何處可以容納這樣的人呢？至於「貞吝」，則是說九三處在它的位置上，亦即介於雷動與風順之間，一直如此也會受到非議。由此可知守恆能變的困難了。

② 《論語・子路》引述這段爻辭，其文如後：子曰：「南人有言曰：『人而無恆，不可以作巫醫。』善夫！『不恆其德，或承之羞。』子曰：『不占而已矣。』」這是《論語》中，孔子談到《易經》爻辭的唯一資料，而孔子的用意是要強調理性思考勝於占卜求福。

九四。田无禽。
象曰：久非其位，安得禽也？

〈白話〉

九四。打獵而沒有獲得禽獸。

〈象傳〉說：長久處在不恰當的位子，怎麼會獲得禽獸？

〈解讀〉

① 「田」是獵，古人在田野打獵，所以以田為獵，合稱「田獵」。九四以陽爻居柔位，本身即不安穩，已處於震卦，又在互乾（九二、九三、九四）之中，動象之明顯，有如在田野上奔逐狩獵。

② 九四在恆卦中，位置不中不正，又沒有恆定之心，「安得禽也」？它下有初六正應，但是中間隔著兩個陽爻，仍是一無所獲。在取象上，九四是泰卦（䷊）的初九所升成的，此一變化使泰卦的上坤消失。坤為地，為田；現在無田，亦無禽。

六五。恆其德，貞。婦人吉，夫子凶。
象曰：婦人貞吉，從一而終也。夫子制義，從婦凶也。

〈白話〉

六五。恆守自己的德行，正固。對女子吉祥，對男子有凶禍。

〈象傳〉說：女子正固吉祥，是說她跟隨一個丈夫到生命結束。男子要受道義的約束，是說他跟隨妻子不知變通，就會有凶禍。

〈解讀〉

① 六五以陰爻居中位，又有九二正應，可以「恆其德」。古代觀念以為女子應該「以順為正」，「從一而終」，所以六五之貞是「婦人吉」。至於男子，則要受道義所約束，承擔他對社會與國家的責任。六五爻變為兌，由震成兌，有如長男從少女，是為「從婦凶也」。

② 古代男女既不平權，也不平等。所謂「男有分，女有歸」（《禮記·禮運》）即是典型的說法。女性若無公平的受教育機會，則其潛能無法開發，經濟上亦無法獨立，又如何形成獨立自主的人格？此一問題不能脫離歷史背景來省思，我們與其批判古人，不如多了解實情。

上六。振恆，凶。
象曰：振恆在上，大无功也。

〈白話〉

上六。震動長久不停，有凶禍。
〈象傳〉說：居上位而震動長久不停，完全沒有功勞可言。

〈解讀〉

① 「振」，震也。上六在上卦震中，震為動。以動言恆，是說一直在變動之中，結果是「凶」。

② 上六位居全卦最高，有如上位者。他不斷改變政策與作風，天下百姓將無所適從，所以「大无功也」。

遯：亨。小利貞。

〈象〉曰：天下有山，遯。君子以遠小人，不惡而嚴。

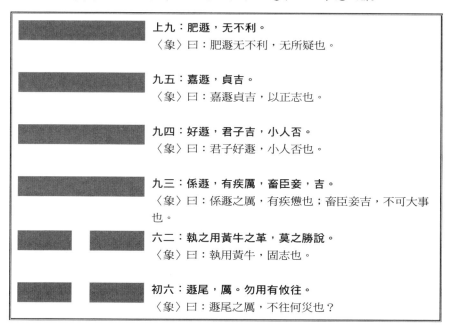

上九：肥遯，无不利。
〈象〉曰：肥遯无不利，无所疑也。

九五：嘉遯，貞吉。
〈象〉曰：嘉遯貞吉，以正志也。

九四：好遯，君子吉，小人否。
〈象〉曰：君子好遯，小人否也。

九三：係遯，有疾厲，畜臣妾，吉。
〈象〉曰：係遯之厲，有疾憊也；畜臣妾吉，不可大事也。

六二：執之用黃牛之革，莫之勝說。
〈象〉曰：執用黃牛，固志也。

初六：遯尾，厲。勿用有攸往。
〈象〉曰：遯尾之厲，不往何災也？

䷠ 遯。亨。小利貞。

〈白話〉

遯卦。通達。小的一方適宜正固。

〈解讀〉

① 遯卦是下艮上乾，亦即「天山遯」。〈序卦〉說：「物不可以久居其所，故受之以遯。遯者，退也。」恆卦以恆久為其主旨，到了下一步則是退讓，以便再度進取。這是《易經》屈伸往來的常理。

② 遯卦為十二消息卦之一，配合節氣來看，是農曆六月，夏季即將結

束，陰氣發展已具規模，陽氣有向上退避的趨勢。陽爻代表君子，《易經》立言多由君子角度，所以說「遯」。就全卦來看，遯卦有如放大一倍的巽卦（☴），巽為進退，表示遯卦順從大勢，陽爻該退則退，結果四陽爻皆見吉或利。

③ 天地之間陰陽不斷消長，只要有往來就可以說「亨」。「小利貞」的「小」是指陰爻，陰爻在此有漸長之勢，適宜正固而不宜躁進。這也是由君子的角度所作的判斷。

象曰：遯亨，遯而亨也。剛當位而應，與時行也。小利貞，浸而長也。遯之時義大矣哉。

〈白話〉

〈象傳〉說：遯卦通達，是說退讓就可以通達。剛強者坐在恰當的位置上又有應合，是說要隨著時勢而運行。小的一方適宜正固，是說要漸漸發展再成長。遯卦順應時勢的意義太偉大了。

〈解讀〉

① 君子明白進退之理，有時退讓或避開，反而可以通達。但是這並不表示完全放任不管。

② 本卦下艮上乾，陽爻居九五大位，又有六二陰陽正應。可見情形仍在陽爻掌握之中，但是觀察大的趨勢，則知陽消陰長，應該採取「遯」的作為了。「小利貞」，則是希望陰爻「浸而長」，不宜逼人太甚。

③ 「遯之時義」，是提醒人居安思危，在鼎盛時也要考慮「功成身退」。

象曰：天下有山，遯。君子以遠（ㄩㄢˋ）小人，不惡（ㄨˋ）而嚴。

〈白話〉

〈象傳〉說：天的下方有山，這就是遯卦。君子由此領悟，要疏遠小人，不去憎惡他們，但要嚴肅以對。

〈解讀〉

① 遯卦下艮上乾，乾為天，艮為山，亦即「天下有山」。天本在山之上，但其陽氣繼續上升，有如試圖隱遁；另一方面，山之高聳雖有所止（艮為止），但有逼退天的氣勢，所以形成此卦。

② 君子眼見小人逐漸得勢，由此明白人間正道亦有消長，所以先求「明哲保身」。遠離小人，不必憎惡太甚，但要不假辭色，嚴守分際。孔子說：「人而不仁，疾之已甚，亂也。」（《論語‧泰伯》）正可與此互相參照。

初六。遯尾，厲。勿用有攸往。
象曰：遯尾之厲，不往何災也？

〈白話〉

初六。退避時居後尾隨，有危險。不可以有所前往。

〈象傳〉說：退避時居後尾隨會有危險，不前往又有什麼災禍呢？

〈解讀〉

① 初六在遯卦初位，《易經》以「上」為首，以「初」為尾，所以說「遯尾」。退避時走在後面，表示見機太晚，身陷險境，「勿用有攸往」。

② 初六以陰爻居初位，性格溫和而地位卑微，在艮卦中，艮為止，還算容易收斂隱藏，即使上有九四正應，但「不往何災也？」

六二。執之用黃牛之革，莫之勝說（ㄊㄨㄛ）。
象曰：執用黃牛，固志也。

〈白話〉

六二。用黃牛皮製成的繩子捆住，沒有人能夠解開。

〈象傳〉說：用黃牛皮製成的繩子捆住，是為了固守心意。

〈解讀〉

① 六二代表陰爻上升的氣勢，但是它位處中正，上又有九五正應，必須安定不動。本卦六爻只有六二未見遯字，這是因為消息卦看趨勢，六二正是使陽爻退避的關鍵，不必操之過急，而須固守其位。「執」為捆縛，「革」為皮，在此是指黃牛的皮所製成的皮繩或皮帶。「勝」為能夠，「說」為脫。這種堅定的心意以「執用黃牛」充分表達出來。

② 就取象上來說，「黃」為中色，符合六二的位置；「牛」是坤卦，亦即六二再向上走一步，就將使下卦成坤。六二仍在下卦艮中，艮為皮膚，符合「革」意；六二在互巽（六二、九三、九四）中，巽為繩直，同時艮為止，為手；這些象合起來，正是「執之用黃牛之革」。至於這種「固志」的理由，則是為了配合九五的願望。

九三。係遯，有疾厲。畜臣妾，吉。
象曰：係遯之厲，有疾憊也；畜臣妾吉，不可大事也。

〈白話〉

九三。繫住退避，出現疾病與危險。養育奴僕侍妾，吉祥。

〈象傳〉說：繫住退避的危險，是因為有疾病而疲累；養育奴僕侍妾而吉祥，是因為不可能辦成大事。

〈解讀〉

① 九三面臨底下兩個陰爻的進展，必須穩住陣腳。九三在互巽，巽為繩，有捆縛之意，所以說「係遯」。巽又為不果、多白眼，九三居下卦之終，上無正應，所以力不足而「有疾厲」。

② 古代貴族家中的男女傭人，亦稱「臣妾」，九三之臣妾為初六與六二。下卦艮為止，為蓄，艮又為少男，可代表臣妾。九三以陽爻居剛位，在阻擋不住退勢時，放棄辦「大事」的念頭，還可退而自保，照顧家人，所以說「畜臣妾，吉」。

九四。好遯。君子吉，小人否。
象曰：君子好遯，小人否也。

〈白話〉

九四。合宜的退避。君子吉祥，小人困阻。
〈象傳〉說：君子做到合宜的退避，小人做不到而陷於困阻。

〈解讀〉

① 九四進入上卦乾中，可以實現退避的心意。不過，由於它有初六正應，仍然需要抉擇一番。九四也在互巽（六二、九三、九四）中，巽為進退，為不果，其煎熬可想而知。

② 由此不難明白，為何要特別強調「君子好遯」，而小人就做不到了。在此顯現了修養之高下。小人難免貪戀安逸而捨不得退避，然後與初六應合，以致陷入初六所在的下卦艮（艮為止）之中。

九五。嘉遯，貞吉。

象曰：嘉遯貞吉，以正志也。

〈白話〉

九五。美好的退避，正固吉祥。

〈象傳〉說：美好的退避，正固吉祥，是因為心意正當。

〈解讀〉

① 乾為君子，為善，所以說「嘉遯」，比九四的「好遯」更勝一籌。九五爻變，上卦為離，離為目，能夠明辨時勢而不戀棧，但是同時並未放棄自己當下的職責，所以說「貞吉」。

② 九五居中守正，下有六二陰陽正應，雙方都是「正志」，所以成就了「嘉遯」。

上九。肥遯，无不利。

象曰：肥遯无不利，无所疑也。

〈白話〉

上九。高飛而走的退避，無所不利。

〈象傳〉說：高飛而走的退避無所不利，是因為沒有任何疑慮。

〈解讀〉

① 「肥」借為「飛」。上九居遯卦最高位，又在上卦乾中，乾為天，可以任它遨遊，有高飛遠引、嘯傲山林之意，所以「无不利」。

② 上九的无不利，還在於它在下卦沒有正應，所以退避時寬裕自得而「无所疑」，沒有任何掛慮。

大壯：利貞。

〈象〉曰：雷在天上，大壯。君子以非禮弗履。

䷡	**上六：羝羊觸藩，不能退，不能遂，无攸利。艱則吉。** 〈象〉曰：不能退，不能遂，不詳也；艱則吉，咎不長也。
	六五：喪羊於易，无悔。 〈象〉曰：喪羊於易，位不當也。
	九四：貞吉悔亡，藩決不羸，壯於大輿之輹。 〈象〉曰：藩決不羸，尚往也。
	九三：小人用壯，君子用罔，貞厲。羝羊觸藩，羸其角。 〈象〉曰：小人用壯，君子罔也。
	九二：貞吉。 〈象〉曰：九二貞吉，以中也。
	初九：壯於趾，征凶，有孚。 〈象〉曰：壯於趾，其孚窮也。

䷡ 大壯。利貞。

〈白話〉

大壯卦。適宜正固。

〈解讀〉

① 大壯卦是下乾上震，亦即「雷天大壯」。〈序卦〉說：「物不可以終遯，故受之以大壯。」退避到一定程度，就須轉而走向大壯。〈雜卦〉說：「大壯則止，遯則退也。」遯卦是陽爻向上退避，大壯卦則是陽爻發展到應該停止的階段，所以說「利貞」。在此不說「元亨」

只說「利貞」，並且爻辭多戒詞（如征凶、貞厲、悔亡、无攸利等），恐其失正而動。

② 大壯卦與遯卦是一組正覆卦，也在十二消息卦之中，代表農曆二月。其象為四陽爻在下，並有繼續上升的趨勢。此時對陽爻而言是最佳狀態，所以說「止」。因為再上行一步就是代表農曆三月的夬卦（☰，第四十三卦），陽爻過盛而即將陷入另一循環週期。

③ 就全卦來看，大狀卦有如放大一倍的兌卦（☱），兌為羊，由此使上四爻皆與羊的表現有關。

象曰：大壯，大者壯也。剛以動，故壯。大壯利貞，大者正也。正大而天地之情可見矣。

〈白話〉

〈象傳〉說：大壯卦，是說大的一方壯盛。剛強者還能行動，所以壯盛。大壯卦適宜正固，是大的一方為正。守正而能大，就可以看出天地萬物的真實情況了。

〈解讀〉

① 大壯卦由下乾上震所組成，四陽爻在下，陽爻稱「大」，所以說「大者壯也」。震為動，乾為剛，為健；剛強者行動健勁，所以壯盛可觀。

② 在陽爻壯盛的情況下，有如君子居位得勢，所以「利貞」。由「正大」可以明白天地的實情：天地之大在於無不覆載，天地之正在於無所偏私。人若守正能大，則合乎天地之道。

象曰：雷在天上，大壯。君子以非禮弗履。

〈白話〉

〈象傳〉說：雷在天的上方，這就是大壯卦。君子由此領悟，對不合禮儀的事都不要進行。

〈解讀〉

① 大壯卦下乾上震，震為雷，乾為天，就是「雷在天上」。雷在天上，自然聲威壯大，遍及天下每一角落，誰敢不戒慎恐懼？

② 「履」是腳步、履行、實踐。前有履卦（☱），其核心觀念為禮。《論語‧顏淵》中有「非禮勿視，非禮勿聽，非禮勿言，非禮勿動」的說法，與此可以對照。

初九。壯於趾，征凶，有孚。
象曰：壯於趾，其孚窮也。

〈白話〉

初九。強壯在腳趾上，前進會有凶禍，但仍有信實。
〈象傳〉說：強壯在腳趾上，它的信實會走到盡頭。

〈解讀〉

① 初九居全卦底部，所以說「趾」；又在下卦乾中，充滿強勁的動力，是為「壯於趾」。但是大壯卦以止為要，所以說「征凶」。

② 初九之「孚」來自它要繼續推動陽爻上進，既有信心，也想實地去做；但是這種信實上無正應，並且全卦再向上走就將進入夬卦，反而將使陽爻陷於盛極轉衰的困境，所以說「其孚窮也」。

九二。貞吉。

象曰：九二貞吉，以中也。

〈白話〉

九二。正固吉祥。

〈象傳〉說：九二正固吉祥，是因為居於中位。

〈解讀〉

① 九二以陽爻居柔位，躁進之志稍緩，又在下卦之中位，並且上有六五正應。居中位而行中道，可以做到「貞吉」。

② 九二雖在下卦乾中，但全卦為大壯卦，仍以止住為宜，所以要「貞吉」。

九三。小人用壯，君子用罔，貞厲。羝（ㄉㄧ）羊觸藩（ㄈㄢˊ），羸（ㄌㄟˊ）其角。

象曰：小人用壯，君子罔也。

〈白話〉

九三。小人仗恃的是強壯，君子憑藉的是蔑視，一直如此會有危險。公羊衝撞藩籬，卡住了羊角。

〈象傳〉說：小人仗恃的是強壯，君子就只能蔑視了。

〈解讀〉

① 九三以陽爻居剛位，又在下卦乾中，可謂十分強壯。小人乘勢而「用壯」，君子所蔑視的不只是小人的做法，也可能因為身居壯勢而輕忽外物。此時想要堅持如此也不可得，所以說「貞厲」。「罔」為無，視之如無一物，亦即蔑視之意。

② 以取象而言，本卦有如放大的兌卦，九三也在互兌（九三、九四、六五）中，兌為羊。「羝羊」為大角公羊。上卦為震，震為諸侯，為天

子屏藩，引申為藩籬。本卦從九三到上六皆涉及藩，顯然是以震卦為藩。九三再怎麼衝撞，也在上卦震之下，過不了這一關。不僅如此，還會「羸其角」，「羸」為纏繞、困住之意。依此爻所云，君子即使不用或蔑視「壯」，同樣會陷於進退不得的困境。

九四。貞吉悔亡，藩決不羸，壯於大輿之輹。
象曰：藩決不羸，尚往也。

〈白話〉

九四。正固吉祥而懊惱消失，藩籬裂開不再纏住，因為大車的車輹十分堅固。

〈象傳〉說：藩籬裂開不再纏住，是因為要往上前進。

〈解讀〉

① 九四率同四個陽爻往上推進，可謂壯盛之極，銳不可擋，但是仍須遵循全卦要旨，亦即「貞吉」才可「悔亡」。

② 九四已至上卦，為「藩決不羸」，九四在互兌，兌為毀折，「決」是突破、裂開，不再受困。「輹」是連接車廂與車軸的重要零件，輹若堅固則車行順利而難以阻擋。九四在上卦震中，震為坤（☷）之初爻變為陽爻（☳），有如大輿（坤）之下方的橫木，亦即輹。九四的下一步，確實是「尚往也」。

六五。喪羊於易，無悔。
象曰：喪羊於易，位不當也。

〈白話〉

六五。在邊界失去羊，沒有懊惱。

〈象傳〉說：在邊界失去羊，是因為位置不恰當。

〈解讀〉

① 「易」同「場」，為邊界。六五直接面對底下四個陽爻的向上推進，它又在互兌（九三、九四、六五）中，兌為羊，又為毀折，所以是「喪羊於易」的處境。不過它居上卦中位，又有九二正應，所以「无悔」。

② 「位不當也」，可以指六五以陰爻居尊位，也可以指它面對陽爻的進攻而首當其衝。

上六。羝羊觸藩，不能退，不能遂，无攸利。艱則吉。

象曰：不能退，不能遂，不詳也；艱則吉，咎不長也。

〈白話〉

上六。公羊衝撞藩籬，不能退後，也不能如意，沒有任何適宜的事。在艱難中才會吉祥。

〈象傳〉說：不能退後，也不能如意，是因為沒有詳察處境；在艱難中才會吉祥，是因為災難不會持續太久。

〈解讀〉

① 上六在大壯卦盡頭，本身陰爻居柔位，力量不足，所以要向下尋找九三正應。九三在互兌中，兌為羊，此時若要退後，則為二陽爻所阻，若要前進，則又無法突破藩籬。進退不得，所以「无攸利」。不過，上六已在上位，「咎不長也」，即將順著消長之勢而功成身退，若能忍受艱難則「吉」。

② 「詳」為詳察、審度。上六未能認清自己的處境，才會企盼九三的正應，以致陷入困境而動彈不得。

晉：康侯用錫馬蕃庶，晝日三接。

〈象〉曰：明出地上，晉。君子以自昭明德。

	上九：晉其角，維用伐邑，厲吉无咎，貞吝 。 〈象〉曰：維用伐邑，道未光也。
	六五：悔亡，失得勿恤，往吉，无不利。 〈象〉曰：失得勿恤，往有慶也。
	九四：晉如鼫鼠，貞厲。 〈象〉曰：鼫鼠貞厲，位不當也。
	六三：眾允，悔亡。 〈象〉曰：眾允之志，上行也。
	六二：晉如，愁如，貞吉。受茲介福，於其王母。 〈象〉曰：受茲介福，以中正也。
	初六：晉如，摧如，貞吉。罔孚，裕，无咎。 〈象〉曰：晉如摧如，獨行正也。裕无咎，未受命也。

䷢ 晉。康侯用錫馬蕃庶，晝日三接。

〈白話〉

晉卦。安邦的諸侯受賞眾多車馬，一日之內獲天子接見三次。

〈解讀〉

① 晉卦是下坤上離，亦即「火地晉」。〈序卦〉說：「物不可以終壯，故受之以晉。晉者，進也。」大壯卦有「止」意，現在則到了進展的時刻。〈雜卦〉說：「晉，晝也。」其象為「明出地上」，有如白日，適宜行動。

② 「康侯」，「康」為安，亦即能安定國家的諸侯；也可以指周武王的弟弟康叔。「用」為接受、享用，「錫」為賜，「馬」指車馬，「蕃」為盛，「庶」為眾。日出於地為晝，「晝日」為一日，「三接」為獲天子接見三次。古代諸侯來朝，天子有三禮待之，就是：接見、設宴與慰勞。一日之內完成，可見諸侯受寵之深。

彖曰：晉，進也。明出地上，順而麗乎大明。柔進而上行，是以康侯用錫馬蕃庶，晝日三接也。

〈白話〉

〈彖傳〉說：晉卦，是進展的意思。光明出現在大地的上方，順從而依附於大的光明。柔順者前進而往上走，因此安邦的諸侯受賞眾多車馬，一日之內獲天子接見三次。

〈解讀〉

① 晉卦下坤上離，離為火，為明，坤為地，亦即「明出地上」。這個明還是大明，因為離為日，乃是太陽普照大地，大放光明之象；坤為順，離為麗，所以說「順而麗乎大明」。晉之道以柔為貴，四陰皆吉，二陽皆厲。

② 由「柔進而上行」一語，可知晉卦由觀卦（☲，第二十卦）變來，亦即觀卦六四與九五換位。「康侯」面對天子，為柔順者，由於有功而在此獲得榮耀晉升。

象曰：明出地上，晉。君子以自昭明德。

〈白話〉

〈象傳〉說：光明出現在大地的上方，這就是晉卦。君子由此領悟，要自己彰顯光明的德行。

〈解讀〉

① 「晉」的意思是「進」，同時又取象於「明出地上」，可見這種進展是參考旭日東升，有光明才可升進之意。

② 君子把握這個卦象，要「自昭明德」。「昭」是昭明、彰顯，「明德」是光明的德行，並且須由光明而高明。問題是：明德是天生固有的，還是後天培育的？若是天生固有，何以會受到人欲蒙蔽以致需要「自昭」？人欲難道不屬於人性？但是，若是後天培育，則如何判斷其為「明德」？又如何可能「自昭」？這些問題要參考《孟子》與《大學》才可辨明。

初六。晉如，摧如，貞吉。罔孚，裕，无咎。
象曰：晉如摧如，獨行正也。裕无咎，未受命也。

〈白話〉

初六。進展的樣子，後退的樣子，正固吉祥。未受信任，寬裕，沒有災難。

〈象傳〉說：進展的樣子與後退的樣子，是因為獨自走在正路上。寬裕而沒有災難，是因為尚未接受任命。

〈解讀〉

① 初六居全卦底部，在晉卦中自然力求進展，是為「晉如」；但是初六之上為互艮（六二、六三、九四），艮為止，是為「摧如」（摧借為退），如此可以「貞吉」。初六可進可退，全在自己，「獨行正也」。

② 「罔孚」是因為初六位階太低，尚未受到上層信任。初六雖有九四正應，但是九四在互艮中，艮為止，無法顧及初六，亦即初六「未受命也」。坤卦含弘為裕，因此不如「裕」，以待時機，可以「无咎」。

六二。晉如，愁如，貞吉。受茲介福，於其王母。

象曰：受茲介福，以中正也。

〈白話〉

六二。進展的樣子，憂愁的樣子，正固吉祥。從王母那兒蒙受這樣的大福。

〈象傳〉說：蒙受這樣的大福，是因為居中守正。

〈解讀〉

① 六二在「晉如」時，還會「愁如」，是因為它以陰爻居柔位，又在互艮（六二、六三、九四）中，艮為止，所以進展之心不強。並且，六二爻變使下卦成坎，坎為加憂，所以表現為「愁如」。結果則是「貞吉」。

② 「受茲介福」：「茲」為此，應指卦辭所謂的寵遇；「介」為大。「王母」是指居尊位的六五，陰爻居君位，所以稱「王母」。「王母」亦指祖母，如此則康侯可以指康叔，而不違背卦辭以天子之名所賜的厚賞。其所以能如此，則是因為六二「中正」。

六三。眾允，悔亡。

象曰：眾允之志，上行也。

〈白話〉

六三。眾人答應追隨，懊惱消失。

〈象傳〉說：眾人答應追隨的心意，是要往上前進。

〈解讀〉

① 「允」為允從。六三在下卦坤中，坤為眾；六三居上位，所以得到眾人允從。所以即使處於互坎（六三、九四、六五）中，也無憂悔。

② 本卦肯定「柔進而上行」，所以下坤三爻皆有上行之志。六三還有上九正應，更能得心應手。

九四。晉如鼫（ㄕˊ）鼠，貞厲。
象曰：鼫鼠貞厲，位不當也。

〈白話〉
九四。進展像梧鼠一樣，一直如此會有危險。
〈象傳〉說：梧鼠一直如此會有危險，是因為位置不恰當。

〈解讀〉
① 九四爻變，上卦成艮，艮為黔喙之屬，有鼠象；艮又為小石，合之為鼫鼠。「鼫鼠」是梧鼠，《說文》稱之為「五技鼠」，因為牠「能飛不能過屋，能緣不能窮木，能游不能渡谷，能穴不能掩身，能走不能先人」。這是「五技而窮」的情況，用以描寫貪而無所成。九四互坎為水為降，上離為火為升，處於升降之間，所以表現如此。
② 九四以陽爻居柔位，是位不正；又在互艮與互坎中，無法前進而有憂悔；底下還有三個柔爻在進逼。即使「貞厲」，也是無處可去。

六五。悔亡，失得勿恤，往吉，无不利。
象曰：失得勿恤，往有慶也。

〈白話〉
六五。懊惱消失，不用顧慮損失與獲得，前往吉祥，沒有不適宜的事。
〈象傳〉說：不用顧慮損失與獲得，是因為前往會有喜慶。

〈解讀〉
① 觀卦（䷓）變成晉卦（䷢）的主因，是其六四成為六五。觀卦六四原在互巽（六四、九五、上九），巽為近利市三倍；現在變成晉卦的六

五，巽象消失，無利可圖，並且還在互坎中，有憂恤。但是，晉卦六五取得尊位，又是大有收穫。合而觀之，是「悔亡，失得勿恤」。

② 六五的「往有慶」，即是處於晉卦尊位，並且在上卦離中，可以大放光明，使天下百姓同獲其利，所以說「往吉，无不利」。

上九。晉其角，維用伐邑。厲吉无咎，貞吝。
象曰：維用伐邑，道未光也。

〈白話〉

上九。進展到頭上的角，可以用來征伐屬國。有危險，吉祥而沒有災難，正固會有困難。

〈象傳〉說：可以用來征伐屬國，是因為正道還不夠光大。

〈解讀〉

① 離為牛，上九居全卦終位，有如頭上的角，已經前無去路，但是卻可以用來安定內部。「維」是語詞，「邑」是屬邑，附屬的小國。上卦離為戈兵、甲冑，有征伐之象。上九與六三正應，六三在坤為邑，「伐邑」也暗示要「自昭明德」。所以雖「厲」而「吉」，並且「无咎」。此時正固會有困難，因為全卦為晉，必須有所作為。

② 上九在上卦離中，離為光明。然而，上九位置太高而不中不正，所以「道未光也」。

明夷：利艱貞。

〈象〉曰：明入地中，明夷。君子以莅眾用晦而明。

▬▬ ▬▬	**上六：不明，晦，初登於天，後入於地。** 〈象〉曰：初登於天，照四國也；後入於地，失則也。
▬▬ ▬▬	**六五：箕子之明夷，利貞。** 〈象〉曰：箕子之貞，明不可息也。
▬▬ ▬▬	**六四：入於左腹，獲明夷之心，於出門庭。** 〈象〉曰：入於左腹，獲心意也。
▬▬▬▬	**九三：明夷於南狩，得其大首，不可疾，貞。** 〈象〉曰：南狩之志，乃大得也。
▬▬ ▬▬	**六二：明夷，夷於左股，用拯馬壯，吉。** 〈象〉曰：六二之吉，順以則也。
▬▬▬▬	**初九：明夷於飛，垂其翼。君子於行，三日不食，有攸往，主人有言。** 〈象〉曰：君子於行，義不食也。

䷣ 明夷。利艱貞。

〈白話〉

明夷卦。適宜在艱難中正固。

〈解讀〉

① 明夷卦是下離上坤，亦即「地火明夷」。〈序卦〉說：「進必有所
傷，故受之以明夷。夷者，傷也。」進展難免有所損傷，所以接著出
現明夷卦，意指光明受到傷害。〈雜卦〉說：「明夷，誅也。」是要
誅滅光明，使之熄滅，結果則是黑暗。明夷卦與晉卦為正覆卦。

② 黑暗代表處境艱難，此時以正固為宜。程頤說：「晉者明盛之卦，明
　君在上，群賢並進之時也。明夷昏暗之卦，暗君在上，明者見傷之時
　也。」

象曰：明入地中，明夷。內文明而外柔順，以蒙大難，文王以之。
利艱貞，晦其明也。內難而能正其志，箕子以之。

〈白話〉

〈象傳〉說：光明陷於大地之下，這就是明夷卦。內心文明而外表柔順，
以此承受大的災難，周文王是這樣做的。適宜在艱難中正固，是要隱晦自
己的光明。面臨內部的患難而能端正自己的志節，箕子是這樣做的。

〈解讀〉

① 明夷卦下離上坤，坤為地，離為火，為明，正是「明入地中」，黑暗
　得勢。同時，下卦稱「內」，上卦稱「外」。離在內，為文明；坤在
　外，為柔順；所以說「內文明而外柔順」。這是亂世中的自保之道。

② 周文王有文明之德，既有文化修養，又有明辨之智，但是卻以柔順的
　態度事奉商紂王。即使如此，他還是被拘於羑里，險些喪命。

③ 箕子為商紂王叔父，面對國內大亂的局面，他將如何自處呢？「箕子
　懼，乃佯狂為奴，紂又囚之。」最後在倖免於難之後，箕子還能指導
　周武王治國的道理，事見《尚書·洪範》。以上有關文王與箕子的事
　蹟，可參考《史記·殷本紀》。

象曰：明入地中，明夷。君子以莅眾用晦而明。

〈白話〉

〈象傳〉說：光明陷於大地之下，這就是明夷卦。君子由此領悟，在治理
眾人時，要隱晦明智而使一切明白呈現。

〈解讀〉

① 「夷」為「傷」，已如前述；但是「夷」也有隱沒之意，有如太陽下山，光明隱沒。

② 「莅」同涖，「莅眾」為臨眾，亦即治理眾人。「用晦」是以隱晦自己的明智與能力為方法；「而明」則是希望由此讓一切明顯展示出來。上位者若是精明苛察，則百姓無所不隱，反而難以發現真相。反之，上位者寬厚包容，不計小過，則百姓易於光明坦蕩。就君子而言，明而晦，可以全己；晦而明，可以燭物。〈繫辭・上〉所謂「神而明之，存乎其人」，可對照理解。

初九。明夷於飛，垂其翼。君子於行，三日不食。有攸往，主人有言。

象曰：君子於行，義不食也。

〈白話〉

初九。在昏暗中去飛翔，垂下翅膀。君子要出行，三天不吃東西。有所前往，主人說出責怪的話。

〈象傳〉說：君子要出行，理當不吃東西。

〈解讀〉

① 明夷卦是明入地中，大地陷入昏暗。初九有動向，想要迅速離開，所以說「於飛」，亦即要去飛翔遠颺；但是迫於時勢而「垂其翼」，希望低調保命。由這句爻辭看來，明夷卦是由小過卦（☳☶，第六十二卦）變來，因為小過卦的象傳說「有飛鳥之象」，亦即小過卦橫看有如飛鳥張翼，現在九四成為初九，形成明夷卦（☷☲）。並且，「垂其翼」一語在帛書是「垂其左翼」，正合九四下到初九之象。初九在離卦，離為雉為鳥。

② 陽爻為君子，君子由四位來到初位，須過三爻，離為日，所以是「三日」。小過卦的九四在互兌（九三、九四、六五）中，兌為口，現在

口象毀去，所以「不食」。兌為悅，悅象毀去，主人（六五）不悅，而「有言」（言亦來自口）責怪。「有言」是指有責怪之言。君子既然要出行離開，「有攸往」，也就不必在乎俸祿了。

六二。明夷，夷於左股，用拯馬壯，吉。
象曰：六二之吉，順以則也。

〈白話〉
六二。在昏暗中，傷到左股，用來拯救的馬強壯，吉祥。
〈象傳〉說：六二的吉祥，是由於隨順而有原則。

〈解讀〉
① 就取象而言，又須回溯小過卦（☳）。在小過卦中，六二在互巽（六二、九三、九四）中，巽為股；現在九四下來成為初九，形成了明夷卦（☷），股之象消失，並且是左邊（九四）的變動，所以說「夷於左股」。現在變成明夷卦，六二在互坎（六二、九三、六四）中，坎為險為傷，所以說「夷」；坎為美脊馬，為曳馬，所以說「用拯馬壯」。能獲救援而逃離黑暗，所以「吉」。
② 六二的吉祥，是因為居中守正，能夠順從又有原則。

九三。明夷於南狩，得其大首，不可疾，貞。
象曰：南狩之志，乃大得也。

〈白話〉
九三。在昏暗中，去南方狩獵，獲得大首領，不可過於急切，要正固。
〈象傳〉說：去南方狩獵的心意，是要大有收穫。

〈解讀〉
① 九三陽爻居剛位，又在下卦終位，既有動向又心存光明，可以付諸行

動。它在下卦離中，離為南方，九三有離與互坎，離為戈兵，坎為弓輪，合之為戰爭；九三又有互震，震為車馬為行動；上臨坤，坤為田野，合之為狩獵。古人所謂的「狩獵」可以兼指戰爭而言，所以說「南狩」。周武王在盟津與諸侯會合，最後革命成功。以地理位置而言，商紂王在河南，周武王從陝西過來，也符合「南狩」之說。

② 「得其大首」，「首」所指為上六，居上卦坤最高位，必須為明夷負責。九三與上六正應，中間沒有剛爻相阻，可以直取上六，亦即「乃大得也」。但是，上卦坤為眾，不可能接受一夕變天的事實，所以說「不可疾，貞」。

六四。入於左腹，獲明夷之心，於出門庭。
象曰：入於左腹，獲心意也。

〈白話〉

六四。進入到左腹部，得知昏暗者的心思，往外走出門庭。
〈象傳〉說：進入到左腹部，是要得知心思與用意。

〈解讀〉

① 明夷卦的昏暗在於上卦，所以下卦三爻所指為官吏及諸侯，而上卦則捲入昏暗的宮廷中。六四是小過卦（☳）的初六與九四換位而來，到了左邊；換位之後形成上卦坤，坤為腹，亦即六四「入於左腹」。現在的六四也在互坎（六二、九三、六四）中，坎為心病，因此，「獲明夷之心」是說他得知昏暗之君的惡毒心思與用意。

② 六四在小過卦中，原是初六，初六為士位，無家亦無門，現在到了六四，所以說「於出門庭」，亦即離開內部是非之地而向外走。六四當位，又在互震，有行動力，應該可以如願。這段爻辭所指涉的可能是微子離開商紂王朝廷的史實。

六五。箕子之明夷，利貞。

象曰：箕子之貞，明不可息也。

〈白話〉

六五。像箕子那樣處於昏暗中，適宜正固。

〈象傳〉說：像箕子那樣處於昏暗中，是因為光明不可以熄滅。

〈解讀〉

① 六五在上卦坤中，坤為地，為夜，為暗。六五以陰爻居尊位，身段柔軟，守中待時，展現了明夷中的智慧。箕子有王之德，所以位居六五，但佯狂以隱藏自己的光明德行，其「貞」使光明得以續存。

② 六五與六二無應，等於無路可走，那麼箕子如何做到「明不可息」？《史記‧宋世家》記載：「箕子者，紂親戚也。紂始為象箸，箕子嘆曰：『彼為象箸，必為玉杯；為杯，則必思遠方珍怪之物而御之矣。輿馬宮室之漸自此始，不可振也。』紂為淫佚，箕子諫，不聽，人或曰：『可以去矣。』箕子曰：『為人臣，諫不聽而去，是彰君之惡而自說於民，吾不忍為也。』乃被髮佯狂而為奴，遂隱而鼓琴以自悲，故傳之曰〈箕子操〉。」因此，「箕子之明夷」一語，可以理解為「箕子處於明夷中」，也可以理解為「箕子將自己的光明隱晦起來」，兩皆可通，還可相互發明。

上六。不明，晦。初登於天，後入於地。

象曰：初登於天，照四國也；後入於地，失則也。

〈白話〉

上六。沒有任何光明，一片晦暗。起初升到天上，後來陷入地下。

〈象傳〉說：起初升到天上，是為了照耀四方邦國；後來陷入地下，是因為失去了法則。

〈解讀〉

① 上六位居全卦終位，是明夷之極，所代表的是上卦坤的黑夜，是「不明」。五與上為天位，所以說「初登於天」；在上卦坤中，坤為地，所以說「後入於地」。居天位而表現有如大地，其「晦」可知。所指為商紂王。本卦六爻可以對照歷史人物的處境：初九為伯夷、叔齊、姜太公；六二為西伯昌（周文王），九三為起而革命的周武王，六四為微子，六五為箕子，上六為商紂王。

② 明夷卦的問題出在上位者，上位者居高位，其責任原本是「照四國」，讓四方的諸侯國可以走上光明大道，但是現在上位者自身失去法則，倒行逆施，反而成了最大的黑暗之源。古人處此情況，其痛苦可想而知。

家人：利女貞。

〈象〉曰：風自火出，家人。君子以言有物而行有恒。

上九：有孚威如，終吉。
〈象〉曰：威如之吉，反身之謂也。

九五：王假有家，勿恤，吉。
〈象〉曰：王假有家，交相愛也。

六四：富家，大吉。
〈象〉曰：富家大吉，順在位也。

九三：家人嗃嗃，悔厲，吉；婦子嘻嘻，終吝。
〈象〉曰：家人嗃嗃，未失也。婦子嘻嘻，失家節也。

六二：无攸遂，在中饋，貞吉。
〈象〉曰：六二之吉，順以巽也。

初九：閑有家，悔亡。
〈象〉曰：閑有家，志未變也。

䷤ 家人。利女貞。

〈白話〉

家人卦。適宜女子正固。

〈解讀〉

① 家人卦是下離上巽，亦即「風火家人」。〈序卦〉說：「傷於外者必反於家，故受之以家人。」明夷卦談的是從政做官所受的傷害，現在應該回歸家庭，尋求安定。

② 在古代男主外、女主內的觀念下，女子是家庭的主要角色，所以說「利女貞」。程頤說：「夫夫婦婦而家道正，獨云利女貞者，夫正者

身正也，女正者家正也，女正則男正可知矣。」

象曰：家人，女正位乎內，男正位乎外。男女正，天地之大義也。家人有嚴君焉，父母之謂也。父父，子子，兄兄，弟弟，夫夫，婦婦而家道正，正家而天下定矣。

〈白話〉

〈象傳〉說：家人卦，女子在家內有正當地位，男子在社會上有正當地位。男女都有正當地位，就合乎天地間偉大的道理了。一家人要有嚴格的領袖，所說的就是父母。父要像父，子要像子，兄要像兄，弟要像弟，夫要像夫，妻要像妻，這樣家道就會端正，端正了家庭，天下就會安定。

〈解讀〉

① 家人卦下離上巽，內卦離有六二，外卦巽有九五，正是「女正位乎內，男正位乎外」。這也合乎天地陰柔與陽剛相互搭配的大道理。

② 「嚴君」是嚴格的君主，在家中則是主導家務的領袖，所指為父母。這種觀念自古及今依然有效。「父母」並稱，表示二人要同心協力。

③ 「父父」等語，第一個「父」字指實際的父親，第二個「父」字指理想的或標準的父親。這是重要的名分觀念，所以古人才會標榜理想人物做為表率。如果每個家庭都端正，天下怎能不安定呢？

象曰：風自火出，家人。君子以言有物而行有恆。

〈白話〉

〈象傳〉說：風從火中生出，這就是家人卦。君子由此領悟，說話要有根據，行動要有常法。

〈解讀〉

① 家人卦下離上巽，巽為風，離為火，所以說「風自火出」。火是內在

有熱有光，再向外發散；風則是助火向外延燒的利器，等於把一家之道推及天下。

② 「風自火出」，所以君子的言行都須有所本。「物」是不虛，有事實根據；「恆」是不改，有常法操守。

初九。閑有家，悔亡。
象曰：閑有家，志未變也。

〈白話〉

初九。家中做好防範措施，懊惱消失。

〈象傳〉說：家中做好防範措施，是因為心意還未改變。

〈解讀〉

① 初九爻變，下卦為艮，艮為門，為止，是「閑有家」。「閑」是防範、戒備；「有」是語詞，或作「於」解。初九以陽爻居剛位，勇於任事；開始要治家時，又有六四正應，所以「悔亡」。「悔」之一字最易在講究情感的家人之間出現，所以早作防範是必要的。

② 開始時設下規矩，家人心意尚未受到外界影響；若是養成不良習氣，再來改正就困難了。

六二。无攸遂，在中饋（ㄎㄨㄟˋ）。貞吉。
象曰：六二之吉，順以巽也。

〈白話〉

六二。不可隨心所欲，要主持家庭中的飲食。正固吉祥。

〈象傳〉說：六二的吉祥，是因為柔順並且隨順。

〈解讀〉

① 六二在互坎中，坎為憂，所以不可隨心所欲，也即是「无攸遂」。六二在下卦，為家庭之內，又以陰爻居柔位，居中守正，代表妻子。「中饋」指家中飲食之事。六二在下卦離中，離為火；又在互坎中，坎為水；兩者合觀，則是水在火上，為料理飲食之象。

② 六二陰爻居柔位，有柔順之德；上應九五，九五在上卦巽中，巽為隨順；所以六二「順以巽也」。

九三。家人嗃嗃（ㄏㄜˋ），悔厲，吉；婦子嘻嘻，終吝。
象曰：家人嗃嗃，未失也；婦子嘻嘻，失家節也。

〈白話〉

九三。家中有訓斥之聲，會帶來懊惱及危險，但還是吉祥；若是婦女孩子放肆嘻笑，最終會有困難。

〈象傳〉說：家中有訓斥之聲，表示尚未失去家庭規矩；若是婦女孩子放肆嘻笑，則已經失去家庭的規矩了。

〈解讀〉

① 「嗃嗃」為發怒訓斥之聲，「嘻嘻」為放肆嘻笑之聲。九三以陽爻居剛位，治家易嚴不易寬。家人犯錯，愛之深而責之切，怎能不加訓斥？九三在下卦離中，離為火，火聲无常，引申為「嗃嗃、嘻嘻」。離為目，又在互坎（六二、九三、六四）中，坎為水；目中之水為淚。這可以說是家人受到訓斥而啼哭，也可以說是九三訓斥家人而自己落淚。如此則家人之間即使有懊惱之事，甚至有傷害親情的危險，但是依然「吉」。

② 九三爻變出現互坤，坤為婦；爻變使下卦成震，震為長男。若是九三放棄家庭的規矩，不再負起管教之責，則將出現「婦子嘻嘻」的現象，長此以往，最後將會陷入困境。九三為陽爻，在此可指父親。

六四。富家，大吉。

象曰：富家大吉，順在位也。

〈白話〉

六四。使家庭富裕，非常吉祥。

〈象傳〉說：使家庭富裕而非常吉祥，是因為隨順而處在適當的位置上。

〈解讀〉

① 六四進入上卦巽中，巽為近利市三倍，足以使家庭的經濟條件大為改善。

② 六四的「大吉」在於：陰爻居柔位，下有初九正應，上有九五可承，本身又在上卦巽中，巽為隨順，合之則為「順在位也」。

九五。王假（《ㄍㄜˊ）有家，勿恤，吉。

象曰：王假有家，交相愛也。

〈白話〉

九五。君王來到家中，不必憂愁，吉祥。

〈象傳〉說：君王來到家中，大家互相親愛。

〈解讀〉

① 九五為君位，在家人卦中，則是「王假有家」。「假」為格，為至；「有」為語辭，或為「於」。九五已脫離互坎（六二、九三、六四），坎為加憂，所以說「勿恤」。

② 九五以陽爻居剛位，為居中守正的賢君，下有六二陰陽正應，可謂修身齊家兼而有之，由此推而廣之，可以治國平天下。這是天下人「交相愛」的開始。

上九。有孚威如，終吉。

象曰：威如之吉，反身之謂也。

〈白話〉

上九。有誠信而有威嚴的樣子，最終吉祥。

〈象傳〉說：有威嚴的樣子可以吉祥，是說能夠約束自己。

〈解讀〉

① 在家人卦中，上九居全卦終位，可以總結全卦主旨。上九爻變為坎，坎如流水，有誠信，所以說「有孚」。上九居巽卦之終，依〈說卦〉所云，「其究為躁卦」，最後變成震卦，震有威嚴，所以說「威如」。合此二項條件，則是「終吉」。家人相處，不能只靠恩情，還須有誠信。

② 家中的常法要靠長輩的「威如」來維持及體現。不過，威嚴不能光靠名分，還須長輩率先以身作則，亦即「反身之謂也」。

睽：小事吉。

〈象〉曰：上火下澤，睽。君子以同而異。

上九：睽孤，見豕負塗，載鬼一車。先張之弧，後說之
弧。匪寇婚媾，往遇雨則吉。
〈象〉曰：遇雨之吉，群疑亡也。

六五：悔亡，厥宗噬膚，往何咎？
〈象〉曰：厥宗噬膚，往有慶也。

九四：睽孤，遇元夫，交孚，厲无咎。
〈象〉曰：交孚无咎，志行也。

六三：見輿曳，其牛掣。其人天且劓，无初有終。
〈象〉曰：見輿曳，位不當也；无初有終，遇剛也。

九二：遇主於巷，无咎。
〈象〉曰：遇主於巷，未失道也。

初九：悔亡，喪馬勿逐，自復。見惡人，无咎。
〈象〉曰：見惡人，以辟咎也。

☲ 睽。小事吉。

〈白話〉

睽卦。對小事吉祥。

〈解讀〉

① 睽卦是下兌上離，亦即「火澤睽」。〈序卦〉說：「家道窮必乖，故
受之以睽。睽者，乖也。」家人卦走到盡頭，接著出現的是乖離，睽
卦主旨在此。人生的聚散分合乃是事理之常，親如家人亦不例外。

② 生物成長到一個階段，就須發展自己獨立的生命。人是社會性的動物，結合的力量較強，可以用禮教來約束。所以，睽卦對個人的事尚可稱吉，是為「小事吉」。就社會整體或人類全體而言，則須存異求同，而不能讓睽卦成為主流觀念。

象曰：睽，火動而上，澤動而下。二女同居，其志不同行。說而麗乎明，柔進而上行，得中而應乎剛。是以小事吉。天地睽而其事同也。男女睽而其志通也，萬物睽而其事類也。睽之時用大矣哉。

〈白話〉

〈象傳〉說：睽卦，火的活動是向上燃燒，澤的活動是向下流注。兩個女兒一起住在家裡，心意卻不會一同進展。喜悅並且依附在光明上，柔順者前進而往上走，獲得中位又與剛強者應合。因此對小事吉祥。天與地分隔，但是化育的工作相同；男與女有別，但是愛慕的心意相通；萬物各有領域，但是進行的活動相似。睽卦配合時勢的運用方式太偉大了。

〈解讀〉

① 睽卦下兌上離，離為火，兌為澤，兩者活動方向相反，有如乖離。「二女同居」是指離為中女，兌為少女而言，兩者有如姊妹，將來會嫁給不同的丈夫。古代女子以家庭為生活重心，自及笄（十五歲所行之成年禮）之後，就以出嫁為主要目標。

② 兌為悅，離為麗，為明，形成「說而麗乎明」。至於「柔進而上行，得中而應乎剛」，則顯示睽卦由中孚卦（☲，第六十一卦）變來，亦即中孚卦的六四與九五換位，成為睽卦（☲）的六五，如此得五為中，又有九二之剛相應。陰爻稱小，所以說「小事吉」。

③ 睽隔乖離，在自然界與人世間都有因時而用的必要性。天地不分隔，如何天覆地載？男女若同性，如何繁衍子孫？萬物千差萬別，所展現的生存狀況依然是大同小異的。

象曰：上火下澤，睽。君子以同而異。

〈白話〉

〈象傳〉說：火在上面而澤在底下，這就是睽卦。君子由此領悟，要求同而存異。

〈解讀〉

① 離為火，火性向上；澤為水，水性向下；兩者動向相反而合為一卦，以此表示睽卦。

② 若以體用來說，則前述卦辭所論天地、男女、萬物，為「體異而用同」，強調乖離是為了合作；而君子在此所領悟的，則是「體同而用異」，肯定合作而尊重差異。認清這兩方面，更能明白變化之理。

初九。悔亡，喪馬勿逐，自復。見惡人，无咎。
象曰：見惡人，以辟咎也。

〈白話〉

初九。懊惱消失，丟失的馬不必追尋，自己會回來。見到惡人，沒有災難。

〈象傳〉說：見到惡人，是為了避開災難。

〈解讀〉

① 初九之「悔」，來自與九四無應，而同在下卦的九二與六三皆有正應。不過，既然在睽卦，本來即是乖離之象，所以這種悔是不必要的，亦即「悔亡」。

② 睽卦由中孚卦（☲）變來，初九原與六四正應，但是六四與九五換位形成睽卦之後，原先六四所在的互震（九二、六三、六四）消失，震為善鳴馬，這是「喪馬」；不過，換成睽卦（☲）之後，出現了互坎（六三、九四、六五），坎為美脊馬，這是「自復」。

③ 在睽卦中，陰陽正應未必是好事，所以初九與九四不應，正好符合睽卦之旨。因此，初九見九四，反而「以辟咎也」。九四在離卦，離為目為見；稱九四為「惡人」，則是因為它在互坎（六三、九四、六五）中，坎為盜。初九位卑，見惡人而辟咎，如孔子之見魯之陽貨與衛之南子。

九二。遇主於巷，无咎。
象曰：遇主於巷，未失道也。

〈白話〉
九二。在巷子中遇見主人，沒有災難。
〈象傳〉說：在巷子中遇見主人，是因為尚未失去道路。

〈解讀〉
① 九二居下卦之中，以陽爻居柔位；其正應在六五，而六五居上卦之中，以陰爻居剛位。兩者皆是中而不正，在睽卦中相遇，只能局限於小巷，但可以「无咎」。九二爻變，下卦成震並出現互艮，震為路，艮為門，門外之路為巷。遇是不期而會。
② 對九二而言，六五為君為主，二人相遇，是因為皆未失去中間這條道路，只是道路已成小巷罷了。

六三。見輿曳，其牛掣（ㄔㄜˋ）。其人天且劓（ㄧˋ），无初有終。
象曰：見輿曳，位不當也；无初有終，遇剛也。

〈白話〉
六三。看到車往前拉，牛卻往後拖。車夫受過刺額割鼻的刑罰，起初不好而最後有結果。
〈象傳〉說：看到車往前拉，是因為位置不恰當；起初不好而最後有結果，是因為遇到剛強者。

38 睽卦 ䷥ 263

〈解讀〉

① 六三處境困難，它以陰爻居剛位，又有上下兩個陽爻擋住去路，以致進退不得。它在互坎（六三、九四、六五）中，坎為曳馬，為多眚輿，表示馬拉著一輛遇難的車；它又在互離（九二、六三、九四）中，離為牛，亦即有牛在後拖著。「曳」與「掣」都有拖、拉之意。它的「位不當」十分明顯。

② 「天」為古代刑罰，是在前額刺字塗墨；「劓」是割鼻之刑。這一點要由中孚卦（☲）的變化來看。在中孚卦中，六三在互艮（六三、六四、九五）中，艮為鼻，其上則為互巽（六四、九五、上九），巽為寡髮人；現在一變而為睽卦，兩象皆消失，成為去鼻與前額刺字塗墨之人。這樣當然是「无初」了，至於「有終」，則是它本身在下卦終位，並且有上卦終位的上九做為正應。上九為陽爻，所以說「遇剛」。

九四。睽孤，遇元夫。交孚，厲无咎。
象曰：交孚无咎，志行也。

〈白話〉

九四。乖離而孤獨，遇到有為之士。互相信任，有危險但沒有災難。
〈象傳〉說：互相信任而沒有災難，是因為心意得以實現。

〈解讀〉

① 九四以陽爻居柔位，為不安之象，又處下兌與上離分道揚鑣之界，並且上下兩個陰爻阻擋了它與同類相比鄰的機會，所以是「睽孤」。但是，九四雖與初九無應，在睽卦中卻反而合乎卦意，可以「交孚」，以致「厲无咎」。

② 九四的「交孚」，以初九為對象，可以視之為「元夫」（元為初，為大，夫為男子，引申為有為之士），實現了它睽中求通的心意。

六五。悔亡，厥宗噬膚，往何咎？

象曰：厥宗噬膚，往有慶也。

〈白話〉

六五。懊惱消失，他的宗人在吃肉，前往有什麼災難？

〈象傳〉說：他的宗人在吃肉，是因為前往會有喜慶。

〈解讀〉

① 六五以陰爻居剛位，下有九二正應。這在睽卦是不利之事。但是參考象傳所云，「柔進而上行，得中而應乎剛，小事吉」，可見不必懊惱。

② 六五是「柔進而上行」的主角，其原來的位置是中孚卦（☲）的六四。在中孚卦裡，六四在互艮（六三、六四、九五）中，艮為膚（膚為帶皮的肉）。現在到了睽卦（☲），六四成為六五，而九五成為九四，等於這個九四是一口咬進肉裡。六五為君，九四為其宗人，所以說「厥宗噬膚」，那麼，六五的往（從六四上來），不是「往有慶」嗎？

上九。睽孤，見豕負塗，載鬼一車。先張之弧，後說（ㄊㄨㄛ）之弧。匪寇婚媾，往遇雨則吉。

象曰：遇雨之吉，群疑亡也。

〈白話〉

上九。乖離而孤獨，見到豬背上都是泥，載了一車的鬼。先張開弓，後來放下弓。不是強盜而是要來婚配的，前往遇到下雨就吉祥。

〈象傳〉說：遇到下雨的吉祥，是因為許多疑慮都消失了。

〈解讀〉

① 上九位居睽卦終點，充滿了乖離孤獨的心思，亦即犯了疑心病。它自

己在上卦離中，離為目，所以看見了它與下卦之間，橫著一個互坎（六三、九四、六五）。首先，坎為豕（豕為大豬），為溝瀆，豕在溝瀆中，所以負塗（背上是泥）。其次，坎為水，為正北方之卦，為萬物之所歸，而人之所歸為鬼；坎又為多眚輿，所以說「載鬼一車」。然後，坎為弓輪，六三前為互坎（六三、九四、六五），後為下卦兌，兌為毀折，所以說「先張後說（脫）」。最後，坎為盜，而上九下有六三陰陽正應，形成「匪寇婚媾」。六三在下卦兌中，兌為澤，當六三得到上九正應時，上升進入互坎，形成水，為雨，所以說「往遇雨則吉」。

② 程頤發揮此爻義理甚為生動，他說：「上之與三，雖為正應，然居睽極，无所不疑，其見三，如豕之污穢，而又背負泥塗，見其可惡之甚也。既惡之甚，則猜成其罪惡，如見載鬼滿一車也。鬼本无形，而見載之一車，言其以无為有，妄之極也……上之睽乖既極，三之所處者正理。大凡失道既極，則必反正理，故上於三始疑，而終必合也。」這段話描寫人與人之間猜疑之可怕，值得戒惕。

蹇：利西南，不利東北。利見大人，貞吉。

〈象〉曰：山上有水，蹇。君子以反身修德。

	上六：往蹇來碩，吉。利見大人。 〈象〉曰：往蹇來碩，志在內也；利見大人，以從貴也。
	九五：大蹇，朋來。 〈象〉曰：大蹇朋來，以中節也。
	六四：往蹇來連。 〈象〉曰：往蹇來連，當位實也。
	九三：往蹇來反。 〈象〉曰：往蹇來反，內喜之也。
	六二：王臣蹇蹇，匪躬之故。 〈象〉曰：王臣蹇蹇，終无尤也。
	初六：往蹇來譽。 〈象〉曰：往蹇來譽，宜待也。

䷦ 蹇（ㄐㄧㄢˇ）。利西南，不利東北。利見大人，貞吉。

〈白話〉

蹇卦。西南方有利，東北方不利。適宜見到大人，正固吉祥。

〈解讀〉

① 蹇卦是下艮上坎，亦即「水山蹇」。〈序卦〉說：「乖必有難，故受之以蹇。蹇者，難也。」在睽卦的乖離之後，一定會出現艱難險阻，這也正是蹇卦的用意。睽卦（䷥）與蹇卦（䷦）互為「變」卦，亦即六爻皆變。蹇卦的覆卦則是下一卦解卦（䷧）。六十四卦的順序，大體上是遵守「非覆即變」的規則。

② 處於蹇卦，適宜順守而不可冒進。西南為坤位，為和順大地；東北為艮位，為大山險阻。所以說「利西南，不利東北」。此時需要大人來救助天下的難局，亦即守正以待，所以說「貞吉」。

象曰：蹇，難也，險在前也。見險而能止，知矣哉。蹇利西南，往得中也；不利東北，其道窮也。利見大人，往有功也。當位貞吉，以正邦也。蹇之時用大矣哉。

〈白話〉

〈象傳〉說：蹇卦，就是困難，有危險在前面。看到危險而能停止，真是明智啊。蹇卦對西南方有利，是因為前往可以取得中位；對東北方不利，是因為道路困阻不通。適宜見到大人，是因為前往會有功勞。身當其位而正固吉祥，是為了導正邦國。蹇卦配合時勢的運用方式太偉大了。

〈解讀〉

① 蹇卦下艮上坎，坎為險，艮為止，上卦在前，下卦在後，所以說「險在前」以及「見險而能止」。能夠如此判斷並加以實踐，實為明智。在困難中，才可彰顯明智。六十四卦的〈象傳〉，只在此處出現「知矣哉」，提醒人們「見險而能止」的重要。

② 從「往得中也」一語，可知蹇卦由小過卦（☷，第六十二卦）變來，亦即小過卦的九四往上取得六五的位置，成為蹇卦（☷）的九五。至於「利西南」，還有另一種理解，就是小過卦的九四在互兌（九三、九四、六五）中，現在成為蹇卦的九五，在互離（九三、六四、九五）中；兌為西方之卦，離為南方之卦。合之則為「利西南」。並且，以柔弱和順而言，離為中女，兌為少女，皆易相處，可以容納蹇卦的難局。至於「不利東北」，則因為下卦艮為東北方之卦，艮為山，更增加了險阻之勢，所以說「其道窮也」。

③ 接著談到的「大人」、「當位」、「正邦」，都是針對九五而言。至於蹇卦的「時用」，則提醒人：唯有大的艱難考驗，才能造就非凡功業。

象曰：山上有水，蹇。君子以反身修德。

〈白話〉

〈象傳〉說：山上面有水，這就是蹇卦。君子由此領悟，要反省自己，修養德行。

〈解讀〉

① 蹇卦下艮上坎，坎為水，艮為山，就是「山上有水」。山已構成險阻，再加上水的陷阱，可見其崎嶇難行。

② 君子遇到困難，一定首先省察自己，看看困境是否由自己造成，或者思索如何化解難題。而根本做法則是「反身修德」。孟子說：「行有不得者，皆反求諸己，其身正而天下歸之。」（《孟子·離婁上》）又說：「仁者如射，射者正己而後發。發而不中，不怨勝己者，反求諸己而已矣。」（《孟子·公孫丑上》）

初六。往蹇來譽。
象曰：往蹇來譽，宜待也。

〈白話〉

初六。前往有險難，回來有稱譽。

〈象傳〉說：前往有險難，回來有稱譽，是因為應該等待。

〈解讀〉

① 初六為蹇卦剛剛形成之時，本身為陰爻屬柔，上無正應，並且一往上走就遇到互坎（六二、九三、六四），坎為險，所以說「往蹇」。

② 此時宜靜不宜動，上進是「往」，不進則是「來」；這是「宜待」的階段，初六能夠處時待機，所以說「來譽」。初六爻變，下卦為離，離為明，所以能夠明哲知幾。

六二。王臣蹇蹇，匪躬之故。
象曰：王臣蹇蹇，終无尤也。

〈白話〉

六二。君王的臣子遇到重重險難，不是為了自己的緣故。
〈象傳〉說：君王的臣子遇到重重險難，終究沒有責怪。

〈解讀〉

① 六二與九五正應，九五為君，六二為臣。六二往上一看，兩個互坎相連，一是（六二、九三、六四），二是（六四、九五、上六），所以說「蹇蹇」。

② 「匪」為非，「躬」為自己。六二不是為了自己而身陷險難，所以最後「无尤」。「无尤」是指不受別人責怪，也指自己沒有責怪。六二以陰爻居柔位，可謂居中守正，是任勞任怨的忠臣。

九三。往蹇來反。
象曰：往蹇來反，內喜之也。

〈白話〉

九三。前往有險難，又返回來。
〈象傳〉說：前往有險難，又返回來，是因為家內的人喜歡他。

〈解讀〉

① 九三以陽爻居剛位，處於可進可退之際。它有上六正應，所以有上進之心，但是，面臨的是上卦坎，坎為險，亦即「往蹇」，所以又返回來。

② 九三之「內」為初六與六二這兩個陰爻，有如家中臣妾。主人返回而家人歡迎，是「內喜之也」。九三爻變出現互艮，艮為止，也有互坤，坤為順，止而順，所以「喜」。

六四。往蹇來連。

象曰：往蹇來連，當位實也。

〈白話〉

六四。前往有險難，回來有連結。

〈象傳〉說：前往有險難，回來有連結，是因為位置恰當而實在。

〈解讀〉

① 六四在上卦坎中，同樣是「往蹇」；它回來所連結的是九三，充分顯示了蹇卦宜退不宜進的特色。六四爻變出現互巽，巽為繩為連結。

② 六四以陰爻居柔位，是「當位」；連結九三，則有後盾支持，是為「實」。

九五。大蹇，朋來。

象曰：大蹇朋來，以中節也。

〈白話〉

九五。在大的險難中，朋友來到。

〈象傳〉說：在大的險難中，朋友來到，是因為居中而有節度。

〈解讀〉

① 九五是小過卦（䷽）變為蹇卦（䷦）的關鍵，亦即「蹇利西南，往得中也」一語之所指。陽爻稱大，坎為勞卦，所以九五的處境稱為「大蹇」。

② 九五居中守節，所以「朋來」。「朋」指正應六二。六二在下卦艮中，艮為堅多節之木，所以特別提及「節」字。

上六。往蹇來碩，吉。利見大人。

象曰：往蹇來碩，志在內也；利見大人，以從貴也。

〈白話〉

上六。前往有險難，回來有豐收，吉祥。適宜見到大人。

〈象傳〉說：前往有險難，回來有豐收，是說心意在於內部；適宜見到大人，是指跟隨了貴人。

〈解讀〉

① 上六居蹇卦終位，本身就沒有去路，所以說「往蹇」；它若回來，則有九三正應，九三在下卦艮中，艮為果蓏，有如得到碩果而豐收。「碩」為大，所以是「吉」。「志在內也」的「內」，是指下卦而言，尤其是與其相應的九三。

② 在蹇卦中，九五居尊位，是「大人」也是「貴」。上六之「來」，正與九五相比，是為「從貴」，獲其支持，是為「利見大人」。

解:利西南。无所往,其來復吉。 有攸往,夙吉。

〈象〉曰:雷雨作,解。君子以赦過宥罪。

		上六:公用射隼於高墉之上,獲之无不利。 〈象〉曰:公用射隼,以解悖也。
		六五:君子維有解,吉,有孚於小人。 〈象〉曰:君子有解,小人退也。
		九四:解而拇,朋至斯孚。 〈象〉曰:解而拇,未當位也。
		六三:負且乘,致寇至,貞吝。 〈象〉曰:負且乘,亦可醜也;自我致戎,又誰咎也?
		九二:田獲三狐,得黃矢,貞吉。 〈象〉曰:九二貞吉,得中道也。
		初六:无咎。 〈象〉曰:剛柔之際,義无咎也。

䷧ 解。利西南。无所往,其來復吉。有攸往,夙吉。

〈白話〉

解卦。西南方有利。無所前往,那麼返回來就吉祥。有所前往,早些行動吉祥。

〈解讀〉

① 解卦是下坎上震,亦即「雷水解」。〈序卦〉說:「物不可以終難,故受之以解。解者,緩也。」解卦象徵化解險難,與蹇卦為正覆卦,所以卦辭要對照才可理解。

② 解卦之「利西南」,與蹇卦同,表示仍然適宜順守而不可冒進。當大

難緩解時，有兩種選擇：一是「无所往」，不採取任何行動；「其」為語詞，「復」為返，先固守陣地，休養生息，就可吉祥。二是「有攸往」，亦即仍須紓解患難，此時應該及早為之。「夙」為早，為速。這同樣也是「吉」。

象曰：解，險以動，動而免乎險，解。解利西南，往得眾也。無所往，其來復吉，乃得中也。有攸往夙吉，往有功也。天地解而雷雨作，雷雨作而百果草木皆甲坼（ㄔㄜˋ）。解之時大矣哉。

〈白話〉

〈象傳〉說：解卦，有危險而行動，一行動就脫離了危險，這就是解卦。解卦對西南方有利，前往可以得到眾人支持。無所前往，那麼返回來就吉祥，如此可以取得中位。有所前往而早些行動吉祥，是因為前往會有功勞。天地之氣化解開來，雷雨就會興起，雷雨興起則百果草木都破殼而出。解卦的時勢太偉大了。

〈解讀〉

① 解卦下坎上震，震為動，坎為陷，為險，內險而外動，所以說「險以動」；震動在外，則是「動而免乎險」。由「解利西南，往得眾也」一語，可知解卦與蹇卦相同，是由小過卦（☶，第六十二卦）變來，亦即小過卦的九四如果往上成為九五（因而形成蹇卦），則有如九五進入坤卦之中（上卦因而成為坎卦），坤為眾，所以說「往得眾也」。不過，這句話說明解卦的背景與蹇卦相同，並未指出解卦本身的具體作為。

② 解卦的具體作為有二：一是「无所往，其來復吉」，是說小過卦的九三來到九二的位置，形成了解卦（☳），對九三而言是「乃得中也」。二是「有攸往，夙吉」則是回應蹇卦象傳所說的「利見大人，往有功也」，所以關鍵在於「夙」字，早些行動就可以像前面的蹇卦一樣，「往有功也」。

③ 「天地解」是指小過卦中的天位（五、上）與地位（初、二）之間，
　有兩個陽爻相隔，互不往來；現在一變為解卦，則天地中的陰陽二氣
　交感流通，有雷雨之象。解卦下坎上震，震為雷，坎為水，為雨。雷
　雨大作，萬物復甦，百果草木皆「甲坼」。「甲」是種子外的殼，
　「坼」是裂開。解卦彰顯了時勢的重大意義。

象曰：雷雨作，解。君子以赦過宥（ーヌヽ）罪。

〈白話〉

〈象傳〉說：雷雨興起，這就是解卦。君子由此領悟，要赦免過錯，寬待
罪犯。

〈解讀〉

① 解卦下坎上震，震為雷，坎為雨，形成雷雨興起的現象。天地之間的
　陰陽之氣不再凍結，化解了困局，使萬物重獲生機。
② 「赦過宥罪」是給犯錯之人再生的機會，但是須以解卦的時勢為其前
　提。亦即，大難紓解之後，為之較宜。

初六。无咎。
象曰：剛柔之際，義无咎也。

〈白話〉

初六。沒有災難。
〈象傳〉說：處在剛柔交接的位置，理當沒有災難。

〈解讀〉

① 進入解卦，初六開始展現化解險難的效果，亦即「无咎」。
② 解卦（䷧）是小過卦（䷽）的九三變成九二，使初六有九二可以上
　承，並形成陰爻陽爻相接的局面，更何況初六還有九四為其正應。

九二。田獲三狐，得黃矢，貞吉。

象曰：九二貞吉，得中道也。

〈白話〉

九二。打獵抓到三隻狐狸，獲得黃色箭頭，正固吉祥。

〈象傳〉說：九二正固吉祥，是因為找到居中的路。

〈解讀〉

① 九二是小過卦的九三與六二換位所成。到了二位，則屬地，為田，亦即下田狩獵（田為獵）。古人以坎為狐（可參考未濟卦的卦辭與初六爻辭）。九二之換位，造成兩個坎（初六、九二、六三；六三、九四、六五），其中三個陰爻（初六、六三、六五）為「三狐」。坎為水為穴，水邊穴居者為狐，可參考未濟卦。

② 九二在下卦坎中，坎為弓輪；又在互離（九二、六三、九四）中，離為戈兵；合之則為「矢」；九二居下卦中位，黃為中色，所以說「得黃矢」。以上有獲有得，乃因九二居中，上有六五正應，加以上下兩個陰爻相從，所以「貞吉」。

六三。負且乘，致寇至，貞吝。

象曰：負且乘，亦可醜也；自我致戎，又誰咎也？

〈白話〉

六三。背著東西坐在車上，招來了強盜，一直如此會有困難。

〈象傳〉說：背著東西坐在車上，乃是難堪的舉動；自己招來了匪寇，又能怪罪誰呢？

〈解讀〉

① 六三是小過卦的六二與九三換位所成。在小過卦（☷），六二在下卦

艮中，艮為背，為負；現在變為解卦的六三，則形成下卦坎，坎為多眚輿，所以說「負且乘」。並且，坎為盜，所以說「致寇至」。

② 六三以陰爻居剛位，又與上六無應，維持如此則是「吝」。乘車還背著東西，不但樣子難看，也會引起強盜覬覦，出了狀況要怪誰呢？

③ 〈繫辭‧上〉引申此爻之意。孔子說：「作《易》者，其知盜乎？《易》曰：『負且乘，致寇至。』負也者，小人之事也；乘也者，君子之器也。小人而乘君子之器，盜思奪之矣。上慢下暴，盜思伐之矣。慢藏誨盜，冶容誨淫，《易》曰：『負且乘，致寇至。』盜之招也。」

九四。解而拇，朋至斯孚。
象曰：解而拇，未當位也。

〈白話〉

九四。解開你的腳拇趾，朋友來到才會有誠信。
〈象傳〉說：解開你的腳拇趾，是因為不在恰當的位置上。

〈解讀〉

① 九四已至上卦震，震為足，為行，應該採取具體的化解行動。對九四而言，正應的初六，在下而微，有如腳拇趾；初六又在下卦坎中，坎為陷，所以，只有「解而拇」，才可能大步前進。

② 「朋至斯孚」是假設狀況，其前提為「解而拇」。對九四而言，朋是上下兩個陰爻；唯有撇開初六，九四才能與六三、六五結伴，形成坎卦，坎為誠信有孚。以上這種複雜的處境，全都來自九四以陽爻居柔位，亦即「不當位」。

六五。君子維有解，吉，有孚於小人。

象曰：君子有解，小人退也。

〈白話〉

六五。君子來紓解，吉祥，對小人有誠信。

〈象傳〉說：君子來紓解，是因為小人退避了。

〈解讀〉

① 按《易經》慣例，陽爻為君子，陰爻為小人。本卦兩個陽爻皆與六五
  有關。九二與六五正應，九四又為六五所乘，這是「君子維有解」。
  「維」為語詞。

② 九二與九四都對六五有誠信，六五也將不再阻礙解卦的進展，是為
  「小人退也」。

上六。公用射隼（ㄓㄨㄣˇ）於高墉之上，獲之无不利。

象曰：公用射隼，以解悖也。

〈白話〉

上六。王公去射高牆上的鷙鷹，擒獲牠就無所不利。

〈象傳〉說：王公去射鷙鷹，是為了要解除悖亂。

〈解讀〉

① 上六居解卦終位，此時仍有未化解者，必是凶猛之小人（隼為猛
  禽），且盤旋於高位（高墉為高牆）。解決這樣的小人，也就是「解
  悖」，所以「獲之无不利」。上六在震卦，震為諸侯稱「公」。

② 由卦象看來，解卦由小過卦變來，小過卦（䷽）全卦橫著看，有如大
  鳥，可稱之為「隼」；卦中有互巽（六二、九三、九四），巽為繩
  直，為高，有城牆之象，上位最高，所以說「高墉」。現在變為解卦
  （䷧），上卦仍在，而上六以下出現互離（九二、六三、九四）與互

坎（六三、九四、六五），離坎合為弓箭。這一切正是「公用射隼於高墉之上」。

③〈繫辭·下〉談及此段爻辭，然後引述孔子說：「隼者，禽也；弓矢者，器也；射之者，人也。君子藏器於身，待時而動，何不利之有？動而不括，是以出而有獲，語成器而動者也。」君子要培養自己的能力，到「動而不括」（行動時無所約束，表示技巧純熟）的程度，然後再「待時而動」。

④ 損卦 ☶

損：有孚，元吉，无咎，可貞。利有攸往。曷之用？二簋可用享。

〈象〉曰：山下有澤，損。君子以懲忿窒欲。

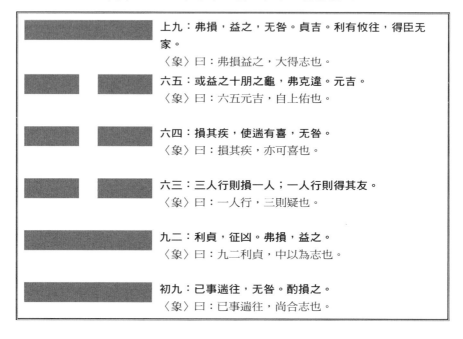

上九：弗損，益之，无咎。貞吉。利有攸往，得臣无家。
〈象〉曰：弗損益之，大得志也。

六五：或益之十朋之龜，弗克違。元吉。
〈象〉曰：六五元吉，自上佑也。

六四：損其疾，使遄有喜，无咎。
〈象〉曰：損其疾，亦可喜也。

六三：三人行則損一人；一人行則得其友。
〈象〉曰：一人行，三則疑也。

九二：利貞，征凶。弗損，益之。
〈象〉曰：九二利貞，中以為志也。

初九：已事遄往，无咎。酌損之。
〈象〉曰：已事遄往，尚合志也。

☶ 損。有孚，元吉，无咎，可貞。利有攸往。曷（ㄏㄜˊ）之用？二簋（ㄍㄨㄟˇ）可用享。

〈白話〉

損卦。有誠信，最為吉祥，沒有災難，可以正固。適宜有所前往。要使用什麼？二簋就可以用來獻祭。

〈解讀〉

① 損卦是下兌上艮，亦即「山澤損」。〈序卦〉說：「緩必有所失，故受之以損。」解卦在緩和了困難之後，一定會因鬆懈而造成損失，所

以接著出現了損卦。

② 損卦是損下益上，下為內，為己，上為外，為人。能做到損己利人，表示「有孚」，然後就「元吉，无咎」，並且「可貞」。以誠信態度與人交往，以己之能來幫助別人，所以說「利有攸往」。六十四卦在卦辭有「元吉」者二：損與鼎。

③ 「曷」為何，「曷之用」是問如何表現這種誠信。「二簋」是供品中最簡單的。「簋」為外圓內方的祭器，用以盛放黍稷稻粱。心中真誠而供品簡單，鬼神也會欣然接受。

④ 損卦是〈繫辭・下〉修德九卦之五，「損，德之修也」，修養德行必須做到損己利人。

象曰：損，損下益上，其道上行。損而有孚，元吉，无咎，可貞。利有攸往，曷之用？二簋可用享。二簋應有時，損剛益柔有時。損益盈虛，與時偕行。

〈白話〉

〈象傳〉說：損卦，減損下方而增益上方，它採取向上走的路。損卦有誠信，最為吉祥，沒有災難，可以正固。適宜有所前往，要使用什麼？二簋就可以用來獻祭。使用二簋獻祭應該配合時機，減損剛強者而增益柔順者，也要配合時機。減損與增益，滿盈與空虛，都是隨著時序而運行的。

〈解讀〉

① 由「損下益上」一語可知，損卦是泰卦（☷，第十一卦）所變，亦即泰卦的九三與上六換位。亦即下卦少一個陽爻而使上卦多一個陽爻，陽爻大陰爻小，所以是「損下益上」。若是損上益下，則是下一卦益卦了。為了益上，所以說「其道上行」。關鍵在於「損而有孚」一語，以減損來表示誠信，亦即肯定損己利人的美德效果。

② 一般用簋多用八、六，「二簋可用享」肯定真誠不可或缺，但並不表示繁複盛大的禮儀可以棄置。這要取決於時機。正如「損下益上」所

展現的「損剛益柔」，也須考量時機。萬物的消長，原本就是「與時偕行」，自然界的盈虛是自己如此，而人間的損益則要靠智慧了。

象曰：山下有澤，損。君子以懲忿窒欲。

〈白話〉

〈象傳〉說：山下有沼澤，這就是損卦。君子由此領悟，要戒惕憤怒，杜絕嗜欲。

〈解讀〉

① 損卦下兌上艮，艮為山，兌為澤，亦即「山下有澤」。澤水可以潤山；並且，澤越深，山就越顯得高。

② 君子由「損下益上」或「損己利人」，體認了修養的方法，就是「懲忿窒欲」。憤怒最易使人衝動，因而失去理性，做出各種後悔的事。孔子在學生請教「辨惑」時，特別指出：「一朝之忿，忘其身以及其親，非惑與？」（《論語·顏淵》）至於嗜欲，則是指出於個人私心的欲念，最易造成損人利己的言行。君子要杜絕的是這種欲，而不是其他正常的欲望。

初九。已事遄（ㄔㄨㄢˊ）往，无咎。酌損之。
象曰：已事遄往，尚合志也。

〈白話〉

初九。辦成了事就趕快前往，沒有災難。要酌量減損。
〈象傳〉說：辦成了事就趕快前往，是因為與上位者心意相合。

〈解讀〉

① 損卦是由泰卦（☷）的九三與上六換位而成。九三為損下益上的代表，現在成為上九。損卦辦成此事（已事），則其初九與九二不必再

損。初九在損卦之初，要做損下益上之事，必須「酌損之」，不可過度與過量。

② 初九的「遄往」（遄為速），是因為與六四陰陽正應，是「尚合志也」，所以「无咎」。

九二。利貞，征凶。弗損，益之。
象曰：九二利貞，中以為志也。

〈白話〉

九二。適宜正固，前進有凶禍。不要減損，就有增益。
〈象傳〉說：九二適宜正固，是因為以居中為其心意。

〈解讀〉

① 在損卦中，上九已經代表損下益上了，所以初九要「酌損」，九二要「弗損」。九二的「弗損」是說不要自損，如此才可上濟六五陰柔之君，亦即所益為六五。

② 九二既是弗損，自然不可前進，所以說「征凶」。反之，則是「利貞」，因為它得居中位，又有六五正應。

六三。三人行則損一人，一人行則得其友。
象曰：一人行，三則疑也。

〈白話〉

六三。三人一起行走就會減去一人，一人行走就會得到友伴。
〈象傳〉說：一人行走，因為三人會引起猜疑。

〈解讀〉

① 六三居上下卦之際，對於泰卦變為損卦有所觀察。泰卦（䷊）下乾上坤，皆為三個同性爻走在一起。一變而為損卦（䷨），就是新的局

面，亦即「三人行則損一人，一人行則得其友」。上九有六四、六五為友，六三有初九、九二為友。異性相處為「友」，同性則為「朋」。

② 「一人行，三則疑也。」此語顯示《易經》肯定陰陽二元相對相成的原理。〈繫辭‧下〉談到此爻，說：「天地絪縕，萬物化醇。男女構精，萬物化生。《易》曰：『三人行，則損一人，一人行則得其友。』言致一也。」陰陽會合是「二而一」的組合，此為萬物生成變遷的原則。

六四。損其疾，使遄有喜，无咎。
象曰：損其疾，亦可喜也。

〈白話〉

六四。減損他的疾病，讓他趕快有喜慶，沒有災難。
〈象傳〉說：減損他的疾病，也是值得歡喜的。

〈解讀〉

① 六四在互震（九二、六三、六四）中，震為決躁，引申為猶疑不定之疾。損卦為損下益上，六四陰爻居柔位，有待支援，在上卦中，等著下卦來增益，其「疾」可知。

② 六四有初九正應，可喜而无咎。初九的「遄往」，對六四則為「使遄有喜」。

六五。或益之十朋之龜，弗克違。元吉。
象曰：六五元吉，自上佑也。

〈白話〉

六五。有人增益他價值十朋的龜，不能拒絕。最為吉祥。
〈象傳〉說：六五最為吉祥，是因為從上位者得到保佑。

〈解讀〉

① 「朋」：古人以貝為貨幣，一串五貝，兩串為朋。「十朋之龜」為價值不菲的寶龜。由象上看，六五下有九二正應，上有上九可以相承，而從九二到上九形成一個大的離卦（☲），離為龜；六五又在互坤（六三、六四、六五）中，坤為地，而十為地數；並且這個互坤形同兩串貝，是為朋；所以說「十朋之龜」。

② 六五爻變，上卦為巽，巽為近利市三倍，所以得此寶物。六五的元吉，除了與九二陰陽正應之外，主要是有上九之損下益上，形成「自上佑之」的局面。

上九。弗損，益之，无咎。貞吉。利有攸往，得臣无家。
象曰：弗損益之，大得志也。

〈白話〉

上九。不是減損，而要增益，沒有災難。正固吉祥。適宜有所前往，得到臣民而沒有自己的家。
〈象傳〉說：不是減損而要增益，是為了充分實現自己的心意。

〈解讀〉

① 上九居損卦終位，表現了「損而益之」的風範。現在上卦為艮，艮為止，可以「弗損」，但依然「益之」。這是「大得志也」，所以「无咎」，「貞吉」。本卦三陽爻的〈象傳〉皆提及「志」，可見損剛益柔，損下益上之心意。

② 上九是從初九來到上位的，所以說它「利有攸往」。它位居上九，下臨互坤（六三、六四、六五），坤為眾，為臣民；它離開原先泰卦的下乾，等於離開自己的家；二者合起來就是「得臣无家」。

益：利有攸往，利涉大川。

〈象〉曰：風雷，益。君子以見善則遷，有過則改。

上九：莫益之，或擊之，立心勿恒，凶。
〈象〉曰：莫益之，偏辭也；或擊之，自外來也。

九五：有孚惠心，勿問元吉。有孚惠我德。
〈象〉曰：有孚惠心，勿問之矣。惠我德，大得志也。

六四：中行，告公從。利用為依遷國。
〈象〉曰：告公從，以益志也。

六三：益之用凶事，无咎。有孚中行，告公用圭。
〈象〉曰：益用凶事，固有之也。

六二：或益之十朋之龜，弗克違。永貞吉。王用享於帝，吉。
〈象〉曰：或益之，自外來也。

初九：利用為大作，元吉，无咎。
〈象〉曰：元吉无咎，下不厚事也。

䷩ 益。利有攸往，利涉大川。

〈白話〉

益卦。適宜有所前往，適宜渡過大河。

〈解讀〉

① 益卦是下震上巽，亦即「風雷益」。〈序卦〉說：「損而不已必益，故受之以益。」一直減損下去，接著一定要有所增益。益卦與損卦為正覆關係，亦即現在要損上益下了。下卦為內，為我，上卦為外，為彼，所以稱損上益下為益卦。

② 〈雜卦〉說：「損益，盛衰之始也。」損卦損下益上，有如損民利君，為衰退之始；益卦損上利下，則為興盛之始，因此，不但「利有攸往」，並且「利涉大川」。

③ 益卦為〈繫辭・下〉修德九卦之六，「益，德之裕也」，德行的充裕由本卦之損上益下可以驗證。

象曰：益，損上益下，民說（ㄩㄝˋ）无疆。自上下下，其道大光。利有攸往，中正有慶。利涉大川，木道乃行。益動而巽，日進无疆。天施地生，其益无方。凡益之道，與時偕行。

〈白話〉

〈象傳〉說：益卦，減損上方而增益下方，百姓的喜悅沒有止境。從上方來到下方之下，它的道德大放光明。適宜有所前往，如此則居中守正而有喜慶。適宜渡過大河，是因為木舟之道從此可以通行。益卦一行動就能順利，每日進步沒有止境。上天施化，大地生養，增益並沒有固定的方式。凡是增益的法則，都是隨著時序而運行的。

〈解讀〉

① 由「損上益下」一語可知，益卦是否卦（☶，第十二卦）所變成，亦即否卦的九四與初六換位，形成益卦（☴）。上為君，下為民，所以「自上下下」，是為「其道大光」，並且「民說（悅）无疆」。

② 此一行動，使九五、六二保持居中守正，相應有慶。至於「利涉大川」，則是因為益卦下震上巽，震為足，為行，而巽為木，木製之舟可行，是為「木道乃行」。並且，震為動，巽為順利，出現「日進无疆」的效果。「天施地生」，是說否卦九四來到初位，有如上天之施化；它使否卦原有的下坤往上走，有如大地之生長。天地的這種增益是「無方」的，沒有固定模式。它與損卦一樣，也須「與時偕行」。

象曰：風雷，益。君子以見善則遷，有過則改。

〈白話〉

〈象傳〉說：風與雷的組合，這就是益卦。君子由此領悟，看到善行就要跟著去做，自己有錯就要立即改正。

〈解讀〉

① 益卦下震上巽，巽為風，震為雷，是為「風雷益」。颶風時，雷鳴增其威力；打雷時，強風益其聲勢。兩者相得益彰。

② 君子的修養在於：取法別人的優點來增益自己的德行，察覺自己的過失就勇於改正，一益一損，實為兩益。遷善當如風之速，改過當如雷之勇。

初九。利用為大作，元吉，无咎。
象曰：元吉无咎，下不厚事也。

〈白話〉

初九。適宜用來推動大事，最為吉祥，沒有災難。
〈象傳〉說：最為吉祥而沒有災難，是因為下位者不必全力事奉上位者。

〈解讀〉

① 初九為成就益卦的主爻，是「損上益下」的具體作為者。初九為陽爻，陽爻為大，又在下卦震中，震為動，為行，所以說「利用為大作」。「作」是作為、興起。震為春天，宜稼穡，為農事之始。

② 在益卦中，初九能有作為，是以「元吉，无咎」，原因是下位者（初九）不必「厚事」上位者（六四），反而是六四要以陰從陽。

六二。或益之十朋之龜，弗克違。永貞吉，王用享於帝，吉。
象曰：或益之，自外來也。

〈白話〉

六二。有人增益他價值十朋的龜，不能拒絕。長久正固吉祥，君王用以祭獻上帝，吉祥。

〈象傳〉說：有人增益他，是從外部來的。

〈解讀〉

① 本爻爻辭前半段與損卦六五爻辭相同，可參考解說。只是大離改為從初九到九五（☲）。損卦的元吉是「自上佑也」，而益卦的永貞吉，則是「自外來也」，亦即初九是由外卦下來幫忙的。六二與九五陰陽正應，居中守正，所以「永貞吉」。

② 六二在下卦震中，震為諸侯，可以代行王事。益卦的精神為損上益下，由此正可以顯示九五天子之重用。並且，從初九到九五的大離卦，也是正反相對的一組震卦，震形如簋，二組一對，則為祭器。王之用享，至高對象為帝。本卦由「天施地生」而成，有九五、六二之中正，所以說「王用享於帝，吉」。

六三。益之用凶事，无咎。有孚中行，告公用圭（《ㄨㄟ）。
象曰：益用凶事，固有之也。

〈白話〉

六三。用增益之物救助災荒，沒有災難。有誠信而行中道，用珍圭告知王公。

〈象傳〉說：用增益之物救助災荒，這是本來就有的職責。

① 「凶事」為災荒，「圭」為珍圭。《周禮‧春官‧典瑞》說：「珍圭以征守，以恤凶荒。」六三以陰爻居剛位，又在下卦之終，遇見百姓受災，將會採取救助行動，發揮「損上益下」的效果。「固有之也」是指本來就有的職責，所以「无咎」。

② 六三之「有孚」，來自有上九正應；「中行」則是就全卦而言，三、四為中，並且，六三還居互坤（六二、六三、六四）之中位，坤為眾，六三得其中。「有孚中行」之作用，猶如「告公用圭」；圭為王命的驗證，而六三之所為有如用圭。六三在下卦震中，震為諸侯，稱公；而初九係由原先否卦（䷋）的九四下來，否卦上乾為玉，所以合之為「告公用圭」。

六四。中行，告公從，利用為依遷國。
象曰：告公從，以益志也。

〈白話〉

六四。行中道，告知王公跟從，適宜用來做依靠而遷移國都。
〈象傳〉說：告知王公跟從，是要增強自己的心意。

〈解讀〉

① 六四與六三一樣，表現了「中行」，那麼它如何益下呢？它的正應是初九，初九在下卦震，震為諸侯，稱公；並且，六四又在上卦巽，巽為隨順；合之則為「告公從」，亦即告知王公而且跟從。

② 六四到了上卦，又在互坤（六二、六三、六四），坤為地，為眾，引申為國；它所依的是九五，所以說「利用為依遷國」。國指國都。至於六四的「志」，則是全卦所標榜的「損上益下」。古代常有遷都之事，目的是為了百姓的安全與福祉。六四在巽卦，巽為繩直，引申為工匠；又在互艮，艮為門闕，引申為宮室；合之則為遷造宮室，有「遷國」之象。

九五。有孚惠心，勿問元吉。有孚惠我德。

象曰：有孚惠心，勿問之矣。惠我德，大得志也。

〈白話〉

九五。有真誠施惠之心，不必占問也最為吉祥。實實在在感念我的恩德。

〈象傳〉說：有真誠施惠之心，就不必再去占問了。感念我的恩德，是充分實現了我的心意。

〈解讀〉

① 九五居中守正，又有六二正應，並且處於益卦，志在造福百姓，所以說它「有孚惠心」。九五又在大離卦（☲）的上位，離為龜，可占卜，但是此事不必占問也「元吉」。九五在巽卦，巽為風為命令，但又在互艮，艮為止；合之則為「勿問」。

② 「惠心」的「惠」是指天子的施惠之心；「惠我德」的「惠」是指天子施惠之後百姓懷惠。九五居互坤（六二、六三、六四）之上，坤為眾，有萬民感念而擁戴之象。對天子而言，為「大得志也」。

上九。莫益之，或擊之。立心勿恆，凶。

象曰：莫益之，偏辭也；或擊之，自外來也。

〈白話〉

上九。沒有人來增益他，卻有人來打擊他。所立定的心思無法長期守住，有凶禍。

〈象傳〉說：沒有人來增益他，是因為說的是普遍情況；有人來打擊他，是因為要從外卦下來了。

〈解讀〉

① 上九居益卦終位，本身應該有「損上益下」的表現，所以此時「莫益之」，這也是「偏辭也」。「偏」字本來是「徧」，到了上位而沒有

助益，這在任何一卦都是普遍的情況。上九在巽卦，巽為不定；爻變為坎，坎為加憂；合之則為「立心勿恆」。若無法保持「益下」的心思，則為「凶」。

② 〈繫辭·下〉有一段相關資料。子曰：「君子安其身而後動，易其心而後語，定其交而後求。君子修此三者，故全也。危以動，則民不與也；懼以語，則民不應也；无交而求，則民不與也。莫之與，則傷之者至矣。《易》曰：『莫益之，或擊之，立心勿恆，凶。』」沒有長期照顧百姓，最後怎能獲得擁戴？

夬：揚於王庭。孚號有厲。告自邑，不利即戎，利有攸往。

〈象〉曰：澤上於天，夬。君子以施祿及下，居德則忌。

上六：无號，終有凶。

〈象〉曰：无號之凶，終不可長也。

九五：莧陸夬夬，中行无咎。

〈象〉曰：中行无咎，中未光也。

九四：臀无膚，其行次且。牽羊悔亡，聞言不信。

〈象〉曰：其行次且，位不當也；聞言不信，聰不明也。

九三：壯於頄，有凶。君子夬夬獨行，遇雨若濡，有慍，无咎。

〈象〉曰：君子夬夬，終无咎也。

九二：惕號，莫夜有戎，勿恤。

〈象〉曰：有戎勿恤，得中道也。

初九：壯於前趾，往不勝為咎。

〈象〉曰：不勝而往，咎也。

䷪ 夬（《ㄨㄞˋ）。揚於王庭。孚號有厲。告自邑，不利即戎，利有攸往。

〈白話〉

夬卦。在君王朝廷上顯揚出來。有誠信而呼號有危險。從封邑前來告知，不適宜出兵作戰，適宜有所前往。

〈解讀〉

① 夬卦是下乾上兌，亦即「澤天夬」。〈序卦〉說：「益而不已必決，故受之以夬。夬者，決也。」一直增益下去，最後一定會潰決。

② 夬卦是五陽一陰的格局，是由大壯卦（䷡，第三十四卦）再往上增加一陽所形成。其覆卦為姤卦（䷫，第四十四卦）。全卦由上六取象。上六位居九五之上，九五為王者，所以說「揚於王庭」。它受到九五信賴，但已知處境危險而呼號，上六在上卦兌的上部，兌為口，所以說「孚號有厲」。

③ 夬卦是十二消息卦之一，在時序為農曆三月，是由復卦（䷗，第二十四卦），往上到泰卦（䷊，第十二卦），再陸續發展而成。泰卦上坤，坤為邑，現在只剩上六一個陰爻，所以說「告自邑」。此時「不利即戎」，「即」為從、就，「戎」為武力、作戰。上六已無憑藉，眼見大勢已去，不如順勢前往，也就是「不利即戎，利有攸往」。

象曰：夬，決也，剛決柔也。健而說，決而和。揚於王庭，柔乘五剛也。孚號有厲，其危乃光也。告自邑，不利即戎，所尚乃窮也。利有攸往，剛長乃終也。

〈白話〉

〈象傳〉說：夬卦，是決斷的意思，剛強者要決斷柔順者。剛健而喜悅，決斷而溫和。在君王朝廷上顯揚出來，是因為柔順者凌駕在五個剛強者之上。有誠信而呼號有危險，它的危險才會廣傳出去。從封邑前來告知，不適宜出兵作戰，是因為往上走沒有去路。適宜有所前往，是因為剛強者成長到最後就會終止。

〈解讀〉

① 夬卦五個陽爻在下，上行趨勢很明顯，是為「剛決柔也」。下乾上兌，乾為健，兌為悅，是為「健而說」，如此決斷才不會太過剛猛，所以說「決而和」。一個陰爻處在五個陽爻之上，正是「揚於王庭」。但是上六必須居安思危，認清形勢，「其危乃光」，光是廣的意思。

② 上六的宿命是「所尚乃窮」，高處不勝寒。不過，換個角度來看，只

要放開這一步，全部讓給陽爻，陽爻也將盛極而衰，然後陰爻得到置之死地而後生的機會。

③ 在解釋本卦各爻時，仍以上六為主。王弼在《周易略例》中說：「夫少者，多之所貴也；寡者，眾之所宗也。一卦五陽而一陰，則一陰為之主矣。」

象曰：澤上於天，夬。君子以施祿及下，居德則忌。

〈白話〉

〈象傳〉說：沼澤到了天的上方，這就是夬卦。君子由此領悟，要分配利祿給下屬，並以自居有德為忌諱。

〈解讀〉

① 夬卦下乾上兌，兌為澤，乾為天，亦即「澤上於天」。沼澤到了天之上，水將循決口而下注。這是夬卦的取象。

② 君子見到澤水潤下以及澤高必決，所領悟的是「施祿及下」以及「居德則忌」。由此可知，修養必須兼顧客觀行動與主觀心態。若是自居有德，則施祿成了獵取聲名的手段，還談什麼修養呢？

初九。壯於前趾，往不勝為咎。
象曰：不勝而往，咎也。

〈白話〉

初九。前進的腳趾壯健，前往而不能勝任，就是災難。
〈象傳〉說：不能勝任而前往，這就是災難。

〈解讀〉

① 夬卦是大壯卦（䷡）的進一步發展，大壯卦的初九是「壯於趾，征凶」。到了夬卦初九則是「壯於前趾」，因為陽爻又往前推進了。

② 初九以陽爻居剛位，動向較強，但是上臨四個陽爻，實在無力可施；並且初九與九四無應，表示無功而返。初九爻變，下卦為巽，巽為不定，「往不勝」的結果是注定的，而這就是「咎」了。咎為災難或過失。輕者為過失，重者為災難。

九二。惕號，莫（ㄇㄨˋ）夜有戎，勿恤。
象曰：有戎勿恤，得中道也。

〈白話〉

九二。戒惕而有呼號，夜晚會出現兵寇，不必擔憂。
〈象傳〉說：出現兵寇而不必擔憂，是因為取得居中的路。

〈解讀〉

① 九二爻變，下卦為離並出現互巽，離為戈兵，巽為風為號，二者合之則是有戎而須惕。同時，離為日，但上卦兌為西山，日在西山之下為暮夜。
② 九二以陽爻居柔位，陽剛之氣稍減；並且居中而行，不致過分。所以說它「有戎勿恤」。

九三。壯於頄（ㄎㄨㄟˊ），有凶。君子夬夬獨行，遇雨若濡，有慍，无咎。
象曰：君子夬夬，終无咎也。

〈白話〉

九三。顴骨壯健，會出現凶禍。君子果敢決斷而獨自前行，遇雨打濕衣服，有怒氣，但沒有災難。
〈象傳〉說：君子果敢決斷，最終沒有災難。

〈解讀〉

① 「頄」為臉頰上的顴骨。九三居下卦乾,乾為首;九三往上也是互乾,因此可以取象為「壯於頄」。九三以陽爻居剛位,剛猛的樣貌可以想見,但是往上也是互乾,未必可以施展得開,反而可能「有凶」。

② 九三居下卦乾之上位,是夬卦中必須決斷的位置,所以說「君子夬夬」。「獨行」是說它在上下五個陽爻之中,獨自與上六陰陽正應,離群而往。陰陽二氣相感則可說「雨」,並且上六在上卦兌中,兌為澤,澤在上則成雨。「遇雨,若濡」,「若」為而。「有慍」是因為既要「夬夬」,又會受牽連而「若濡」。乾為衣,所以說「若濡」;爻變出現互離,離為火,所以說「有慍」。兩相權衡,不可莽撞而行,所以「終无咎也」。

九四。臀无膚,其行次(ㄗ)且(ㄐㄩ)。牽羊悔亡,聞言不信。
象曰:其行次且,位不當也;聞言不信,聰不明也。

〈白話〉

九四。臀部沒有皮膚,行走十分艱難。牽羊而進,懊惱就會消失,但是聽到這話卻不相信。
〈象傳〉說:行走十分艱難,是因為位置不恰當;聽到這話卻不相信,是因為耳朵聽不清楚。

〈解讀〉

① 以九四為臀,是又恢復了由全卦取象;九四以陽爻居柔位,不得安坐,所以說「臀无膚」。爻變則生坎與互離,有水有火,如何順利前進?「次且」為趑趄,行走難以前進的樣子。這些都是因為九四下無正應,所處的位置又不恰當。

② 九四已至上卦兌,兌為羊;九四只要像羊一樣被牽著走,就可以「悔亡」。兌為毀折,九四爻變,上卦為坎,坎為耳,所以「聞言不

信」，原因是「聰不明也」。上卦兌的關鍵是上六，九三與上六正應，九五與上六相比，只有九四夾在中間卻無所攀緣，所以變成「聰不明」。

九五。莧（ㄏㄨㄢˊ）陸夬夬，中行无咎。
象曰：中行无咎，中未光也。

〈白話〉

九五。山羊果敢決斷的樣子，居中而行沒有災難。

〈象傳〉說：居中而行沒有災難，是因為中道尚未光大。

〈解讀〉

① 「莧陸」為細角山羊，這是取自上卦兌為羊。「夬夬」一詞在九三也曾出現，亦即九三與上六相應，而九五與上六相比，可見本卦中，凡與上六有關者，都需要「夬夬」。這代表陽爻對陰爻的最後決斷所應採取的態度。不過，由於卦辭的原則是「決而和」，所以九三懸崖勒馬，「終无咎也」；而九五則居中而行，也可以「无咎」。

② 九五「中行」，為何只能做到「无咎」？原因是夬卦的方向是「剛決柔」，九五居尊位而不能達成此一任務，所以說它「中未光也」。

上六。无號，終有凶。
象曰：无號之凶，終不可長也。

〈白話〉

上六。不用呼號，最終會有凶禍。

〈象傳〉說：不用呼號而有凶禍，是因為最終的結束不會長久。

〈解讀〉

① 上六處在全卦終位，是「剛決柔」的柔，其命運早已注定。此時呼號亦無用。上六在上卦兌中，兌為口，所以說「號」。

② 被決而去，當然是「凶」，這是處在終位所不可避免的，亦即「終不可長也」。

⑭ 姤卦 ☴

姤：女壯，勿用取女。

〈象〉曰：天下有風，姤。后以施命誥四方。

上九：姤其角，吝，无咎。
〈象〉曰：姤其角，上窮吝也。

九五：以杞包瓜，含章，有隕自天。
〈象〉曰：九五含章，中正也；有隕自天，志不舍命也。

九四：包无魚，起凶。
〈象〉曰：无魚之凶，遠民也。

九三：臀无膚，其行次且，厲，无大咎。
〈象〉曰：其行次且，行未牽也。

九二：包有魚，无咎，不利賓。
〈象〉曰：包有魚，義不及賓也。

初六：繫于金柅，貞吉。有攸往，見凶。羸豕孚蹢躅。
〈象〉曰：繫于金柅，柔道牽也。

☴ 姤（《ㄡˋ）。女壯，勿用取女。

〈白話〉

姤卦。女子強壯，不要娶這樣的女子。

〈解讀〉

① 姤卦是下巽上乾，亦即「天風姤」。〈序卦〉說：「決必有遇，故受
之以姤。姤者，遇也。」決斷而去之後，一定會有遇合，所以接著出
現姤卦。姤卦是夬卦的覆卦，並且是由乾卦（☰，第一卦）演變而
來。「姤」亦作「遘」。

② 姤卦在時序為夏曆五月。一個陰爻之上有五個陽爻，以一敵五而有上進之能；亦即，姤卦在十二消息卦之中，後續發展是陰爻從下往上逐步增加。所以雖然只有一個陰爻，卻是「女壯」。古人的觀念以為，娶妻以溫和柔順為其考量，所以說「勿用取女」。

彖曰：姤，遇也，柔遇剛也。勿用取女，不可與長也。天地相遇，品物咸章也。剛遇中正，天下大行也。姤之時義大矣哉。

〈白話〉
〈彖傳〉說：姤卦，就是指相遇，是柔順者遇到剛強者。不要娶這樣的女子，是因為無法與她一起成長。天與地二氣相遇，各類事物都彰顯生機。剛強者遇到居中守正的機會，天下一切順利進展。姤卦的時勢意義太偉大了。

〈解讀〉
① 乾卦六爻皆陽，現在出現新的變化，從底部生出一個陰爻，形成「柔遇剛」的情況。這個陰爻逆勢上揚，生命力非常旺盛，奈何陰長則陽消，兩者無法一起成長。
② 在自然界，天地的陰陽二氣必須相遇交感，才能造成「品物咸章」的榮景。在人間，九五與九二皆能居中，可以維持正道，使一切順利進行。本卦下巽上乾，乾為君子，巽為隨順，表示君子之道可以順利施展。把握住姤卦所顯示的遇合與機遇，實在非常重要。

象曰：天下有風，姤。后以施命誥四方。

〈白話〉
〈象傳〉說：天下有風在吹，這就是姤卦。君王由此領悟，要發布命令，詔告四方。

① 姤卦下巽上乾，乾為天，為君王，巽為風，有如以風來傳布君王的詔
　命。六十四卦的〈象傳〉稱后者，僅泰與姤二卦。

② 「后」指君王。程頤說：「諸象或稱先王，或稱后，或稱君子、大
　人。稱先王者，先王所以立法制、建國、作樂、省方、敕法、閉關、
　育物、享帝皆是也。稱后者，后王之所為也，財成天地之道，施命誥
　四方是也。君子則上下之通稱，大人者王公之通稱。」〈象傳〉的四
　種稱呼，大致用法如上。

初六。繫於金柅（ㄋㄧˇ），貞吉。有攸往，見凶。贏（ㄌㄟˊ）豕孚
蹢（ㄓˊ）躅（ㄓㄨˊ）。

象曰：繫於金柅，柔道牽也。

〈白話〉

初六。捆綁在繅車的金屬橫梘上，正固吉祥。有所前往，會見到凶禍。拴
縛住的豬確實在跳動掙扎。

〈象傳〉說：捆綁在繅車的金屬橫梘上，是要把柔順者的路牽制住。

〈解讀〉

① 「金柅」的「柅」是車下止動之木，有如煞車器。以「金」稱之，是
　因為初六上臨乾卦，乾為金。初六又在下卦巽中，巽為繩，所以說
　「繫於金柅」。初六以陰爻居剛位，有動向，但是往上發展將危及陽
　爻，所以說「見凶」。反之，則為「貞吉」。這是要牽制「柔道」。
　《易經》雖主陰陽相濟，但是重陽輕陰，或者重君子輕小人，仍為其
　基本立場。

② 「贏」為縲，為拴縛，「豕」為豬。《易經》也以羊代表陽爻，並以
　豬代表陰爻。「孚」為信實，有確實之意。「蹢躅」則來自初六在下
　卦巽中，巽為股，為進退，有跳動掙扎之象。姤卦卦辭所謂的「女
　壯」，在此可見其貌。

九二。包有魚，无咎，不利賓。

象曰：包有魚，義不及賓也。

〈白話〉

九二。包裹中有魚，沒有災難，不適宜招待賓客。

〈象傳〉說：包裹中有魚，理當分配不到賓客。

〈解讀〉

① 古人見面送禮，用布包裹，魚與豚為薄禮，但亦表示誠意。九二在下卦巽中，巽為木，為白，引申為白茅，可以墊在地上，也可以包物。此外，全卦中間各爻亦可稱「包」。對九二而言，「魚」指初六，所以說「包有魚」。《易經》另有兩處提到「魚」，亦即剝卦（☷，第二十三卦）六五「貫魚以宮人寵」，與中孚卦（☲，第六十一卦）卦辭「豚魚吉」，魚所指的都是陰爻。由於「包有魚」，所以九二以陽爻居柔位，依然可以「无咎」。

② 「賓」是指九四，因為九四與初六正應，現在卻被九二從中攔截。九二爻變，下卦為艮，艮為止，使九四成為「包无魚」，也成為九二之「賓」了。在姤卦中，以遇為優先，所以九二捷足先登。

九三。臀无膚，其行次（ㄗ）且（ㄐㄩ）。厲，无大咎。

象曰：其行次且，行未牽也。

〈白話〉

九三。臀部沒有皮膚，行走十分艱難。有危險，但沒有大災難。

〈象傳〉說：行走十分艱難，是因為行走沒有牽引的力量。

〈解讀〉

① 九三爻辭前半段，與夬卦九四爻辭前半段相同。這是覆卦可能出現的情況。九三在下卦巽中，巽為股，所以說「臀」。以陽爻居剛位，有

動向，但是上無正應，不安又動彈不得，是為「无膚」。九三爻變，下卦成坎，坎為險，所以「其行次且」。既然行動遲緩不決，所以「厲，无大咎」。

② 姤卦九三與夬卦九四之異，在於後者已入上卦兌中，兌為羊，所以可以「牽羊悔亡」。但是，姤卦九三空有陽剛之力，卻「行未牽也」，所以必須稍安勿躁。

九四。包无魚，起凶。
象曰：无魚之凶，遠民也。

〈白話〉

九四。包裹中沒有魚，發起行動會有凶禍。
〈象傳〉說：沒有魚的凶禍，是因為遠離了百姓。

〈解讀〉

① 九四在全卦中間，可以對下爻稱「包」，所包者為初六。但是初六已被九二所遇，並為九二所包，以致九四「包无魚」。

② 九四以陽爻居柔位，自身在上卦乾中，又在互乾（九二、九三、九四）中，其強勁動力可想而知。此時若是「起」（開始、奮起），則「凶」。九四所遠之民，正是初六。往上發展，對全卦而言，對陽爻而言，皆大為不利。

九五。以杞（ㄑㄧˇ）包瓜，含章，有隕（ㄩㄣˇ）自天。
象曰：九五含章，中正也；有隕自天，志不舍命也。

〈白話〉

九五。用杞樹葉子包起瓜果，其內含藏文采，從天上掉落下來。
〈象傳〉說：九五含藏文采，是因為居中守正；從天上掉落下來，是因為心意在於不放棄使命。

〈解讀〉

① 九五居君位，可以籠罩全卦。「杞」為樹高葉大的植物，取象於下卦巽，巽為木，為高。「瓜」為圓形，而乾為圓。取象關鍵在於「有隕自天」：九五居天位，但是顧及全卦的發展，乃自天隕落，採取「以杞包瓜」的低姿勢，從而做到了「含章」。

② 九五爻變，上卦成離，為文采，又有互兌，兌為口，所以說「含章」，這是因為居中守正；而其目的則是穩住大局，以免陰爻繼續上行。這種「志不舍命」的表現，在《易經》是認為合乎時宜的。

上九。姤其角，吝，无咎。

象曰：姤其角，上窮吝也。

〈白話〉

上九。遇到頭上的角，有困難，沒有災難。

〈象傳〉說：遇到頭上的角，是因為處在上位，沒有去路而出現困難。

〈解讀〉

① 姤卦上卦為乾，乾為首，上九位居上卦終位，有如頭上之角。上九走到這一步，下一步則是退出全局，所以說它「窮吝也」。

② 上九的「无咎」，是由於九五與九二都在中位，還沒有立即的災難。

萃：亨，王假有廟。利見大人，亨，利貞。用大牲吉。利有攸往。

〈象〉曰：澤上於地，萃。君子以除戎器，戒不虞。

	上六：齎咨涕洟，无咎。
	〈象〉曰：齎咨涕洟，未安上也。
	九五：萃有位，无咎。匪孚，元永貞，悔亡。
	〈象〉曰：萃有位，志未光也。
	九四：大吉，无咎。
	〈象〉曰：大吉无咎，位不當也。
	六三：萃如，嗟如，无攸利。往无咎，小吝。
	〈象〉曰：往无咎，上巽也。
	六二：引吉，无咎，孚乃利用禴。
	〈象〉曰：引吉无咎，中未變也。
	初六：有孚不終，乃亂乃萃。若號，一握為笑。勿恤，往无咎。
	〈象〉曰：乃亂乃萃，其志亂也。

䷬ 萃。亨，王假（ㄍㄜ∨）有廟。利見大人，亨，利貞。用大牲吉，利有攸往。

〈白話〉

萃卦。要祭獻，君王來到宗廟。適宜見到大人，通達，適宜正固。用大牲去祭祀，吉祥。適宜有所前往。

〈解讀〉

① 萃卦是下坤上兌，亦即「澤地萃」。〈序卦〉說：「物相遇而後聚，故受之以萃。萃者，聚也。」相遇之後，才有聚集、聚合。古人聚

集，以宗廟祭祀最為隆重，這是信仰的核心，可以主導政治、社會與日常生活。六十四卦中，卦辭說到「王假有廟」的只有萃卦與渙卦（☴，第五十九卦）。萃為聚，渙為散，人群聚散之時最需要宗教力量的安頓與提升。

② 卦辭出現兩個「亨」字，第一個「亨」字為享，為祭獻之意；「王假有廟」，「假」為至，「有」為語詞。「利見大人」是因為九五與六二皆為居中守正。「大牲」是指以牛為犧牲。萃卦下坤上兌，兌為口，有享用之意，坤為牛，合之則為「用大牲」。

③ 萃卦由小過卦（☳，第六十二卦）變成，亦即小過卦的九三與六五換位，成為萃卦（☱）的九五，如此則可合乎「利見大人」與「利有攸往」兩項條件。萃卦的覆卦為下一卦升卦（☷）。

象曰：萃，聚也。順以說，剛中而應，故聚也。王假有廟，致孝享也。利見大人亨，聚以正也。用大牲吉，利有攸往，順天命也。觀其所聚，而天地萬物之情可見矣。

〈白話〉

〈象傳〉說：萃卦，就是聚集的意思。順從並且喜悅，剛強者居中而有應合，所以聚集起來。君王來到宗廟，是要盡孝心祭祀祖先。適宜見到大人而通達，是因為以正道來聚集。用大牲去祭祀吉祥，並且適宜有所前往，是因為順應天命。觀察它如何聚集，就可以見到天地萬物的真實情況了。

〈解讀〉

① 萃卦下坤上兌，兌為悅，坤為順，下民順從而君上喜悅；九五為剛爻居中，六二以陰爻正應，所以可以聚合。本卦的特色是六爻皆有「无咎」一詞。

② 「致孝享也」一語，表示卦辭的第一個「亨」字為享，祭享之意。宗廟祭祀為聚集民眾的正當方式，只要上溯祖先，就容易化解現實的利害與紛爭。「順天命也」一語，表示人間有「天賦的使命」，既要安

頓秩序，顯揚中正之德，也須敬奉祖先，做到慎終追遠。從象上說，「順天命也」可以針對九五而言，因為九五居天位，又在互巽（六三、九四、九五）中，巽為風，引申為命令，下卦坤為順，由此合成「順天命」。這個「天命」，與孔子所謂的「五十而知天命」（《論語‧為政》）以及君子「畏天命」（《論語‧季氏》），可以對照思考。

象曰：澤上於地，萃。君子以除戎器，戒不虞。

〈白話〉

〈象傳〉說：沼澤高出大地之上，這就是萃卦。君子由此領悟，要修治兵器，警戒意外狀況。

〈解讀〉

① 萃卦下坤上兌，兌為澤，坤為地，所以說「澤上於地」。澤水匯聚而高出地面，確實表現出聚集的大觀，但是同時也有氾濫的危險。

② 「除」為修治，「不虞」為意外、不測之事。人群聚居之後，難免出現競爭、鬥爭、戰爭，所以要預作防備。萃為聚，然物有聚而不散者乎？

初六。有孚不終，乃亂乃萃。若號，一握為笑。勿恤，往无咎。
象曰：乃亂乃萃，其志亂也。

〈白話〉

初六。有誠信而不能堅持到底，於是散亂於是聚集。如果號哭，一握手就笑了。不必擔憂，前往沒有災難。

〈象傳〉說：於是散亂於是聚集，是因為心意混亂。

〈解讀〉

① 初六與九四正應，是為「有孚」；但是處在萃卦，它所要前往靠攏的對象是九五，因為九五不僅中正，並且是小過卦九三上行所成，為本卦主爻。「不終」意在於此。

② 初六的心意混亂，亦即「其志亂也」，才會對九四「乃亂」，然後對九五「乃萃」。它若追隨九四，則以九四為中位而形成互巽（六三、九四、九五），巽為風，引申為號哭；它若跟從九五，則以九五為中位就是上卦兌，兌為悅，引申為笑；然後，初六與九五之間有一個互艮（六二、六三、九四），艮為手，可以握，合而言之，則是「若號，一握為笑」。最後，既然決定跟從九五，就「勿恤」，並且「往无咎」了。

六二。引吉，无咎，孚乃利用禴（ㄩㄝˋ）。
象曰：引吉无咎，中未變也。

〈白話〉

六二。牽引到吉祥，沒有災難。有誠信，所以適宜舉行禴祭。
〈象傳〉說：牽引到吉祥而沒有災難，是因為居中的位置沒有改變。

〈解讀〉

① 六二的「引吉」，顯然要依靠九五。九五由小過卦的九三所成，九五之成，使六二得到陰陽正應，中間的互艮為手，所以說「引吉」。至於「无咎」，則是六二自己一直守在下卦中位，「中未變也」。

② 「孚」指六二與九五正應。「禴」同礿，為古代君王春天舉行的宗廟之祭。《禮記・王制》說：「天子諸侯宗廟之祭，春曰礿，夏曰禘，秋曰嘗，冬曰烝。」禴是用蔬菜做祭品的薄祭，以此表示誠意。

③ 六二有孚，可以舉行禴祭。這一點在取象上，還是要依九五而論。小過卦（䷽）的九三上到九五，取了君位，而小過卦的上卦原為震，震為東方之卦，代表春季；如此則九五以君位而行春祭，是為禴祭。

六三。萃如，嗟如，无攸利。往无咎，小吝。
象曰：往无咎，上巽也。

〈白話〉

六三。聚集的樣子，嘆息的樣子，沒有任何適宜的事。前往沒有災難，但有小的困難。

〈象傳〉說：前往沒有災難，是因為上位者隨順。

〈解讀〉

① 六三在下卦坤中，三個陰爻並列，是為「萃如」，但是初六與六二在上卦皆有正應，只有六三無應，所以「嗟如」，甚至「无攸利」。

② 六三在互卦巽（六三、九四、九五）中，巽為風，為隨順。六三往上相聚即為巽，所以說「上巽也」。

九四。大吉，无咎。
象曰：大吉无咎，位不當也。

〈白話〉

九四。非常吉祥，沒有災難。

〈象傳〉說：非常吉祥而沒有災難，是因為位置不恰當。

〈解讀〉

① 九四下臨坤卦，坤為眾。眾人聚合支持九四，所以說「大吉」。

② 九四陽爻居柔位，不中不正，即使廣受愛戴，也只能做到「无咎」。

九五。萃有位，无咎。匪孚，元永貞，悔亡。
象曰：萃有位，志未光也。

〈白話〉

九五。聚眾而擁有君位，沒有災難。缺少誠信，開始恆守正固，懊惱就會消失。

〈象傳〉說：聚眾而擁有君位，是因為心意尚未廣布。

〈解讀〉

① 九五居中守正，下有六二正應，是為「萃有位」。但是它與下卦坤之間，隔了一個九四，九四在互艮（六二、六三、九四）中，艮為止。如此則使九五對百姓而言「匪（非）孚」，誠信有所不足。

② 「元」為始，「永」為恆，「貞」為正固。「元永貞」而只能做到「悔亡」。這一切都可以歸因於九五「志未光也」。

上六。齎（ㄐㄧ）咨（ㄗ）涕洟，无咎。
象曰：齎咨涕洟，未安上也。

〈白話〉

上六。悲傷嘆息而淚涕滿面，沒有災難。

〈象傳〉說：悲傷嘆息而淚涕滿面，是因為未能安居上位。

〈解讀〉

① 「齎咨」為咨嗟，為悲傷嘆息；「涕洟」為眼淚鼻涕並流。上六下無正應，孤立無援；下乘九五，不安又不順；眼見大家聚合而自己落單，所以「齎咨涕洟」。由象上看，上六在上卦兌中，兌為澤，為口，合之則為聲淚俱下之貌。

② 上六明白自身處境極為艱難，是為「未安上也」。正是因為它的反應顯示了有心相聚而無法如願，所以可以「无咎」。

升：元亨，用見大人，勿恤，南征吉。

〈象〉曰：地中生木，升。君子以順德，積小以高大。

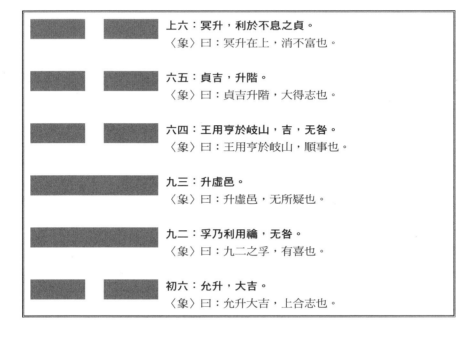

上六：冥升，利於不息之貞。
　〈象〉曰：冥升在上，消不富也。

六五：貞吉，升階。
　〈象〉曰：貞吉升階，大得志也。

六四：王用亨於岐山，吉，无咎。
　〈象〉曰：王用亨於岐山，順事也。

九三：升虛邑。
　〈象〉曰：升虛邑，无所疑也。

九二：孚乃利用禴，无咎。
　〈象〉曰：九二之孚，有喜也。

初六：允升，大吉。
　〈象〉曰：允升大吉，上合志也。

䷭ 升。元亨，用見大人，勿恤，南征吉。

〈白話〉

升卦。最為通達，可以用來見大人，不必擔憂，往南前進吉祥。

〈解讀〉

① 升卦是下巽上坤，亦即「地風升」。〈序卦〉說：「聚而上者謂之
　升，故受之以升。」聚集之後往上發展的，就是升進，所以接著出現
　了升卦。〈雜卦〉說：「萃聚而升不來也。」萃與升是正覆卦關係，
　萃是聚集，而升是不下來，往上升進了。

② 「用見大人」的「用」，是指有可能受到任用，這是就九二來說的，可以受到六五任用。把握了適當時機，就「勿恤」。

③ 「南征」是指六二往上升進而言，使上卦為坤，坤為西南方之位，泛指南方。在古人觀念中，以氣候民情而言，南方溫暖和順，譬如離卦為火，為南方之卦。

象曰：柔以時升，巽而順，剛中而應，是以大亨。用見大人，勿恤，有慶也。南征吉，志行也。

〈白話〉

〈象傳〉說：柔順者依循時勢而升進，既順利又和順，剛強者居中而有應合，因此非常通達。可以用來見大人，不必擔憂，是因為會有喜慶。往南前進吉祥，是因為心意可以實現。

〈解讀〉

① 「柔以時升」一語，表示升卦（☷）與萃卦一樣，也是由小過卦（☷，第六十二卦）變來。亦即，小過卦的六二與九四換位。六二為「柔」，一升上去，就形成升卦的下巽上坤，坤為柔順、和順，巽為隨順、順利；此一行動使九二得以居中，並有六五正應。所以要說「大亨」。

② 九二有六五正應，是為「用見大人」；並且，九二在互兌（九二、九三、六四）中，兌為悅，亦即「有慶」，不必擔憂。「南征」一語總結了柔升、用見、有慶，是為「志行也」。程頤說：「凡升之道，必由大人。升於位，則由王公；升於道，則由聖賢。用巽順剛中之道以見大人，必遂其升。」

象曰：地中生木，升。君子以順德，積小以高大。

〈白話〉

〈象傳〉說：地中長出樹木，這就是升卦。君子由此領悟，要順勢修養德行，從微小累積成為高大。

〈解讀〉

① 升卦下巽上坤，坤為地，巽為木，所以說「地中生木」。木在地之下，必定往上生長，這是順著自然趨勢的發展。

② 君子的「順德」，是指依循、順從德行的發展方式，亦即任何德行都是長期修養而成的，沒有速成或僥倖之途。就像樹木一樣，最初只是小樹苗，最後則是既高且大的巨木。

初六。允升，大吉。

象曰：允升大吉，上合志也。

〈白話〉

初六。由信賴而升進，非常吉祥。

〈象傳〉說：由信賴而升進，是因為與上方心意相合。

〈解讀〉

① 初六居升卦初位，心意是要往上走的。表面看來，初六並無正應，但是它在下卦巽中，巽為風，為隨順，它又上承九二，可以隨順九二前進。上卦為坤，一片平地，毫無阻礙。

② 「允」為信賴、跟從；初六與九二合志而「允升」，所以說「大吉」。

九二。孚乃利用禴（ㄩㄝˋ），无咎。

象曰：九二之孚，有喜也。

〈白話〉

九二。有誠信，所以適宜舉行禴祭，沒有災難。

〈象傳〉說：九二的誠信，是因為有喜慶。

〈解讀〉

① 「孚乃利用禴」一語，亦見於萃卦六二，可以參考比較。九二與六五正應，所以說「孚」。「禴」是春天以蔬菜為供品的薄祭；只要有誠信，薄祭即可受福。

② 九二之「喜」，除了與六五正應之外，它還在互兌（九二、九三、六四）中，兌為悅，是為可喜。至於說它「无咎」，則是以陽爻居柔位，原本不宜，現在則不成問題了。

九三。升虛邑。

象曰：升虛邑，无所疑也。

〈白話〉

九三。升進到荒廢的村落。

〈象傳〉說：升進到荒廢的村落，是因為沒有任何疑慮。

〈解讀〉

① 「虛」字描寫無人而荒廢的情況。「邑」為國土，在此指村落。九三在互震（九三、六四、六五）中，震為行，在此則指升進。它上臨坤卦，坤為地，為邑，所以容許它一往直前，如入無人之境。「升虛邑」，表示九三升進非常順利。

② 九三得以如此，是因為上臨坤卦，坤為順，並且有上六正應，「无所疑也」。

六四。王用亨於岐山，吉，无咎。

象曰：王用亨於岐山，順事也。

〈白話〉

六四。君王在岐山祭獻，吉祥，沒有災難。

〈象傳〉說：君王在岐山祭獻，這是順勢而做的事。

〈解讀〉

① 六四在互震（九三、六四、六五）中，震為諸侯，為祭器。周王追念
　祖先，建立周朝之後，亦稱其祖先為王，所以說「王用亨」。它又在
　互兌（九二、九三、六四）中，兌為西，所以說「岐山」，岐山即是
　西山。

② 六四在上坤下巽之間，上和順而下隨順，所以說「順事也」。如果結
　合本卦的九二、九三、六四而言，則可形成一段簡單的史實。先是氏
　族部落領袖以誠信而受族人擁戴，「孚乃利用禴」（九二）；接著因
　為某種原因而率眾遷移到更安全而廣大的地區，「升虛邑」（九
　三）；一切安定之後，「王用亨於岐山」（六四）。這一段史實似乎
　是描寫周朝祖先古公亶父遷居岐山的過程。值得留意的是九二的
　「禴」與六四的「亨」，皆為宗教活動，顯示了信仰對古人的特殊意
　義。

六五。貞吉，升階。

象曰：貞吉升階，大得志也。

〈白話〉

六五。正固吉祥，登上台階。

〈象傳〉說：正固吉祥而登上台階，是因為充分實現了心意。

〈解讀〉

① 六五有九二正應，九二在下卦巽中，巽為高，全卦又是升卦，亦即足以使六五往上升進。六五在上坤，坤為地，有如登上高地，得到尊位。

② 六五本身正固，即可獲得正應而升階，所以說是「大得志也」。

上六。冥升，利於不息之貞。
象曰：冥升在上，消不富也。

〈白話〉

上六。在昏昧中升進，適宜不成長的正固。
〈象傳〉說：居上位還在昏昧中升進，會消退而不會富裕。

〈解讀〉

① 上六居升卦終位，又在上卦坤中，坤為夜，所以說「冥升」。「不息」是不成長，上六有九三正應，九三在下卦巽中，巽為近利市三倍，因此上六若能正固，尚可安穩。

② 若是已居上位而妄圖升進，則結果是不進則退，只有消退一途，並且將是「消不富也」。「不富」一詞表示原本尚有不少利潤。

困：亨，貞，大人吉，无咎。有言不信。

〈象〉曰：澤无水，困。君子以致命遂志。

> **上六：困於葛藟，於臲卼，曰動悔。有悔，征吉。**
> 〈象〉曰：困於葛藟，未當也。動悔有悔，吉行也。
>
> **九五：劓刖，困於赤紱。乃徐，有說，利用祭祀。**
> 〈象〉曰：劓刖，志未得也。乃徐有說，以中直也。利用祭祀，受福也。
>
> **九四：來徐徐，困於金車，吝，有終。**
> 〈象〉曰：來徐徐，志在下也。雖不當位，有與也。
>
> **六三：困於石，據於蒺藜。入於其宮，不見其妻，凶。**
> 〈象〉曰：據於蒺藜，乘剛也。入於其宮，不見其妻，不祥也。
>
> **九二：困於酒食，朱紱方來，利用享祀，征凶，无咎。**
> 〈象〉曰：困於酒食，中有慶也。
>
> **初六：臀困於株木，入於幽谷，三歲不覿。**
> 〈象〉曰：入於幽谷，幽不明也。

䷮ 困。亨，貞，大人吉，无咎。有言不信。

〈白話〉

困卦。通達，正固，大人吉祥，沒有災難。說了話沒有人相信。

〈解讀〉

① 困卦是下坎上兌，亦即「澤水困」。〈序卦〉說：「升而不已必困，故受之以困。」一直升進，最後總會遇到困境。在困境中，正好可以考驗人格，並且會出現轉向通達的契機，所以接著就說「亨，貞」。

② 在困卦中，「大人吉，无咎」，有如孔子所云：「君子固窮，小人窮

斯濫矣。」（《論語‧衛靈公》）大人之吉，可由九五、九二見之，皆為陽爻居中位。至於「有言不信」，則是在困境中說話，別人如何相信？

③ 困卦是由否卦（☷，第十二卦）變來，亦即否卦上九與六二換位，使下卦成坎，有險而困。困卦與下一卦井卦（☴）為正覆關係。

④ 困卦是〈繫辭‧下〉修德九卦之七，「困，德之辨也。」德行之真偽在困境中可以分辨。

象曰：困，剛揜（一ㄢˇ）也。險以說（ㄩㄝˋ），困而不失其所，亨，其唯君子乎。貞，大人吉，以剛中也。有言不信，尚口乃窮也。

〈白話〉

〈象傳〉說：困卦，是剛強者受到掩蔽。在險難中還能喜悅，處於困境而不失去他的堅持，依然通達，大概只有君子做得到吧。正固，大人吉祥，是因為剛強者居於中位。說了話沒有人相信，是因為重視說話就會無路可走。

〈解讀〉

① 「揜」為掩，有掩蔽、壓制之意。九五為上六所揜，九二為六三所揜。困卦下坎上兌，兌為悅，坎為陷，為險，即是「險以說」；九五與九二皆能堅守中位，是「困而不失其所」；如此還能「亨」，正是「君子固窮」的示範。

② 九五與九二皆居中位，只要正固，則「大人吉」，因為陽爻有位則稱大人。至於「尚口乃窮」，則因上卦兌為口，並在全卦終位，是前無去路。要想靠說話來脫困是不可能的。

象曰：澤无水，困。君子以致命遂志。

〈白話〉

〈象傳〉說：沼澤中沒有水，這就是困卦。君子由此領悟，要犧牲生命來完成志願。

〈解讀〉

① 困卦下坎上兌，兌為澤，坎為水；澤在水上，表示水已流往更低之處，沼澤乾涸，以致「澤无水」。

② 君子處於困境，要做最壞的打算，必要時可以犧牲生命。他的「志」是人生的正道，展現於仁、義中。孔子主張「殺身成仁」（《論語‧衛靈公》），孟子肯定「舍生取義」（《孟子‧告子上》），荀子也說「君子畏患而不避義死」（《荀子‧不苟》）。可見這是儒家的基本立場。

初六。臀困於株木，入於幽谷，三歲不覿（ㄉㄧˊ）。

象曰：入於幽谷，幽不明也。

〈白話〉

初六。臀部困陷在枯木中，進入幽暗的山谷，三年不能相見。

〈象傳〉說：進入幽暗的山谷，是因為昏暗不明。

〈解讀〉

① 初六與九四正應，但是九四自顧不暇。九四為在互巽（六三、九四、九五）為股。臀又在互離（九二、六三、九四）中，離為科上槁木（科為光禿無枝葉），是為「臀困於株木」。「株」為樹幹。初六自身在下卦坎中，坎為水，為隱伏，引申為幽谷。

② 初六以陰爻居剛位，又處下卦坎之底部，往上面臨互離（九二、六三、九四），離為明，在明之下，所以說「幽不明也」。處於這樣的

320　傅佩榮解讀易經

困境，若要與九四契合，須往上走三步，所以說「三年不覿」。

九二。困於酒食，朱紱（ㄈㄨˊ）方來，利用享祀。征凶，无咎。
象曰：困於酒食，中有慶也。

〈白話〉

九二。困處於酒食中，大紅官服剛剛送來，適宜用來祭獻。前進會有凶禍，沒有災難。

〈象傳〉說：困處於酒食中，是因為居中位而有福慶。

〈解讀〉

① 九二在下卦坎中，坎為水，引申為酒，為酒食，又居困卦，所以說「困於酒食」。九二原是否卦（☷）的上九，現在由上卦乾下來，乾為大赤，所以說「朱紱方來」。「朱」為大紅色，「紱」為蔽膝的下裳；合稱則為古代貴族的官服。九二在互離，離為牛，可用以「享祀」。若是前進，則有凶禍；不然可保「无咎」。

② 九二雖困而有酒食，乃是因為居中得道，「有慶也」。程頤說：「諸卦，二五以陰陽相應而吉，唯『小畜』與『困』乃厄於陰，故同道相求。小畜，陽為陰所畜；困，陽為陰所揜也。」

六三。困於石，據於蒺藜。入於其宮，不見其妻，凶。
象曰：據於蒺藜，乘剛也；入於其宮，不見其妻，不祥也。

〈白話〉

六三。困處於石塊中，倚靠在蒺藜上。進入宮室，沒見到妻子，有凶禍。

〈象傳〉說：倚靠在蒺藜上，是因為下乘剛爻；進入宮室，沒見到妻子，這就是不吉利的事。

〈解讀〉

① 六三原在否卦（䷋）中，有互艮（六二、六三、九四），艮為小石；由於上九與六二換位，成為困卦（䷮），使六三「困於石」。六三在下卦坎中，坎為堅多心木，有如蒺藜，所以說它「據於蒺藜」。「據」為依憑，「蒺藜」為荊棘之類的植物。這種情況的原因是六三以陰爻居剛位，又對九二「乘剛」，於是坐立不安而進退不得。

② 困卦的重點是「剛揜也」，要以柔掩蔽剛；而六三是唯一被上下陽爻所困的陰爻。它原在否卦互艮，艮為門闕，現在進入困卦互離（九二、六三、九四），離為見；並且原在否卦的下坤消失，坤為母，為妻，所以說它「入於其宮，不見其妻」。這種情況的原因是六三處於如此困境，已經「不祥」了。

③ 〈繫辭・下〉談到這段爻辭，引述孔子的話說：「非所困而困焉，名必辱。非所據而據焉，身必危。既辱且危，死期將至，妻其可得見耶？」

　

九四。來徐徐，困於金車，吝，有終。
象曰：來徐徐，志在下也。雖不當位，有與也。

　

〈白話〉

九四。要慢慢下來，困處於金車中，有困難，但會有結果。
〈象傳〉說：要慢慢下來，是因為心意在於下方。雖然位置不恰當，但有接應的人。

　

〈解讀〉

① 九四有初六正應，是「志在下也」；但是它在互巽（六三、九四、九五）中，巽為進退，為不果，所以說它「來徐徐」。

② 九四原在否卦中，否卦下坤上乾，乾為金，坤為大輿，合成了金車；九四守住原位，正好「困於金車」。它以陽爻居柔位，為「不當

位」，由此而「吝」；但是因為與初六正應，「有與也」，成為三個陽爻之中唯一有正應者，所以最後「有終」。

九五。劓（一ㄟˋ）刖（ㄩㄝˋ），困於赤紱。乃徐，有說（ㄊㄨㄛ），利用祭祀。

象曰：劓刖，志未得也。乃徐有說，以中直也。利用祭祀，受福也。

〈白話〉

九五。鼻被割去、足被砍去，困處於紅色官服中。於是慢慢行動，可以脫離困境，適宜舉行祭祀。

〈象傳〉說：鼻被割去而足被砍去，是因為心意沒有實現。於是慢慢行動可以脫離困境，是因為居中而行為正直。適宜舉行祭祀，是要以此蒙受福佑。

〈解讀〉

① 九五原在否卦（☷）中，否卦有互艮（六二、六三、九四）也有互巽（六三、九四、九五），艮為鼻，巽為股；現在變成困卦，鼻與股皆受損，有如劓刑與刖刑。否卦變成困卦，是上九與六二換位，亦即困卦九二是由上卦下來的，所以爻辭說「朱紱方來」。現在九五未動，則是「困於赤紱」。這一切可以歸咎於九二與它無應，是「志未得也」。

② 九五在困卦中，有互巽（六三、九四、九五），巽為進退，為不果，亦即「乃徐」；它又有上兌（九四、九五、上六），兌為附決，意為脫落，亦即「有說」。這兩種情況是由於九五居中守正，「以中直也」，可以化險為夷。

③ 九二有「朱紱」，可以「利用享祀」；九五有「赤紱」，可以「利用祭祀」。程頤說：「二云享祀，五云祭祀，大意則宜用至誠，乃受福也。祭與祀享，泛言之則可通，分而言之，祭天神，祀地示（祇），

享人鬼。五君位言祭，二在下言享，各以其所當用也。」處困境中，祭祀可以受福，實因真誠心意。

上六。困於葛藟（ㄌㄟˇ），於臲（ㄋㄧㄝˋ）卼（ㄨˋ），曰動悔。有悔，征吉。

象曰：困於葛藟，未當也。動悔有悔，吉行也。

〈白話〉

上六。困處於藤蔓之間，於高危之地，這稱為因行動而懊惱。有了這種悔悟，往前進就吉祥。

〈象傳〉說：困處於藤蔓之間，是因為位置不恰當。有了因行動而懊惱的這種悔悟，就可以前進吉祥了。

〈解讀〉

① 「葛藟」為藤蔓之類，會纏繞人的植物；「臲卼」描寫在高處的危險狀態。上六在否卦變困卦中，由六二與上九換位而來。上六現在下臨互巽（六三、九四、九五），巽為木，表示它在困卦是陷入草木中無法動彈，所以說「困於葛藟」。它又居困卦終位，下乘九四、九五二剛，這是「於臲卼」。並且下無正應，「未當也」。

② 上六的「動悔」是指由否卦變困卦的動，因此懊惱而有所悔悟。然後，再往前進，就吉祥了，因為可以脫離困卦。

井：改邑不改井，无喪无得。

往來井井。汔至亦未繘井，羸其瓶，凶。

〈象〉曰：木上有水，井。君子以勞民勸相。

上六：井收勿幕，有孚元吉。
　〈象〉曰：元吉在上，大成也。

九五：井冽寒泉，食。
　〈象〉曰：寒泉之食，中正也。

六四：井甃，无咎。
　〈象〉曰：井甃无咎，修井也。

九三：井渫不食，為我心惻。可用汲，王明，並受其福。
　〈象〉曰：井渫不食，行惻也。求王明，受福也。

九二：井谷射鮒，甕敝漏。
　〈象〉曰：井谷射鮒，无與也。

初六：井泥不食，舊井无禽。
　〈象〉曰：井泥不食，下也。舊井无禽，時舍也。

䷯ 井。改邑不改井，无喪无得。往來井井。汔（ㄑㄧ丶）至亦未繘（ㄐㄩ丶）井，羸（ㄌㄟˊ）其瓶，凶。

〈白話〉

井卦。可以遷移村落，但不能移動水井。沒有喪失也沒有獲得。往來井然有序。汲水時，快到而尚未拉出井口，就碰壞了瓶罐，有凶禍。

〈解讀〉

① 井卦是下巽上坎，亦即「水風井」。〈序卦〉說：「困乎上者必反下，故受之以井。」在升卦與困卦之後，一定會回到下邊，就是井卦。

② 井不隨村落而遷移，通常不會乾涸也不會滿溢。在古代有井田制度，把一平方里的土地分為井字的九份。八家各分一份，再共耕中間的公田。每井八戶人家，四井三十二戶為一邑。由卦象上看，井卦由泰卦（☷，第十一卦）變來，亦即泰卦初九與六五換位。泰卦上卦為坤，坤為地，為邑，現在換位形成井卦（䷯），上卦由坤變坎，邑去而水現，顯示了「改邑不改井」。泰卦初九變九五，使下卦失一陽爻，但得一尊位，可以說是「无喪无得」，有如水井總是保持固定的水量。人們往來汲水，遵守一定秩序，是為「往來井井」。

③ 「汔」為迄，為接近、幾乎；「繘」為綆，為繩，亦為出，在此是指以繩拉出井口。下卦巽為繩直。以繩繫瓶（指陶罐），入井裝水，提出井口才可食用。但是「汔至」就出了狀況，「羸其瓶」，「羸」為毀敗，亦即瓶罐撞在井壁而破裂。這是古人汲井常見的情況，如此則「凶」。

④ 井卦是〈繫辭・下〉修德九卦之八，「井，德之地也」，德行的處境須如井，有利於眾人。

象曰：巽乎水而上水，井。井養而不窮也。改邑不改井，乃以剛中也。汔至亦未繘井，未有功也。羸其瓶，是以凶也。

〈白話〉
〈象傳〉說：進入水中再提水上來，這就是井卦。水井養育人們而不會枯竭。可以遷移村落，但不能移動水井，這是因為剛強者居於中位。汲水時，快到而尚未拉出井口，是還沒有功勞的。碰壞了瓶罐，所以說有凶禍。

〈解讀〉
① 井卦下巽上坎。坎為水，巽為入為木（引申為桔槔），所以說「巽乎水而上水」。井的功能在此。在正常情況下，井水不盈不竭，可以提供人們及生物充分的滋養。「改邑不改井」，是因為九二與九五兩個

剛爻居於中位，可以穩定大局，不必移易。

② 汲井最怕功敗垂成，只要未出井口，一切努力都可能白費。所以要特別提醒人「未有功也」，萬一遇到「羸其瓶」時，則凶。關於「瓶」的取象，來自卦中有互離（九三、六四、九五），離為大腹；也有互兌（九二、九三、六四），兌為口；瓶罐有大腹與開口，可用以汲水。

象曰：木上有水，井。君子以勞民勸相。

〈白話〉

〈象傳〉說：木上出現水，這就是井卦。君子由此領悟，要慰勞百姓，鼓勵助人。

〈解讀〉

① 井卦下巽上坎，坎為水，巽為木，所以說「木上有水」。在此，木是指桔槔。《莊子・天地》：「鑿木為機，後重前輕，挈水若抽，數如洪湯，其名為槔。」桔槔運用槓桿原理，把水從井中拉起，即是「木上有水」。

② 君子看到水井的作用，所獲得的啟發是「勞民」而不倦，「勞」為慰勞；並且勸導百姓助人，「相」為助。

初六。井泥不食，舊井无禽。

象曰：井泥不食，下也。舊井无禽，時舍也。

〈白話〉

初六。井中有淤泥，井水不能食用，舊的水井沒有禽獸來。

〈象傳〉說：井中有淤泥，井水不能食用，是因為位居底部。舊的水井沒有禽獸來，是因為時候到了就被棄置。

〈解讀〉

① 初六在井卦底部；它由泰卦（☷）六五變來，泰卦上卦為坤，坤為土；現在土入井下，成為泥。初六還在井底，滿是淤泥而不可食用。

② 所謂「舊井无禽」，《易經》談到禽，兼指禽獸而言，並且都與坤卦有關，這是因為坤為地，為田，可以生養禽獸，並且可供田獵而得禽獸。初六由泰卦六五變來，使上坤變為坎，所以說「无禽」。至於「舊井」，則是初六在互兌（九二、九三、六四）的下方，兌為毀折，毀折之下的井，是為「舊井」。「時舍」本來是指依時而暫留，現在的「時」卻是指過時無用，而「舍」也成了棄置。

九二。井谷射鮒（ㄈㄨˋ），甕（ㄨㄥˋ）敝漏。

象曰：井谷射鮒，无與也。

〈白話〉

九二。井中積水向下流注，水罐又破又漏。

〈象傳〉說：井中積水向下流注，是因為沒有應援。

〈解讀〉

① 「谷」能積水，九二爻變出現互坎，坎為水，「井谷」是說井中積水似谷。「射」為流注，「鮒」借用為柎，指底部或足部。九二與九五不應，是為「无與」，所以轉而往下回應初六的相承，形成「井谷射鮒」的現象。

② 「甕」是較瓶為大的陶罐。九二在互兌（九二、九三、六四）中，兌為口，為毀折；其上為互離（九三、六四、九五），離為大腹；大腹有口為甕，但又毀折，所以說「甕敝漏」。換言之，九二對於井的功能，仍無幫助。

九三。井渫（ㄒㄧㄝˋ）不食，為我心惻。可用汲（ㄐㄧˊ），王明，並受其福。

象曰：井渫不食，行惻也。求王明，受福也。

〈白話〉

九三。井淘乾淨而不去食用，使我內心感到悲傷。可以用來汲水，君王英明，大家一起受到福佑。

〈象傳〉說：井淘乾淨而不去食用，是因為要行動而不可得，所以悲傷。祈求君王英明，是為了受到福佑。

〈解讀〉

① 「渫」為清潔去污。井卦上卦為坎，坎為水；九三在下卦巽中，巽為股，股入水之下，引申為「渫井」。九三爻變出現互艮，艮為止，未及於上，有如井水未出井口，不得為人食用。九三面臨上卦坎，坎為心病，為加憂，所以要代井說「為我心惻」。這是為了要行動而不可得，才感到悲傷，所以說「行惻也」。

② 既然「行惻」，就會有所企盼。九三與上六正應，所以有信心說「可用汲」，表示井水隨時可供食用。現在祈求的是「王明」。「王」指九五，九三與九五皆在互離（九三、六四、九五）中，離為火，為明，所以「王明」是可以期待的。君王英明，任用賢臣，則受福的是全體百姓。

六四。井甃（ㄓㄡˋ），无咎。

象曰：井甃无咎，修井也。

〈白話〉

六四。井的內壁砌好了，沒有災難。

〈象傳〉說：井的內壁砌好了，沒有災難，這是因為井已經整修完成。

〈解讀〉

① 「甃」為修治井壁，這是「渫」之後的下一步工作，「修井」至此大功告成。六四已至上卦，以陰爻居柔位，修井完工，可以「无咎」。

② 本爻取象生動。上卦由泰卦的上坤變為井卦的上坎，土加水為泥；中有互離（九三、六四、九五），離為火；火燒泥成磚；下卦為巽，巽為工，引申為工人。於是工人燒泥成磚，再砌磚而上，完成「甃井」的任務。在取義上，程頤說：「（六四）居高位而得剛陽中正之君（九五），但能處正承上，不廢其事，亦可以免咎也。」

九五。井冽（ㄌㄧㄝˋ）寒泉，食。
象曰：寒泉之食，中正也。

〈白話〉

九五。井中有甘潔清涼的泉水，可以食用。
〈象傳〉說：清涼的泉水可以食用，是因為居中守正。

〈解讀〉

① 在卦變中，九五由下乾上來，乾為寒為冰；九五爻變，上卦為坤，坤為甘，可食。「冽」為新鮮甘潔，「寒」為清涼寒爽。此為井水的最高評價，食之可也。

② 九五以陽剛居中守正，是有德有才的大有為之君。國君為民謀福，有如甘泉之井供人食用。這種觀念是任何時代的領袖都應該存思於心，並且力求實踐的。

上六。井收勿幕，有孚元吉。
象曰：元吉在上，大成也。

〈白話〉

上六。井口收攏而不要加蓋，有誠信而最為吉祥。

〈象傳〉說：居上位而最為吉祥，是因為大功告成。

〈解讀〉

① 上六居井卦終位，要進行最後一步工作。「收」是收攏井口，「幕」是蔽覆加蓋。井口必須比井身窄小，以保障安全與清潔。井上不加蓋，表示可供大家取用。上六有九三正應，是為「有孚」；它的吉祥是要照顧人人的福祉，現在「大成也」，所以說「元吉」。

② 上位居一卦之終，很少見到有「元吉」的。程頤說：「他卦之終，為極，為變，唯『井』與『鼎』終乃為成功，是以吉也。」在此可以補充一句：履卦上九亦為元吉，並且另外還有大約十卦在上爻為吉。

革：己日乃孚，元亨利貞。悔亡。

〈象〉曰：澤中有火，革。君子以治曆明時。

上六：**君子豹變，小人革面。征凶，居貞吉。**
〈象〉曰：君子豹變，其文蔚也。小人革面，順以從君也。

九五：**大人虎變，未占有孚。**
〈象〉曰：大人虎變，其文炳也。

九四：**悔亡，有孚，改命，吉。**
〈象〉曰：改命之吉，信志也。

九三：**征凶貞厲。革言三就，有孚。**
〈象〉曰：革言三就，又何之矣？

六二：**己日乃革之，征吉，无咎。**
〈象〉曰：己日革之，行有嘉也。

初九：**鞏用黃牛之革。**
〈象〉曰：鞏用黃牛，不可以有為也。

䷰ 革。己日乃孚。元亨利貞。悔亡。

〈白話〉

革卦。到了己日才有誠信。開始、通達、適宜、正固。懊惱消失。

〈解讀〉

① 革卦是下離上兌，亦即「澤火革」。〈序卦〉說：「井道不可不革，故受之以革。」一口井使用久了，必須定期清理，所以井卦之後是革卦。〈雜卦〉說：「革，去故也。」因此，革卦指變革而言，要求除舊布新。

② 「己日」一詞難解，有說是「巳日」（祭祀之日）或「已日」（過了一天）。有說是十天干中的柔日，就是依「甲、乙、丙、丁、戊、己、庚、辛、壬、癸」計數，數奇為剛，數偶為柔，而己為柔日。比較合理的說法是：以基本八卦配合十天干，亦即參考古人的「納甲說」。其內容為：乾卦納甲、壬，坤卦納乙、癸，艮卦納丙，兌卦納丁，坎卦納戊，離卦納己，震卦納庚，巽卦納辛。因此，己日是指離卦而言，皆為十日一輪。現在，「己日乃孚」，是說到了己日才彰顯其誠信，也才會受到百姓信賴。「孚」指下對上的信賴；革卦下卦為離，離為己日。引申而言，每十日一個己日，表示要過一個週期（十日），才可獲得百姓信從。如此解說，亦較「過一日」為合理。坎為水為有孚，本卦自初二至上六為一個大的坎卦，中間三陽（九三、九四、九五）皆稱「有孚」。

③ 革卦既然是要除舊布新，一切從頭開始，所以再度出現了「元亨利貞」。最後說「悔亡」，則是因為變革難免造成動盪，但終將回歸正常。

象曰：革，水火相息，二女同居，其志不相得，曰革。己日乃孚，革而信之。文明以說，大亨以正。革而當，其悔乃亡。天地革而四時成，湯武革命，順乎天而應乎人。革之時大矣哉。

〈白話〉

〈象傳〉說：革卦，是水與火互相熄滅，兩個女子住在一起，但心意不能投合，就稱為革。到了己日才有誠信，是指變革取得人們的信賴。文采光明而能喜悅，非常通達而守正道。變革做到了適當，他的懊惱才會消失。天地變革才會形成四季，商湯與周武王的革命，是順從天道而應合人心的。革卦所依循的時勢太偉大了。

〈解讀〉

① 革卦下離上兌，兌為澤，為水，離為火，水在上而火在下，兩者都要

消滅對方。在此，「息」為熄。「二女同居」是指離為中女，兌為少女，由於同性相斥而難以「相得」。睽卦（☲，第三十八卦）為下兌上離，而其象傳出現類似的話，就是「二女同居，其志不同行」。由此可見，革卦是考慮內部的矛盾對立，要尋求一個根本的解決辦法。

② 「己日乃孚」，是說變革要經過一段時間，才能取得民眾的信賴。說己日為一日，未免太短；說巳日為祭祀之日，缺少根據。說己日為柔日，還可強調要等情勢緩和些。說己日為十日週期，則較能讓百姓習慣新的秩序。

③ 「文明以說」是指下卦離為火，為明，上卦兌為悅；「大亨以正」則是革卦有九五與六二居中守正，非常通達。「革而當」一語，表示變革也有可能「不當」，悔由此來。如果由此推求革卦的來源，則答案是大壯卦（☳，第三十四卦），亦即大壯卦的六五與九二換位，形成革卦的九五與六二，使上下交流而陰陽得正，亦即「革而當」。

④ 在自然界，天地之間的陰陽二氣常在變革消長之中，由此形成了四季的循環運行。在人世間，則有商湯革了夏桀的天命，周武王革了商紂的天命，完成「順乎天應乎人」的大業。古人的共同信仰對象是天，政權的合法基礎是天命。所以，得天命者為天子。但是，天子可能失德，罔顧其造福百姓的首要職責。於是，就有「革命」之說以及革命的事實。由此亦可見，革卦的「時」確實太重要了。

象曰：澤中有火，革。君子以治曆明時。

〈白話〉

〈象傳〉說：沼澤裡出現了火，這就是革卦。君子由此領悟，要制定曆法，明辨時序。

〈解讀〉

① 革卦下離上兌，兌為澤，離為火，亦即「澤中有火」。水火不相容，難以並存，由此顯示了變革的急迫性。

② 天地之間的變革也是如此。該變而不變就將被淘汰。所以君子要「治曆明時」，「治」為修治、制定。人的生活也須依時序而變更。

初九。鞏（《ㄨㄥˇ）用黃牛之革。
象曰：鞏用黃牛，不可以有為也。

〈白話〉

初九。用黃牛皮做的繩子來捆綁。
〈象傳〉說：用黃牛皮做的繩子來捆綁，是因為不可以有所作為。

〈解讀〉

① 「鞏」為以皮繩綁牢。初九爻變，下卦成艮，艮為皮，「革」的取象來自於此。初九以陽爻居剛位，動力強而時機未至，還不能「有為」，所以要牢牢穩住。艮亦為山為土，其色為黃；離為牛，所以說「黃牛」。黃牛皮做的繩子極為結實。初九與九四不應，難以前進。

② 就取義來說，初九未居中位而躁動，所以需要以黃（中色）與牛（順物）來約束。

六二。己日乃革之。征吉，无咎。
象曰：己日革之，行有嘉也。

〈白話〉

六二。到了己日才來變革。前進吉祥，沒有災難。
〈象傳〉說：到了己日才來變革，是因為行動會有美好結果。

〈解讀〉

① 六二以陰爻居柔位，既中且正；在下卦離中，離為己日；離為火，為明，可以進行變革，所以說「己日乃革之」。「乃」字為緩辭，戒急躁。

② 六二上有九五正應，「征吉」，柔爻前進亦「无咎」。至於「行有
嘉」，還可參考六二互巽（六二、九三、九四）中，巽為近利市三
倍，又何樂而不為？

九三。征凶，貞厲。革言三就，有孚。
象曰：革言三就，又何之矣？

〈白話〉

九三。前進有凶禍，正固有危險。變革之言三度符合，有誠信。
〈象傳〉說：變革之言三度符合，還要往哪裡去呢？

〈解讀〉

① 九三居上下卦之間，正是水火衝突之際，前進與正固都有困難，是
「非凶即厲」的處境。幸好它有上六正應，做為唯一的出路。

② 上六在上卦兌中，兌為口，可以言說。在革卦中，是為「革言」。
「三就」是三度符合。「就」為成，為合。「三」是指上卦三爻皆出
現明顯的變革。換言之，九三在下卦中，由於聽從上六之言，明白
「革言三就」的道理，而能安居其位，表現誠信，是為「有孚」。得
此信心，「又何之矣」，不必再躁動了。

九四。悔亡，有孚，改命，吉。
象曰：改命之吉，信志也。

〈白話〉

九四。懊惱消失，有誠信，改變天命，吉祥。
〈象傳〉說：改變天命而吉祥，是因為有值得信賴的心意。

〈解讀〉

① 九四已至上卦，必須採取革卦的具體行動。九四以陽爻居柔位，由於時勢成熟，有所行動依然可以「悔亡」。

② 九四的有孚在於它處在互巽（六二、九三、九四）與上兌（九四、九五、上六），是下巽上兌的情況，亦即下隨順而上喜悅，它的心意獲得上下信賴，是為「信志也」。

③ 就「改命」而言，九四在互乾（九三、九四、九五）與互巽中；乾為天，巽為風，引申為命，合之則為「天命」。在革卦中，九四負責除舊布新。配合各項條件而為之，故「吉」。

九五。大人虎變，未占有孚。
象曰：大人虎變，其文炳也。

〈白話〉

九五。大人改變而形貌如虎，尚未占問就有了誠信。
〈象傳〉說：大人改變而形貌如虎，是說他的文采燦爛耀眼。

〈解讀〉

① 九五以陽爻居剛位，為既中且正的得位大人。在革卦中，其變如虎。虎是就其皮革的毛色亮麗美妙而言。

② 九五在上卦兌中，兌為西方之卦，按古代天象之說，東（震卦）為青龍，南（離卦）為朱雀，西（兌卦）為白虎，北（坎卦）為玄武。所以，兌可理解為虎，是為「虎變」。九五的正應是六二，六二在下卦離中，離為龜，可供占卜。但是六二對九五相應而從，是「未占有孚」，其誠信不問可知。

③ 從九四「改命」之後，要靠九五與上六的具體表現，才可使革卦大功告成。這也是卦辭「己日乃孚」的具體所指。

上六。君子豹變，小人革面。征凶，居貞吉。

象曰：君子豹變，其文蔚也。小人革面，順以從君也。

〈白話〉

上六。君子改變而形貌如豹，小人變換他的面目。前進有凶禍，守住正固就吉祥。

〈象傳〉說：君子改變而形貌如豹，是說他的文采盛美可觀。小人變換他的面目，是說他順服而追隨君主。

〈解讀〉

① 上六居上而無位，故稱「君子」。在革卦中，「文」是指其德行與事功大放光明而言。「豹」與虎同科，兩者猶如兄弟，也同屬兌卦之象。陽爻（大）稱虎，陰爻（小）稱豹。已至上六，不宜再進，所以說「征凶」；此時「居貞」則「吉」。大人與君子，是有位與無位之別，但是，對「變」的要求則一，都是要將內在的光明（離為明，在下卦，猶如在內心），展現出來，以變化其形貌。

② 小人之為小人，是無志而未自覺者也，無法談及內在修養，所以只說「革面」。這是就上六為陰爻而言。上六在兌卦，兌為悅，小人喜悅而順從九五之君。所寄望於小人者，為先革其面，使言行合乎規範，久之亦可及於內心，則終將有「文」可見。

鼎：元吉，亨。

〈象〉曰：木上有火，鼎。君子以正位凝命。

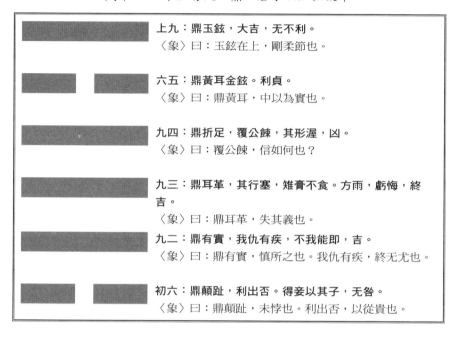

上九：鼎玉鉉，大吉，无不利。
〈象〉曰：玉鉉在上，剛柔節也。

六五：鼎黃耳金鉉。利貞。
〈象〉曰：鼎黃耳，中以為實也。

九四：鼎折足，覆公餗，其形渥，凶。
〈象〉曰：覆公餗，信如何也？

九三：鼎耳革，其行塞，雉膏不食。方雨，虧悔，終吉。
〈象〉曰：鼎耳革，失其義也。

九二：鼎有實，我仇有疾，不我能即，吉。
〈象〉曰：鼎有實，慎所之也。我仇有疾，終无尤也。

初六：鼎顛趾，利出否。得妾以其子，无咎。
〈象〉曰：鼎顛趾，未悖也。利出否，以從貴也。

䷱ 鼎。元吉，亨。

〈白話〉

鼎卦。最為吉祥，通達。

〈解讀〉

① 鼎卦是下巽上離，亦即「火風鼎」。〈序卦〉說：「革物者莫若鼎，故受之以鼎。」最能變革事物的是鼎。鼎在古代為炊煮之具，使生食變為熟食，沒有比此更徹底的變革了，所以接著要談鼎卦。〈雜卦〉說：「革，去故也；鼎，取新也。」可見先革後鼎，才是真正的除舊布新。鼎卦與革卦是正覆關係。

② 鼎卦要開創新局，自然「元吉」（另一有「元吉」為卦辭的，是損卦）而且「亨」。由來源看，它是遯卦（☷，第三十三卦）變成，亦即遯卦六二與九五換位，成為鼎卦（☵）。通常卦變的方式與正覆卦可以連繫起來。譬如，革卦由大壯卦變成，鼎卦就由遯卦變成。革卦與鼎卦為正覆關係，大壯卦（☳）與遯卦亦為正覆關係。其他各卦之變化，亦可依例觀察。

象曰：鼎，象也。以木巽火，亨飪也。聖人亨以享上帝，而大亨以養聖賢。巽而耳目聰明，柔進而上行。得中而應乎剛，是以元亨。

〈白話〉

〈象傳〉說：鼎卦，是由鼎的形象來取卦名的。把木柴放進火內，是要烹煮食物。聖人烹煮食物來祭獻上帝，進而大量烹煮食物來養育聖賢。隨順而耳聰目明，柔順者往上前進。取得中位並與剛強者相應合，因此最為通達。

〈解讀〉

① 鼎卦之名，取象於真實的鼎。初六為陰爻分立之鼎足，九二、九三、九四為鼎腹，六五為鼎耳（左右各一），上九為鼎鉉（穿過鼎耳之槓子，可壓住鼎蓋並可用來搬移鼎）。

② 鼎卦下巽上離，離為火，巽為木，為入，亦即「以木入火」，由此可以烹飪。亨、烹、享在古代可通用。聖人為古代聖王，烹煮食物有兩大目的：一是祭獻上帝，表達崇拜及感恩之情；二是養育聖賢，亦即使聖賢可以專心為民謀福。

③ 巽為隨順，離為目，為明，引申為耳聰目明。由「柔進而上行，得中而應乎剛」一語，可知鼎卦由遯卦（☷）變來，亦即六二（柔）往上取得九五之位而成為六五（得中），並使原來的九五成為九二（應乎剛），形成了鼎卦（☵）。這些條件構成了「元亨」。

象曰：木上有火，鼎。君子以正位凝命。

〈白話〉

〈象傳〉說：木上有火在燒，這就是鼎卦。君子由此領悟，要端正職位，完成使命。

〈解讀〉

① 鼎卦下巽上離，離為火，巽為木，所以說「木上有火」。至於鼎卦與具體的鼎，孰先孰後，是「觀象制器」，還是「取象於器」？程頤說：「聖人制器，不待見卦而後知象，以眾人之不能知象也，故設卦以示之。卦器之先後不害於義也。或疑鼎非自然之象，乃人為也；曰，固人為也，然烹飪可以成物，形制如是則可用，此非人為，自然也。在井亦然，器雖在卦先，而所取者乃卦之象，卦復用器，以為義也。」這段話探討卦象與器物的關係，值得仔細辨明。

② 君子見鼎之端正厚重，所領悟的是「正位」，端正所處的職位，盡忠職守；以及「凝命」，「凝」為聚止、完成，以嚴肅而認真的態度完成自己的使命。

初六。鼎顛趾，利出否（ㄆㄧˇ）。得妾以其子，无咎。
象曰：鼎顛趾，未悖也。利出否，以從貴也。

〈白話〉

初六。鼎足顛倒，適宜走出閉塞。因為兒子而娶得妾，沒有災難。

〈象傳〉說：鼎足顛倒，但並未違背常理。適宜走出閉塞，是為了要追隨貴人。

〈解讀〉

① 初六在鼎的底部，是為足趾；它上有九四正應，自然要以陰從陽，往上走而造成「鼎顛趾」。對初六而言，是走出困境，對整個鼎而言，

則可清潔內部污垢，是為「利出否」。巽卦有臭腐之意，為否。

② 鼎卦由遯卦（☶）變來，初六原在下卦艮中，艮為少男；現在變為鼎卦（☴），初六的正應為九四，九四在互兌（九三、九四、六五）中，兌為妾；這就形成了「得妾以其子」。鼎卦所為是飲食料理，在古代為女子之事，其卦為火（中女）與風（長女）之組合，現在則出現兌（少女）。此語或可由此理解。

③ 「鼎顛趾」看似嚴重的翻覆，但是初六上應九四，以陰從陽，是「未悖也」；「利出否」則是為了「以從貴也」；合而觀之，古人在使用鼎烹煮食物時，第一步是清潔內部。這種做法自然「无咎」。至於「得妾以其子」，孔穎達說：「正室雖亡，妾猶不得為室主。妾為室主，亦猶鼎之顛趾而有咎過。妾若有賢子，則母以子貴，以之繼室則得无咎。故曰，得妾以其子，无咎也。」這或許反映了古人的生活實況，可供參考。

九二。鼎有實，我仇有疾，不我能即。吉。
象曰：鼎有實，慎所之也。我仇有疾，終无尤也。

〈白話〉

九二。鼎中有實在物料，我的對頭患了病，沒有辦法接近我。吉祥。

〈象傳〉說：鼎中有實在物料，是因為謹慎安排去處。我的對頭患了病，所以最終沒有責怪。

〈解讀〉

① 九二陽爻居中位，陽剛為實，所以說「鼎有實」。「仇」為仇人、對頭，或匹配。在此指六五。在遯卦變為鼎卦時，六二與九五換位，以致形成九二與六五的新局面。六五之「疾」在於以陰爻居剛位，中而不正。對九二而言，六五與它隔了兩個陽爻，不易接近。何況，九二還在下卦巽中，巽為不果，為多白眼，如此也將使六五「不我能即」，也就是「不能即我」，「即」為接近。九二爻變，下卦成艮，

艮為止，亦使六五卻步。

② 九二是由遯卦九五所變成，由上卦中位來到下卦中位，未離乎中，是「慎所之也」。六五雖有疾，但其位為九二所讓，並且仍有陰陽正應，所以「終无尤也」，結果是「吉」。

九三。鼎耳革，其行塞，雉膏不食。方雨，虧悔，終吉。
象曰：鼎耳革，失其義也。

〈白話〉

九三。鼎耳被革除，行動受到困阻，吃不到山雞的美肉。正在下雨，既吃虧又懊惱，最後吉祥。

〈象傳〉說：鼎耳被革除，是因為失去它做為鼎耳的意義。

〈解讀〉

① 在鼎卦（䷱）中，從初六到六五形成一個大坎（☵），坎為耳。九三在大坎中間，故有耳象。但是在鼎卦中，正牌的鼎耳為六五，亦即九三因而「失其義也」，成了「鼎耳革」。坎又為陷，為險，使得九三「其行塞」。鼎以耳行，無耳則難行。

② 九三面臨上卦離，離為雉。「雉膏」為鼎中烹煮的山雞肉。九三在下卦，所以「雉膏不食」。九三在互兌（九三、九四、六五）中，兌為澤，引申為雨，是為「方雨」；兌又為毀折，為虧損，使九三生「悔」意。然而，鼎卦四個陽爻中，只有九三位正，並且居下卦終位，所以說「終吉」。

九四。鼎折足，覆公餗（ㄙㄨˋ），其形渥（ㄨㄛˋ），凶。

象曰：覆公餗，信如何也？

〈白話〉

九四。鼎足折斷，打翻了王公的粥，自己身上也沾污了，有凶禍。

〈象傳〉說：打翻了王公的粥，結果是怎麼樣呢？

〈解讀〉

① 九四與初六正應，猶如以初六為足；九四又在互兌（九三、九四、六五）中，兌為毀折。情況變成：初六承擔不了重任而毀折，是為「鼎折足」。

② 鼎翻覆的是「公餗」。九四爻變，出現互震，震為諸侯。稱「公」；震又為竹，引申為竹筍，與原有的互兌（為澤）搭配成粥。「餗」為八珍之膳，珍貴的粥品。「渥」為沾濡，為湯汁所濕。「渥」也是來自九四的互兌為澤。一路發展下去，可見其「凶」。

③ 〈繫辭‧下〉談到此爻。孔子說：「德薄而位尊，知小而謀大，力小而任重，鮮不及矣。《易》曰：鼎折足，覆公餗，其形渥，凶。言不勝其任也。」九四條件不足而勉強任事，很少有不拖累到自己的。他應該先想一想：「信如何也？」引文「力小而任重」或可改為「力少而任重」，參考〈繫辭‧下〉相關之處所論。

六五。鼎黃耳金鉉。利貞。

象曰：鼎黃耳，中以為實也。

〈白話〉

六五。鼎有黃色的耳與金製的鉉。適宜正固。

〈象傳〉說：鼎有黃色的耳，是因為居中而踏實。

〈解讀〉

① 六五完成放大的坎卦（從初六到六五），坎為耳；六五居中，中之色為黃，所以稱「鼎黃耳」。

② 鼎卦由遯卦（☰）變來，上卦為乾，乾為金。鉉為穿過鼎耳的工具，六五為耳，可供鉉穿過，所以稱為「金鉉」。「黃耳金鉉」為貴重之象，所以「利貞」。至於「中以為實」，則是指六五居中，又有九二正應。

上九。鼎玉鉉，大吉，无不利。

象曰：玉鉉在上，剛柔節也。

〈白話〉

上九。鼎有玉製的鉉。非常吉祥，無所不利。

〈象傳〉說：玉製的鉉在上位，是因為剛與柔調節合宜。

〈解讀〉

① 上九的位置是鼎鉉。由於遯卦上卦原為乾，乾為玉，變為鼎卦而上九未動，所以得「玉鉉」之象。

② 以金與玉而言，金屬剛硬而玉質柔潤。上九以陽爻居柔位，已經有所調和，再以玉鉉稱之，更是得宜無比。所以形成了「大吉，无不利」。

震:亨。震來虩虩,笑言啞啞。震驚百里,不喪匕鬯。

〈象〉曰:洊雷,震。君子以恐懼修省。

上六:震索索,視矍矍,征凶。震不於其躬,於其鄰,无咎。婚媾有言。

〈象〉曰:震索索,未得中也。雖凶无咎,畏鄰戒也。

六五:震往來厲,億无喪,有事。

〈象〉曰:震往來厲,危行也。其事在中,大无喪也。

九四:震遂泥。

〈象〉曰:震遂泥,未光也。

六三:震蘇蘇,震行无眚。

〈象〉曰:震蘇蘇,位不當也。

六二:震來厲,億喪貝,躋於九陵,勿逐,七日得。

〈象〉曰:震來厲,乘剛也。

初九:震來虩虩,後笑言啞啞,吉。

〈象〉曰:震來虩虩,恐致福也。笑言啞啞,後有則也。

䷲ 震。亨。震來虩虩(ㄒㄧˋ),笑言啞啞。震驚百里,不喪匕(ㄅㄧˇ)鬯(ㄔㄤˋ)。

〈白話〉

震卦。通達。震動起來驚慌不安,談話笑聲穩定合宜。震動驚傳百里之遠,祭器祭酒卻不失手。

〈解讀〉

① 震卦是下震上震,「震為雷」。〈序卦〉說:「主器者莫若長子,故

受之以震。震者，動也。」鼎卦描寫國家重器，主持禮儀者沒有比長
子更適合的，所以接著要談代表長子的震卦。震亦為震動之意。

② 「虩虩」為驚慌貌；「啞啞」描寫鎮定有節的言談。震為雷，突然發
生，難免讓人驚慌；隨後則恢復常態，可以安分自處。

③ 「匕」為匙形器具，用以挹取鼎食；「鬯」為秬黍所釀的酒。兩者合
稱，指宗廟祭祀的禮品與祭器。震為長男，在主祭時從容而不驚慌。
震為祭器，卦中有互坎（六三、九四、六五），坎為堅多心之木，為
棘，引申為木製的匕；坎為水，引申為酒，為鬯。由上述描寫看來，
震卦為通達，為「亨」。

象曰：震，亨。震來虩虩，恐致福也。笑言啞啞，後有則也。震驚
百里，驚遠而懼邇也。出可以守宗廟社稷，以為祭主也。

〈白話〉

〈象傳〉說：震卦，通達。震動起來驚慌不安，是因為恐懼可以招致福
佑。談話笑聲穩定和宜，是因為隨後有了言行法則。震動驚傳百里之遠，
是要驚醒遠方的人並且使近處的人有所戒懼。這樣的長子登位，可以守護
宗廟與國家，做為祭祀的主持人。

〈解讀〉

① 震卦肯定長子將會繼位為君，所以需要具備特殊條件。他不可耽於逸
樂，而須感受自身責任重大，有如雷鳴使人驚慌不安，由此謹言慎
行，修德以致福。不只長子一人要有憂患意識，所以說「驚遠而懼
邇」。「出可以守宗廟社稷」一語之「出」，可解為「國君外出」，
則長子可以代勞，但較迂曲，不如解為這樣的長子出場上位。

② 「不喪匕鬯」顯示了處變不驚與臨危不亂的定力，這是國君應有的修
養。在此特別指出「以為祭主」，再次肯定了宗教信仰的重大意義。
這種信仰所崇拜的固然有祖先的神靈，同時更有至高的上天。古人以
雷鳴為上天示警，並未視之為自然現象而已。

象曰：洊（ㄐㄧㄢˋ）雷，震。君子以恐懼修省。

〈白話〉

〈象傳〉說：接二連三打雷，這就是震卦。君子由此領悟，要有所恐懼，修正省察自己。

〈解讀〉

① 「洊」為重、再。震卦上下皆震，震為雷，所以是雷接連打下來，聲威讓大地震動，也令人震撼。

② 君子在自發的恐懼心態中，要省思己過，修養德行。人若不能定期反省，就不易察覺逐漸形成的惡習，等到積重難返，就徒呼奈何了。因此，活在世間，不能沒有憂患意識。《論語・鄉黨》記載孔子「迅雷風烈必變。」

初九。震來虩虩，後笑言啞啞，吉。
象曰：震來虩虩，恐致福也。笑言啞啞，後有則也。

〈白話〉

初九。震動起來驚慌不安，然後談話笑聲穩定合宜，吉祥。

〈象傳〉說：震動起來驚慌不安，是因為恐懼可以招致福佑。談話笑聲穩定和宜，是因為隨後有了言行法則。

〈解讀〉

① 初九的內容重複了卦辭的前半段。由此顯示震卦初爻即含有全卦的用意。初九為震之初始，若能立即反應而虩虩，然後自我戒惕而收斂言笑，結果則為「吉」。基本八卦本身重覆之卦，其主爻依其卦性而定，不受一般卦變所影響。在此，震卦主爻為初九。

② 有關「笑言啞啞」的取象，則須考慮震卦的由來。震卦由臨卦（☷☱，第十九卦）變來，亦即臨卦九二與六四換位而成震卦（☳☳）。在臨卦

中，初九在下卦兌中，兌為口，為悅，引申為言笑。形成震卦之後，陰陽爻之搭配有其規則，是為「後有則也」。

六二。震來厲，億喪貝。躋於九陵，勿逐，七日得。
象曰：震來厲，乘剛也。

〈白話〉

六二。震動起來有危險，大量喪失了錢幣。登上九重山陵，不要去追趕，七天可以失而復得。

〈象傳〉說：震動起來有危險，是因為凌駕在剛爻之上。

〈解讀〉

① 六二在主爻初九之上，是為乘剛而不順，又處於震卦，所以說「震來厲」。由臨卦（☷）變為震卦（☳）時，震卦六二原在臨卦上坤中，坤為兩串貝，引申為錢幣甚多。六二爻變，下卦為兌，有喪失之象。由臨卦變為震卦後，上坤消失，所以說「億喪貝」。古人以「億」為十萬，表示大量之數。

② 「躋於九陵」是對與六二換位的九四所說，因為是九四化解了上坤，現在又處於互艮（六二、六三、九四）的上位，艮為山。六二與九四分別在下震與上震中，震為足，為行，兩者皆行，不可能追趕得上，所以說「勿逐」。但是六二居中行正，只要自守，即可復得。「七日得」，是取震（☳）為小的復卦（䷗，第二十四卦），有「七日來復」之象。一般而言，爻有六位，所以從本位出發再回到本位，是經過一個週期，到第七位重新開始。

六三。震蘇蘇，震行无眚。

象曰：震蘇蘇，位不當也。

〈白話〉

六三。震動得微微發抖，因為震驚而行動，就沒有災害。

〈象傳〉說：震動得微微發抖，是因為位置不恰當。

〈解讀〉

① 六三以陰爻居剛位，又在震卦中，其不安之情更為明顯。這是「位不當也」所造成的。六三在互坎（六三、九四、六五）中，坎為多眚，所以有「眚」（災害）的問題。如果因震而行，正好配合震為行之意，六三又在互艮（六二、六三、九四），艮為止，可以「无眚」。

② 關於「蘇蘇」一詞，可參考程頤對本卦三個複詞的解說。依程氏所說，「虩虩」是「顧慮不安之貌」；「蘇蘇」是「神氣緩散，自失之狀」；上六的「索索」則是「消索不存之狀」。顯然一步比一步嚴重。白話譯文分別寫為「驚慌不安」、「微微發抖」、「渾身顫抖」，也是想突顯其程度之別。

九四。震遂泥。

象曰：震遂泥，未光也。

〈白話〉

九四。震動得落入泥中。

〈象傳〉說：震動得落入泥中，是因為陽剛之德尚未光大。

〈解讀〉

① 九四已升到上卦，但還是震卦。陽爻在震卦本來可以大步前行，但是它以陽爻居柔位，不中不正，無法施展本性，所以說「未光也」。

② 「遂」為墜，為落入。震卦由臨卦變來，臨卦上坤為土；變為震卦出現互坎（六三、九四、六五），坎為水；土遇水為泥，而九四正在坎的中爻，所以說它「震遂泥」。震為足，九四泥足深陷於上下四陰之間，其危懼可知。

六五。震往來厲，億无喪，有事。
象曰：震往來厲，危行也。其事在中，大无喪也。

〈白話〉

六五。震動時，往來都有危險，沒有大量喪失，但發生事故。
〈象傳〉說：震動時，往來都有危險，因為是在危險中行動。發生事故時居於中位，所以沒有大量喪失。

〈解讀〉

① 六五往上是終位而無應，往下是乘剛而不順，亦即「往來厲」。六五在臨卦變震卦的過程中，守住原本的坤卦中爻，所以不像六二的「億喪貝」，而是「億无喪」。

② 不過，事故還是發生了，就是六五失去原在臨卦中的九二正應，變成了震卦的無應；並且，它也落入互坎（六三、九四、六五）中，坎為險，這也是「危行」的背景。雖有事故，六五守住中位，所以可以「大无喪也」。

③ 程頤關於各爻之中與正，指出：「諸卦，二五雖不當位，多以中為美。三四雖當位，或以不中為過。中常重於正也。蓋中，則不違於正，正不必中也。天下之理，莫善於中。」在此還可補充一點，就是中常可連正而言，並且正除了當位之外，也可包含「柔順剛」在內。

上六。震索索，視矍矍（ㄐㄩㄝˊ），征凶。震不於其躬，於其鄰，无咎。婚媾有言。

象曰：震索索，中未得也。雖凶无咎，畏鄰戒也。

〈白話〉

上六。震動得渾身顫抖，驚恐得四處張望，前進有凶禍。震動不在自己身上，而在鄰居那兒，就沒有災難，婚配會出現怨言。

〈象傳〉說：震動得渾身顫抖，是因為沒有取得中位。雖有凶禍但沒有災難，是因為害怕鄰居那種遭遇而有所戒懼。

〈解讀〉

① 上六居全卦之終，震動不安的情況達到極點，所以說它「震索索」。上六爻變，上卦為離，離為鳥為目，位居最高而向下張望，是「視矍矍」，為鳥在高處向下驚慌張望之貌。上六前無去路，所以說「征凶」。這一切都可以歸因於「中未得也」。

② 上六若能由鄰爻六五的「往來皆厲」學到教訓，使自己不受震動所影響，知所戒惕而稍安勿躁，那麼將可「无咎」。震卦三男皆在，震為長男，互坎為中男，互艮為少男，而無一女象，因此不能婚媾而必有怨言。言來自震為鳴。類似情況見於艮卦（少男）、巽卦（長女）與兌卦（少女），但均未提及「婚媾有言」。此因震為長男，首當其衝。

艮：艮其背，不獲其身。行其庭，不見其人。无咎。

〈象〉曰：兼山，艮。君子以思不出其位。

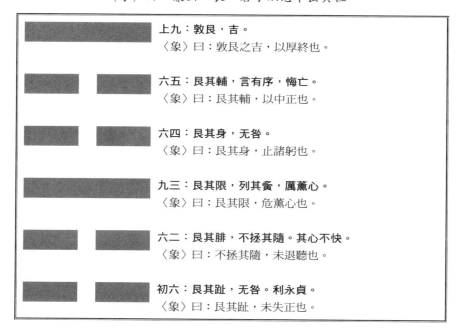

上九：敦艮，吉。
〈象〉曰：敦艮之吉，以厚終也。

六五：艮其輔，言有序，悔亡。
〈象〉曰：艮其輔，以中正也。

六四：艮其身，无咎。
〈象〉曰：艮其身，止諸躬也。

九三：艮其限，列其夤，厲薰心。
〈象〉曰：艮其限，危薰心也。

六二：艮其腓，不拯其隨。其心不快。
〈象〉曰：不拯其隨，未退聽也。

初六：艮其趾，无咎。利永貞。
〈象〉曰：艮其趾，未失正也。

☶☶ 艮。艮其背，不獲其身。行其庭，不見其人。无咎。

〈白話〉

艮卦。止住背部，沒有獲得身體。走在庭院中，沒有見到人。沒有災難。

〈解讀〉

① 艮卦是下艮上艮，「艮為山」。〈序卦〉說：「物不可以終動，動必止之。故受之以艮。艮者，止也。」震卦為動，動久必止，艮卦就是說明止的。止有停止、阻止之意。古人行動時，遇山則止，何況二山相重？

② 艮卦的覆卦是震卦，震卦由臨卦變來，所以艮卦由觀卦（䷓，第二十卦）變來，亦即觀卦九五與六三換位，成為艮卦（䷳）。觀卦下坤，坤為母，母可懷孕稱「有身」，所以坤亦為身；變成艮卦之後，坤象消失，這就是「不獲其身」。至於「艮其背」，則是以艮為堅多節木，引申為人的背脊，而以艮為背。

③ 艮卦中有一互卦震（九三、六四、六五），震為行，引申為行人；又有一互卦坎（六二、九三、六四），坎為隱伏；艮卦本身二艮相疊，艮為門闕，二門之間為庭院；合而言之，則是「行其庭，不見其人」。既「不獲」又「不見」，則不接外物，也不生欲望，止於其所，「无咎」。

象曰：艮，止也。時止則止，時行則行，動靜不失其時，其道光明。艮其止，止其所也。上下敵應，不相與也，是以不獲其身。行其庭不見其人，无咎也。

〈白話〉

〈象傳〉說：艮卦，是止住的意思。該停止時就停止，該行動時就行動，動與靜都沒有錯過時機，他的道路就會坦蕩光明。艮卦所謂的止，是要止得其所。上位者與在下者沒有應合，不能彼此搭配，因此要說沒有獲得身體。走在庭院中沒有見到人，所以沒有災難。

〈解讀〉

① 艮卦的主題是止，但是卦中也有互震（九三、六四、六五），震為行；所以要強調「時行則行，時止則止」。「時」是變化中的關鍵因素，人生的重要挑戰就是判斷時機，以求「動靜不失其時」。「其道光明」一語，可以描述其人生道路坦蕩光明，通行無阻；也可以顯示其道德芳表之光明。

② 艮卦的止，要止得其所。「所」是指位置、職位，亦即除了考慮「時間」，還要考慮「空間」。艮卦與震卦一樣，也是六爻無應，以致全

無應援。各爻皆為相背，所以不獲其身也不見其人，無往無來，所以「无咎」。

象曰：兼山，艮。君子以思不出其位。

〈白話〉

〈象傳〉說：兩座山重疊在一起，這就是艮卦。君子由此領悟，思考問題不超出自己的職位範圍。

〈解讀〉

① 艮卦下艮上艮，為二山相重之象。所謂相重，也可以指前後二山相連，可見險阻重重，必須止步。

② 君子所思，也當止於其身分、角色與職位。《論語‧泰伯》與《論語‧憲問》皆有「子曰：『不在其位，不謀其政。』」一語；在後者，還加上曾子補充了一句，就是「君子思不出其位」。由此可見，這種觀念可以代表儒家的立場。

初六。艮其趾，无咎。利永貞。
象曰：艮其趾，未失正也。

〈白話〉

初六。止住腳趾，沒有災難。適宜長久正固。
〈象傳〉說：止住腳趾，是沒有失去正當做法。

〈解讀〉

① 初六在全卦底部，有如人的足趾。足趾可以行走，現在處於艮卦，就使之停止，如此符合艮卦的要求而「无咎」。足趾不動，則可長久正固，所以說「利永貞」。

② 初六「未失正」，是就其位居最下而能從艮卦的「止」義。這是「時
　 止則止」的表現，所以「未失正也」。

六二。艮其腓，不拯其隨。其心不快。
象曰：不拯其隨，未退聽也。

〈白話〉

六二。止住小腿，不抬起來又須隨著動。內心不痛快。

〈象傳〉說：不抬起來又須隨著動，是因為沒有人退一步聽從它。

〈解讀〉

① 六二處在小腿的部位。由於六二居中守正，必定依卦而止。六二爻
　 變，下卦為巽，巽為股為隨順，小腿即使不抬起來，也必須隨著股
　 （大腿）而進退，亦即「不拯其隨」。「拯」為抬，為舉。六二在互
　 坎中，坎為加憂，「其心不快」是可以理解的。不僅如此，六二在觀
　 卦（☷）中，原有九五正應，現在變為艮卦而無應，又怎能開懷？

② 六二既然居中守正，自然希望九三退一步聽從它。但是九三自己在互
　 震（九三、六四、六五）中，有意行動，所以「未退聽也」。

九三。艮其限，列其夤（一ㄣˊ），厲薰心。
象曰：艮其限，危薰心也。

〈白話〉

九三。止住腰部，撕裂脊肉，有危險而憂心如焚。

〈象傳〉說：止住腰部，是危難使人憂心如焚。

〈解讀〉

① 「限」指腰部，因為腰部是身體上下的分界處；「列」為裂；「夤」
　 為脊椎骨兩邊的肉。九三位處腰部，居上下艮之間，原是非止不可的

位置，但是它以陽爻居剛位，動向極強，並且在互震（九三、六四、六五）中，震為行，由此出現撕裂之苦。九三又在互坎（六二、九三、六四）中，坎為美脊馬，脊於人為「夤」，所以說「列其夤」。

② 九三在互坎中，坎為險，對人則是加憂與心病，合之則是「危薰心也」。程頤說：「行止不能以時，而定於一，其堅強如此，則處世乖戾與物睽絕，其危甚矣。」這樣的人，內心常受煎熬，有如受火薰烤。

六四。艮其身，无咎。
象曰：艮其身，止諸躬也。

〈白話〉

六四。止住身體，沒有災難。

〈象傳〉說：止住身體，就是要止住自己。

〈解讀〉

① 六四以陰爻居柔位，可以順著全卦的時勢而止住身體。六四爻變，上卦為離，離為大腹，有孕之象，為有身，所以說「艮其身」。

② 能夠止住自己，可以自保而「无咎」。六四位正，但是乘剛，兩相抵銷，無法有所作為。

六五。艮其輔，言有序，悔亡。
象曰：艮其輔，以中正也。

〈白話〉

六五。止住上牙床，說話有條理，懊惱消失。

〈象傳〉說：止住上牙床，是因為居中行正。

〈解讀〉

① 「輔」為上牙床（「車」為下牙床），上牙床不動，表示說話有條理，然後可以「悔亡」。六五位處臉頰與口腔，是負責說話的。與六四對照而在上方，所以稱「輔」。它在上艮，又在互震，所以能止也能動，表示「言有序」。

② 六五居中位，所行合乎艮卦要求而為正。能做到「言有序」，大概就可以避開孔子所謂的「三愆」。孔子說：「侍於君子有三愆：言未及之而言謂之躁，言及之而不言謂之隱，未見顏色而言謂之瞽。」（《論語·季氏》）

上九。敦艮，吉。
象曰：敦艮之吉，以厚終也。

〈白話〉

上九。篤實地止住，吉祥。
〈象傳〉說：篤實地止住而吉祥，是因為以厚重來結束。

〈解讀〉

① 上九居全卦終位，在兩山之上，可以充分發揮止的要義。上九爻變，上卦為坤，坤為厚，「敦」為篤實，為厚重，亦即「敦艮」。

② 能以厚重來結束止卦，是理想的結果，所以說「吉」。

漸：女歸吉，利貞。

〈象〉曰：山上有木，漸。君子以居賢德善俗。

▰▰▰▰▰	**上九：鴻漸於陸，其羽可用為儀，吉。** 〈象〉曰：其羽可用為儀，吉，不可亂也。
▰▰▰▰▰	**九五：鴻漸於陵，婦三歲不孕，終莫之勝，吉。** 〈象〉曰：終莫之勝，吉，得所願也。
▰▰ ▰▰	**六四：鴻漸於木，或得其桷，无咎。** 〈象〉曰：或得其桷，順以巽也。
▰▰▰▰▰	**九三：鴻漸於陸。夫征不復，婦孕不育，凶。利禦寇。** 〈象〉曰：夫征不復，離群醜也。婦孕不育，失其道也。利用禦寇，順相保也。
▰▰ ▰▰	**六二：鴻漸於磐，飲食衎衎，吉。** 〈象〉曰：飲食衎衎，不素飽也。
▰▰ ▰▰	**初六：鴻漸於干，小子厲，有言，无咎。** 〈象〉曰：小子之厲，義无咎也。

䷴ 漸。女歸吉，利貞。

〈白話〉

漸卦。女子出嫁吉祥，適宜正固。

〈解讀〉

① 漸卦是下艮上巽，亦即「風山漸」。〈序卦〉說：「物不可以終止，故受之以漸。漸者，進也。」艮卦談止，止到盡頭又須開始活動，這時出現的是漸卦。漸為進，並且是有秩序地漸進，亦即〈雜卦〉所說：「漸，女歸待男行也。」古代女子若要出嫁，必須等待男方行聘，然後依序進展。

② 「女歸」為女子出嫁，找到歸宿。漸卦與下一卦歸妹（☳）為正覆關係。至於漸卦的由來，則是由否卦（☰，第十二卦）變成，亦即否卦六三與九四換位。談到卦變，主要可以參考十二消息卦，先看陰爻與陽爻的數目，再配合〈彖傳〉的提示，通常可以找到答案。若有不合，再另尋他法。

③ 程頤說：「天下之事，進必以漸者，莫如女歸。臣之進於朝，人之進於事，固當有序，不以其序，則陵節犯義，凶咎隨之。然以義之輕重，廉恥之道，女之從人，最為大也。故以女歸為義。」這段話反映了古人的觀念。今日強調男女平權，不宜只是單方面要求女性。

象曰：漸之進也，女歸吉也。進得位，往有功也。進以正，可以正邦也。其位剛得中也。止而巽，動不窮也。

〈白話〉

〈彖傳〉說：漸卦所謂的推進，是指女子出嫁吉祥。推進而取得恰當位置，是前往有功勞。依正道推進，可以導正國家。就位置而言，是剛強者取得中位。能做到停止而隨順，行動就不會陷入困境。

〈解讀〉

① 漸卦由否卦變來，是否卦的六三往上與九四換位；這是漸進的方式，形成了漸卦（☴），亦即下艮為少男，上巽為長女，對女子有利，所以說「女歸吉」。

② 現在漸卦六四以陰爻居柔位，正是「進得位」；如此也形成陰陽交錯、男女交往的新局面，是為「往有功也」。不僅如此，漸卦二、三、四、五爻皆得正位，亦即男女的正當關係將會導正國家的社會風氣，「可以正邦也」。九五與六二可以居中而正應，更為可喜。漸卦下艮上巽，艮為止，巽為入，為隨順，是為「止而巽」，內心靜止而外表隨順，自然「動不窮也」。

象曰：山上有木，漸。君子以居賢德善俗。

〈白話〉

〈象傳〉說：山上長著樹木，這就是漸卦。君子由此領悟，要使所居之地充滿美好德行與善良風俗。

〈解讀〉

① 漸卦下艮上巽，巽為木，艮為山，正是「山上有木」。木因為在山上，才顯得高，這是所居之地合宜所造成的結果。木因山而高，這是有序而成，而它本身也是漸進成長的。

② 君子知道移風易俗不是一朝一夕可以達成的，也要依序而進。

初六。鴻漸於干，小子厲。有言，无咎。

象曰：小子之厲，義无咎也。

〈白話〉

初六。大雁漸進到水岸邊，年輕人有危險。有些責言，沒有災難。

〈象傳〉說：年輕人的危險，理當沒有災難。

〈解讀〉

① 初六爻變，下卦為離，離為雉，大雁屬之。「鴻」為大雁，常以「鴻雁」稱之。以鴻為喻來談「女歸」，主要是因為古人觀察到鴻雁依季節遷徙而從不失信，在飛行時井然有序，並且對配偶堅貞不渝。初六為漸卦初位，上臨互坎（六二、九三、六四），坎為水，亦即大雁漸進到水邊。「干」為岸邊。本卦六爻皆稱「鴻」（大雁），或可由其結構來理解：下艮上巽，艮為山，巽為風為雞；在山之上隨風飛翔之禽，可視為鴻。

② 「小子」是指初六在下卦艮，艮為少男；初六面臨互坎，坎為險；所以說「小子厲」。不過，初六並未進入互坎，所以「義无咎也」。而

「有言」的原因是：原在否卦，下卦三爻皆有正應，一變而為漸卦，則六二居中有應，九三當位，只剩初六既不當位又無應。初六陰爻屬柔，不會躁進，上無正應，必須漸至。合乎漸卦要求，所以「无咎」。

六二。鴻漸於磐，飲食衎衎（ㄎㄢˋ），吉。
象曰：飲食衎衎，不素飽也。

〈白話〉
六二。大雁漸進到磐石上，飲食和樂的樣子，吉祥。
〈象傳〉說：飲食和樂的樣子，因為不是白白吃飽的。

〈解讀〉
① 六二居下卦艮的中位，艮為山石，為「磐」，指岸邊離水稍遠的石堆。六二在互坎（六二、九三、六四）中，坎為水，引申為酒，為飲食。「衎衎」為和樂貌。六二與九五正應，所以可說「飲食衎衎」。
② 六二居中守正，上應之九五也是居中守正，所以它在漸進時，飲食和樂，「不素飽也」。素為空，為白；「素飽」是批評光吃飯而不做事的人。六二顯然並非如此。孟子在回答學生對君子「不耕而食」的質疑時，特別指出：「君子居是國也，其君用之，則安富尊榮；其子弟從之，則孝悌忠信。『不素餐兮』，孰大於是？」（《孟子·盡心上》）

九三。鴻漸於陸。夫征不復，婦孕不育，凶。利禦寇。
象曰：夫征不復，離群醜也。婦孕不育，失其道也。利用禦寇，順相保也。

〈白話〉
九三。大雁漸進到台地上。丈夫出征不回來，婦女懷孕不生育，有凶禍。

適宜抵抗強盜。

〈象傳〉說：丈夫出征不回來，是因為離開了同類。婦女懷孕不生育，是因為喪失了正道。適宜抵抗強盜，是因為隨順而能保住位置。

〈解讀〉

① 「陸」是高而平的台地。九三在下卦艮中，艮為山，引申為高；它也在互坎（六二、九三、六四）中，坎為水，引申為平；合之為「陸」，所以說「鴻漸於陸」。

② 由否卦變為漸卦時，六三與九四換位而成九三與六四。對九三而言，陽爻稱夫，它由上卦（原是九四）來到下卦，卻不到初位而到三位，如此則是「夫征不復」。對六四而言，陰爻稱婦，它在互離（九三、六四、九五）中，離為大腹，引申為有孕；它也在上卦巽中，巽為不果，如此則是「婦孕不育」。

③ 「夫征不復」的原因，是說九三離開了它原在否卦的上卦乾，是為「離群醜也」。「醜」為眾，為同類。「婦孕不育」的原因，則是說六四原在否卦的下卦坤，與上九正應，但是它卻與九四換位，是為「失其道也」。如此，結果為「凶」。

④ 九三在互坎（六二、九三、六四）中，坎為盜，亦為弓輪；它也在互離（九三、六四、九五）中，離為甲冑，為戈兵；所以說「利禦寇」。而其原因則是「順相保也」，亦即九三與六四的換位，出現了漸卦的上卦巽，巽為隨順；同時九三與六四也都保住了自己正位。

六四。鴻漸於木，或得其桷（ㄐㄩㄝˊ），无咎。
象曰：或得其桷，順以巽也。

〈白話〉

六四。大雁漸進到樹木上，或者停在屋椽上，沒有災難。

〈象傳〉說：或者停在屋椽上，就是因為柔順而隨順。

〈解讀〉

① 六四位置更高，大雁到了樹上，或停在屋椽上。「或」字用在四位，表示未定狀態，有選擇餘地。「桷」為椽，為屋頂上的椽子。由取象來看，六四在上卦巽中，巽為木；又在下卦艮之上，艮為門闕；合之則為門闕上的橫木，亦即「桷」。既然是漸進而上，所以「无咎」。

② 六四以陰爻居柔位，其柔順可知，又在上卦巽中，巽為入，為隨順，合之則為「順以巽也」。大雁為蹼足，在椽的平板上較為安穩。

九五。鴻漸於陵，婦三歲不孕，終莫之勝，吉。
象曰：終莫之勝，吉，得所願也。

〈白話〉

九五。大雁漸進到山陵上，婦女三年不懷孕。最後沒有人能夠勝過她，吉祥。

〈象傳〉說：最後沒有人能夠勝過她而吉祥，是因為願望得以實現。

〈解讀〉

① 九五居下卦艮之上，亦即在山陵之上；它又在互離（九三、六四、九五）中，離為大腹為有孕；上卦為巽為不果；所以說，婦「不孕」。若要有結果，則須由九五的正應六二來看，六二在下卦艮中，艮為果蓏。由九五到六二須經三位，亦即三年之後才有結果。合之則為「三歲不孕」。

② 九五之所願，在與六二正應，這也是「終莫之勝」的原因。兩者皆居中守正，最後是「吉」。

上九。鴻漸於陸，其羽可用為儀，吉。

象曰：其羽可用為儀吉，不可亂也。

〈白話〉

上九。大雁漸進到台地上，羽毛可以用在禮儀中，吉祥。

〈象傳〉說：羽毛可以用在禮儀中而吉祥，是因為禮儀不可亂了秩序。

〈解讀〉

① 上九雖處於漸卦終位，但大雁完成漸進順序，又回到高平的台地上，這也是九三所處的位置。上九在上卦巽，巽為進退，可進也可退，所以大雁也可以退回台地。

② 上九在互離（九三、六四、九五）之上方，離為雉，為禽鳥，引申為鴻，而上九在鴻之上方，可指其羽毛。至於「儀」，是指禮儀而言，尤其是婚禮。上九在巽卦中，巽為進退，表示禮儀有秩序而「不可亂」。

③ 依《周禮》所載，古代婚禮有六個步驟，就是：納采（男方送一隻雁給女方），問名（八字合婚），納吉（占卜得吉），納徵（訂婚），請期（定喜日），以及親迎（結婚）。納采用雁，而新郎帽上亦須插上雁翎。這些都可供參考。

⑤4 歸妹卦 ䷵

歸妹：征凶，无攸利。

〈象〉曰：澤上有雷，歸妹。君子以永終知敝。

上六：女承筐无實，士刲羊无血，无攸利。
〈象〉曰：上六无實，承虛筐也。
六五：帝乙歸妹，其君之袂不如其娣之袂良，月幾望，吉。
〈象〉曰：帝乙歸妹，不如其娣之袂良也。其位在中，以貴行也。
九四：歸妹愆期，遲歸有時。
〈象〉曰：愆期之志，有待而行也。
六三：歸妹以須，反歸以娣。
〈象〉曰：歸妹以須，未當也。
九二：眇能視，利幽人之貞。
〈象〉曰：利幽人之貞，未變常也。
初九：歸妹以娣，跛能履，征吉。
〈象〉曰：歸妹以娣，以恒也。跛能履，吉相承也。

䷵ 歸妹。征凶，无攸利。

〈白話〉

歸妹卦。前進有凶禍，沒有什麼適宜的事。

〈解讀〉

① 歸妹卦為下兌上震，亦即「雷澤歸妹」。〈序卦〉說：「進必有所歸，故受之以歸妹。」漸卦是講進展的，進展到一定時候，就要有個歸宿，所以接著談歸妹卦。由字面看來，歸妹是嫁出妹妹，其含意可以推廣到嫁出女子。〈雜卦〉說：「歸妹，女之終也。」就強調歸妹

卦所說，為女子的最後歸宿。古人以女子出嫁為有所歸，有如回到家一般，其實是要組成新家庭，生養下一代了。

② 由下兌上震看來，兌為少女，震為長男；少女配長男，就是歸妹。並且，震為諸侯，所以各爻取象都以諸侯娶女為典型，所談並非一般人的嫁娶。由爻位看來，除了初與上之外，二、三、四、五皆無正位，並且六五與六三皆有乘剛不順的情況，這表示「征凶」。歸妹為人生大事，應該認真辦好，不必再想其他的事，所以說「无攸利」。

③ 歸妹卦與漸卦為正覆關係。推究其源，則由泰卦（☷，第十一卦）變來，亦即泰卦九三與六四換位，形成歸妹卦（☳）。

象曰：歸妹，天地之大義也。天地不交而萬物不興，歸妹，人之終始也。說以動，所歸妹也。征凶，位不當也。无攸利，柔乘剛也。

〈白話〉

〈象傳〉說：歸妹卦，說的是天地間的大道理。天地的陰陽二氣不交流，萬物就無法出現；歸妹，使人類的生命可以終而復始。喜悅而行動，因為所要嫁的是妹妹。前進有凶禍，因為所處的位置不恰當。沒有什麼適宜的事，因為柔順者凌駕在剛強者之上。

〈解讀〉

① 歸妹卦談婚配，男女結婚生子以繁衍後代。古人認為天地各有陽氣與陰氣，兩者交感流通才會產生萬物。泰卦原為下乾上坤，壁壘分明，變為歸妹卦才又出現陰陽交錯，有了生機。人類若無男女婚配，就不可能終而復始，人道也將滅絕。

② 歸妹卦下兌上震，兌為悅，震為動，合之則為「說以動」；這是下悅而上動，少女配長男，兩情相悅而締結良緣。但是，全卦中間四爻皆不當位，所以不宜前進；又有乘剛現象，所以「无攸利」。

象曰：澤上有雷，歸妹。君子以永終知敝。

〈白話〉
〈象傳〉說：沼澤上有雷鳴，這就是歸妹卦。君子由此領悟，要長久直到結束，知道弊端而防範。

〈解讀〉
① 歸妹卦下兌上震，震為雷，兌為澤，是為「澤上有雷」。雷震而澤動，有從上而行之意，亦即歸妹。
② 「永終」是永其終，個人生命有結束，而人類卻要永遠傳續下去；「知敝」是了解有始無終的害處，再預為防範。「敝」為弊。

初九。歸妹以娣（ㄉㄧˋ），跛能履，征吉。
象曰：歸妹以娣，以恆也。跛能履，吉相承也。

〈白話〉
初九。嫁妹妹時，以娣陪嫁。腳跛了還能走，前進吉祥。
〈象傳〉說：嫁妹妹時，以娣陪嫁，是為了維持關係。腳跛了還能走，是因為有吉祥承續下去。

〈解讀〉
① 「娣」是陪嫁的妹妹。古代諸侯娶妻時，有正室一人，陪嫁的娣姪二人，稱為媵。「娣」為正室之妹，「姪」為正室的姪女。這三人又各有娣姪二人，結果總數為九人。有娣陪嫁，將來正室死了可以繼位，如此可使姻親關係維持長久，這就是「以恆也」。
② 初九在下卦兌中，兌為少女，為妹；在本卦中，其角色如「娣」，所以說「歸妹以娣」。初九居下位為足，而兌卦為毀折，所以說「跛」；初九以陽爻居剛位，有動向，不但「能履」，而且「征吉」。就歸妹卦而言，娣為正室之助手，再往前一步即為正室，其吉

可以相承。

九二。眇（ㄇㄧㄠˇ）能視，利幽人之貞。
象曰：利幽人之貞，未變常也。

〈白話〉
九二。眼有疾還能看，適宜幽隱的人保持正固。
〈象傳〉說：適宜幽隱的人保持正固，是因為沒有改變常道。

〈解讀〉
① 九二在互離（九二、六三、九四）中，離為目，為明；又在下卦兌中，兌為毀折；所以是眼有疾而仍有明，亦即「眇能視」。「眇」是目有疾而難視。相關的爻辭與爻位，可參考履卦（☲，第十卦）。
② 九二在下卦兌中，兌為澤；九二居中位，是為澤中之人，有如幽隱之人，九二雖有六五陰陽正應，但是九二為柔中帶剛的賢女，六五則非賢明之君。程頤說：「男女之際，當以正禮，五雖不正，二自守其幽靜貞正，乃所利也。」九二居中守常，可以自保自處。

六三。歸妹以須，反歸以娣。
象曰：歸妹以須，未當也。

〈白話〉
六三。嫁妹妹時，以妾陪嫁；要回去再以娣陪嫁。
〈象傳〉說：嫁妹妹時，以妾陪嫁，是因為位置不恰當。

〈解讀〉
① 「須」為妾；「須女」為一星座，《史記·天官書》正義說：「須女，賤妾之稱，婦職之卑者，主布帛裁製嫁娶。」六三在下卦兌中，兌為妾，所以說「歸妹以須」。

② 六三以陰爻居剛位，不正也不中，「未當也」。至於「反歸以娣」的理由，則是六三若不回頭，則往前已入互坎（六三、九四、六五），坎為險，為加憂。回頭則是依循正途，以娣陪嫁。若依常情考量，則是妻娣為姊妹，易於和睦相處，而妻妾則難以共融了。

九四。歸妹愆（ㄑㄧㄢ）期，遲歸有時。
象曰：愆期之志，有待而行也。

〈白話〉

九四。嫁妹妹延誤了婚期，晚些出嫁也會有一定的時候。

〈象傳〉說：延誤婚期的心意，是有所等待才要行動。

〈解讀〉

① 「愆」為延誤、拖延。九四在互離（九二、六三、九四）中，離為日，也在互坎（六三、九四、六五）中，坎為月，有日有月，表示時間漫長而未定，所以說「愆期」。

② 不過，九四已在上卦震中，震為行，並且震也代表春季。古代嫁娶以春季為主，所以說「遲歸有時」。九四以陽爻居柔位，又無正應，所以必須「有待而行」，所待者既是時機，也是佳偶。

六五。帝乙歸妹，其君之袂（ㄇㄟˋ）不如其娣之袂良。月幾望，吉。
象曰：帝乙歸妹，不如其娣之袂良也。其位在中，以貴行也。

〈白話〉

六五。帝乙嫁妹妹，這位女君的服飾還沒有娣的服飾那麼華美。月亮快到滿盈的時候，吉祥。

〈象傳〉說：帝乙嫁妹妹，還沒有娣的服飾那麼華美。她處在中間的位置，因為是以尊貴的身分出嫁的。

① 「帝乙歸妹」亦見於泰卦六五的爻辭，可以參照。帝乙是帝王，把妹妹嫁給諸侯，這在古代是常有之事。諸侯的正室稱為「女君」，陪嫁的是「娣」。「袂」原指衣袖，引申為服飾。歸妹卦由泰卦（☷☰）變來，卦變時六五與九二皆未動，六五在上坤，坤為布，為吝嗇，九二在下乾，乾為金，為玉。現在六五仍居上卦，是為女君，而九二則在下兌中，兌為妹，為娣。相形之下，正是「其君之袂不如其娣之袂良」。表示帝王之妹尚禮不尚飾。

② 「望」為每月十五日，為月滿之時；「月幾望」是月尚未滿，六五爻變，上卦成兌，卦象有如上弦月，為每月初八，正在走向滿盈。六五在互坎（六三、九四、六五）中，坎為月，所以說「月幾望」。帝王之妹，下嫁諸侯，滿而不驕，所以「吉」。

③ 女君重禮而不驕，是因為她處於中位。以陰爻處尊位，地位高貴又能柔順，表示符合應有的身分，是為「以貴行也」。

上六。女承筐无實，士刲（ㄎㄨㄟ）羊无血，无攸利。
象曰：上六无實，承虛筐也。

〈白話〉

上六。女子捧著竹筐，裡面是空的；士人宰殺活羊，無法取得血，沒有什麼適宜的事。
〈象傳〉說：上六沒有東西，是因為捧著空的筐子。

〈解讀〉

① 上六所處的上卦，是由坤變震，坤為女，並且坤（☷）形有如空無一物，震（☳）形有如竹筐，合之則為「女承筐无實」。上六所對的六三則在下卦，下卦是由乾變兌，乾為男，兌為羊，六三在互坎（六三、九四、六五）中，坎為血，但是坎在兌上，血在上而不往下流，所以說「刲羊无血」。兩皆不成，所以「无攸利」。上六居終位，下

又無正應，一切都是空的。

② 古代女子嫁入夫家三個月後，要參與祭祀的禮儀。《儀禮‧士昏禮》
記載：「婦入三月，然後祭行」，以及「婦入三月乃奠菜」。做法是
以竹筐盛滿菜蔬來敬奉祖先。男子則須負責殺羊取血來祭祀。如上六
所云，則是祭祀不成，無法獲得祖先福佑。

豐：亨。王假之，勿憂，宜日中。

〈象〉曰：雷電皆至，豐。君子以折獄致刑。

上六：豐其屋，蔀其家，闚其戶，闃其无人，三歲不覿，凶。

〈象〉曰：豐其屋，天際翔也。闚其戶，闃其无人，自藏也。

六五：來章，有慶譽，吉。

〈象〉曰：六五之吉，有慶也。

九四：豐其蔀，日中見斗，遇其夷主，吉。

〈象〉曰：豐其蔀，位不當也。日中見斗，幽不明也。遇其夷主，吉行也。

九三：豐其沛，日中見沬。折其右肱，无咎。

〈象〉曰：豐其沛，不可大事也。折其右肱，終不可用也。

六二：豐其蔀，日中見斗。往得疑疾。有孚發若，吉。

〈象〉曰：有孚發若，信以發志也。

初九：遇其配主，雖旬无咎；往有尚。

〈象〉曰：雖旬无咎，過旬災也。

䷶ 豐。亨。王假（《ㄍㄜˇ》）之，勿憂，宜日中。

〈白話〉

豐卦。通達。君王帶來了豐盛，不用憂慮，適宜太陽在中午的時候。

〈解讀〉

① 豐卦是下離上震，亦即「雷火豐」。〈序卦〉說：「得其所歸者必大，故受之以豐。豐者，大也。」歸妹卦描述來歸，有如眾人來歸，則民聚國富，所以接著要談代表盛大的豐卦。盛大自然為「亨」。

② 「王假之」的「假」，音為格，義為至，亦即君王將會實現天下豐盛的理想。這是艱困的挑戰，但是「勿憂」，只要學會「日中」，像太陽在中午時，以光明普照萬物。意思是：以無私之心造福百姓，天下就會豐盛。

③ 豐卦是由泰卦（☷，第十一卦）變來，亦即泰卦九二與六四換位而成豐卦（☳）。九四是由下乾移往上坤的，乾為君王，坤為百姓，所以說「王假之」；六二來到下乾中位，變為離卦，離為日，如日在中天，所以「宜日中」。

象曰：豐，大也。明以動，故豐。王假之，尚大也。勿憂，宜日中，宜照天下也。日中則昃，月盈則食。天地盈虛，與時消息，而況於人乎？況於鬼神乎？

〈白話〉

〈象傳〉說：豐卦，是盛大的意思。光明而行動，所以豐盛。君王帶來了豐盛，是因為他所崇尚的就是盛大。不用憂慮，適宜太陽在中午的時候，是說這樣適宜普遍照耀天下。太陽到中午就會開始西斜，月亮到圓滿就會開始虧蝕。天地的滿盈與虛空，是隨順時勢而消退及成長，更何況是人呢？何況是鬼神呢？

〈解讀〉

① 豐卦下離上震，震為行，離為明；光明與行動配合，天下必然大治，民富國強而豐盛可觀。這種理想境界，只有得位的君王可以具體實現。責任重大，所以有「憂」；但是把握「宜日中」的原則，有如公正無私的正午太陽那樣普照萬物，就不會有問題了。另外，在物質豐盛之時，很可能反而遮蔽了心靈，本卦四爻出現了遮蔽（蔀、沛），值得警惕。

② 「昃」為太陽西斜；「食」為蝕，指月圓則缺。「日中則昃」與「月盈則食」是常見的現象，在此警惕君王：要做到公正無私是極為困難

的事，幾乎是不可能的任務。日怎能永遠居中？月如何常保圓滿？最後，「天地盈虛，與時消息」一語，則是勸人了解「時勢」的意義。在把握原則時，還要配合時勢而知所進退。另外，在物質豐盛之時，很可能會遮蔽心靈。本卦有四爻出現了遮蔽（蔀、沛），值得警惕。

象曰：雷電皆至，豐。君子以折獄致刑。

〈白話〉

〈象傳〉說：打雷閃電一起來到，這就是豐卦。君子由此領悟，要判決訴訟，執行刑罰。

〈解讀〉

① 豐卦下離上震，震為雷，離為電，合之則為「雷電皆至」。閃電照亮大地，君子可以明察秋毫，公正斷獄；打雷天下震動，君子將讓惡人伏法，受到報應。

② 《易經》有直接以訟為名的訟卦（䷅，第六卦），同時在〈象傳〉談及法律及審判的，還有噬嗑卦（䷔，第二十一卦），其象曰：「雷電噬嗑，先王以明罰敕法。」賁卦（䷕，第二十二卦），其象曰：「山下有火，賁。君子以明庶政，无敢折獄。」旅卦（䷷，第五十六卦），其象曰：「山上有火，旅。君子以明慎用刑而不留獄。」另外，中孚卦（䷼，第六十一卦），有如放大的離卦，其象曰：「澤上有風，中孚。君子以議獄緩死。」這些卦的組合皆與離卦有關。

初九。遇其配主，雖旬无咎；往有尚。
象曰：雖旬无咎，過旬災也。

〈白話〉

初九。遇到與自己搭配的主人，雖然彼此均等，但是沒有災難；前往會有好事。

〈象傳〉說：雖然彼此均等，但是沒有災難，這是因為超過均等就會帶來災難。

〈解讀〉

① 在講求「明以動」的豐卦中，初九與九四雖然不應，但是互為賓主，形成二陽並進的局面。陽爻為君子，代表光明與動力，所以兩者「雖旬无咎」，「旬」在此為「均」之意。

② 一般而言，上下相對的爻，不正應則有「咎」；在此則是強調「明以動」的搭配。這兩個陽爻皆為陰爻所乘，彼此均等，所以「无咎」。對初九而言，「往有尚也」，合乎豐卦上下合作的主旨。

六二。豐其蔀（ㄅㄨˇ），日中見斗。往得疑疾。有孚發若，吉。
象曰：有孚發若，信以發志也。

〈白話〉

六二。遮蔽範圍很大，中午見到了星斗。前往會受到懷疑猜忌。有誠信而表現的樣子，吉祥。

〈象傳〉說：有誠信而表現的樣子，是因為要用誠信來表現心意。

〈解讀〉

① 六二居下卦離的中位，離為日，所以說「日中」；但是它上無正應，往上所見到的是一個震卦，震卦（☳）形狀為仰盂，似「斗」，離又為見，所以合之成為「日中見斗」，這個「斗」又轉而成為星斗。中午見到星斗，其黑暗可想而知。總之，六二的光明無法展現，有如「豐其蔀」。「蔀」為草蓆屋頂，用來遮蔽陽光。「豐其蔀」為「其蔀豐」，遮蔽範圍甚大。

② 六二之「往」，是指要前去與六五會合，但是二者無應，六五在互兌中，兌為毀折，六二會受到「疑疾」。不過，六二在上下二陽爻之間，為「有孚」（離卦有如小型的中孚卦☲，第六十一卦）。能夠

「信以發志」，所以「吉」。

九三。豐其沛，日中見沫。折其右肱，无咎。
象曰：豐其沛，不可大事也。折其右肱，終不可用也。

〈白話〉

九三。陰暗範圍很大，中午見到小星星。折斷了右臂，沒有災難。
〈象傳〉說：陰暗範圍很大，不可以辦成大事。折斷了右臂，終究不能有
所作為。

〈解讀〉

① 「沛」通旆，為幡幔，遮蔽起來不見天日。「沫」為不知名的小星
星。中午看見這樣的小星星，表示陰暗的情況比六二更嚴重。九三比
六二更接近上震所形成的「斗」，所以光明更受壓制。九三以陽爻居
剛位，又有上六正應，原想辦些「大事」，但是天下一片漆黑，只好
韜光養晦。

② 九三在互巽（六二、九三、九四）中，巽為股；九三爻變出現互艮，
艮為手，為肱。「股肱」常常連用，表示得力的助手；它又在互兌
（九三、九四、六五）中，兌為毀折，又為西方之卦，西方居右；合
之則為「折其右肱」。九三終究無法為君主重用。不過，它以正位與
正應而可以「无咎」。

九四。豐其蔀，日中見斗，遇其夷主，吉。
象曰：豐其蔀，位不當也。日中見斗，幽不明也。遇其夷主，吉行
也。

〈白話〉

九四。遮蔽範圍很大，中午見到了星斗。遇到與自己相等的主人，吉祥。
〈象傳〉說：遮蔽範圍很大，是因為位置不恰當。中午見到了星斗，是因

為幽暗不明。遇到與自己相等的主人，是因為吉祥而可以行動。

〈解讀〉

① 九四的爻辭前半段，與六二的前半段相同。這是因為由泰卦（☷☰）變為豐卦（☳☲）時，九四與六二有換位的關係，所以出現相似的遭遇。不過，理由卻不一樣。九四以陽爻居陰位，是「位不當也」。它在互巽中，巽為不果；在互兌中，兌為毀折，所以對於下卦的光明，形成「幽不明也」。

② 九四與初九皆為陽爻，不應而並行，互為賓主。「夷」為平等。在初九是「雖旬无咎，往有尚」；在九四則為「吉」，並且可以行動，因為九四已在上卦震中，震為行。

六五。來章，有慶譽，吉。
象曰：六五之吉，有慶也。

〈白話〉

六五。來到的是光明，有喜慶與名聲，吉祥。
〈象傳〉說：六五的吉祥，是因為有喜慶。

〈解讀〉

① 六二說「往得疑疾」，六五說「來章」，六五以陰爻居尊位，可以溫和地招來賢才；六二代表下卦離，又有文明中正之德，所以六二之「來」，是帶來光明的。「章」為顯明。

② 六五在互兌（九三、九四、六五）中，兌為悅，為「有慶」；又為口，為「譽」。所以說「吉」。

上六。豐其屋，蔀其家，闚其戶，闃（ㄑㄩˋ）其无人，三歲不覿（ㄉㄧˊ），凶。

象曰：豐其屋，天際翔也。闚其戶，闃其无人，自藏也。

〈白話〉

上六。房屋很高大，居室被遮蔽。從門口窺視，寂靜不見人。三年不能見面，有凶禍。

〈象傳〉說：房屋很高大，是因為要到天空飛翔。從門口窺視，寂靜不見人，是因為自己隱藏起來。

〈解讀〉

① 上六在豐卦終位，猶如所住之屋高大無比；但是處在卦盡將變的關頭，居家生活不得安定，猶如距離下卦離較遠，被陰暗所遮蔽。「闚」為窺，為偷看，「闃」為寂靜。上六與九三正應，九三在下卦離中，離為見；九三有互巽，巽為木，引申為門戶；又有互兌，兌為缺，引申為无人。上六到九三須經三位，所以說「三歲不覿」，而結果是凶。

② 上六處在豐卦終位，下一步只有兩種選擇：一是「天際翔也」，二是「自藏也」。在人間獲得盛大成就的人，若不能超然物外，就須善自隱晦，否則後果堪慮。

旅：小亨，旅貞吉。

〈象〉曰：山上有火，旅。君子以明慎用刑而不留獄。

▬▬▬▬▬	**上九：鳥焚其巢，旅人先笑後號咷。喪牛於易，凶。** 〈象〉曰：以旅在上，其義焚也。喪牛於易，終莫之聞 也。
▬▬　▬▬	**六五：射雉，一矢亡，終以譽命。** 〈象〉曰：終以譽命，上逮也。
▬▬▬▬▬	**九四：旅於處，得其資斧，我心不快。** 〈象〉曰：旅於處，未得位也。得其資斧，心未快也。
▬▬▬▬▬	**九三：旅焚其次，喪其童僕，貞厲。** 〈象〉曰：旅焚其次，亦以傷矣。以旅與下，其義喪也。
▬▬　▬▬	**六二：旅即次，懷其資，得童僕，貞。** 〈象〉曰：得僮僕貞，終无尤也。
▬▬　▬▬	**初六：旅瑣瑣，斯其所取災。** 〈象〉曰：旅瑣瑣，志窮災也。

䷷ 旅。小亨。旅貞吉。

〈白話〉

旅卦。稍有通達。旅行守正就吉祥。

〈解讀〉

① 旅卦是下艮上離，亦即「火山旅」。〈序卦〉說：「窮大者必失其
居，故受之以旅。」豐盛到極點而不知收斂，一定會喪失居所。所以
在豐卦之後，接著談旅卦。〈雜卦〉說：「豐，多故也；親寡，旅
也。」豐卦有許多故舊，旅卦則很少親友。這兩者是正覆關係。旅行
在外，諸多不便，所以只是「小亨」。

② 旅卦由否卦（䷋，第十二卦）變來，亦即否卦六三與九五換位，形成
　旅卦（䷷）。六五以陰爻得尊位，陰爻為小，所以說「小亨」；六五
　居中位而行，表示在旅行時要持守正道才可以「吉」。

彖曰：旅，小亨。柔得中乎外而順乎剛。止而麗乎明，是以小亨，
旅貞吉也。旅之時義大矣哉。

〈白話〉

〈彖傳〉說：旅卦，稍有通達。柔順者在外面取得中位並且順應剛強者。
停止下來依附光明，因此稍有通達，旅行守正才會吉祥。旅卦的時勢意義
太偉大了。

〈解讀〉

① 旅卦六五取得上卦中位，並且順應上九，這就是「柔得中乎外而順乎
　剛」。上卦即是外卦，而六五上承上九，即是「順乎剛」。

② 旅卦下艮上離，艮為止，離為明，為麗（依附），亦即「止而麗乎
　明」，旅行時，能夠看情況停下來，並且依附光明，才可以「小
　亨」。順著時勢而知所進退，是旅者的首要原則。整體而言，人生不
　也是形同客旅嗎？所以說「旅之時義大矣哉」。

象曰：山上有火，旅。君子以明慎用刑而不留獄。

〈白話〉

〈象傳〉說：山上出現了火，這就是旅卦。君子由此領悟，要明智而謹慎
地施用刑罰，並且不滯留訴訟案件。

〈解讀〉

① 旅卦下艮上離，離為火，艮為山，亦即「山上有火」。火在高處可以
　照明，山在底下，阻止行動，是明而慎之意。

② 君子所領悟的是「明慎用刑」；並且還要「不留獄」，因為火往上燒，不會留在原處。

初六。旅瑣瑣，斯其所取災。
象曰：旅瑣瑣，志窮災也。

〈白話〉

初六。旅行時猥猥瑣瑣，這是他自取的災害。

〈象傳〉說：旅行時猥猥瑣瑣，是因為心意受困所帶來的災害。

〈解讀〉

① 初六已踏上旅途，但本身居下又為陰爻，自視甚卑。並且，初六在下卦艮中，艮為少男，為童僕，使初六表現有如童僕般「瑣瑣」。「瑣瑣」為細小，為卑污。

② 初六上有九四正應，奈何自己處於艮卦，艮為止，使他心意受阻，困於旅途，在外被人輕侮而「取災」。艮為手，可取物；初六爻變，下卦為離為火，是為災。

六二。旅即次，懷其資，得童僕，貞。
象曰：得童僕貞，終无尤也。

〈白話〉

六二。旅行到了館舍住下，身上帶著旅費，得到童僕，可以正固。

〈象傳〉說：得到童僕而可以正固，最終沒有任何責怪。

〈解讀〉

① 「即」為就，為就居；「次」為客舍。《左傳·莊公三年》：「凡師，一宿為舍，再宿為信，過信為次。」這原本是說軍隊的行止，後來引申為客旅之用。六三在下卦艮中，艮為止，但是六二居中位，止

得其所，可以「即次」。六二又在互巽（六二、九三、九四）中，巽為近利市三倍，所以他會「懷其資」，帶著旅費。

② 六二往上與六五不應，但往下則見自己在艮卦居中得正，艮為童僕，使旅行有安定之感，是為「得童僕貞」，所以「終无尤也」。

九三。旅焚其次，喪其童僕，貞厲。
象曰：旅焚其次，亦以傷矣。以旅與下，其義喪也。

〈白話〉

九三。旅行時大火燒了館舍，失去了童僕，一直如此會有危險。

〈象傳〉說：旅行時大火燒了館舍，也對自己造成了傷害。以旅人的態度對待下人，理當失去童僕。

〈解讀〉

① 九三在互巽（六二、九三、九四）中，巽為木；它上臨離卦，離為火；木上有火，且在旅卦，所以說「旅焚其次」。九三在下卦艮中，艮為童僕；它也在互兌（九三、九四、六五）中，兌為毀折，所以說「喪其童僕」，一直如此會有危險，亦即「貞厲」。

② 九三陽爻居剛位，在旅行時表現過於強勢，又與上九敵而不應，所以最後傷害了自己。九三自恃剛強而「以旅與下」，自然會失去童僕。

九四。旅於處，得其資斧，我心不快。
象曰：旅於處，未得位也。得其資斧，心未快也。

〈白話〉

九四。旅行到了某個地方，獲得旅費與用具，我心裡不愉快。

〈象傳〉說：旅行到了某個地方，是因為沒有取得適當位置。獲得旅費與用具，心裡還是不愉快。

〈解讀〉

① 九四以陽爻居柔位，是「未得位也」，所以會「旅於處」。「處」是某個處所，但不是館舍，所以住得不順。九四在互巽（六二、九三、九四）中，巽為近利市三倍，所以「得其資斧」。「資」是錢財、旅費，「斧」原是兵器，在此指旅途中的必備用具。「斧」的取象是九四在上卦離中，離為戈兵。

② 九四與初六正應，但是中間為艮卦所阻。所造成的結果，在初六是「志窮」，在九四則是「心未快」。九四爻變出現互坎，為加憂。

六五。射雉，一矢亡，終以譽命。
象曰：終以譽命，上逮也。

〈白話〉

六五。射野雞，丟失一支箭，最後會有名聲與祿位。
〈象傳〉說：最後會有名聲與祿位，是因為往上獲得支持。

〈解讀〉

① 六五在上卦離中，離為雉（野雞），又為戈兵，引申為「矢」，所以有「射雉」之象。六五在互兌（九三、九四、六五）中，兌為毀折，所以說「一矢亡」。本卦唯六五不言「旅」，此為王者不離國的原則。

② 六五符合〈象傳〉所云：「柔得中乎外而順乎剛」，所以它的「上逮」是指順承上九而言。「逮」有到達、追隨、施與之意。六五在互兌中，兌為口，為悅，所以有「譽」；它又居於互巽（六二、九三、九四）之上，巽為風，引申為命令、爵命，亦即祿位，所以說「終以譽命」。

上九。鳥焚其巢，旅人先笑後號咷。喪牛於易，凶。

象曰：以旅在上，其義焚也。喪牛於易，終莫之聞也。

〈白話〉

上九。鳥的巢被火燒掉，旅行的人先是大笑後來大哭。在邊界丟失了牛，有凶禍。

〈象傳〉說：旅行還要居於上位，居處理當被火燒掉。在邊界丟失了牛，最後沒有聽到任何消息。

〈解讀〉

① 上九在旅卦終位，可以做全盤取象。上離為雉，雉為鳥類，下有互巽（六二、九三、九四），巽為木，合之則為鳥在樹上有其巢。離又為火，於是發生「鳥焚其巢」的情況。上九旅行在外，還要高居上位，下又與九三無應，所以說「其義焚也」。

② 旅卦中有互兌與互巽，兌為悅，引申為笑；巽為風，引申為呼號、號哭，互兌在前而互巽在後，所以是「先笑後號咷」。然後，上九在原來的否卦（䷋）中，有六三正應，現在變為旅卦，使它不但失去正應，也使下坤消失，坤為牛，而上九處於卦終之邊界，所以說「喪牛於易」，「易」為場，為邊界。上九已至旅卦終位，沒有機會修正錯誤，所以說「終莫之聞也」。本卦唯上九稱「旅人」，可知其結局不佳。

巽：小亨。利有攸往，利見大人。

〈象〉曰：隨風，巽。君子以申命行事。

上九：**巽在牀下，喪其資斧，貞凶。**
〈象〉曰：巽在床下，上窮也。喪其資斧，正乎凶也。

九五：**貞吉，悔亡，无不利。无初有終。先庚三日，后庚三日，吉。**
〈象〉曰：九五之吉，位正中也。

六四：**悔亡，田獲三品。**
〈象〉曰：田獲三品，有功也。

九三：**頻巽，吝。**
〈象〉曰：頻巽之吝，志窮也。

九二：**巽在牀下，用史巫紛若，吉，无咎。**
〈象〉曰：紛若之吉，得中也。

初六：**進退，利武人之貞。**
〈象〉曰：進退，志疑也。利武人之貞，志治也。

☴☴ 巽。小亨。利有攸往，利見大人。

〈白話〉

巽卦。稍有通達。適宜有所前往，適宜見到大人。

〈解讀〉

① 巽卦是下巽上巽，「巽為風」。〈序卦〉說：「旅而无所容，故受之以巽。巽者，入也。」旅人無處安頓，巽卦則表示可以進入某處，甚至像風一樣，可以隱伏不見。〈雜卦〉說：「兌見而巽伏也。」兌卦顯現在外，巽卦隱伏於內。巽卦與兌卦為正覆關係。

② 巽卦由遯卦（☴，第三十三卦）變來，亦即遯卦六二與九四換位，形成巽卦（☴）。此一換位，是陰爻往上走。陰爻的上行活動使陰陽交流，由此所造成的通達，稱為「小亨」。九二出現，使二、五這兩個中位皆為陽爻，所以說「利見大人」。而此一活動則是「利有攸往」。

③ 巽卦為〈繫辭‧下〉修德九卦之九，「巽，德之制也」，德行之制宜，要守經達權，既有原則又能變化，有如巽卦可進可退。

象曰：重巽以申命。剛巽乎中正而志行。柔皆順乎剛，是以小亨，利有攸往，利見大人。

〈白話〉

〈象傳〉說：巽卦相重，是要反覆宣布命令。剛強者隨順於居中守正之道，使心意得以實現。柔順者都能順應剛強者，因此稍有通達，適宜有所前往，適宜見到大人。

〈解讀〉

① 本卦兩個巽卦重疊，而巽為風，風帶來天上的消息，猶如反覆宣布命令。「申」為反覆，有如再三叮嚀。

② 九五與九二都是陽爻居中行正，使君子之志可以實現。初六與六四兩個陰爻都能順承陽爻，是為「柔皆順乎剛」。君子得位（九五）稱為「大人」，所以說「利見大人」。

象曰：隨風，巽。君子以申命行事。

〈白話〉

〈象傳〉說：風與風相隨而來，這就是巽卦。君子由此領悟，要反覆宣布命令，推行政事。

① 「隨」為相繼，為相從。百姓隨順而君王順利。巽為風，有隨順及順
　　利之意。相對於此，坤的順是指柔順與溫順。

② 君子發號施令時，也要不厭其煩、反覆宣告，才能取得百姓的支持，
　　辦成政事。

初六。進退，利武人之貞。
象曰：進退，志疑也。利武人之貞，志治也。

〈白話〉

初六。進退不定，適宜武人的正固。
〈象傳〉說：進退不定，是因為心意猶豫。適宜武人的正固，是因為心意
確定。

〈解讀〉

① 初六在重巽之下，以陰爻居剛位，有舉棋不定之象。巽為進退，為不
　　果。它又與六四不應，顯示「志疑也」。

② 「武人」猶言軍人，以其勇武而保家衛國。《周書》諡法談到
　　「武」，有剛強理直、威強叡德、克定禍亂、保民犯難、刑民克服
　　等。初六爻變為乾，乾為武人。初六本身優柔寡斷，若能學習武人的
　　正固，則可「志治」。「治」為修治而確立不移。「武人」一詞亦見
　　於履卦六三「武人為於大君」，可參照。

九二。巽在床下，用史巫紛若，吉，无咎。
象曰：紛若之吉，得中也。

〈白話〉

九二。隨順進入床底下，讓祝史與巫覡紛紛發言，吉祥，沒有災難。
〈象傳〉說：紛紛發言而吉祥，是因為取得中位。

〈解讀〉

① 巽卦由遯卦變成時，九二由上卦來到下卦，下巽為床，所以說「巽在床下」，隱伏起來。「史巫」是祝史與巫覡（女曰巫，男曰覡），都是古代負責宗教活動（如禮神、消災、祈福等）的神職人員。「史巫」可以測知天命。用在巽卦正好合宜。在尚未明辨天意之前，最好隱藏收斂。

② 「紛若」是發言多而亂的樣子。九二在互兌（九二、九三、六四）中，兌為口，又在下卦巽中，巽為不果。口說而不果，所以是「紛若」。至於何以能「吉」，則是因為九二居中位，所以即使「巽在床下」，也是「吉」。

九三。頻巽，吝。

象曰：頻巽之吝，志窮也。

〈白話〉

九三。頻繁地重複命令，會有困難。

〈象傳〉說：頻繁地重複命令而有困難，是因為心意困窮了。

〈解讀〉

① 九三在上下二巽之間，又是陽爻居剛位，所以一直在隨順與否之間掙扎，結果變成「頻巽」。

② 九三上無正應，又被六四乘剛，顯然是「志窮也」。有「吝」是可以想見的。

六四。悔亡，田獲三品。

象曰：田獲三品，有功也。

〈白話〉

六四。懊惱消失，打獵獲得三種動物。

〈象傳〉說：打獵獲得三種動物，是因為取得功績。

〈解讀〉

① 六四下無正應，所以有悔。而「悔亡」的理由是「田獲三品」。「品」為種類。

② 六四在原先的遯卦中，位在六二，初、二為地位，地為田，所以六四是由「田」而來的。田即獵。六四現在到了上巽，巽為雞；在互兌（九二、九三、六四）中，兌為羊；又在互離（九三、六四、九五）中，離為雉；所以說「田獲三品」。六四也因而「有功也」。

九五。貞吉，悔亡，无不利。无初有終，先庚三日，後庚三日，吉。

象曰：九五之吉，位正中也。

〈白話〉

九五。正固吉祥，懊惱消失，沒有不適宜的事。沒有開始但有結果。庚日的前三天，庚日的後三天，吉祥。

〈象傳〉說：九五的吉祥，是因為處在守正居中的位置。

〈解讀〉

① 九五居中正之尊位，所以「貞吉」。在發布命令時，先是下與九二不應，但上下皆為巽卦，所以說「无初有終」，並且是「悔亡，无不利」。

② 「先庚三日，後庚三日」，要配合十天干來看。十天干為古人紀日之法，依序為：甲、乙、丙、丁、戊、己、庚、辛、壬、癸。其次，在蠱卦（☶，第十八卦）卦辭有「先甲三日，後甲三日」之說，強調那是「終則有始」，亦即：甲之前是十天干的結束，甲之後是新的開始。現在「先庚三日」為丁、戊、己，「後庚三日」為辛、壬、癸，正好結束，所以說「无初有終」。「丁」為叮嚀告誡，「癸」為揆度周詳。〈繫辭・下〉說「巽以行權」，要權宜行事，亦與此有關。

③ 程頤認為，發布命令會有所變更，目的是要使之更善。他說：「先庚三日，後庚三日，吉。出命更改之道，當如是也。甲者，事之端也；庚者，變更之始也。十干，戊己為中，過中則變，故謂之庚，事之改更，當原始要終，如先甲後甲之義，如是則吉也。」

上九。巽在床下，喪其資斧，貞凶。
象曰：巽在床下，上窮也。喪其資斧，正乎凶也。

〈白話〉

上九。隨順進入床底下，失去錢財與用具，一直如此會有凶禍。
〈象傳〉說：隨順進入床底下，是因為居上位而困窮。失去錢財與用具，是因為正處於凶禍中。

〈解讀〉

① 上九居巽卦終位，隨順到了極點，結果也像九二一般，「巽在床下」。這是因為九二是變成巽卦的關鍵，上九也隨之而行。上九走投無路，是為「上窮也」。

② 上九在巽卦中，巽為近利市三倍，所以有「資」；它下臨互離（九三、六四、九五），離為戈兵，引申為「斧」。「資斧」連為一詞，原指旅人的資財與用具。上九已至窮極之位，不在互離之中，可謂「喪其資斧」。此時若是一直如此，則是「正乎凶也」。

兌：亨，利，貞。

〈象〉曰：麗澤兌。君子以朋友講習。

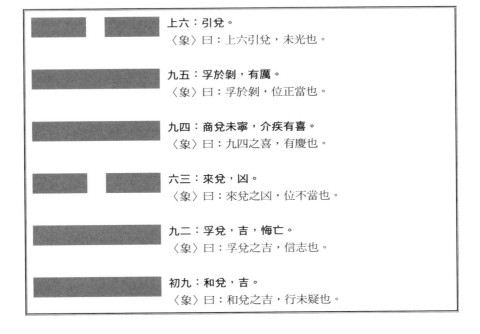

上六：引兌。
〈象〉曰：上六引兌，未光也。

九五：孚於剝，有厲。
〈象〉曰：孚於剝，位正當也。

九四：商兌未寧，介疾有喜。
〈象〉曰：九四之喜，有慶也。

六三：來兌，凶。
〈象〉曰：來兌之凶，位不當也。

九二：孚兌，吉，悔亡。
〈象〉曰：孚兌之吉，信志也。

初九：和兌，吉。
〈象〉曰：和兌之吉，行未疑也。

☱ 兌。亨，利，貞。

〈白話〉

兌卦。通達，適宜，正固。

〈解讀〉

① 兌卦是下兌上兌，「兌為澤」。〈序卦〉說：「入而後說之，故受之以兌。兌者，說也。」巽卦談的是進入某種狀況，亦即要接觸溝通，才會彼此喜悅，所以現在繼續討論兌卦。兌為悅，也為口，由說話而生喜悅之情。

② 兌卦由大壯卦（䷡，第三十四卦）變來，亦即大壯卦六五與九三換位
而成兌卦（䷹）。兌卦與巽卦則為正覆關係。此一變化使陰陽交錯，
所以「亨」。至於「利貞」，則在〈彖傳〉會有說明。

彖曰：兌，說也。剛中而柔外，說以利貞。是以順乎天而應乎人。
說以先民，民忘其勞。說以犯難，民忘其死。說之大，民勸矣哉。

〈白話〉

〈彖傳〉說：兌卦，是喜悅的意思。剛強者居中而柔順者居外，是因為喜
悅才可適宜正固。因此，要順從天道，並且應合人心。有了喜悅再來領導
百姓，百姓就會忘記勞苦。有了喜悅再去冒險犯難，百姓就會忘記死傷。
喜悅的偉大作用，是要振作百姓的心志啊。

〈解讀〉

① 兌卦重疊，陰爻分居三位與上位，是為「剛中而柔外」，有如內心充
實堅定而外表柔順和悅。這是外柔內剛之象，所以說「說以利貞」。
凡事考慮天道與人心，才是喜悅的真正保障。「順乎天而應乎人」一
語，是所有君王的首要原則。

② 「說以先民」，「說」是使百姓心悅誠服，所以喜悅不能離開「說
話」。說話真誠有理，態度委婉和善，百姓就會喜悅，以致「忘其
勞」，「忘其死」。喜悅的作用，可以勉勵及振作百姓的心志。

象曰：麗澤兌。君子以朋友講習。

〈白話〉

〈象傳〉說：沼澤與沼澤互相依附，這就是兌卦。君子由此領悟，要與朋
友一起討論及實踐。

〈解讀〉

① 兌卦為澤，二澤依附（麗）在一起，彼此流通潤澤，有互相滋益之象。

② 君子要結交益友，討論學習的心得，分享實踐的體驗。曾子說：「君子以文會友，以友輔仁。」（《論語・顏淵》）這句話可以代表儒家對朋友的基本觀點。

初九。和兌，吉。
象曰：和兌之吉，行未疑也。

〈白話〉

初九。應和而喜悅，吉祥。
〈象傳〉說：應和而喜悅，吉祥，是因為行動沒有疑惑。

〈解讀〉

① 初九以陽爻居剛位，有動向。它在下卦兌中，兌為口，為悅；上卦亦為兌卦。形成上下互相唱和的局面。初九往上應和，成為「和兌」。

② 在大壯卦（☳）變為兌卦過程中，本來只有初九與九四無應，一變而為兌卦，則各爻皆不應。所以，對初九而言，任何行動都不會有差錯，是「行未疑也」，為「吉」。

九二。孚兌，吉。悔亡。
象曰：孚兌之吉，信志也。

〈白話〉

九二。誠信而喜悅，吉祥。懊惱消失。
〈象傳〉說：誠信而喜悅，吉祥，是因為心意真實。

〈解讀〉

① 九二陽爻為實，居中位，有中實之相，所以說「信志也」。

② 九二與九五不應，但仍吉而「悔亡」。原因是：九二原來在大壯卦所
　正應的六五，現在下來成為六三，與它相比為鄰，這是因誠信而產生
　的喜悅，所以「吉」。

六三。來兌，凶。

象曰：來兌之凶，位不當也。

〈白話〉

六三。來到而喜悅，有凶禍。

〈象傳〉說：來到而喜悅，有凶禍，是因為位置不恰當。

〈解讀〉

① 在大壯卦變為兌卦時，六三是從六五下來的。由於六三的來到，才形
　成了兌卦，所以稱之為「來兌」。來而求悅，有奉承之嫌。

② 六三以陰爻居剛位，不中不正，「位不當也」，所以「凶」。

九四。商兌未寧，介疾有喜。

象曰：九四之喜，有慶也。

〈白話〉

九四。商量而喜悅，還不能安定；隔開了疾病，就會有好事。

〈象傳〉說：九四的好事，是因為有喜慶。

〈解讀〉

① 九四介於上下兌之間，兌為口，二口並現，有協商而未定之象。

② 九四之「疾」猶如初九之「疑」，在兌卦形成之後，各爻皆無正應，
　所以可以一筆勾銷。「介疾」的「介」為隔開。「喜」與疾並用，專

指病癒的好事。至於九四之慶,還在於它處於互巽(六三、九四、九
五)中,而巽為近利市三倍。

九五。孚於剝,有厲。
象曰:孚於剝,位正當也。

〈白話〉

九五。受到衰退的人信賴,有危險。
〈象傳〉說:受到衰退的人信賴,是因為位置正確而恰當。

〈解讀〉

① 「剝」是指上六而言。上六處於全卦終位,下臨兩個陽爻的進逼,有
   如被剝蝕的衰退之人。在大壯卦,上六有九三正應;在兌卦,九三已
   成九五,所以九五對上六是「孚於剝」。
② 九五居中守正,是「位正當也」,所以雖然「有厲」,但不會有災難。

上六。引兌。
象曰:上六引兌,未光也。

〈白話〉

上六。牽引而喜悅。
〈象傳〉說:上六牽引而喜悅,是因為自己的路不寬廣。

〈解讀〉

① 上六以陰爻居柔位,實力有所不足,又在兌卦終位,喜悅已近尾聲。
   所以,上六要靠牽引,由九五而得喜悅。九五在互巽,巽為繩為引;
   上卦兌為羊,又為悅,是為「引兌」。
② 在大壯卦中,上六原與九三正應;到了兌卦,九三換位成九五;這猶
   如上六牽引九五而上,並因而喜悅。對上六而言,除此之外也別無他
   途,所以說它「未光也」。

渙：亨。王假有廟。利涉大川，利貞。

〈象〉曰：風行水上，渙。先王以享於帝，立廟。

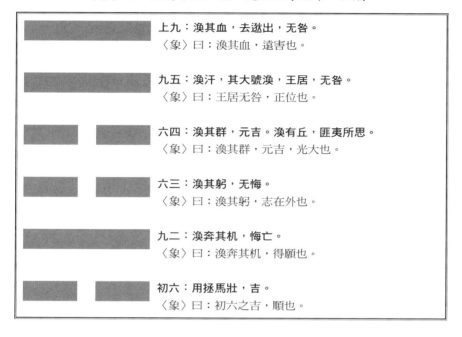

上九：渙其血，去逖出，无咎。
　　〈象〉曰：渙其血，遠害也。

九五：渙汗，其大號渙，王居，无咎。
　　〈象〉曰：王居无咎，正位也。

六四：渙其群，元吉。渙有丘，匪夷所思。
　　〈象〉曰：渙其群，元吉，光大也。

六三：渙其躬，无悔。
　　〈象〉曰：渙其躬，志在外也。

九二：渙奔其机，悔亡。
　　〈象〉曰：渙奔其机，得願也。

初六：用拯馬壯，吉。
　　〈象〉曰：初六之吉，順也。

䷕ 渙。亨。王假（《ㄍㄜˇ》）有廟。利涉大川，利貞。

〈白話〉

渙卦。通達。君王來到宗廟。適宜渡過大河，適宜正固。

〈解讀〉

① 渙卦是下坎上巽，亦即「風水渙」。〈序卦〉說：「說而後散之，故
　受之以渙。渙者，離也。」人在喜悅之後，心情就會渙散，所以接著
　要談渙卦。〈雜卦〉也說：「渙，離也。」可見渙為離散之意。在卦
　辭中出現「王假有廟」的，還有萃卦（第四十五卦）。

② 君王來到（假為至）宗廟，可以祭祀祖先。這種做法在〈彖傳〉與〈象傳〉會有明確的解釋。兩個中位（九五、九二）皆為陽爻，此時還有能力通過考驗，並且「利貞」。

③ 渙卦由否卦（☷，第十二卦）變來，亦即否卦九四與六二換位，形成了渙卦（☴）。否卦下坤上乾，天地隔絕，到了渙卦則是陰陽交往流動，所以說「亨」。

彖曰：渙，亨。剛來而不窮，柔得位乎外而上同。王假有廟，王乃在中也。利涉大川，乘木有功也。

〈白話〉

〈彖傳〉說：渙卦，通達。剛強者下來而不困窮，柔順者在外面取得位置而與上位者同心。君王來到宗廟，是說君王現在處於中位。適宜渡過大河，是說乘著木舟而有所貢獻。

〈解讀〉

① 否卦九四與六二換位時，是九四下來成為九二，形成陰陽交錯的局面，使全卦又出現了生機，所以說「剛來而不窮」。「來」是指從外卦來到內卦的活動。與此同時，六二則前往外卦成為六四，是陰爻居柔位，並且上承九五之君，所以說「柔得位乎外而上同」。

② 否卦下坤上乾，乾為君；九四變為九二，代表君王來到中位，並且使九五、九二皆為陽爻居中。由此形成的渙卦（☴）之中，有互震（九二、六三、六四）之象；震卦（☳，第五十一卦）象傳有「出可以守宗廟社稷，以為祭主也」一語，所以依此可以說「王假有廟」，可以安定民心。然後，渙卦下坎上巽，巽為木，坎為水，木在水上為行舟，正可以有渡河之功。〈繫辭·下〉說：「刳木為舟，剡木為楫，舟楫之利，以濟不通，致遠以利天下，蓋取諸渙。」正可說明渙卦的貢獻。

象曰：風行水上，渙。先王以享於帝，立廟。

〈白話〉

〈象傳〉說：風吹行在水面上，這就是渙卦。先王由此領悟，要向上帝祭獻，並且建立宗廟。

〈解讀〉

① 渙卦下坎上巽，巽為風，坎為水，所以說「風行水上」。水遇風則離散，冰遇風則溶解。渙散一方面使人不要陷於壅滯不通的困境，而另一方面又有分崩離析的危險。此可謂利弊互見，需要先王有所作為。

② 宗廟祭祀是凝聚民心最根本的辦法，使人暫時忘記眼前的得失成敗，產生報本反始的感恩之心。百姓若是有了信仰，則渙散將會適可而止。由君王「享於帝」，亦可知古人的信仰系統，有一最高位階的神明。

初六。用拯馬壯，吉。
象曰：初六之吉，順也。

〈白話〉

初六。用來拯救的馬強壯，吉祥。

〈象傳〉說：初六的吉祥，是因為柔順。

〈解讀〉

① 初六居渙卦之始，本身陰爻屬柔，又上承九二，所以表現為「順」，並由此得「吉」。

② 初六在下卦坎中，坎為陷，為險；坎又為美脊馬；所以初六有「用拯馬壯」的機會。在此所謂的「馬」，指初六所順從的九二，所以說「壯」。

③ 「用拯馬壯」一語，亦見於明夷卦（䷗，第三十六卦）的六二爻辭，可對照參考。

九二。渙奔其机，悔亡。
象曰：渙奔其机，得願也。

〈白話〉

九二。離散而奔向几案，懊惱消失。
〈象傳〉說：離散而奔向几案，是因為要滿足願望。

〈解讀〉

① 否卦變為渙卦時，是九四下來成為九二。九四原與初六正應，現在來
   到成為相比，所以說「得願也」。初六猶如九二的憑靠矮桌，可以讓
   九二稍事休息。「机」為几，古人常常「隱几而坐」（手靠几案，坐
   著休息）。

② 九二雖居中位，但與九五不應，現在有初六（也與六四不應）可以比
   鄰相親，所以說「悔亡」。

六三。渙其躬，无悔。
象曰：渙其躬，志在外也。

〈白話〉

六三。渙散了自己，沒有懊惱。
〈象傳〉說：渙散了自己，是因為心意在外面。

〈解讀〉

① 在否卦中，六三在下坤中，坤為母，可以懷孕，是為「有身」，而
   「身」再轉而指稱自己本身。「躬」就是自身。現在成為渙卦了，所
   以說「渙其躬」。

② 六三依然有上九正應，這是「志在外也」。渙卦各爻只有這一對是正
   應，所以可以「无悔」。

六四。渙其群，元吉。渙有丘，匪夷所思。

象曰：渙其群，元吉，光大也。

〈白話〉

六四。渙散了同類，最為吉祥。渙散之後聚為山丘，不是根據常理所能想到的。

〈象傳〉說：渙散了同類而最為吉祥，是因為展現廣大的效果。

〈解讀〉

① 六四原是否卦的六二，居下卦坤的中位，六二變成六四，則下卦坤的三個陰爻渙散，是為「渙其群」，「群」為同類相聚。此一活動，使全卦陰陽得以交流感通，所以說「元吉」。其效果廣大，是為「光大也」。

② 六四形成了渙卦，並且在互艮（六三、六四、九五）中，艮為山，所以說「渙有丘」。先散後聚，其勢更大。「匪」為非，「夷」為平常，這確實不是根據常理所能想到的。

九五。渙汗，其大號渙，王居，无咎。

象曰：王居无咎，正位也。

〈白話〉

九五。散發廣布，大的政令散發出去，君王安居，沒有災難。

〈象傳〉說：君王安居而沒有災難，是因為處在中正之位。

〈解讀〉

① 「渙」為離散、散發，「汗」為水勢浩大；合之則為散發到極廣的範圍。渙卦卦象為「風行水上」，可以暢通無阻，無遠弗屆。「大號」為大政令。九五在上卦巽中，巽為風，為號令；九五陽爻為大，所以說「大號」。

② 九五為君位，居中守正，即使下無正應，也足以「无咎」。

上九。渙其血，去逖（ㄊㄧˋ）出，无咎。
象曰：渙其血，遠害也。

〈白話〉
上九。渙散了血災，離開而遠走，沒有災難。
〈象傳〉說：渙散了血災，是因為遠離了禍害。

〈解讀〉
① 渙卦下坎，坎為險，為血卦，上九與六三正應，原本會受到牽連。幸好是在渙卦中，可以「渙其血」，情況才得以「无咎」。「逖」為遠。上九在巽卦，巽為風，可遠颺。
② 上九距離下卦最遠，是為「遠害也」。

⑥ 節卦 ䷻

節：亨。苦節不可貞。

〈象〉曰：澤上有水，節。君子以制數度，議德行。

	上六：苦節，貞凶，悔亡。 〈象〉曰：苦節貞凶，其道窮也。
	九五：甘節，吉，往有尚。 〈象〉曰：甘節之吉，居位中也。
	六四：安節，亨。 〈象〉曰：安節之亨，承上道也。
	六三：不節若，則嗟若，无咎。 〈象〉曰：不節之嗟，又誰咎也？
	九二：不出門庭，凶。 〈象〉曰：不出門庭凶，失時極也。
	初九：不出戶庭，无咎。 〈象〉曰：不出戶庭，知通塞也。

䷻ 節。亨。苦節不可貞。

〈白話〉

節卦。通達。過度的節制不能正固。

〈解讀〉

① 節卦是下兌上坎，亦即「水澤節」。〈序卦〉說：「物不可以終離，故受之以節。」一直離散下去，並不適宜，所以接著要談節卦。節有節制、制止之意。〈雜卦〉說：「節，止也。」

② 節卦與渙卦為正覆關係，所以論其來源，是由泰卦（䷊，第十一卦）變來，亦即泰卦九三與六五換位，形成節卦（䷻）。泰卦雖然卦辭說

「吉亨」，但是若保持不動，則依然天地無法交流。勉強保持不動，就是「苦節」，「苦」有過度而苦之意，「不可貞」。由卦象看來，節卦下兌上坎是「澤上有水」，澤的容量有限，必須有所節制。

彖曰：節，亨，剛柔分而剛得中。苦節不可貞，其道窮也。說以行險，當位以節，中正以通。天地節而四時成。節以制度，不傷財，不害民。

〈白話〉

〈彖傳〉說：節卦，通達，剛強者與柔順者分開，並且剛強者取得中位。苦澀的節制不能正固，是因為路已經走到盡頭。喜悅而去冒險犯難，位置適當而能節制，居中守正才可通順。天地有節制，四季才會形成。用制度來節制，就不會浪費錢財，也不會禍害百姓。

〈解讀〉

① 泰卦下乾上坤，陰陽二組力量壁壘分明。一變而為節卦，則陰爻陽爻得到交錯機會，並且九五與九二皆為陽爻，這就是「剛柔分而剛得中」。如果泰卦不變，則成為「苦節」，一切停滯下來，前無去路。所以說，「不可貞」。

② 節卦下兌上坎，坎為險，兌為悅，亦即「說以行險」。意思是：節制並非完全避開挑戰，而是要在喜悅時才可冒險。得位時能夠節制，才可做到「中正以通」。就自然界而言，天地的運行有其節制，四季才會依序出現。就人世間而言，則須以制度來規範，才不至於耗費金錢與傷害百姓。

象曰：澤上有水，節。君子以制數度，議德行。

〈白話〉

〈象傳〉說：沼澤上有水，這就是節卦。君子由此領悟，要制定數量上的

限度，評議道德上的行為表現。

〈解讀〉

① 節卦是下兌上坎，坎為水，兌為澤，是為「澤上有水」。澤的容量是固定的，少則聚積，多則流洩，顯示某種節制。坎為水為平，要制數度；兌為口，要議德行。

② 君子照顧百姓的生活所需，要「制數度」；並且為了提升社會善良風氣，要「議德行」。程頤說：「君子觀節之象，以制立數度。凡物之大小、輕重、高下、文質，皆有數度，所以為節也。數，多寡。度，法制。議德行者，存諸中為德，發於外為行。人之德行當義則中節。議，謂商度求中節也。」《中庸》首章所推崇的「中和」，所強調的是：「喜怒哀樂之未發謂之中，發而皆中節謂之和。」

初九。不出戶庭，无咎。
象曰：不出戶庭，知通塞也。

〈白話〉

初九。不離開門戶與庭院，沒有災難。
〈象傳〉說：不離開門戶與庭院，是因為知道通達與閉塞。

〈解讀〉

① 在泰卦變為節卦的過程中，初九與其正應六四不受影響。現在處於節卦，理當有所節制，而初九知道自己的通（有正應）與塞（要收斂），所以「不出戶庭」。

② 初九與六四正應，六四在互艮（六三、六四、九五）中，艮為門闕，又為止，所以初九「不出戶庭」。如此能有分寸，可以「无咎」。

③ 〈繫辭‧上〉談到這句爻辭。「『不出戶庭，无咎。』子曰：『亂之所生也，則言語以為階。君不密則失臣，臣不密則失身，幾事不密則害成，是以君子慎密而不出也。』」

九二。不出門庭，凶。

象曰：不出門庭凶，失時極也。

〈白話〉

九二。不走出門戶與庭院，有凶禍。

〈象傳〉說：不走出門戶與庭院，會有凶禍，是因為過度錯過了時機。

〈解讀〉

① 九二與初九一樣，在節卦的互艮之下，但是九二自身已進入互震（九二、六三、六四）中，震為行。所以「不出門庭」，反而是「凶」。

② 九二以陽爻居下卦中位，在卦變過程當行而未行，以致從原來的有應變成無應，甚至為六三所乘，所以說「失時極也」。「極」為過度，為極端。在本卦中則是錯失了節度。

六三。不節若，則嗟若。无咎。

象曰：不節之嗟，又誰咎也？

〈白話〉

六三。沒有節制的樣子，就會出現悲嘆的樣子。沒有責難。

〈象傳〉說：沒有節制的悲嘆，又能責難誰呢？

〈解讀〉

① 泰卦變為節卦之前，六三原是六五，居上卦之中位，又有九二正應，現在成為節卦的六三，位置不中不正，又無正應。這都是「不節若」造成的。

② 六三到了下卦成兌，兌為口，所以說「則嗟若」。「无咎」的「咎」在此為責難、責怪；這一切都是自己造成的，所以說：「又誰咎也？」

六四。安節，亨。

象曰：安節之亨，承上道也。

〈白話〉

六四。安定的節制，通達。

〈象傳〉說：安定的節制之所以通達，是因為順承上位者的正道。

〈解讀〉

① 六四在卦變中未動，卦變之後在互艮（六三、六四、九五）中，艮為止，所以是「安節」。

② 六四以陰爻居柔位，下有初九正應，現在又能順承居中守正的九五，亦即「承上道也」，所以說「亨」。

九五。甘節，吉。往有尚。

象曰：甘節之吉，居位中也。

〈白話〉

九五。合宜的節制，吉祥。前往受到推崇。

〈象傳〉說：合宜的節制之所以吉祥，是因為處於中位。

〈解讀〉

① 九五在卦變中，由九三上來，取得上卦坤的中位。坤為土，依《尚書‧洪範》所言，「土爰稼穡」，而「稼穡作甘」。所以九五是「甘節」。九五由下卦上來而取得尊位，是「往有尚也」。

② 九五之吉，在〈象傳〉已經談到，就是「當位以節，中正以通」，總之則是「居位中也」。

上六。苦節，貞凶。悔亡。

象曰：苦節貞凶，其道窮也。

〈白話〉

上六。過度的節制，一直如此會有凶禍。懊惱消失。

〈象傳〉說：過度的節制，一直如此會有凶禍，是因為路已經走到盡頭。

〈解讀〉

① 上六在泰卦中，原與九三正應，但是九三與六五換位形成節卦，使上六失去正應。上六現在處於上卦坎中，坎為險，為苦難，所以上六的節制是「苦節」，因為一直如此而陷入苦澀的處境，所以說「貞凶」。

② 上六已至全卦終位，前無去路，「其道窮也」。不過，以陰爻居柔位，仍有柔順之德，可以隨從九五中位，而得以「悔亡」。

中孚：豚魚，吉，利涉大川，利貞。

〈象〉曰：澤上有風，中孚。君子以議獄緩死。

上九：翰音登於天，貞凶。
〈象〉曰：翰音登於天，何可長也？

九五：有孚攣如，无咎。
〈象〉曰：有孚攣如，位正當也。

六四：月既望，馬匹亡，无咎。
〈象〉曰：馬匹亡，絕類上也。

六三：得敵，或鼓或罷，或泣或歌。
〈象〉曰：或鼓或罷，位不當也。

九二：鳴鶴在陰，其子和之。我有好爵，吾與爾靡之。
〈象〉曰：其子和之，中心願也。

初九：虞吉，有它不燕。
〈象〉曰：初九虞吉，志未變也。

䷼ 中孚。豚魚，吉，利涉大川，利貞。

〈白話〉

中孚卦。豬與魚出現，吉祥，適宜渡過大河，適宜正固。

〈解讀〉

① 中孚卦是下兌上巽，亦即「風澤中孚」。〈序卦〉說：「節而信之，故受之以中孚。」有所節制，才可取信於人，所以接著要探討的是中孚卦。〈雜卦〉說：「中孚，信也。」符節在古代為信物，由卦象看，上下二卦搭配合宜，為「若合符節」，可做為憑信。「中」指內心，所以「中孚」為內心誠信。

② 關於「豚魚」，程頤說：「豚躁魚冥，物之難感者也。孚信能感於豚魚，則无不至矣，所以吉也。」若由卦象找根據，則涉及兩度卦變，虞翻之說可供參考。他指出：「訟四之初也。」亦即訟卦（☰，第六卦）的九四與初六換位而成中孚卦（☲）。但是卦變多從十二消息卦產生，所以他又說：「此當從四陽二陰之例，遯陰未及三，而大壯陽已至四，故從訟來。」結論則是要先由遯卦（☶，第三十三卦）變為訟卦，再由訟卦變為中孚卦。他如此解釋的用意，是要找出「豚魚」的出處。亦即，遯卦有互巽（六二、九三、九四），巽為魚，而訟卦有下坎，坎為豕。最後再變為中孚，所以說「豚魚，吉」。由此一例，可知歷代學者研究《易經》所費之心力。由於卦變多來自十二消息卦，並以一次換爻為原則，因此中孚卦應如數學中之質數，本身即是如此，並可成為二卦（家人、睽）之由來。

③ 中孚卦下兌上巽，巽為木，引申為木舟，兌為澤，木舟可行於澤上，所以說「利涉大川」。九五與九二皆為陽爻居中位，所以說「利貞」。

象曰：中孚，柔在內而剛得中。說而巽，孚乃化邦也。豚魚吉，信及豚魚也。利涉大川，乘木舟虛也。中孚以利貞，乃應乎天也。

〈白話〉

〈象傳〉說：中孚卦，柔順者在內而剛強者取得中位。喜悅而隨順，誠信才可感化邦國。豬與魚吉祥，是說誠信達到了豬與魚。適宜渡過大河，是說乘坐木船還有空位。內心誠信而適宜正固，則是順應天之道。

〈解讀〉

① 中孚卦是下兌上巽，卦象為上下四個陽爻居外，中間兩個陰爻，並且陽爻占有五、二中位。亦即「柔在內而剛得中」。下兌為悅，上巽為隨順；有如百姓喜悅而君上隨順，誠信到這種地步，才可化民成俗，邦國大治。

② 程頤說：「內外皆實而中虛，為中孚之象。又二五皆陽，中實，亦為孚義。在二體則中實，在全體則中虛。中虛，信之本；中實，信之質。」講求誠信，必須態度謙虛，才可尊重別人；同時要腳踏實地，做到言出必行。

③ 「信及豚魚也」，表示精誠所至，金石為開，自然可以感動百姓。「乘木舟虛也」，則指全卦中間兩個陰爻，虛位以待。然後，能夠誠信而正固，就合乎天地運行的恆久法則了。

象曰：澤上有風，中孚。君子以議獄緩死。

〈白話〉

〈象傳〉說：沼澤上有風在吹，這就是中孚卦。君子由此領悟，要認真討論訟案，緩慢判決死刑。

〈解讀〉

① 中孚卦是下兌上巽，巽為風，兌為澤，所以說「澤上有風」。風有如政教命令，澤有如施恩於民；既要維持綱紀，又要照顧百姓。

② 君子所能做的是「議獄緩死」，在追求社會正義時，不忘同情體諒罪犯。中孚卦有如放大一倍的離卦（☲），離為明，用於議獄。

初九。虞吉，有它不燕。
象曰：初九虞吉，志未變也。

〈白話〉

初九。可預料就吉祥，有其他狀況則不安。

〈象傳〉說：初九可預料就吉祥，是因為心意並未改變。

〈解讀〉

① 「虞」為預料、猜測。古代有虞人，掌管山林，並擔任王公貴族打獵

時的嚮導。初九居中孚卦初位，上有六四正應；六四在互艮，艮為山林，引申為虞人，猶如前有可靠嚮導，不會迷路，所以「吉」。這也是初九「志未變也」。

② 「燕」為安寧，「它」為其他。初九在下卦兌，兌為澤，它又上臨互震（九二、六三、六四），震為雷，有雷入澤之象，應該沉寂安定。並且，初九爻變，下卦為坎為險，所以「有它不燕」。

九二。鳴鶴在陰，其子和之。我有好爵，吾與爾靡之。
象曰：其子和之，中心願也。

〈白話〉
九二。大鶴在樹蔭下啼叫，牠的小鶴啼叫應和。我有美酒一罐，我要與你共享。
〈象傳〉說：牠的小鶴啼叫應和，是發自內心的願望。

〈解讀〉
① 本卦有如放大的離卦，離為雉，在此指鶴。兌為澤，互艮為山，皆為群鶴居地。九二居柔位為陰，轉為蔭，互震為鳴。所以說「鳴鶴在陰」。九二以陽爻居中位，剛實居中，顯示誠信之至。自然界中，鶴在山林棲息，親子以鳴呼應，既屬本能之所為，也有全心的信賴。在人世間，朋友志同道合，願意分享一切。

② 九二互震，上有互艮，皆為子，上下相和。震為仰盂，其形如爵。我與吾，皆來自九二爻變為坤為自身。「爵」為酒杯，引申為酒。「靡」為共，引申為共享。朋友共品美酒，貴在心意相通。

③ 〈繫辭·上〉引述孔子對這句爻辭的評述。他說：「君子居其室，出其言善，則千里之外應之，況其邇者乎？居其室，出其言不善，則千里之外違之，況其邇者乎？言出乎身，加乎民；行發乎邇，見乎遠。言行，君子之樞機。樞機之發，榮辱之主也。言行，君子之所以動天地也，可不慎乎！」

六三。得敵，或鼓或罷，或泣或歌。

象曰：或鼓或罷，位不當也。

〈白話〉

六三。遇到對手。或擊鼓或休兵，或哭泣或唱歌。

〈象傳〉說：或擊鼓或休兵，是因為位置不恰當。

〈解讀〉

① 六三在兌卦終位，其上為巽卦，可謂棋逢敵手。六三在互震（九二、六三、六四）中，震為雷，引申為擊鼓作戰；又在互艮（六三、六四、九五）中，艮為止，引申為休兵罷戰。六三在下卦兌中，兌為口，為悅，引申為唱歌；它又面臨上巽，巽為風，為號，引申為哭泣。於是形成爻辭的一段生動描寫。

② 六三之種種猶疑狀態，來自它的不中不正之位。

六四。月既望，馬匹亡，无咎。

象曰：馬匹亡，絕類上也。

〈白話〉

六四。月亮已經滿盈，馬匹丟失。沒有災難。

〈象傳〉說：馬匹丟失，是因為離開同類往上走。

〈解讀〉

① 「月既望」，在王弼本作「月幾望」，而在帛書本則作「月既望」。六四已到上卦巽，巽為農曆十六以後的月亮。如此取象係根據納甲之說，亦即：每月三日為震，八日為兌，十五日為乾（月盈），十六日為巽，二十三日為艮，三十日為坤（月虛）。以此描寫月之盈虛。

② 中孚卦由遯卦變來，遯卦上卦乾，乾為馬；現在六四進入上卦，使乾卦消失，所以說「馬匹亡」。

③ 「月既望」與「馬匹亡」都不是美好的事，而六四可以「无咎」，原因在於六四自己陰爻居柔位，足以取信於人；並且離開原本在六三的同類，往上順承九五之君。

九五。有孚攣（ㄌㄩㄢˊ）如，无咎。
象曰：有孚攣如，位正當也。

〈白話〉

九五。有誠信而繫念著，沒有災難。
〈象傳〉說：有誠信而繫念著，是因為位置正確而恰當。

〈解讀〉

① 九五居中正之位，為全卦核心。攣為卷曲抽緊、繫念於心。九五在上卦巽中，巽為繩，又在互艮（六三、六四、九五）中，艮為手；合之則為以手繫繩以連結各爻。

② 九五的誠信不容置疑，但與九二不應，所以只可說是「无咎」。並且，真正的誠信不能全靠有形的力量來維持。

上九。翰音登於天，貞凶。
象曰：翰音登於天，何可長也？

〈白話〉

上九。雞啼的聲音傳到天上，一直如此會有凶禍。
〈象傳〉說：雞啼的聲音傳到天上，怎麼可能長久？

〈解讀〉

① 《禮記‧曲禮下》：「凡祭宗廟之禮，牛曰一元大武……雞曰翰音……。」祭祀時特別稱雞為「翰音」，以示其音質之美。所以「翰音」為雞啼的聲音。上九在上卦巽中，巽為雞；它與六三正應，六三

在下兌中，兌為口；合之則有雞鳴之象。

② 上九位居全卦終位，又不懼聲名太大，而未覺察前無去路，「何可長也？」所以說「貞凶」。

小過：亨，利貞。可小事，不可大事。

飛鳥遺之音。不宜上，宜下，大吉。

〈象〉曰：山上有雷，小過。

君子以行過乎恭，喪過乎哀，用過乎儉。

上六：弗遇過之，飛鳥離之，凶。是謂災眚。
〈象〉曰：弗遇過之，已亢也。

六五：密雲不雨，自我西郊，公弋取彼在穴。
〈象〉曰：密雲不雨，已上也。

九四：无咎，弗過遇之。往厲必戒，勿用，永貞。
〈象〉曰：弗過遇之，位不當也。往厲必戒，終不可長也。

九三：弗過防之，從或戕之，凶。
〈象〉曰：從或戕之，凶如何也？

六二：過其祖，遇其妣。不及其君，遇其臣，无咎。
〈象〉曰：不及其君，臣不可過也。

初六：飛鳥以凶。
〈象〉曰：飛鳥以凶，不可如何也。

䷽ 小過。亨，利貞。可小事，不可大事。飛鳥遺之音。不宜上，宜下，大吉。

〈白話〉

小過卦。通達，適宜正固。可以做小事，不可以做大事。有鳥飛過留下的聲音。不應該往上走，而應該往下走，非常吉祥。

〈解讀〉

① 小過卦是下艮上震，亦即「雷山小過」。〈序卦〉說：「有其信者必行之，故受之以小過。」有憑信的人一定可以通行，所以接著要談小過卦。〈雜卦〉說：「小過，過也。」意思也是通過。然而，就小過卦而言，相對的有大過卦（☱，第二十八卦）。此時，就可由小過、大過來比較通過、超過、過分等等的程度了。

② 小過卦與中孚卦是變卦關係，同樣無法由消息卦變來。它是五卦來源（明夷、蹇、解、萃、升）。「飛鳥遺之音」，是說還聽得到鳥飛過去時啼叫的聲音，表示剛剛經過不久，這是就時間上說明「小過」。至於「不宜上，宜下」，則是「小過」應有的柔順態度。如此方可「大吉」。小過卦有如放大一倍的坎卦（☵），六爻多險阻。

象曰：小過，小者過而亨也。過以利貞，與時行也。柔得中，是以小事吉也。剛失位而不中，是以不可大事也。有飛鳥之象焉，飛鳥遺之音。不宜上，宜下，大吉，上逆而下順也。

〈白話〉

〈象傳〉說：小過卦，是說小的方面超過而可以通達。超過而適宜正固，是要配合時勢來運行。柔順者取得中位，因此小事吉祥。剛強者失去地位而沒有居中，所以不可以做大事。卦上出現飛鳥的意象，所以有鳥飛過留下的聲音。不應該往上走，而應該往下走，這樣非常吉祥，是因為往上違背時勢，往下順應時勢。

〈解讀〉

① 「小者」是指陰爻，本卦四陰二陽，是為「小者過」。至於「亨」與「利貞」，則依程頤所說，是因為「過所以就正也」，「事固有待過而後能亨者」，以及「時當過而過，乃非過也」。換言之，小過是為了矯枉過正，求其通達，並且依時而行。

② 陰爻占據二、五中位，所以「小事吉」。反之，則是「不可大事

也」。全卦橫看，有如鳥之張翼飛翔，至於「飛鳥遺之音」，則程頤說是：「鳥飛迅疾，聲出而身已過，然豈能相遠也。事之當過者亦如是，身不能甚遠於聲，事不可遠過其常，在得宜耳。」

③「不宜上，宜下」，說明了小過卦的特色，亦即要順應時勢，以小過來取得常道。

象曰：山上有雷，小過。君子以行過乎恭，喪過乎哀，用過乎儉。

〈白話〉

〈象傳〉說：山上出現雷鳴，這就是小過卦。君子由此領悟，行為要超過一般的恭敬，喪事要超過一般的哀傷，用費要超過一般的節儉。

〈解讀〉

① 小過卦是下艮上震，震為雷，艮為山，所以說「雷在山上」。雷在山上所發出的震鳴，會超過它在平地時的聲威，所以說是「小過」。

② 君子在自我要求方面，寧可超過一些。孔子說：「躬自厚而薄責於人，則遠怨矣。」（《論語‧衛靈公》）對自己要求多一些，不但可以免去人怨，還可以增益德行。

初六。飛鳥以凶。
象曰：飛鳥以凶，不可如何也。

〈白話〉

初六。飛鳥會帶來凶禍。

〈象傳〉說：飛鳥會帶來凶禍，這是無可奈何的事。

〈解讀〉

① 小過卦有飛鳥之象，而初六一出現就想像飛鳥一般迅疾而過，所以說「凶」。

② 初六陰爻居剛位而不正，上雖有九四正應，而九四亦不中不正。九四在上卦震中，震為行，但是初六在下卦艮中，艮為止；行止相違而初六仍然一心想飛，所以這種「凶」是「不可如何也」。小過卦六爻，無一為吉，最多只是「无咎」；由此可見謹慎的重要。

六二。過其祖，遇其妣（ㄅㄧˇ）。不及其君，遇其臣。无咎。
象曰：不及其君，臣不可過也。

〈白話〉

六二。越過祖父，才可遇到母親。沒有趕上君王，遇到了臣子。沒有災難。
〈象傳〉說：沒有趕上君王，是說臣子不可以越過君王。

〈解讀〉

① 六二希望連繫六五，但其上有九三（父）與九四（祖），過之才可遇六五，故曰「過其祖」而「遇其妣」。但六二不及其君，所遇的是臣（九三）而已。

② 換個方式解說，則是六二居中守正，安於臣位，既不會也不能冒進，所以「无咎」。六二在下艮中，艮為止，所以說「不及其君」。

九三。弗過防之，從或戕（ㄑㄧㄤˊ）之，凶。
象曰：從或戕之，凶如何也？

〈白話〉

九三。不要越過而要防範，跟著去可能受到傷害，有凶禍。
〈象傳〉說：跟著去可能受到傷害，這種凶禍還不大嗎？

〈解讀〉

① 在小過卦中，陰勝於陽，陽爻不可有「過」。九三以陽爻居剛位，應

有防範能力，所以說「弗過防之」。但是它與上六正應，就有「從」的意願，這個從就出了問題。

② 九三往上在互兌（九三、九四、六五）中，兌為毀折，所以說「戕之」。戕為殺害、傷害。至於「或」字，則用於三、四位，表示處於上下二卦之間，有些不確定的狀況。

九四。无咎，弗過遇之，往厲必戒。勿用，永貞。
象曰：弗過遇之，位不當也。往厲必戒，終不可長也。

〈白話〉

九四。沒有災難。不要越過也會遇到；前往有危險，一定要警戒。不可以有所作為，長久保持正固。

〈象傳〉說：不要越過也會遇到，是因為位置不恰當。前往有危險，一定要警戒，是因為終究沒有成長的機會。

〈解讀〉

① 九四以陽爻居柔位，不會過於剛強，所以說「弗過」；但還是遇到陰柔之君六五，亦即「遇之」。這是九四處於上下卦之間，並且居位不正的緣故，所以說「位不當也」。

② 九四在互兌（九三、九四、六五）中，兌為毀折，所以說「往厲必戒」。往上是兩個柔爻，終究不會讓九四有成長的機會。由於九四已入上卦震中，震為行，所以要特別提醒「勿用，永貞」。

六五。密雲不雨，自我西郊。公弋取彼在穴。
象曰：密雲不雨，已上也。

〈白話〉

六五。濃雲密布而不下雨，從我西邊的郊野飄聚過去。王公射箭獵取穴中之物。

〈象傳〉說：濃雲密布而不下雨，是因為已經往上去了。

〈解讀〉

① 六五在互兌（九三、九四、六五）中，兌為澤，澤上天（五為天位）為雲；兌又為西方；合之則為「密雲不雨，自我西郊」。此語亦見於小畜卦（☰，第九卦）卦辭，可以參考。其意為六五的恩澤無法施及百姓，所以它要越過兩個陽爻才可射取六二。六五在震卦，震為竹矢，又在互兌，兌為金，合之有射箭之象。「弋」為箭上附有生絲，射中獵物可使之纏繞。「在穴」指在下之相對而不應的陰爻。本卦有如放大的坎卦，坎為穴。

② 六五在震卦中，一心往上，所以會「密雲不雨」。

上六。弗遇過之，飛鳥離之，凶。是謂災眚。
象曰：弗遇過之，已亢也。

〈白話〉

上六。沒有相遇，越過去了。飛鳥陷入羅網，有凶禍。這叫做天災人禍。
〈象傳〉說：沒有相遇，越過去了，是因為已經太高了。

〈解讀〉

① 「飛鳥離之」的「離」通「羅」，為捕鳥的網。上六位居小過卦終位，又在上震之中，震為行，所以它有不知節制的動向，造成「弗遇過之」。這是處在高極之位的危機。上六爻變，上卦為離，為雉，為飛鳥。

② 孔穎達說：「過而不知限……以小人之身，過而弗遇，必遭羅網。」本卦有如放大的坎卦，故有「災眚」：災自外來，眚由己生，分之則為天災人禍。上六位居最高，又不知收斂，所以兩害並至。小過卦的「飛鳥之象」最後也因超過「小過」而陷入困境。

既濟：亨小，利貞，初吉，終亂。

〈象〉曰：水在火上，既濟。君子以思患而豫防之。

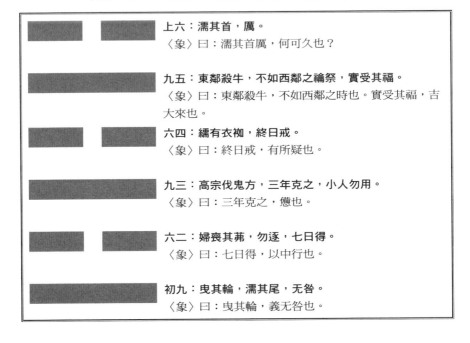

上六：濡其首，厲。

〈象〉曰：濡其首厲，何可久也？

九五：東鄰殺牛，不如西鄰之禴祭，實受其福。

〈象〉曰：東鄰殺牛，不如西鄰之時也。實受其福，吉大來也。

六四：繻有衣袽，終日戒。

〈象〉曰：終日戒，有所疑也。

九三：高宗伐鬼方，三年克之，小人勿用。

〈象〉曰：三年克之，憊也。

六二：婦喪其茀，勿逐，七日得。

〈象〉曰：七日得，以中行也。

初九：曳其輪，濡其尾，无咎。

〈象〉曰：曳其輪，義无咎也。

䷾ 既濟。亨小，利貞。初吉，終亂。

〈白話〉

既濟卦。通達小的方面，適宜正固。起初吉祥，最後混亂。

〈解讀〉

① 既濟卦是下離上坎，亦即「水火既濟」。〈序卦〉說：「有過物者必濟，故受之以既濟。」小過卦說的是有所超過，有所超過就一定可以辦成事情，所以接著談既濟卦。「既濟」原是渡河成功之意，在此泛指已成之事。

② 既濟卦由泰卦（䷊，第十一卦）變來，亦即泰卦六五與九二換位而成既濟卦（䷾）。既濟卦與未濟卦（䷿，第六十四卦）是既覆且變的關係。本卦三個陰爻分居三個陽爻之上，表示陰爻順利，所以說「亨小」，全卦六爻皆居正位，所以說「利貞」。「初吉」是指既濟之後的穩定，但是變化不可能在此中止，所以說「終亂」。

象曰：既濟亨，小者亨也。利貞，剛柔正而位當也。初吉，柔得中也。終止則亂，其道窮也。

〈白話〉

〈象傳〉說：既濟卦通達，是說小的方面通達。適宜正固，是說剛強者與柔順者都能守正而位置恰當。起初吉祥，是因為柔順者取得中位。最後停止就會混亂，是因為這條路走到了盡頭。

〈解讀〉

① 既濟卦下離上坎，六爻皆在正位上，而陰爻分處陽爻之上，所以是「小者亨」，並且可以「利貞」。

② 「初吉」是指六二以陰爻居中，並且下離有文明之象；至於九五則更不在話下。「終亂」則是指既濟不可能停止，還須順著時勢進入新的循環週期。

象曰：水在火上，既濟。君子以思患而豫防之。

〈白話〉

〈象傳〉說：水在火的上方，這就是既濟卦。君子由此領悟，要考慮禍害而預先防範。

〈解讀〉

① 既濟卦是下離上坎，坎為水，離為火，亦即「水在火上」。《尚書·

洪範》說：「水曰潤下，火曰炎上。」水在火上，則兩者各順其性而相互為用。

② 君子知道既濟卦的優點，但是也明白長治久安之不易，並且警覺對於水與火稍有疏失就會釀禍，所以要未雨綢繆，「思患而豫防之」。「豫」為預。

初九。曳其輪，濡其尾，无咎。
象曰：曳其輪，義无咎也。

〈白話〉

初九。拉住車輪，浸濕尾巴，沒有災難。
〈象傳〉說：拉住車輪，理當沒有災難。

〈解讀〉

① 在本卦中，初九以陽爻居剛位，動向甚明；初九爻變，下卦為艮為止，因此又不應躁進，所以要設法約束之。初九面臨二坎，一是互坎（六二、九三、六四），一是上卦坎，坎為弓輪，為曳馬，所以說「曳其輪」；坎又為水，且初九在下為尾，所以說「濡其尾」。

② 拉住車輪則難以前行，動物（如，狐）浸濕尾巴則難以渡河。既然不再躁進，自然「義无咎也」。

六二。婦喪其茀（ㄈㄨˊ），勿逐，七日得。
象曰：七日得，以中行也。

〈白話〉

六二。婦人丟了頭飾，不用尋找，七天可以失而復得。
〈象傳〉說：七天可以失而復得，是因為居中而行。

〈解讀〉

① 既濟卦由泰卦（☷）變來，六五與九二換位，成為既濟卦的六二。原本泰卦下乾上坤，坤為女，為婦，乾為首，變為既濟卦後，乾坤二象皆失。六二陰爻為婦，所以說「婦喪其茀」。「茀」是婦女頭上的裝飾品。並且，六二在互坎（六二、九三、六四）中，坎為盜，所以才有要不要「逐」的考慮。

② 由於六二居中行正，將可順利得回失物。按照《易經》的規則，一爻的運行，經過六個爻位，到第七日回到原位。所以說「七日得」。程頤說：「雖不為上所用，中正之道無終廢之理，不得行於今，必行於異時也。聖人之勸戒深矣。」

九三。高宗伐鬼方，三年克之。小人勿用。
象曰：三年克之，憊也。

〈白話〉

九三。高宗討伐鬼方，三年才征服。不可任用小人。
〈象傳〉說：三年才征服，是說太疲憊了。

〈解讀〉

① 「高宗」為殷高宗武丁，「鬼方」為西北邊疆民族。《後漢書‧西羌傳》有：「及殷室中衰，諸夷皆叛，至於武丁，征西戎鬼方，三年乃克。」九三在互坎（六二、九三、六四）與互離（九三、六四、九五）中，坎為弓輪，離為戈兵，合之則為征伐作戰。泰卦變為既濟卦時，是九二由下乾前往上坤，成為九五。乾為君，指「高宗」，坤為國，為陰，所以稱「鬼方」；中間經過三位，所以說「三年克之」。

② 九三陽爻居剛位，上有上六正應，但是自身為兩個陰爻包圍，又面臨上坎，所以即使成功，也必是「憊也」，更須以「小人勿用」為戒。

六四。繻（ㄒㄩ）有衣袽（ㄖㄨˊ），終日戒。

象曰：終日戒，有所疑也。

〈白話〉

六四。采色絹帛也會變成破舊衣服，整天都在警戒。

〈象傳〉說：整天都在警戒，是因為有所疑慮。

〈解讀〉

① 「繻」為彩色的絹帛，可以製成華貴的衣服。「袽」為敝絮，「衣袽」為破舊衣服。「有」是指變化的可能性。六四與九三一樣，受到卦變的影響很大。由泰卦變為既濟卦時，下乾上坤之象消失，坤為布，引申為帛，乾為衣，兩者皆失，則為「繻有衣袽」。

② 六四在兩坎之間，上卦為坎，以及互坎（六二、九三、六四），坎為盜，為加憂，為心病，又在互離（九三、六四、九五）中，離為日，合之則為「終日戒」。這一切皆因「有所疑也」。

九五。東鄰殺牛，不如西鄰之禴祭，實受其福。

象曰：東鄰殺牛，不如西鄰之時也。實受其福，吉大來也。

〈白話〉

九五。東鄰殺牛舉行大祭，還比不上西鄰的簡單禴祭，可以真正受到福佑。

〈象傳〉說：東鄰殺牛獻祭，比不上西鄰按時序進行的薄祭。可以真正受到福佑，是說吉祥盛大地降臨。

〈解讀〉

① 「殺牛」代表盛大的太牢祭；「禴祭」是春季以應時蔬菜祭祀的薄祭。東鄰與西鄰，可能指稱商紂王與周文王。九五已至尊位，居中守正，天下太平，所需要做的只有祭祀。祭祀以誠意為主，所以不必在

乎場面規模，而要在乎按時及真誠。九五中正，為「實」的典型。

② 九五在卦變中，由九二上到坤卦中位，使坤象消失，坤為牛，所以說
「殺牛」。既濟卦上卦成坎，坎為水，有如簡單而應時的春季水菜，
可以用於禴祭。此一換位使六爻皆得正位，可以「吉大來也」，而
「實受其福」。

上六。濡其首，厲。
象曰：濡其首厲，何可久也？

〈白話〉

上六。浸濕了頭，有危險。
〈象傳〉說：浸濕了頭而有危險，怎麼能夠長久呢？

〈解讀〉

① 上六居全卦終位，是為「首」；又在上卦坎中，坎為水；合之則為
「濡其首」，有滅頂的危險。

② 已經走到這危險的一步，顯然是「何可久也？」必須準備面對下一步
的變化了。〈繫辭・下〉說：「《易》窮則變，變則通，通則久。」
這三句警語還可以在後面加上一句，成為首尾連環，就是「久則
窮」。

未濟：亨。小狐汔濟，濡其尾，无攸利。

〈象〉曰：火在水上，未濟。君子以慎辨物居方。

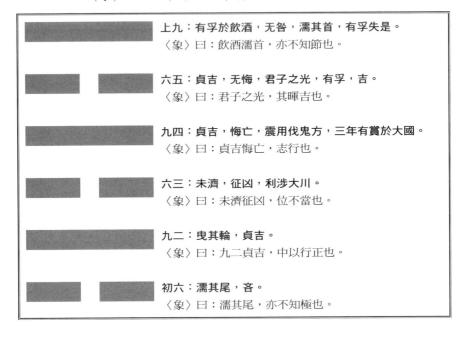

上九：有孚於飲酒，无咎，濡其首，有孚失是。
〈象〉曰：飲酒濡首，亦不知節也。

六五：貞吉，无悔，君子之光，有孚，吉。
〈象〉曰：君子之光，其暉吉也。

九四：貞吉，悔亡，震用伐鬼方，三年有賞於大國。
〈象〉曰：貞吉悔亡，志行也。

六三：未濟，征凶，利涉大川。
〈象〉曰：未濟征凶，位不當也。

九二：曳其輪，貞吉。
〈象〉曰：九二貞吉，中以行正也。

初六：濡其尾，吝。
〈象〉曰：濡其尾，亦不知極也。

䷿ 未濟。亨。小狐汔（ㄑㄧˋ）濟，濡其尾，无攸利。

〈白話〉

未濟卦。通達。小狐狸快要渡過河，浸濕了尾巴，沒有適宜的事。

〈解讀〉

① 未濟卦是下坎上離，亦即「火水未濟」。〈序卦〉說：「物不可窮
　也，故受之以未濟。終焉。」如前文所述，既濟卦是久則窮，所以必
　須重啟生機，以顯示變易而不窮的《易經》原理，也就是以未濟卦來
　做為六十四卦的壓軸。「未濟」是尚未完成也尚未結束。坎為水為穴
　為隱伏，生物之穴居隱伏，往來於水間者，狐為代表，所以坎也指狐。

② 小狐狸可以游水過河，但是濕了尾巴就無法成功。「汔」為迄，為幾乎、將要。據說狐狸渡水會抬起尾巴，一旦浸濕尾巴就有下沉的危險。結果則是「无攸利」。本卦六爻皆無正位，但又皆可相應，所以為「亨」。

③ 未濟卦由否卦（☷，第十二卦）變來，亦即否卦六二與九五換位而成未濟卦（☲）。既然是由否卦變來，所以也可依此而見其「亨」。

象曰：未濟，亨，柔得中也。小狐汔濟，未出中也。濡其尾，无攸利，不續終也。雖不當位，剛柔應也。

〈白話〉

〈象傳〉說：未濟卦，通達，是說柔順者取得中位。小狐狸快要渡過河，是說牠沒有離開中位。浸濕了尾巴，沒有適宜的事，是說牠不能繼續游到終點。雖然剛強者與柔順者位置皆不恰當，但是全都可以相應合。

〈解讀〉

① 未濟卦由否卦變來，是否卦六二往上成為六五，亦即「柔得中也」，五不但是中位，還是君位，所以優於二。這也是「亨」的緣由。小狐狸渡河，猶如六二到六五，仍未脫離中位，亦即在河中而未及上岸。

② 未濟卦有兩個坎，下坎與互坎（六三、九四、六五），坎為水，為險，所以說「濡其尾，无攸利，不續終也」。它與既濟卦相反，是六爻皆不正，但是依然可以全部剛柔相應。

象曰：火在水上，未濟。君子以慎辨物居方。

〈白話〉

〈象傳〉說：火在水的上方，這就是未濟卦。君子由此領悟，要慎重分辨物類，使它們各居其所。

〈解讀〉

① 未濟卦是下坎上離，離為火，坎為水，所以說「火在水上」。火向上燒，水向下流，兩者分道揚鑣，各自發展而不相為用，成為「未濟」，不能成事。

② 君子眼見未濟的困境，所以要謹慎分辨物類，使之各居其所，再作最完善的運用。

初六。濡其尾，吝。

象曰：濡其尾，亦不知極也。

〈白話〉

初六。浸濕了尾巴，有困難。

〈象傳〉說：浸濕了尾巴，也是不知道有終點的緣故。

〈解讀〉

① 初六居全卦底部，為尾；上有兩坎，一是下卦坎，一是互坎（六三、九四、六五），坎為水，亦即尾巴在水中，是為「濡其尾」。

② 初六以陰爻居剛位，缺乏動向與動力，無法渡過二坎，甚至不知道渡河須以過河為其終點，是「亦不知極也」。「極」為終點。

九二。曳其輪，貞吉。

象曰：九二貞吉，中以行正也。

〈白話〉

九二。拉住車輪，正固吉祥。

〈象傳〉說：九二正固吉祥，是因為居中並且行正。

〈解讀〉

① 九二與六五正應，它以陽剛居下，上有陰柔之主，必須有所戒惕。九

二在下卦坎中，坎為弓輪，為曳馬，所以說「曳其輪」。

② 九二居中可以行正，是為「貞吉」。

六三。未濟，征凶。利涉大川。

象曰：未濟征凶，位不當也。

〈白話〉

六三。尚未渡過，前進會有凶禍。適宜渡過大河。

〈象傳〉說：尚未渡過，前進會有凶禍，是因為位置不恰當。

〈解讀〉

① 六三在下卦坎與互坎中，前後都是水，所以說「未濟」。坎為險，所以說「征凶」。六三爻變，下卦為巽卦，巽為風為木，有舟之象，它還有上九正應，而上九是全卦終位，所以說「利涉大川」。

② 六三以陰爻居剛位，又居上下二卦之間，是「位不當」也，所以會有「未濟，征凶」的狀況。

九四。貞吉，悔亡，震用伐鬼方。三年有賞於大國。

象曰：貞吉悔亡，志行也。

〈白話〉

九四。正固吉祥，懊惱消失，振奮起來討伐鬼方。三年後成功，受到大國封賞。

〈象傳〉說：正固吉祥而懊惱消失，是因為心意得以實現。

〈解讀〉

① 本爻爻辭與既濟卦的九三相似。這是正覆卦可能出現的情況。由史實看來，所述為周朝的季歷（周文王之父）討伐鬼方之事。《後漢書·西羌傳》有云：「及武乙暴虐，犬戎寇邊。周古公踰梁山而避於岐

下。及子季歷，遂伐西落鬼戎。」這個武乙是商朝高宗武丁之後的第
五世商王。九四為諸侯位，「震」卦指稱諸侯，但在此用為振奮之
意。當然，諸侯也可以稱君，各種取象可參考既濟卦的九三解讀部
分。「三年有賞於大國」，是指季歷受到商王朝的封賞。「三年」常
與離卦有關，因為在先天八卦中，離之數為三。

② 九四有初六正應，是「志行也」；它也因而正固吉祥，並且居位不正
的「悔」也會消失。

六五。貞吉，无悔，君子之光。有孚，吉。
象曰：君子之光，其暉吉也。

〈白話〉

六五。正固吉祥，沒有懊惱，君子的光明在照耀。有誠信，吉祥。
〈象傳〉說：君子的光明在照耀，是說它的光輝帶來吉祥。

〈解讀〉

① 六五是否卦變成未濟卦時，由六二升上來的。否卦上乾，乾為君子，
六五來到上乾使它變為上離，離為明，所以說「君子之光」。六五居
中行正，是為「貞吉」，可以「无悔」。

② 六五有九二正應，並且全卦下坎上離，坎為月，離為日，在此形成日
月輝映之象，自然是「吉」。「暉」為光輝，光盛則有暉。

上九。有孚於飲酒，无咎。濡其首，有孚失是。
象曰：飲酒濡首，亦不知節也。

〈白話〉

上九。有誠信而去喝酒，沒有災難。浸濕了頭，有誠信也無法沒有災難。
〈象傳〉說：喝酒而浸濕了頭，也是不知道節制的緣故。

〈解讀〉

① 上九有六三正應，又有六五相承，所以說「有孚」；它下有兩坎，坎為水，引申為酒，可以飲酒而「无咎」。但是上九為首，它與既濟卦的上六處境一樣，也遇到「濡其首」的問題。即使「有孚」也會「失是」，亦即失去「无咎」這種好運。

② 喝酒到浸濕頭的地步，顯示耽溺於逸樂，「亦不知節也」。程頤認為上九「居未濟之極，非得濟之位，无可濟之理，則當樂天順命而已。」六十四卦以提醒人「知節」為終，可謂深富理趣。

繫辭・上傳

❶

天尊地卑，乾坤定矣。卑高以陳，貴賤位矣。動靜有常，剛柔斷矣。方以類聚，物以群分，吉凶生矣。在天成象，在地成形，變化見矣。是故剛柔相摩，八卦相盪，鼓之以雷霆，潤之以風雨，日月運行，一寒一暑。

〈白話〉

天在上而地在下，乾與坤的屬性就這樣界定了。從低到高陳列出來，貴與賤就有了固定的位置。運動與靜止都有常性，剛與柔就區隔開來了。同樣類別的東西會聚在一起，不同群組的事物會分途發展，這樣就產生了吉與凶。在天上展示出天體的現象，在地上演變為萬物的形體，變化就這樣彰顯出來。因此，陽剛之氣與陰柔之氣彼此往來交錯，八個單卦互相推移流轉，振作萬物時有雷與霆，滋潤萬物時有風與雨，日與月在天上運行不息，寒暑季節的變遷就形成了。

〈解讀〉

① 《易經》是以符號來代表自然界的現象，再由符號之間的組合與變動，來描述自然界神奇奧妙的變化。基本的符號有八個，就是：乾（☰），震（☳），坎（☵），艮（☶），坤（☷），巽（☴），離（☲），兌（☱）。乾所象徵的是天，坤所象徵的是地。所以說，「天尊地卑，乾坤定矣」。

② 觀察自然界萬象的，是人。人，依其本性，就會思考、評價、判斷與抉擇，所以必須分辨尊卑，區別貴賤。以形成重卦的六爻來說，初爻為元士，二爻為大夫，三爻為三公，四爻為諸侯，五爻為天子，六爻為宗廟。百姓是接受統治的庶民，自我意識與自主能力皆受到局限，

而其吉凶也往往是隨人俯仰的。當然，六位之分可供參考，卻不可拘泥，因為在每一卦中，「時」與「位」都有靈活解說的空間。

③ 「動」代表剛強勁健，「靜」代表柔順敦厚，形成常態現象之後，就可以說：乾（天）為剛，坤（地）為柔。事實上，乾坤各有其動靜的模式。古人認為天圓地方，是看到天體不斷運行，顯示旋轉的球形樣貌，而大地安穩不動，有如四方確立的磐石。

④ 事物的聚散與分合，依其類與群而定。「方」為事物走向，為方位。在自然界的萬物分合之際，出現了客觀上的得與失，以及人在主觀上的吉與凶。《易經》教人如何明辨吉凶而加以趨避。最後，在天上有日月星辰的運行，風雨雷電的變遷，在地上有山川的形成以及動植物的化育，這種種變化都是我們可以觀察的現象。

⑤ 「剛」為乾，「柔」為坤。如果還原到最基本的二元，則剛柔分別是代表陽氣的陽爻（—）與代表陰氣的陰爻（--），這兩者往來交錯（摩），形成八個基本卦（又稱「經卦」）。八卦所象徵的是：乾為天，震為雷，坎為水，艮為山，坤為地，巽為風，離為火，兌為澤。這八卦再彼此推移流轉（盪），自然界的萬物就獲得了振作與滋潤的機會，於是天上有日月運行，地上有寒暑交替。

乾道成男，坤道成女。乾知大始，坤作成物。乾以易知，坤以簡能；易則易知，簡則易從；易知則有親，易從則有功；有親則可久，有功則可大；可久則賢人之德，可大則賢人之業，易簡而天下之理得矣。天下之理得，而成位乎其中矣。

〈白話〉

乾卦所代表的法則構成了男性，坤卦所代表的法則構成了女性。乾卦主導萬物的創始，坤卦運作形成了萬物。乾卦以容易的方式來主導，坤卦以簡單的方式來運作；容易就易於讓人了解，簡單就易於讓人跟隨；易於了解就會有人來親近，易於跟隨才可能成就功業；有人親近就可以維持長久，有了功業就可以發展壯大；可以維持長久的才是賢人的德行，可以發展壯

大的才是賢人的事業。光靠容易與簡單，就可以使人領悟天下萬物的道理。領悟了天下萬物的道理，就可以在其中成就自己的地位了。

〈解讀〉

① 乾卦代表陽氣，坤卦代表陰氣；陽與陰造成了萬物男性（雄性）與女性（雌性）二元配對的基本形態；因此，把握了乾與坤，就可以進而明白萬物的道理。

② 「乾知大始」，「知」為過問、主管、主導之意，如以「知縣」為一縣之主。乾的作用是創始，是主動開創萬物；坤的功能是生成，把乾所創始的萬物孕育形成。朱熹說：「乾健而動，即其所知（主），便能使物而無所難，故為以易而知大始。坤順而靜，凡其所能，皆從乎陽而不自作，故為以簡而能成物。」這是說明易與簡。

③ 後續的推論，從「易」到易知、有親、可久、賢人之德；從「簡」到易從、有功、可大、賢人之業；然後由此領悟了天下之理。這一段推論，說明了人如何由觀察乾坤的運作，找到人生的方向與位置。簡而言之，每一個人都可以並且應該成為有德有業的賢人。至於此一論斷在人性論上有何根據，則仍有待說明。

②

聖人設卦觀象，繫辭焉而明吉凶，剛柔相推而生變化。是故吉凶者，失得之象也；悔吝者，憂虞之象也；變化者，進退之象也；剛柔者，晝夜之象也。六爻之動，三極之道也。

〈白話〉

聖人設計卦的圖案，觀察卦象，附上解說，用以彰顯吉祥與凶禍，藉由剛爻柔爻互相推移而展現變化。因此，吉祥與凶禍，是描寫喪失與獲得的現象；懊悔與困難是描寫煩惱與鬆懈的現象；各種變化，是描寫推進與消退

的現象；剛爻與柔爻，是描寫白晝與黑夜的現象。六爻的活動，代表了天地人三個層次的運行規則。

〈解讀〉

① 「卦」為掛，是掛出來的圖案，用以象徵自然界的變遷狀況。聖人所做的是：設卦、觀象、繫辭。目的則是明示吉與凶，而吉與凶又會因為剛爻與柔爻的推移而產生變化。

② 所謂「吉凶」，是就得失而言。人生不能沒有欲求，得為吉，失為凶。在此，必須假定這些欲求為正當的。其次，所謂「悔吝」，是就憂虞而言；「虞」是喜悅而不知預防，以致鬆懈。朱熹說：「蓋吉凶相對，而悔吝居其中間，悔自凶而趨吉，吝自吉而向凶也。」人若懊悔，知所警惕，就會自凶而趨吉；反之，人若鬆懈，不知收斂，就會自吉而向凶。

③ 剛為陽爻，代表陽氣；柔為陰爻，代表陰氣；這兩種力量的進退，產生了變化；然後陽氣與陰氣的消長，形成了晝夜。

④ 「六爻」分為天地人三組。「極」為端，猶如上、中、下三端，所以譯為三個層次。初、二為「地」，三、四為「人」，五、上為「天」。六爻在這三個層次活動，展示出包羅萬象的消息。

是故君子所居而安者，《易》之序也；所樂而玩者，爻之辭也。是故君子居則觀其象而玩其辭，動則觀其變而玩其占。是以自天佑之，吉无不利。

〈白話〉

因此之故，君子所安心靜處的，是《易經》顯示的位序；他所樂於玩味的，是卦爻辭的內容。因此之故，君子靜處時就觀察卦爻的圖象，並且玩味其中的言辭；他行動時就觀察卦爻的變化，並且玩味其中的占驗。所以，上天會保佑他，吉祥而沒有任何不利。

① 「《易》之序」，是指《易經》會顯示一個人處在什麼位序（位置與秩序）。「爻之辭」則因為含意豐富深刻而可供人反覆琢磨。君子明白這些道理之後，才有可能樂天知命。

② 君子之「居」與「動」，都離不開《易經》，視之為智慧寶庫，然後言行自然合宜，進退也有分寸。「自天佑之」一語，出現在大有卦（☲，第十四卦）上九的爻辭中，表示古人相信「天」仍為主宰者，會有賞善罰惡的作為，並且這種作為符合《易經》所揭示的原理。

❸

彖者，言乎象者也；爻者，言乎變者也。吉凶者，言乎其失得也；悔吝者，言乎其小疵也。无咎者，善補過者也。是故列貴賤者存乎位，齊小大者存乎卦，辯吉凶者存乎辭，憂悔吝者存乎介，震无咎者存乎悔。是故卦有小大，辭有險易；辭也者，各指其所之。

〈白話〉

彖辭是說明卦象的；爻辭是說明各爻變化的。吉與凶，是說明喪失與獲得的；悔與吝，是說明小的缺失的。至於無咎，則是指善於補救過錯而言。因此之故，貴賤的排列在於爻位，陰陽的均等在於卦象，分辨吉凶要看卦爻辭，憂慮悔吝要看幾微的心思，戒懼無咎要看是否悔悟。所以，卦有陰陽小大之分，卦爻辭有凶險與平易之別；卦爻辭指示了變化發展的趨向。

〈解讀〉

① 「彖者」為彖辭，所指為直接列在卦圖之下的「卦辭」，而不是其後所附的〈彖傳〉。

② 「吉凶」、「悔吝」、「无咎」之類的用語，為每一卦的占驗之詞，其意義在此得到清楚的說明。「齊小大者」所指為陰爻與陽爻，六十四卦共有三百八十四爻，其中陰與陽各占一半；並且，六十四卦在陰

與陽的優勢方面，整體而言也是均等的。由此亦可知「卦有小大」。

③ 悔與吝之差異，要看幾微的心思；「介」為微小。無咎則有待悔悟，
　才能「善補過」。「憂」與「震」皆為動詞，意思相近。

❹

《易》與天地準，故能彌綸天地之道。仰以觀於天文，俯以察於地
理，是故知幽明之故。原始反終，故知死生之說。精氣為物，游魂
為變，是故知鬼神之情狀。與天地相似，故不違；知周乎萬物而道
濟天下，故不過。旁行而不流。樂天知命，故不憂。安土敦乎仁，
故能愛。範圍天地之化而不過，曲成萬物而不遺，通乎晝夜之道而
知。故神无方而《易》无體。

〈白話〉

《易經》的制作是以天地為參考的模型，所以能夠普遍涵蓋天地的法則。
聖人抬頭觀察天文的現象，低頭考察地理的形勢，所以知道幽暗與明亮的
緣故。推原於開始，追究到結束，所以知道死與生的說法。精氣凝聚就是
生物，精氣飄散造成變化，所以知道鬼神的真實情況。《易經》的卦象與
天地的活動相似，所以不會違背天地的法則；其中的智慧遍及萬物而道理
則幫助了天下人，所以不會有過錯。廣泛運行而不會超出界線。樂天道而
知天命，所以不會憂慮。安於所處的位置，培養深厚的仁心，所以能夠愛
人。全盤籠罩天地的變化而沒有失誤，細緻安排萬物的形成而沒有遺漏，
徹底了解晝夜的道理而展現智慧。所以，神妙的變化沒有固定的方式，而
《易經》也沒有固定的形態。

〈解讀〉

① 本章說明《易經》制作的依據、目標與效應。其目標在於了解「幽
　明、死生、鬼神」，而這些正是一般人最覺困惑者。「幽明」與天文
　及地理有關，所指為自然現象的奧秘。「死生」是特別就人的深刻關

懷而言。「鬼神」則更涉及超越日常經驗之外的領域。

② 由「精氣為物，游魂為變」來理解「鬼神」，可知古人認為萬物都是氣的變化。但是，人的社會卻由此建立了教化。《禮記‧祭義》記載宰我請教孔子的一段資料，可供參考。宰我曰：「吾聞鬼神之名，而不知其所謂。」子曰：「氣也者，神之盛也。魄也者，鬼之盛也。合鬼與神，教之至也。眾生必死，死必歸土，此之謂鬼。骨肉斃於下，陰為野土，其氣發揚於上，為昭明，焄蒿，悽愴，此百物之精也，神之著也。因物之精，制為之極，明命鬼神，以為黔首則。百眾以畏，萬民以服。」

③ 「樂天知命」：「天」是萬物的本源，所以用來泛指客觀上的既定條件，包括人的性格、遭遇與命運；能夠欣然接受這些，就是「樂天」。「命」則在命運之外，還包括人的使命在內，譬如孔子「五十而知天命」（《論語‧為政》），即是此意。孔子還說過：「不知命，無以為君子。」（《論語‧堯曰》）知命者才有可能樂天；而這樣的人又怎麼會「憂」呢？

④ 「安土敦乎仁」：「土」是土地、處所、位置；「安土」是指隨遇而安。「敦乎仁」則顯示仁心或仁德並非天生完備，而是需要修養，使之日益深厚的。

⑤ 「神无方」：「神」是指天地之間變化之神妙狀態，而不是指特定的神明。

5

一陰一陽之謂道，繼之者善也，成之者性也。仁者見之謂之仁，知者見之謂之知，百姓日用而不知。故君子之道鮮矣。顯諸仁，藏諸用，鼓萬物而不與聖人同憂，盛德大業至矣哉。富有之謂大業，日新之謂盛德。生生之謂易，成象之謂乾，效法之謂坤，極數知來之謂占，通變之謂事，陰陽不測之謂神。

〈白話〉

一陰一陽搭配變化，就稱為道；繼續道的運作的，就是善；完成道的運作的，就是性。行仁者見到道，稱它為仁；明智者見到道，稱它為智。百姓每天使用它，卻一無所知，所以君子體認的道很少有人明白。它顯現在仁愛上，隱藏在日用中，鼓動萬物的變化而不與聖人一起憂慮，這種盛美的道德與偉大的功業，是至高無上的啊。富有無缺就稱為偉大功業，日日更新就稱為盛美道德。生生不已就稱為變易，形成現象就稱為乾元，跟隨法則就稱為坤元，推究數理而知道未來就稱為占筮，通達變化就稱為事件，陰陽運作不可測度就稱為神妙。

〈解讀〉

① 「道」是陰陽二氣搭配變化的過程與法則。繼續此一變化過程而不要終結它，就是「善」；具體使它凝成一物的，就是「性」。因此萬物各有其「性」，此性無關乎善惡，而只是要讓道可以經由它來形成萬物。至於「善」，則是由生生不已的角度，肯定存在比虛無為佳。朱熹說：「道具於陰而行乎陽。繼，言其發也；善，謂化育之功，陽之事也。成，言其具也；性，謂物之所受，言物生則有性，而各具是道也，陰之事也。」由此可見，朱熹從這段資料也不曾推出「人性本善」的說法。

② 仁者與知者各依自身的觀點，體認了道的奧妙，亦即肯定人在生命過程中，應該設定目標以提升價值。人的生老病死與萬物的變遷流轉，表面上並無差異；但是人還須修養成為君子，否則難免與草木同朽。

③ 道本身處於圓滿狀態，依時序而變動無已，沒有「憂」的可能性。聖人則對天下一直有所「憂」，因為人世間的問題層出不窮，所以聖人是代天下人而憂。

④ 接著扼要界定的「大業、盛德、易、乾、坤、占、事、神」，都是用來描述道的偉大功用。

6

夫《易》廣矣大矣，以言乎遠則不禦，以言乎邇則靜而正，以言乎
天地之間則備矣。夫乾，其靜也專，其動也直，是以大生焉。夫
坤，其靜也翕，其動也闢，是以廣生焉。廣大配天地，變通配四
時，陰陽之義配日月，易簡之善配至德。

〈白話〉

《易經》的道理廣闊啊，宏大啊，用它說明遠方的事情，則沒有界限；用
它說明身邊的事情，則清楚正確；用它說明天地之間的事情，則完備無
遺。乾所代表的陽氣，靜止時專一，活動時正直，所以有最大的生產能
力。坤所代表的陰氣，靜止時閉合，活動時張開，所以有最廣的生產能
力。廣闊宏大可以配合天地，變化流通可以配合四季，陰陽的原理可以配
合日月，容易簡單的優點可以配合至高的德行。

〈解讀〉

① 《易經》一書所談的道理，與天地萬物的變化法則是完全一致的。它
   所能說明的，「遠」與「邇」除了指涉遠近，也可以指涉時間上的未
   來與當下；「天地之間」則明白指涉了空間。

② 乾與坤為代表陽氣與陰氣的兩個符號。朱熹說：「乾一而實，故以質
   言而曰大。坤二而虛，故以量言而曰廣。」乾坤各有其動靜。乾之
   專，因其為一；為一則無所偏私（直），所以「大生」。坤之翕闢，
   則為順承乾之大生，由此以致廣生。

③ 「陰陽之義」是指陰陽輪流消長的原理，彼此相反相成又共成一個整
   體，正如日月給人類的觀感，是此消則彼長，明暗配合而有序。「易
   簡之善」則是指《易經》所揭示易與簡，其優點亦符合道的至高德
   行。

❼

子曰：《易》其至矣乎！夫《易》，聖人所以崇德而廣業也。知崇
禮卑，崇效天，卑法地。天地設位，而《易》行乎其中矣。成性存
存，道義之門。

〈白話〉

孔子說：《易經》說出了最高明的道理了吧！《易經》是聖人用來推崇道
德及擴大功業的。智慧崇高而禮節謙卑，崇高是效法天，謙卑是效法地。
天地設定了位置，《易經》的道理在其中運行。助成萬物的天性，保存萬
物的存在，就是通往道義的門徑。

〈解讀〉

① 「子」為孔子。孔子說過：「加我數年，五十以學《易》，可以無大
   過矣。」（《論語・述而》）朱熹說：「十翼皆夫子所作，不應自著
   『子曰』字，疑皆後人所加也。」事實上，〈十翼〉代表孔子及其後
   學的共同心得，為數代相傳的成果，因此見到「子曰」的資料並不意
   外。

② 「成性存存」：「成性」一方面是前文所說的「成之者性也」，另一
   方面也需要人類來助成；配合「存存」（存其所存）來看，則可以肯
   定人類有「參贊化育」的偉大使命。孔穎達說：「性謂稟其始也，存
   謂保其終也」。這也是「道義之門」，是人類的光明坦途與正當責
   任。

❽

聖人有以見天下之賾（ㄗㄜˋ），而擬諸其形容，象其物宜，是故謂
之象。聖人有以見天下之動，而觀其會通，以行其典禮，繫辭焉以
斷其吉凶，是故謂之爻。言天下之至賾而不可惡也，言天下之至動
而不可亂也。擬之而後言，議之而後動，擬議以成其變化。

〈白話〉

聖人見到天下事物的複雜微妙，就模擬其形態，描繪其樣貌，所以有卦象之稱。聖人見到天下事物的變動發展，就觀察其會合通達的方式，依循常規法則，再附上解說來裁斷吉凶，所以有爻的稱呼。這些是要說明天下最微妙而不可破壞的現象，說明天下最繁複而不可混亂的活動。模擬比較之後再作說明，商議討論之後再去行動，模擬商議之後才能成就一切的變化。

〈解讀〉

① 天下之「賾」，是指幽深難解的微妙狀況，係就靜態的結構而言，可以畫成圖案，形成卦象。這些是不可破壞的。

② 天下之「動」，是就動態的發展而言，萬物無時無刻不在變動之中，變動有「會通」，也有「典禮」（常規法則）；論及吉凶，則有「爻」（效也）來仿效並說明之。這些是不可混亂的。由此可知，卦象是展示靜態的架構，爻畫則彰顯動態的變化以及吉凶效應。

9

「鳴鶴在陰，其子和之。我有好爵，吾與爾靡之。」子曰：「君子居其室，出其言善，則千里之外應之，況其邇者乎？居其室，出其言不善，則千里之外違之，況其邇者乎？言出乎身，加乎民；行發乎邇，見乎遠。言行，君子之樞機。樞機之發，榮辱之主也。言行，君子之所以動天地也，可不慎乎？」

〈白話〉

「大鶴在樹蔭下啼叫，牠的小鶴啼叫應和。我有美酒一罐，我要與你共享。」孔子說：「君子住在屋內，說出的話有道理，那麼千里之外的人也會呼應他，何況是身邊的人？他住在屋內，說出的話沒有道理，那麼千里之外的人也會違背他，何況是身邊的人？言語從自己口中說出，百姓都會

聽到；行為在身上表現出來，遠處也會看到。言語與行為是君子處世的樞紐機關。樞紐機關一發動，就決定了獲得榮耀還是受到恥辱。言語與行為，是君子藉以感動天地的關鍵，可以不謹慎嗎？」

〈解讀〉

① 本段資料為中孚卦（☲，第六十一卦）九二的爻辭。在大鶴小鶴，是純屬自然的感應；在人的社會，則在自然情感之上，還有一個人心所共同嚮往的道義世界。「出其言善」的「善」，是指合乎道義而言，亦即我們常說的「有道理」，有正確而正當之意。天下人都會呼應「善言善行」，是否暗示了「人性向善」？

② 人之處世，以「言行」與人往來，其原則為「誠於中，形於外」，所以言行成為君子之「樞機」。

「同人，先號咷而後笑。」子曰：「君子之道，或出或處，或默或語。二人同心，其利斷金。同心之言，其臭（ㄒㄧㄡˋ）如蘭。」

「初六。藉用白茅，无咎。」子曰：「苟錯諸地而可矣，藉之用茅，何咎之有？慎之至也。夫茅之為物薄，而用可重也。慎斯術也以往，其无所失矣。」

「勞謙君子，有終，吉。」子曰：「勞而不伐，有功而不德，厚之至也。語以其功下人者也。德言盛，禮言恭，謙也者，致恭以存其位者也。」

〈白話〉

「聚合眾人，先是痛哭後是歡笑。」孔子說：「君子所奉行的原則，是該從政就從政，該隱退就隱退，該靜默就靜默，該說話就說話。兩人心意一致，其鋒利可以切斷金屬；心意一致所說的話，其味道就像蘭花一樣。」

「初六。用白色茅草墊在底下，沒有災難。」孔子說：「就是把祭品擺放在地上也可以啊，底下還要墊一層茅草，這會有什麼災難呢？這是謹慎到了極點。茅草是一種微薄的東西，但是可以產生重大的作用。按照這種謹

慎的方法去做事，就不會有什麼過失了。」

「有功勞而謙卑的君子，有好結果，吉祥。」孔子說：「勞苦而不誇耀，有功績而不自認為有德，真是忠厚到了極點。這是說那些有功績依然謙下待人的人。德行要講求盛美，禮儀要講求恭敬，而謙卑正是使人恭敬從而保存自己地位的坦途。」

〈解讀〉

① 本段先談同人卦（☲☰，第十三卦）九五的爻辭。人生的際遇也須取決於自己的理想與志趣。孔子對於「出、處、默、語」能作合宜的判斷，所以他宣稱自己的作為是「無可無不可」（《論語・微子》）。然而，在際遇之外，能否獲得真誠相待的知己，才是更重要的事。能有「二人同心」，則其利與其言，無不可喜。

② 本段其次談的是大過卦（☱☴，第二十八卦）初六的爻辭。人有謹慎恭敬之心，則不僅遠離咎害，也會受到眾人肯定。

③ 本段最後所談的是謙卦（☷☶，第十五卦）九三的爻辭。我們由此想到的是顏淵的志向，亦即「願毋伐善，毋施勞」（《論語・公冶長》）。

「亢龍有悔。」子曰：「貴而无位，高而无民，賢人在下位而无輔，是以動而有悔也。」

「不出戶庭，无咎。」子曰：「亂之所生也，則言語以為階。君不密則失臣，臣不密則失身，幾事不密則害成。是以君子慎密而不出也。」

子曰：「作《易》者，其知盜乎？《易》曰：『負且乘，致寇至。』負也者，小人之事也。乘也者，君子之器也。小人而乘君子之器，盜思奪之矣。上慢下暴，盜思伐之矣。慢藏誨盜，冶容誨淫。《易》曰：『負且乘，致寇至。』盜之招也。」

〈白話〉

「龍飛得太高，已經有所懊悔。」孔子說：「地位尊貴卻沒有職位，高高在上卻失去百姓，賢人居下位而無法前來輔佐，所以他一行動就會有所懊悔。」

「不離開門戶與庭院，沒有災難。」孔子說：「禍亂的產生，是以言語為其階梯。君主不能保密，就會失去臣子；臣子不能保密，就會喪失性命；幾微之事不能保密，就會造成失敗。因此，君子謹慎保密而不隨便說話。」

孔子說：「《易經》的作者大概懂得強盜的心理吧？《易經》上說：『背著東西坐在車上，招來了強盜。』背負東西，是小人的工作；車子是君子代步的工具。小人卻坐在君子代步的工具上，強盜就會想要搶奪他。居上位的傲慢，在下位的粗暴，強盜就會想要攻擊他。不藏好珍貴之物，是教唆別人來搶奪；打扮得過於妖艷，是教唆別人來調戲。《易經》上說：『背著東西坐在車上，招來了強盜。』正是說明招來強盜的緣故。」

〈解讀〉

① 本文第一段所談，為乾卦（䷀，第一卦）上九的爻辭。後續的「子曰」則引自乾卦〈文言〉上九部分，可自行參考。

② 本文第二段所談為節卦（䷻，第六十卦）初九的爻辭。接著，強調說話必須謹慎。我們固然希望「謠言止於智者」；但是首先還是要求自己不要輕易說話。所謂「人言為信」，信有約定、守信之意，也有真實可信之意。尤其對於「幾微之事」，更須謹慎。

③ 本文第三段所談為解卦（䷧，第四十卦）六三的爻辭。《易經》作者深通人情世故，更了解人的心理機制，所以提醒我們不要引起別人的邪惡念頭。我們除了自己要堅持行善，也要避免別人因為我們的疏忽而陷入誘惑中。「慢藏誨盜，冶容誨淫」一語，在今日社會實在有太多慘痛的例子了。

⑩

天一，地二，天三，地四，天五，地六，天七，地八，天九，地
十。天數五，地數五。五位相得而各有合，天數二十有五，地數三
十，凡天地之數五十有五，此所以成變化而行鬼神也。

〈白話〉

天數一，地數二，天數三，地數四，天數五，地數六，天數七，地數八，
天數九，地數十。天的數共有五個，地的數共有五個。五個方位的數分配
得宜並且各自配合。天數加起來是二十五，地數加起來是三十；天地之數
合起來是五十五，這些數造成了各種變化，並且使鬼神之道得以運作。

〈解讀〉

① 天為陽，代表奇數；地為陰，代表偶數。人類用來計算的十個序數，
從一到十，依此分為兩系。五個奇數相加為二十五，五個偶數相加為
三十。既然皆有五，就可用來配合五個方位，亦即東、南、西、北、
中。有天地，有方位，有數的組合，然後就可以由此掌握變化的奧妙
與鬼神的功能了。

② 朱熹說：「變化，謂一變生水而六化成之，二化生火而七變成之，三
變生木而八化成之，四化生金而九變成之，五變生土而十化成之。」
陽數為變，陰數為化，依序而有水、火、木、金、土。至於「鬼
神」，則朱熹說：「謂凡奇耦生成之屈伸往來者。」這些說法並不明
確，並且也難有定論。

大衍之數五十，其用四十有九。分而為二以象兩，掛一以象三，揲
（ㄕㄜˊ）之以四以象四時，歸奇於扐（ㄌㄜˋ）以象閏；五歲再閏，
故再扐而後掛。乾之策二百一十有六，坤之策百四十有四，凡三百
六十，當期之日。二篇之策，萬有一千五百二十，當萬物之數也。
是故四營而成易，十有八變而成卦。

〈白話〉

在進行大型演算時，準備五十根籌策，真正使用的是四十九根。將這四十
九根分為兩組，象徵天地兩儀；由任何一組中抽出一根掛在左手小指間，
象徵天地人三才；再以四為單位去計算籌策，象徵一年的四季；把剩下的
零數夾在左手中三指間，象徵閏月；每五年有兩次閏月，所以要把另一組
籌策依四計算所剩下的零數，也夾在指縫掛起來。乾卦的策數是二百一十
六，坤卦的策數是一百四十四，總數為三百六十，相當於一年的天數。
《易經》上下篇六十四卦的策數有一萬一千五百二十，相當於萬物的數
目。所以，要經過四次經營才能形成《易經》的一爻，經過十八次變化才
能完成一卦。

〈解讀〉

① 「大衍」是指大型推演。「大」是就五十為一完整之數而言。前面說
過「凡天地之數五十有五」，在此卻說「大衍之數五十」，原因或許
如《黃帝書》所說：「土，生數五，成數五，是以大衍之數五十
也。」生數是一、二、三、四、五，成數是六、七、八、九、十。土
的成數本來是十，現在以五代十，於是五十五成了五十。此說尚無定
論。「策」為籌策，指蓍草或竹片等可用以計算之物。使用四十九
根，是以抽出一根象徵太極，使後續的象徵有個起源。

② 「四營」是指「分二」、「掛一」、「揲四」、「歸奇」這四個步
驟。「揲」為分組計算，「扐」是夾在指間，「奇」為剩餘的零數。

③ 乾卦有六個陽爻，每爻以四策為一組，而陽數用九，所以總數為六乘
三十六，共二百一十六。坤卦有六個陰爻，每爻以四策為一組，而陰
數用六，所以總數為六乘二十四，共一百四十四。兩者相加得出三百
六十。然後六十四卦共有三百八十四爻，陽爻與陰爻各半。於是一百
九十二乘三十六，為六千九百一十二；加上一百九十二乘二十四，為
四千六百零八；總數為一萬一千五百二十。當然，所謂「萬物」，其
數遠過於此。

八卦而小成，引而伸之，觸類而長之，天下之能事畢矣。顯道神德行，是故可與酬酢（ㄔㄡˊ ㄗㄨㄛˋ），可與佑神矣。子曰：「知變化之道者，其知神之所為乎。」

〈白話〉

八個單卦代表初步的成就，由此引發而延伸出去，再按感觸的類別擴展出去，天下可能取象的事物就全在裡面了。《易經》呈現天地之道，使其功能與效應顯得神妙無比，所以它不但可以用來應對各種需要，也可以用來助成神明的化育。孔子說：「了解變化之道的人，大概也會了解神明的作為吧。」

〈解讀〉

① 八個單卦是乾（☰），震（☳），坎（☵），艮（☶），坤（☷），巽（☴），離（☲），兌（☱）。這八卦再排列組合為六十四卦，就構成了《易經》的完整體系。

② 《易經》可以「顯」道，並且「神」其德行。「德行」所指為天地之道的功能與效應。「酬酢」是指應對自然界與人世間的一切狀況。「佑神」以及「神之所為」二語，合而觀之，可知「神」是名詞，指神妙的變化。天地之間的變化雖然神妙，但人依然有可能助成之。

⑪

《易》有聖人之道四焉：以言者尚其辭，以動者尚其變，以制器者尚其象，以卜筮者尚其占。是以君子將有為也，將有行也，問焉而以言，其受命也如響。无有遠近幽深，遂知來物。非天下之至精，其孰能與於此？參伍以變，錯綜其數。通其變，遂成天下之文；極其數，遂定天下之象。非天下之至變，其孰能與於此？《易》无思也，无為也，寂然不動，感而遂通天下之故。非天下之至神，其孰能與於此？

〈白話〉

《易經》在四方面展現了聖人之道：用在言語方面的人會推崇它的言辭，用在行動方面的人會推崇它的變化，用在製造器物方面的人會推崇它的圖象，用在卜筮方面的人會推崇它的占驗。因此，君子準備有所作為，準備有所行動時，用言語去詢問，它就會接受提問並且像回音一樣地答覆。遠的、近的、幽隱的、艱深的問題，它都可以讓人得知未來的狀況。不是天下最精微的智慧，誰能做到這些？用陽爻與陰爻相參差與相並行來演變各卦，再交錯綜合相關的數字。通達其中的演變，於是形成天下的形態；推究其中的數字，於是確定天下的現象。不是天下最卓越的變化，誰能做到這些？《易經》的卦象沒有思慮，沒有作為，寂靜不動，一受到感應就能通達天下的道理。不是天下最神妙的力量，誰能做到這些？

〈解讀〉

① 《易經》所展示的聖人之道，分別是「辭、變、象、占」，我們可以依此學習「言、動、制器、卜筮」。接著描述《易經》中的智慧如何為天下之「至精、至變、至神」。

② 「參伍以變」：參為異者相參差，伍為同者相並行，所指為一卦六爻之各種排列，由此形成六十四卦。「錯綜其數」：在以蓍草占卦時，會出現「六、七、八、九」之數字，其組合則為六十四卦之一，可由此推知未來。

夫《易》，聖人之所以極深而研幾也。唯深也，故能通天下之志；唯幾也，故能成天下之務；唯神也，故不疾而速，不行而至。子曰：「《易》有聖人之道四焉」者，此之謂也。

〈白話〉

《易經》這本書，是聖人用以探求深奧與研究幾微的憑藉。由於深奧，所以它能貫通天下人的心意；由於幾微，所以它能成就天下人的功業；由於神妙，所以它不匆忙卻迅速反應，不行走卻照樣抵達。孔子說：「《易

《經》在四方面展現了聖人之道」，說的就是這些。

〈解讀〉

① 此段說法突顯了《易經》的難度。天下的道理，在百姓身上是「日用而不知」。但是在「不知」的情況下，人生之禍福常常身不由己，以致最後只能求助於命運或盲目的信仰。聖人身負造福百姓的使命，所以必須具備《易經》的智慧。這是古代的情況。我們現代人則須自己擔起這個責任。

② 《易經》的道理在此顯示了三個特色，就是：極深、研幾與通神。

12

子曰：「夫《易》何為者也？夫《易》開物成務，冒天下之道，如斯而已者也。」是故聖人以通天下之志，以定天下之業，以斷天下之疑。是故蓍之德圓而神，卦之德方以知，六爻之義易以貢。聖人以此洗心，退藏於密，吉凶與民同患。神以知來，知以藏往，其孰能與於此哉？古之聰明睿知，神武而不殺者夫！

〈白話〉

孔子說：「《易經》可以用來做什麼？《易經》的哲理可以開發萬物，成就功業，涵蓋天下的法則，如此而已。」因此之故，聖人用它來貫通天下人的心意，奠定天下人的事業，裁斷天下人的疑問。所以，蓍策的作用圓通而神妙，卦象的作用方正而明智，六爻的特性變易而彰顯。聖人用它來潔淨心思，退藏於隱密之中，與百姓一起憂慮吉凶的發生。神妙可以讓他知道未來的狀況，明智可以讓他容納過去的經驗，誰能做到這些呢？大概只有古代耳聰目明、智慧過人、勇敢無比又不願誇耀的人吧！

〈解讀〉

① 《易經》一書的作用是「開物成務，冒天下之道」，試問還有什麼比

它更廣大更精微的著作？「開物成務」一語即是人類「文化」的具體過程與內涵。「冒」為籠罩、涵蓋，「道」為事物運作的法則。

② 聖人有三項任務，就是「通天下之志，定天下之業，斷天下之疑」。這三者分別需要「德行、能力、智慧」，而《易經》提供了所有必要的指示。

③ 「蓍」為蓍策，以蓍草的莖製成，圓形。「貢」為告，為彰顯其意。朱熹說：「圓神，謂變化无方；方知，謂事有定理；易以貢，謂變易以告人。」他接著說：「聖人體具三者之德，而无一塵之累。无事，則其心寂然，人莫能窺；有事，則神知之用，隨感而應，所謂无卜筮而知吉凶也。神武不殺，得其理而不假其物之謂。」「殺」為殺伐，「不殺」是說不利用這種專長來對付別人或誇耀自己。

是以明於天之道，而察於民之故，是興神物以前民用。聖人以此齋戒，以神明其德夫！是故，闔戶謂之坤，闢戶謂之乾。一闔一闢謂之變，往來不窮謂之通。見乃謂之象，形乃謂之器。制而用之謂之法，利用出入，民咸用之謂之神。是故《易》有太極，是生兩儀。兩儀生四象。四象生八卦。八卦定吉凶。吉凶生大業。

〈白話〉

因此，明白自然界的運行規律，又了解百姓的實際狀況，這才發明神奇的蓍占，引導百姓去使用。聖人用它來齋戒心思，使占筮的功能神妙而明顯啊！所以，關起門來靜處就稱為坤，打開門來活動就稱為乾。有關有開就稱為變化，往來不已就稱為通達。顯現出來的就稱為現象，具體賦形的就稱為器物。制定出來使用的就稱為法則，進進出出利用它，百姓都要使用的就稱為神妙。所以，《易經》揭示了做為究竟真實的太極，從太極展現出天地兩種體式。天地兩種體式展現出四季的現象。四季的現象展現出八個單卦。八個單卦決定了吉與凶。由吉與凶再衍生出偉大的功業。

〈解讀〉

① 聖人知天又知人，所以發明了「神物」。凡是可用以占筮的都屬於「神物」，目的是要幫助百姓趨吉避凶。關於「齋戒」，朱熹說：「湛然純一之謂齋，肅然警惕之謂戒。」可見這是以心思為主，而非涉及飲食也。

② 接著一系列界說，簡單指出何謂「坤、乾、變、通、象、器、法、神」。這些語詞的定義，在〈繫辭〉中不一而足，可以對照比較。

③ 「太極」是指究竟真實或絕對真實而言。宇宙萬象若非純屬虛幻或偶然，則必須有一最後底基，它同時也是最初的開端，而「太極」所指為此。太極既然是絕對者，則其本身不能成為觀察的對象，所以接著要說「是生兩儀」。「兩儀」具體而言，是指天與地這兩大體式或形態；抽象而言，則是陽氣與陰氣這兩種元素及力量。因為下一段資料直接論及天地與四時，所以在此譯為「天地」。以「展現出」譯「生」，則是因為它與一般所謂的生育不同。

④ 朱熹說：「易者，陰陽之變，太極者其理也。兩儀者，始為一畫以分陰陽。四象者，次為二畫以分太少。八卦者，次為三畫，而三才之象始備。」他的意思是：兩儀是指陰爻（--）與陽爻（—）。四象則為太陽（⚌），太陰（⚏），少陽（⚎），少陰（⚍）。八卦則是乾（☰），震（☳），坎（☵），艮（☶），坤（☷），巽（☴），離（☲），兌（☱）。

⑤ 八卦再合成六十四卦，就可以界定各種處境中的吉與凶，然後人類才可依此創建功業。

是故法象莫大乎天地，變通莫大乎四時，懸象著明莫大乎日月。崇高莫大乎富貴。備物致用，立成器以為天下利，莫大乎聖人。探賾索隱，鉤深致遠，以定天下之吉凶，成天下之亹亹（ㄨㄟˇ）者，莫大乎蓍龜。是故，天生神物，聖人則之。天地變化，聖人效之。天垂象，見吉凶，聖人象之。河出圖，洛出書，聖人則之。《易》有四象，所以示也。繫辭焉，所以告也。定之以吉凶，所以斷也。

〈白話〉

因此之故，取法的對象沒有比天地更大的，變化通達的情形沒有比四季更大的，懸掛而顯明的現象沒有比日月更大的。讓人推崇仰望沒有大過富貴的。齊備物品供人使用，制定現成器物來謀求天下人的福利，沒有大過聖人的。探究精微，考察幽隱，擷取深奧，推及遙遠，以此來確定天下人的吉凶，促成天下人勤勉不息的，沒有大過蓍與龜的。因此之故，上天賜下神奇的東西，聖人要取法。天地之間變化無窮，聖人要仿效。天垂示天象，顯現吉凶之兆，聖人要模擬。黃河出現龍圖，洛水出現龜書，聖人要參照。《易經》有這四種重要的取象，就是要用來彰顯奧秘的。附上卦爻辭，就是要用來告訴人們的。判定它是吉是凶，就是要用來裁斷的。

〈解讀〉

① 本段提及六種「大」，各依其性質，分別為「天地、四時、日月、富貴、聖人、蓍龜」。其中，「富貴」是就一般人的願望而言，而富貴的極致則是「天子」。「亹亹」為勤勉。

② 接著，聖人制作《易經》並非憑空想像，而是根據神物（蓍龜等占筮之物），天地變化，天垂象，以及河圖洛書。關於河圖洛書，孔安國說：「河圖者，伏羲氏王天下也，龍馬出河，遂則其文以畫八卦。洛書者，禹治水時，神龜負文而列於背，有數至九，禹遂因而第之，以成九類。」詳情不易查證，錄之以供參考。

⓭

《易》曰：「自天佑之，吉无不利。」子曰：「佑者，助也。天之所助者順也；人之所助者信也。履信思乎順，又以尚賢也。是以自天佑之，吉无不利也。」子曰：「書不盡言，言不盡意。」然則聖人之意，其不可見乎？子曰：「聖人立象以盡意，設卦以盡情偽，繫辭焉以盡其言。變而通之以盡利，鼓之舞之以盡神。」

〈白話〉

《易經》上說：「獲得天的助佑，吉祥而無所不利。」孔子說：「佑是幫
助。天所幫助的是順從的人，人所幫助的是誠信的人。履行誠信並且存心
順從，還會因而推崇賢者。所以獲得天的助佑，吉祥而無所不利。」孔子
說：「文字不能完全表達言語，言語不能完全表達心思。」那麼，聖人的
心思就不能充分顯示了嗎？孔子說：「聖人設立爻象來盡量表達心思，設
立卦象來盡量表達真實與虛偽，附上卦爻辭來盡量表達他要說的話。藉由
卦爻的變化與通達來盡量表現可取的利益，藉由鼓動它與活躍它來盡量表
現神妙的作用。」

〈解讀〉

① 「自天佑之，吉无不利。」一語出現於大有卦（☲，第十四卦）上九
　爻辭。「天之所助者，順也。」在此，「順」是指順從天命而言，亦
　即大有卦〈象傳〉所說的「順天休命」。

② 聖人要傳達智慧讓眾人分享，所以寫下《易經》。他所表達的是
　「意、情偽、言、利、神」。「情偽」是指真偽，要避免真假混淆。
　「利」是自求多福，而非損人利己；所謂「變而通之」，是要強調人
　生不會走投無路。「神」則是展現造化的奧妙，亦即要人從卦爻的活
　潑變化中，找到無限的生機與趣味。

乾坤，其《易》之蘊邪（一世ˋ）？乾坤成列，而《易》立乎其中
矣。乾坤毀，則无以見《易》。《易》不可見，則乾坤或幾乎息
矣。是故形而上者謂之道，形而下者謂之器。化而裁之謂之變，推
而行之謂之通，舉而錯之天下之民謂之事業。

〈白話〉

乾卦與坤卦，是《易經》所含藏的精華吧？乾卦與坤卦排列成序，《易
經》的法則就在其中建立起來了。乾卦與坤卦毀壞，就沒有辦法見到《易
經》的法則。《易經》的法則無法見到，乾卦與坤卦的作用也幾乎消失

了。因此之故，超越在形體之上的就稱為道，落實在形體之下的就稱為器物。讓道化解而裁定的，就稱為變化；使道推演而運行的，就稱為通達；把道推舉出來並且加在天下百姓身上的，就稱為事業。

〈解讀〉

① 乾卦與坤卦所象徵的，不只是有形的天與地，還包括陽氣與陰氣這二元力量。宇宙萬物無一不是這二元力量的互動所形成的。但是，推究乾坤與陰陽之根源，依然可以找到一個究竟原理，亦即「道」。道做為究竟原理，與「太極」做為究竟真實，這兩者原是二而一的，只是我們分別由萬物的結構與生成來觀察，可以使用不同的名稱而已。

② 有形可見者，皆為「器」；「道」超越於形器之上，做為永恆的模型。依此可以界說「變，通，事業」。聖人也是體悟此「道」，才發明《易經》之理的。

是故，夫象，聖人有以見天下之賾，而擬諸其形容，象其物宜，是故謂之象。聖人有以見天下之動，而觀其會通，以行其典禮，繫辭焉以斷其吉凶，是故謂之爻。極天下之賾者存乎卦，鼓天下之動者存乎辭，化而裁之存乎變，推而行之存乎通，神而明之存乎其人。默而成之，不言而信，存乎德行。

〈白話〉

因此之故，《易經》中的象，是聖人見到天下事物的複雜微妙，就模擬其形態，描繪其樣貌，所以有卦象之稱。聖人見到天下事物的變動發展，就觀察其會合通達的方式，依循常規法則，再附上解說來裁斷吉凶，所以有爻的稱呼。窮盡天下精妙的在於卦象，鼓舞天下活動的在於卦爻辭，讓卦象化解而裁定的在於變化，使卦象推演而運行的在於通達，把握卦象的神妙並且彰顯出來的在於聖人。默默地成就卦象，不說話而有誠信的，在於德行。

〈解讀〉

① 本文前半段，從「聖人有以見」到「是故謂之爻」，已見於第八章，現在重複引述，以連接底下的結論。

② 總結以上所說，是要再度強調「卦、辭、變、通、其人、德行」的偉大作用。「其人」是指聖人以及後來的君子。「德行」是依《易經》的啟發而明智地行善所生的效應。

繫辭・下傳

❶

八卦成列，象在其中矣。因而重之，爻在其中矣。剛柔相推，變在其中矣。繫辭焉而命之，動在其中矣。吉凶悔吝者，生乎動者也。剛柔者，立本者也。變通者，趨時者也。吉凶者，貞勝者也。天地之道，貞觀者也。日月之道，貞明者也。天下之動，貞夫一者也。

〈白話〉

八卦排成系列，卦象就在其中了。取八卦來重疊組合，六爻就在其中了。剛爻與柔爻互相推移，變化就在其中了。附上卦爻辭的說明，活動就在其中了。吉凶悔吝，是由活動產生出來的。剛爻與柔爻，是建立卦象的基礎。變化與通達，是配合時勢趨向的發展。吉與凶，要定位在助人取勝。天地的法則，要定位在可供觀察。日月的法則，要定位在可供照明。天下的活動，要定位在一個常道上。

〈解讀〉

① 八卦所代表的象，分別是乾為天，震為雷，坎為水，艮為山，坤為地，巽為風，離為火，兌為澤。「因而重之」，「因」是憑藉，「重」是重疊，由此形成了六爻，並且組成六十四卦。《易經》稱三爻卦為「經卦」，共有八個。六爻卦有六十四個，則稱為「別卦」。

② 本文最後談及「貞勝、貞觀、貞明、貞夫一」，這幾個「貞」字，原意為正，在此有正其功能之意，所以譯為「定位」。以吉與凶為例，其目的在助人取勝，亦即趨吉避凶。

夫乾，確然示人易矣。夫坤，隤（ㄊㄨㄟˊ）然示人簡矣。爻也者，效此者也。象也者，像此者也。爻象動乎內，吉凶見乎外，功業見

乎變，聖人之情見乎辭。天地之大德曰生，聖人之大寶曰位。何以守位曰仁，何以聚人曰財。理財正辭，禁民為非曰義。

〈白話〉

乾卦以其剛健向人顯示容易；坤卦以其柔順向人顯示簡單。所謂爻，就是仿效這些的。所謂象，就是模擬這些的。爻與象在卦裡活動，吉與凶表現於外，功業表現在變化上，聖人的情意表現在卦爻辭中。天地最大的功能是創生，聖人最大的寶物是地位。如何守住地位？以仁德。如何聚集眾人？用財物。因此經理財物，導正言論，禁止百姓為非作歹，就是義行。

〈解讀〉

① 「確然」是以其明確而顯示剛健；「隤然」是以其向下而顯示柔順。這兩者分別說明了易與簡。「聖人之情」，「情」是情意，表示願意與人分享智慧。

② 「天地之大德曰生」：「德」為功能，而非恩德，因為一說恩德，則無從理解死亡與寂滅。當然，人可以感念上天之恩德，因為既然萬物並無必然存在的理由，那麼「能夠並且真正存在」，畢竟是一件美事。

③ 「聖人之大寶曰位」：最高的「位」是天子；即使不是天子，聖人也可以不在其位而謀其政，努力造福百姓。接著談到的仁與義，符合後續所將肯定的「立人之道，曰仁與義」。在此，加進一個「財」字，表示這是人類生活的必要條件。但是卻不能止於有財，其理至明。

❷

古者包羲氏之王天下也，仰則觀象於天，俯則觀法於地，觀鳥獸之文與地之宜。近取諸身，遠取諸物，於是始作八卦，以通神明之德，以類萬物之情。作結繩而為網罟（《ㄨˇ），以佃（ㄊㄧㄢˊ）以漁，蓋取諸離。

〈白話〉

古代伏羲氏統治天下時，抬頭就觀看天體的現象，低頭就考察大地的規則，檢視鳥獸的花紋與地理的特性。就近取材於自己的經驗，並且往遠處取材於外物，然後著手制作八卦，用以會通神明的功能，比擬萬物的實況。他編草為繩並且製成羅網，用來打獵捕魚，這大概是取象於離卦。

〈解讀〉

① 包羲氏即是伏羲氏，古稱太皞帝，姓風。據說他蛇身人首，有聖人之德，在位一百二十年。他或許是古代氏族部落的領袖，代表古代文明肇始的階段。

② 本文肯定伏羲氏為八卦的作者。依上下文看來，伏羲氏所作的不只是八個三爻的經卦，並且也已經重卦為六十四卦了。離卦（☲，第三十卦），其形如網，「離」字與「羅」通。「網」為打獵所用，「罟」為捕魚所用。「佃」為田，為打獵。「蓋」為推測之詞。

包羲氏沒，神農氏作。斷（ㄓㄨㄛˊ）木為耜（ㄙˋ），揉木為耒（ㄌㄟˇ），耒耨（ㄋㄡˋ）之利，以教天下，蓋取諸益。日中為市，致天下之民，聚天下之貨，交易而退，各得其所，蓋取諸噬嗑。神農氏沒，黃帝、堯、舜氏作，通其變，使民不倦，神而化之，使民宜之。《易》窮則變，變則通，通則久。是以自天佑之，吉无不利。黃帝、堯、舜，垂衣裳而天下治，蓋取諸乾坤。

〈白話〉

伏羲氏死後，神農氏興起。他砍削木頭製成犁，揉彎木條製成犁柄，取得耕地鋤草的便利，再用來教導天下百姓，這大概是取象於益卦。每天正午開設市集，招來天下的民眾，聚集天下的貨物，大家相互交換然後散去，讓人人都得到所需之物，這大概是取象於噬嗑卦。神農氏死後，黃帝、堯、舜相繼興起，會通各種變化，使百姓不會倦怠，以神奇能力化解困難，使百姓適宜生存。《易經》的法則是：窮困就會變化，變化就會通

達，通達就會持久。因此，獲得上天的助佑，吉祥而無所不利。黃帝、堯、舜讓衣裳下垂而天下得到治理，這大概是取象於乾卦與坤卦。

〈解讀〉

① 本文提及四卦。一是益卦（☷，第四十二卦），下震上巽，巽為木，震為足，中有互艮（六三、六四、九五）與互坤（六二、六三、六四），艮為手，坤為地。合之則為手持木器，腳入地下而行動，為耕田之象。

② 其次談到噬嗑卦（☲，第二十一卦），下震上離，離為日，為龜，震為行。中間有互艮（六二、六三、九四），艮為手。合之則為在太陽下，行人以手易物；「龜」為值錢的貨物之一。並且，「噬嗑」一詞有「市合」之音，或許亦有關。

③ 到了黃帝、堯、舜等的五帝階段，文明更進一步，把握了「窮、變、通、久」的道理。至於「垂衣裳而天下治」，則是以乾卦（☰，第一卦）為上衣，並以坤卦（☷，第二卦）為下裳。乾坤所象徵的天地，無心而萬物自化，有如無為而治，亦即「垂衣裳而天下治」。

刳（ㄎㄨ）木為舟，剡（一ㄢˇ）木為楫，舟楫之利，以濟不通，致遠以利天下，蓋取諸渙。服牛乘馬，引重致遠，以利天下，蓋取諸隨。重（ㄔㄨㄥˊ）門擊柝（ㄊㄨㄛˋ），以待暴客，蓋取諸豫。斷木為杵，掘地為臼，杵臼之利，萬民以濟，蓋取諸小過。弦木為弧，剡木為矢，弧矢之利，以威天下，蓋取諸睽。

〈白話〉

挖鑿樹幹做成船，砍削木頭做成槳，船與槳的便利，可以助人渡過橫阻的河流，去到遠方造福天下的人，這大概是取象於渙卦。馴服牛，乘著馬，可以拉著重物去到遠方，造福天下的人，這大概是取象於隨卦。重重門戶加上打更巡夜，用以防備凶暴的來者，這大概是取象於豫卦。截斷木頭做成杵，挖掘平地做成臼，杵與臼的便利，讓所有的百姓得到幫助，這大概

是取象於小過卦。揉彎樹枝做成弓，削尖樹枝做成箭，弓與箭的便利，用以威鎮天下，這大概是取象於睽卦。

〈解讀〉

① 本文談及五卦，一是渙卦（䷺，第五十九卦），下坎上巽，巽為木、為風，坎為水。中間有互震（九二、六三、六四），震為行。合之則為木在水上，並且借風而行，正是行船之象。

② 其次是隨卦（䷐，第十七卦），下震上兌，兌為悅，震為足，為行。隨卦由否卦（䷋，第十二卦）變來，否卦下坤上乾，乾為馬，坤為牛。變為隨卦，牛馬成為人的幫手，並因而使人愉悅。

③ 接著是豫卦（䷏，第十六卦），下坤上震，震為東方之卦，為木，又為善鳴馬，合之則為擊柝示警；坤為闔戶。其中有互坎（六三、九四、六五），坎為盜。所以說「重門擊柝，以待暴客」。

④ 然後是小過卦（䷽，第六十二卦），下艮上震，上動而下止，為樁米之象。

⑤ 最後是睽卦（䷥，第三十八卦），下兌上離，離為火，兌為澤，水火背道而馳，需要威鎮之。離為戈兵；卦中有互坎（六三、九四、六五），坎為弓輪；有了武器才可安定社會的亂象。

上古穴居而野處，後世聖人易之以宮室，上棟下宇，以待風雨，蓋取諸大壯。古之葬者，厚衣之以薪，葬之中野，不封不樹，喪期无數。後世聖人易之以棺槨，蓋取諸大過。上古結繩而治，後世聖人易之以書契，百官以治，萬民以察，蓋取諸夬。

〈白話〉

上古時代，人們住在洞穴與野外，後代的聖人改變為建造宮室，上有棟樑下有屋宇，用來防禦風雨，這大概是取象於大壯卦。古代埋葬死人，用許多層柴草把人裹起來，埋在荒野中，不堆成墳墓，也不設立標誌，服喪也沒有固定的期限。後代的聖人改變為用棺槨殯葬，這大概是取象於大過

卦。上古時代，用結繩記事的方法來治理，後代的聖人改變為使用文字記事，官員得以治理天下，百姓得以知過往，這大概是取象於夬卦。

〈解讀〉

① 本文談及三卦。一是大壯卦（䷡，第三十四卦），下乾上震。不過，在此是取全卦為一屋頂之象。

② 其次談及大過卦（䷛，第二十八卦），下巽上兌。巽在下為木，兌在上為反巽，為反蓋之木，中間互乾為人，有如人在上下二木之間，為棺槨之象。

③ 最後談及夬卦（䷪，第四十三卦），下乾上兌。兌為口，為言，乾為金，合之為以金屬刻下言語。古代的「書」指文字，「契」為以刀刻之。「書契」一詞後來指書寫的文字。古代最初確有結繩記事的階段，但是所記有限而不精確。以上共談及十三卦例子，可以說明古人「觀象制器」的大致情況。

❸

是故《易》者，象也。象也者，像也。彖者，材也。爻也者，效天下之動者也。是故吉凶生而悔吝著也。

〈白話〉

因此之故，《易經》所展示就是卦象。所謂卦象，就是要模擬外在的現象。彖辭是要裁斷一卦的意義。爻辭是效法天下的變動。所以，吉凶由此產生，而悔吝也顯現出來。

〈解讀〉

① 卦象是要具體反映外在的客觀現象的，如此才可讓人在實際處境中獲得啟發而知所趨避。

② 「彖」為彖辭，又稱卦辭（並非〈彖傳〉）。是直接附在卦圖下的簡

短語句。「彖」字音近「斷」，「材」為「裁」，亦即彖辭（卦辭）是要裁斷卦意的。

③ 「爻」的變化，在一卦之中有六位之別，而六爻之間亦有「乘、承、比、應」的關係，還有上下卦與互卦等變化的可能，所以說它「效天下之動者也」。

❹

陽卦多陰，陰卦多陽，其故何也？陽卦奇，陰卦偶。其德行何也？陽一君而二民，君子之道也。陰二君而一民，小人之道也。

〈白話〉

陽卦中多陰爻，陰卦中多陽爻，這是什麼緣故？這是因為陽卦要求奇數，陰卦要求偶數。它們的功能與表現是什麼？陽卦一個陽爻為君，兩個陰爻為民，這樣合乎君子的作風。陰卦兩個陽爻為君，一個陰爻為民，這樣屬於小人的作風。

〈解讀〉

① 「陽卦」是指：乾（☰）為父，以及震（☳）為長子，坎（☵）為中子，艮（☶）為少子。震、坎、艮三子皆為一陽二陰的組合。原因是陽爻為一，陰爻為二（斷裂的直線），一陽爻與二陰爻，其和為五，為奇數，符合陽卦的要求。

② 「陰卦」是指坤（☷）為母，以及巽（☴）為長女，離（☲）為中女，兌（☱）為少女。巽、離、兌三女皆為一陰二陽的組合。原因是一陰二陽，其和為四，為偶數，符合陰卦的要求。

③ 陽卦一陽二陰，猶如一君二民，為人世間的合理結構，所以稱為君子之道。反之，陰卦二陽一陰，為二君一民，如何行得通？

5

《易》曰:「憧憧往來,朋從爾思。」子曰:「天下何思何慮?天下同歸而殊途,一致而百慮。天下何思何慮?日往則月來,月往則日來,日月相推而明生焉。寒往則暑來,暑往則寒來,寒暑相推而歲成焉。往者屈也,來者信也,屈信相感而利生焉。尺蠖(ㄏㄨㄛˋ)之屈,以求信也。龍蛇之蟄(ㄓˊ),以存身也。精義入神,以致用也;利用安身,以崇德也。過此以往,未之或知也;窮神知化,德之盛也。」

〈白話〉

《易經》說:「忙著來來往往,朋友跟從你的想法。」孔子說:「天下萬物思索什麼又考慮什麼?天下萬物有共同的歸宿卻經由不同的途徑,有同樣的目標卻出自千百種考慮。天下萬物思索什麼又考慮什麼?日往則月來,月往則日來,日月互相推移而光明自然產生。寒往則暑來,暑往則寒來,寒暑互相推移而一年自然形成。前往的要屈縮,來到的要伸展,屈縮與伸展互相感應就會出現有利的情況。尺蠖這種小蟲屈縮起來,是為了向前伸展;龍與蛇蟄伏起來,是為了保存自身。探究精微義理到神妙的地步,是為了應用在生活上;藉由各種途徑安頓自己,是為了提升道德。超過這些再向前推求,就沒有辦法清楚知道了;能夠窮盡神妙的道理並懂得變化的法則,已經代表道德盛美了。」

〈解讀〉

① 本文開頭所引述的資料,見於咸卦(☲,第三十一卦)九四的爻辭。孔子藉此提醒人:只要心意真誠,則天下君子皆會前來呼應,不必忙著往來交際應酬。

② 自然的變化,依循一定的規律;時機成熟,則水到渠成。孔子特別發揮屈伸(信)的道理。對於《易經》的智慧,只有沉潛得越深刻,才能越恆久而廣泛地加以應用。能夠安然自處,才是「崇德」的康莊大道。

《易》曰：「困於石，據於蒺藜，入於其宮，不見其妻，凶。」子曰：「非所困而困焉，名必辱。非所據而據焉，身必危。既辱且危，死期將至，妻其可得見耶？」

《易》曰：「公用射隼於高墉之上，獲之无不利。」子曰：「隼者，禽也，弓矢者，器也，射之者，人也。君子藏器於身，待時而動，何不利之有？動而不括，是以出而有獲，語成器而動者也。」

〈白話〉

《易經》上說：「困處於石塊中，倚靠在蒺藜上。進入宮室，沒見到妻子，有凶禍。」孔子說：「不該受困的地方卻受了困，名聲一定會受到羞辱。不該倚靠的地方卻去倚靠，身體一定會陷入危險。既遭羞辱又處險境，死期即將來到，怎麼可能見到妻子？」

《易經》上說：「王公去射高牆上的鷙鷹，擒獲牠就無所不利。」孔子說：「鷙鷹是飛鳥，弓箭是武器，要去射的是人。君子身上帶著武器，到了時候就要行動，會有什麼不利呢？行動時運用自如，因此一出手就有收穫，這是在強調練好了武器再去行動。」

〈解讀〉

① 本文前一段取材自困卦（☵，第四十七卦）六三的爻辭。孔子認為，一個人名辱身危，則死期將至。人生不可能無「困」，也不可能無「據」，但是要看所困與所據是否合宜。

② 本文第二段取材自解卦（☳，第四十卦）上六的爻辭。人首先要培養專長，到達「動而不括」的境界。「括」為約束、限制。然後再「待時而動」。

子曰：「小人不恥不仁，不畏不義，不見利不勸，不威不懲。小懲而大誡，此小人之福也。《易》曰：『屨校滅趾，无咎。』此之謂也。」

「善不積不足以成名；惡不積不足以滅身。小人以小善為无益而弗

為也，以小惡為无傷而弗去也，故惡積而不可掩，罪大而不可解。《易》曰：『何校滅耳，凶。』」

〈白話〉

孔子說：「小人不知羞恥就不會行仁，無所畏懼就不會行義，不見到利益就不會振作，不受到威脅就不知懲戒。受到小的懲戒而避開大的過錯，這是小人的福氣啊。《易經》上說：『帶上腳枷，遮住腳趾，沒有災難。』說的就是這個意思。」

「善行不累積，不足以成就名聲；惡行不累積，不足以害死自己。小人以為小善沒有益處而不去做，以為小惡沒有害處而不排斥，所以惡行累積到無法遮掩的地步，罪過也大到無法開脫的程度。《易經》上說：『肩扛著枷，遮住耳朵，凶禍。』」

〈解讀〉

① 本文前一段取材自噬嗑卦（☲，第二十一卦）初九的爻辭。小人在古代所受教育有限，又不知立志學習，所以「小懲而大誡」是他們的福氣。

② 本文第二段則是引述噬嗑卦上九的爻辭。孔子在此強調「積」的重要，表示人在日常生活中不可忽略養成好的習慣，也就是「勿以惡小而為之，勿以善小而不為」。

子曰：「危者，安其位者也；亡者，保其存者也；亂者，有其治者也。是故君子安而不忘危，存而不忘亡，治而不忘亂；是以身安而國家可保也。《易》曰：『其亡其亡，繫於苞桑。』」

子曰：「德薄而位尊，知小而謀大，力小而任重，鮮不及矣。《易》曰：『鼎折足，覆公餗，其形渥，凶。』言不勝其任也。」

〈白話〉

孔子說：「危險的，是那安居其位的人；滅亡的，是那保住生存的人；動

亂的，是那擁有治績的人。因此之故，君子在安居時不忘記危險，在保存時不忘記滅亡，在太平時不忘記動亂，如此才能使自身平安，並且保住國家。《易經》上說：『想到要滅亡了，要滅亡了，這樣才會繫在大桑樹上。』」

孔子說：「道德淺薄而地位崇高，智慧不足而謀畫大事，力量微弱而擔當重任，很少有不拖累到自己的。《易經》上說：「鼎足折斷，打翻了王公的粥，自己身上也沾污了，有凶禍。」

〈解讀〉

① 本文第一段取材自否卦（䷋，第十二卦）九五的爻辭。孔子的意思，是要人居安思危，因為萬物一直在變化之中，不是變好，就是變壞，稍有疏忽就悔之晚矣。孟子所謂的「生於憂患而死於安樂」（《孟子・告子下》）（憂患中能獲得生存，安樂中會遭致滅亡），也是出於同樣的考慮。

② 本文第二段取材自鼎卦（䷱，第五十卦）九四的爻辭。孔子談到人的「德、知、力」，正是我們應該努力的三個方向，就是：德行、智慧與能力。引文中，「力小而任重」，若改為「力少而任重」，更文雅，參考《唐・石經》。

子曰：「知幾其神乎！君子上交不諂，下交不瀆，其知幾乎？幾者，動之微，吉之先見者也。君子見幾而作，不俟終日。《易》曰：『介於石，不終日，貞吉。』介如石焉，寧用終日？斷可識矣。君子知微知彰，知柔知剛，萬夫之望。」

子曰：「顏氏之子，其殆庶幾乎？有不善未嘗不知，知之未嘗復行也。《易》曰：『不遠復，无祗悔，元吉。』」

〈白話〉

孔子說：「知道事情的幾微，可以算作神奇吧！君子與上位者交往不諂媚，與下位者交往不輕慢，可以算作知道幾微吧？幾微，是變動的微妙微

兆，是吉祥的預先顯示。君子見到幾微就起來努力，不用等一整天。《易
經》上說：『耿介如堅石，不用一整天，正固吉祥。』耿介有如堅石，怎
麼會等待一整天？一定會有他獨到的見識。君子察知幾微也察知彰明，懂
得柔順也懂得剛強，所以成為百姓的盼望。」

孔子說：「顏回的修養大概差不多了吧？有錯誤很快就能察覺，察覺之後
就不再犯了。《易經》說：『走得不遠就返回，沒有到懊悔的程度，最為
吉祥。』」

〈解讀〉

① 本文第一段取材於豫卦（☷，第十六卦）六二的爻辭。一個人耿介如
堅石，能夠正固而自我安頓，則能察知變化的幾微，一旦時機成熟，
立即付諸行動而不會稍有等待。有操守又能擔當，言行無所不合宜，
自然成為百姓仰望的對象了。

② 本文第二段取材自復卦（☷，第二十四卦）初九的爻辭。「顏氏之
子」是指顏淵。孔子稱讚顏回「好學」時，特別肯定他的表現是「不
遷怒，不貳過」（《論語・雍也》）。此處所說為其「不貳過」的證
明。知過能改，並且不再重犯，則人格修養自然可觀。

天地氤（一ㄣ）氳（ㄩㄣ），萬物化醇。男女構精，萬物化生。《易》
曰：「『三人行則損一人。一人行則得其友。』言致一也。」

子曰：「君子安其身而後動，易其心而後語，定其交而後求。君子
修此三者，故全也。危以動，則民不與也；懼以語，則民不應也；
无交而求，則民不與也；莫之與，則傷之者至矣。《易》曰：『莫
益之，或擊之，立心勿恆，凶。』」

〈白話〉

天地的陰陽二氣親密流通，萬物得以變化而豐富。雄性與雌性精血交合，
萬物得以變化而產生。《易經》上說：「『三人一起行走，就會減去一
人；一人行走，就會得到友伴。』說的就是陰陽要合而為一。」

孔子說：「君子要安頓好自己才行動，心情平靜了才說話，建立了交情才求人。君子修養這三方面，所以能夠萬無一失。如果自身危險而行動，百姓不會來參與；心情恐懼而說話，百姓不會有回應；沒有交情而求人，百姓不會來幫助；沒有人支持他，那麼傷害他的人就會來到了。《易經》上說：『沒有人來增益他，卻有人來打擊他，所立定的心思無法長期守住，有凶禍。』」

〈解讀〉

① 本文第一段取材於損卦（䷨，第四十一卦）六三的爻辭。《易經》的基本原理是陰陽二元相反相需，互動而相成。陰陽二氣使萬物「化醇」，至於具體的生殖成長，則要靠雌雄二性的配合。在此所謂的「男女」，是泛指兩性而言。這是古代粗糙的觀察結果。

② 本文第二段取材自益卦（䷩，第四十二卦）上九的爻辭。在此，君子是指有官位的人，所以他面對的是百姓。但是，官員若無適當的修養（安其身，易其心，定其交），則無法得到百姓的支持。「易」為平和自在。這樣的修養非有恆心不可。

❻

子曰：「乾坤，其《易》之門邪？」乾，陽物也；坤，陰物也。陰陽合德，而剛柔有體。以體天地之撰，以通神明之德。其稱名也，雜而不越。於稽其類，其衰世之意邪？

〈白話〉

孔子說：「乾卦與坤卦，是進入《易經》的門徑吧？」乾卦代表陽性的東西；坤卦代表陰性的東西。陰性與陽性要互相配合功能，然後剛強與柔順才會有各自的體質。由此可以體現天地的化育，可以貫通神明的功能。《易經》所稱各卦的名目，雜亂而不會過當。考察其中的各類情況，大概有描寫衰世的意思吧？

〈解讀〉

① 乾卦與坤卦，分別代表陽氣與陰氣這基本的二元。陰與陽的功能要配合才能發生作用，亦即分別成為柔與剛這兩種基本的性質。

② 「天地之撰」，「撰」為撰作，為化育之功。「神明之德」：「神明」在此為名詞，可以指天神地祇。不過，《易經》所強調的是神明的功能，而非其本體。

③ 《易經》用以稱呼各卦的名目，確實紛雜混亂，但是卻又實事求是，沒有過當。其中透露的消息，顯然是對人世間的狀況有深刻的憂慮，所以會說它是「衰世」之作。

夫《易》，彰往而察來，而微顯闡幽。開而當名辨物，正言斷辭則備矣。其稱名也小，其取類也大。其旨遠，其辭文，其言曲而中，其事肆而隱。因貳以濟民行，以明失得之報。

〈白話〉

《易經》明白過去並且察知未來，進而探究現象的細微變化，闡發幽隱的內情。解釋時，以恰當的名稱分辨事物，用準確的言詞來下斷語，做到完備的程度。它所使用的名稱雖然有限，但是取材的類別卻很廣大。它的特色是：旨意深遠，語詞文雅，所說的話委婉而中肯，所說的事直率而含蓄。用這些來輔佐卦象，因而有助於百姓的行動，顯示喪失與獲得這兩種報應。

〈解讀〉

① 本文是就卦爻辭的功能而言。聖人運用語言文字的最高境界，在此可見一二。「微顯闡幽」一語，兼顧了顯與幽，亦即以「微」與「闡」為動詞。「開」為解開，解釋。

② 「因貳以濟民行」，「貳」為輔佐，所輔佐的是卦爻之象。若無卦爻辭，則百姓無從窺其堂奧，也就無從受益了。

472　傅佩榮解讀易經

7

《易》之興也，其於中古乎？作《易》者，其有憂患乎？是故「履，德之基也。謙，德之柄也。復，德之本也。恆，德之固也。損，德之修也。益，德之裕也。困，德之辨也。井，德之地也。巽，德之制也。」「履，和而至。謙，尊而光。復，小而辨於物。恆，雜而不厭。損，先難而後易。益，長裕而不設。困，窮而通。井，居其所而遷。巽，稱而隱。」「履以和行，謙以制禮，復以自知，恆以一德，損以遠害，益以興利，困以寡怨，井以辨義，巽以行權。」

〈白話〉

《易經》的興起，大概是在中古時代吧？創作《易經》的人，大概是有憂患吧？因此之故，「履卦談德行的基礎。謙卦談德行的要領。復卦談德行的本質。恆卦談德行的穩固。損卦談德行的修練。益卦談德行的充裕。困卦談德行的辨別。井卦談德行的處境。巽卦談德行的制宜。」「履卦和諧而有成。謙卦尊貴而光耀。復卦幾微而可分辨事物。恆卦紛雜而不厭倦。損卦開始困難而以後就容易了。益卦增長充裕而不造作。困卦是窮困中求其通達。井卦是處在自己位置上再分施利益。巽卦是配合時勢而潛入人心。」「履卦用來和諧行動，謙卦用來制定禮儀，復卦用來自我反省，恆卦用來專一德行，損卦用來遠離禍害，益卦用來興辦福利，困卦用來減少怨恨，井卦用來分辨道義，巽卦用來權宜行事。」

〈解讀〉

① 作《易》者的憂患，具體展示於以下九卦，其關懷焦點顯然是德行。德行若能兼顧這九方面的考慮，才有可能完備。由此亦可知，若無此一智慧，則德行難以修成。

② 本文從三種角度描述九個卦的重點。先說各卦與德行的關係，再談各卦的特性，然後指出其具體效應。文中三段資料的引號（「　　」），為譯者所加，以便於閱讀及理解。

8

《易》之為書也不可遠。為道也屢遷，變動不居，周流六虛，上下無常，剛柔相易，不可為典要，唯變所適。其出入以度，外內使知懼，又明於憂患與故。无有師保，如臨父母。初率其辭而揆其方，既有典常。苟非其人，道不虛行。

〈白話〉

《易經》這部書，不可看成遙遙無關。它所揭示的法則常在遷移，演變活動而不會靜止，在六個爻位上循環流轉，往上往下沒有常規，剛爻柔爻互相交換，不可當成固定模式，總是隨著變化去發展。它的來去按照節度，在外在內都足以讓人知所戒懼，還會讓人明白憂患及其緣故。即使沒有老師與保護者，也會好像面臨父母在指導一樣。起初要依循它的言辭，再去推度它的方法，就會找到固定規則。如果不是這樣的人，《易經》的法則也不會徒然運行。

〈解讀〉

① 由此以下三段，都在探討《易經》之「為書也」，亦即《易經》這本書所談的內容。首先說明六十四卦的變遷是「唯變所適」，好像人生的際遇無法預測。但是變中又有「度」，由此讓人「知懼」，進而明白「憂患與故」，然後就會認真看待人生，選擇正確的方向去發展了。

② 「師保」是指師氏與保氏，職責在於教育君王之子。《禮記·文王世子》上說：「入則有保，出則有師，是以教喻而德成也。」一般人明白《易經》之後，有如面臨聖人的智慧如父母一般在指導。如果未能按照正確的方式學會《易經》，則它的道是不會徒然運行的。「虛」為徒然。

9

《易》之為書也，原始要終，以為質也。六爻相雜，唯其時物也。其初難知，其上易知，本末也。初辭擬之，卒成之終。若夫雜物撰德，辨是與非，則非其中爻不備。噫！亦要存亡吉凶，則居可知矣。知者觀其彖辭，則思過半矣。

〈白話〉

《易經》這部書，推究初始，歸納終局，以此做為它的實質。六爻相互錯雜，全都根據應時的事物。它的初爻很難理解，上爻就容易明白了，這就如同事情的開始與結束。初爻的爻辭擬議後續的發展，上爻則完成而有了結果。至於錯綜爻畫以確定卦的功能，辨別是與非，那就不靠中間四爻不能完備。啊！要了解存亡與吉凶，看爻處於什麼位置就知道了。明智的人仔細考察彖辭，就會想到一半以上的情況了。

〈解讀〉

① 本文說明應該如何理解《易經》各卦。首先，全書是「原始要終」，形成一個整體。在推演各卦的過程中，必定會出現吉凶禍福。接著，就解釋如何由一卦的六爻中，領悟相關的訊息。

② 同一卦中，常有彖辭（卦辭）吉，而各爻未必吉的情況；反之亦然。所謂「思過半矣」，是指對這種吉凶相雜的狀況有所領悟，而不致錯失全卦的要旨。

二與四同功而異位，其善不同。二多譽，四多懼，近也。柔之為道，不利遠者。其要无咎，其用柔中也。三與五同功而異位，三多凶，五多功，貴賤之等也。其柔危，其剛勝也。

〈白話〉

二爻與四爻功用相同而位置有別，好壞就有差異了。二爻美譽較多，四爻戒懼較多，這是因為遠近不同。柔爻的法則，是不適於離剛爻太遠。如果

要能沒有災難，就用柔爻居中位。三爻與五爻功用相同而位置有別，三爻凶禍較多，五爻功勞較多，這是因為貴賤等級不同。在這兩個位置上，柔爻有危險，剛爻則可以勝任。

〈解讀〉

① 本文討論一卦中間的爻（二、三、四、五）的優劣。初爻與上爻不在此列，是因為它們代表始與終，前文談得較多。原則上，由初到上，是依剛柔相間來區分其位，如初、三、五為剛位，二、四、上為柔位。

② 二與四皆屬柔位，陰柔功能相同，但是二在下卦中位，而四在上下卦之間，所以「其善不同」。此處所謂的「遠、近」，有二種說法：一是陰爻以順承陽爻為佳，所以不宜離陽爻太遠，但是專就二與四而言，談不上離陽爻遠近。所以，在此「不利遠者」是泛指一般狀況，而不局限於二與四；二是以五位為準，則四位較近卻反而不利，顯然有違「不利遠者」之說。

③ 五為天位，為尊位，而三仍在下卦，且處於上下卦之間；兩者貴賤有別，處境當然不同了。

⓾

《易》之為書也，廣大悉備。有天道焉，有人道焉，有地道焉。兼三才而兩之，故六。六者非它也，三才之道也。道有變動，故曰爻。爻有等，故曰物。物相雜，故曰文。文不當，故吉凶生焉。

〈白話〉

《易經》這部書，範圍廣大而無所不備。其中有天的法則，有人的法則，有地的法則。綜括天地人三才而兩相重疊，所以每一卦都有六爻。六爻所代表的不是別的，就是三才的法則。法則有變遷移動，所以稱為爻。爻有等級差別，所以稱為事物。事物交錯呈現，所以稱為文。文的錯雜不恰

當，所以產生了吉與凶。

〈解讀〉

① 一卦六爻，初與二代表地，三與四代表人，五與上代表天。如此形成由下而上的完整系統，亦即包括了天道、人道與地道，然後才能用以象徵萬物的變化。

② 「爻」是「效天下之動者也」，所以它可以代表「道有變動」。「物」是事物，彼此千差萬別，正好可以藉「爻有等」來象徵。至於「文」，原為「錯畫」，泛指一切交錯複雜的現象。雖然複雜，還是有「當」與「不當」的問題，所以產生了吉凶。

11

《易》之興也，其當殷之末世，周之盛德邪？當文王與紂之事邪？是故其辭危。危者使平，易者使傾。其道甚大，百物不廢。懼以終始，其要无咎，此之謂《易》之道也。

〈白話〉

《易經》的興起，大概是在殷商的末世、周朝道德興盛的時代吧？是在周文王與商紂王發生事故的時候吧？所以，它的言辭充滿了危機感。危殆的讓他平安，輕忽的讓他傾塌。它的道理非常廣大，各種事物都不廢棄。從始到終都有戒懼之感，所要做到的就是沒有災難，這就是《易經》的道理。

〈解讀〉

① 本文說明《易經》的時代背景。在周文王之前，已有六十四卦存在。一般認為：為六十四卦加上卦辭與爻辭的是文王。至於〈十翼〉，則是孔子及其後學的合作成果。

② 《易經》的卦爻辭，可以用「懼以終始，其要无咎」八個字來描述其

特色。我們聯想到孔子所謂的「君子有三畏：畏天命，畏大人，畏聖
人之言」（《論語‧季氏》）。由憂患意識而生畏與懼之心，顯然是
聖人宣教的用意所在。

⑫

夫乾，天下之至健也，德行恆易以知險。夫坤，天下之至順也，德
行恆簡以知阻。能說諸心，能研諸慮，定天下之吉凶，成天下之亹
亹者。是故變化云為，吉事有祥。象事知器，占事知來。天地設
位，聖人成能，人謀鬼謀，百姓與能。

〈白話〉

乾卦代表天下最為剛健的力量，它的功能與效應總是容易的，由此讓人知
道險難。坤卦代表天下最為柔順的力量，它的功能與效應總是簡單的，由
此讓人知道困阻。這種道理可以愉悅人們的心思，可以探求各方面的考
慮，進而界定天下人的吉凶，成就天下人勤勉努力的工作。因此之故，在
變化紛紜的狀況中，吉祥的事情會有先兆。由它所模擬的現象，可以知道
制作器物；由它所占斷的事情，可以知道未來發展。天地設立了位置，聖
人成就了它們的功能。人的謀畫與鬼的謀畫配合，百姓也來參與這種功
能。

〈解讀〉

① 「德行」是指功能與效應而言。前文說過，「乾以易知，坤以簡
能」。乾卦剛健，所以容易，然後稍有偏差，立即「知險」。坤卦柔
順，所以簡單，然後一遇狀況，立刻「知阻」。知道險阻，就可以因
應了。

② 「能說諸心」，「諸」為之於，「心」是泛指人心而言。「能研諸
慮」，則是為了對天下百姓負責。

③ 「變化云為」：「云」為多而紛紜；「為」為所行之事。「吉事有

祥」的「祥」是先兆。「鬼謀」指占筮所得。

八卦以象告，爻彖以情言，剛柔雜居，而吉凶可見矣！變動以利言，吉凶以情遷。是故愛惡相攻而吉凶生；遠近相取而悔吝生，情偽相感而利害生。凡《易》之情，近而不相得則凶，或害之，悔且吝。將叛者其辭慚，中心疑者其辭枝。吉人之辭寡，躁人之辭多。誣善之人其辭游，失其守者其辭屈。

〈白話〉

八卦是用圖象來告知，爻辭與彖辭則依實情來敘述。剛爻與柔爻交錯取位，吉與凶就顯示出來了。變動要按適宜來說明，吉凶要隨實情而改變。因此之故，愛好與厭惡互相衝突就產生了吉凶，遠方與近處互相對照，就產生了悔吝，真實與虛偽互相感通就產生了利害。大體說來，《易經》所描述的實情是：兩爻相近而不相容，就有凶禍，或者有傷害，造成懊悔與困難。將要背叛的人說話羞慚，心中疑惑的人說話支離。吉祥的人說話少，浮躁的人說話多。誣陷好人的人說話游移，失去操守的人說話卑屈。

〈解讀〉

① 本文多次談到「情」字，「情」為實，指實情、實況而言。文中提及「吉凶、悔吝、利害」產生的緣故，值得特別留意。這些占驗之辭都是由「比較」而來的。若能化解比較之心，則將不為所困。

② 最後談到說話，有辭之「慚、枝、寡、多、游、屈」六種情況，顯示言為心聲是不可逃避的事實。孔子曾說：「不知言，無以知人也」（《論語・堯曰》）；孟子則自認為「知言」，可以分辨「詖辭、淫辭、邪辭、遁辭」（《孟子・公孫丑上》）。因此，《易經》此一說法，顯然符合儒家觀點。

說卦傳

❶

昔者聖人之作《易》也，幽贊於神明而生蓍。參天兩地而倚數，觀變於陰陽而立卦，發揮於剛柔而生爻，和順於道德而理於義，窮理盡性以至於命。

〈白話〉

從前聖人創制《易經》，是要暗中贊助神明的作用而發明蓍草占筮。從天地分別為奇數偶數來確定演算方式，觀察陰陽的變化而設立卦，依循剛柔的活動而產生爻，協調順從規律與功能而以合宜為依歸，窮究事理探求本性直到掌握命運為止。

〈解讀〉

① 本文說明聖人作《易經》的用心與目的。首先肯定神明的作用極為奧妙，須由蓍草占筮才可得知其理。朱熹說：「幽贊神明，猶言贊化育。龜策傳曰，天下和平，王道得，而蓍莖長丈，其叢生滿百莖。」「蓍」是取其圓莖為策，用以占筮。

② 「參天兩地」是說在五個生數（一、二、三、四、五）之中，有三個奇數，兩個偶數。天圓地方，天奇而地偶，是因為圓周上沒有對稱點，所以其數為奇，而方形則有對稱而為偶。所以說「參天兩地」，這是《易經》數理演算的出發點。「倚數」的「倚」為立，是確定之意。

③ 本文談及「蓍、數、卦、爻、義、命」。所謂「義」，是指合宜而正當；至於「道德」，則指天地的規律與功能。「理於義」的「理」為動詞，有整理為系統之意。最後所說的「性」為本性，萬物各有其本性；「命」為命運，指萬物的客觀條件與注定的歸趨。

❷

昔者聖人之作《易》也，將以順性命之理，是以立天之道曰陰與陽，立地之道曰柔與剛，立人之道曰仁與義。兼三才而兩之，故《易》六畫而成卦。分陰分陽，迭用柔剛，故《易》六位而成章。

〈白話〉

從前聖人創制《易經》，是要以它順應本性與命運的道理，因此確立天的法則，稱之為陰與陽；確立地的法則，稱之為柔與剛；確立人的法則，稱之為仁與義。綜括天地人三才而兩相重疊，所以《易經》以六畫組成一卦。分開陰與陽，交替使用剛與柔，於是《易經》以六個爻位組成一卦的交錯。

〈解讀〉

① 本文繼續發揮聖人作《易經》的目的。天之道為陰與陽，這是籠罩地與人在內的兩大原理。地之道為柔與剛，則顯然已經落入形質世界，易於理解與分辨。

② 人之道為仁與義，表示人的生命必須以實現價值為其依歸。這也是儒家的基本立場。

❸

天地定位，山澤通氣，雷風相薄，水火不相射，八卦相錯。數往者順，知來者逆。是故《易》逆數也。

〈白話〉

天與地上下定位，山與澤氣息貫通，雷與風相互激盪，水與火背道而馳，八卦形成彼此交錯的現象。推算過去，要順序向前數；測知未來，要逆序向後數。因此之故，《易經》是逆序而數的。

〈解讀〉

① 本文先談八卦所象徵的八大自然現象。大致可以分為兩個相關的四組。「薄」為近，引申為激盪；「射」為侵入，引申為往來。

② 八卦的順數為：乾 1，兌 2，離 3，震 4，巽 5，坎 6，艮 7，坤 8。這也是伏羲氏的先天八卦，其圖如後：

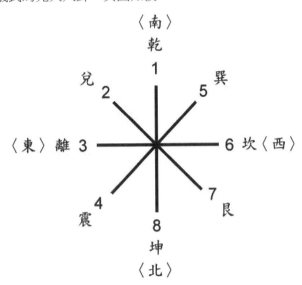

③ 八卦的逆數為：坎 1，坤 2，震 3，巽 4，中 5，乾 6，兌 7，艮 8，離 9。這是後天八卦，其圖如後：

〈南〉

離
9

巽4   2坤

〈東〉震3   5   7兌〈西〉

艮8   1   6乾
坎

〈北〉

④ 王船山說：「故數，往者必順，而知來者必逆。易以占未來之得失吉凶，故其畫自初而二，以至於上，積之而卦成。」其意為：占卦時由下而上，此為逆數。此說可供參考。

4

雷以動之，風以散之，雨以潤之，日以烜（ㄒㄩㄢˇ）之，艮以止之，兌以說（ㄩㄝˋ）之，乾以君之，坤以藏之。

〈白話〉

雷（震卦）可以振作萬物，風（巽卦）可以散播萬物，雨（坎卦）可以滋潤萬物，日（離卦）可以曬乾萬物，艮卦（山）可以阻止萬物，兌卦（澤）可以愉悅萬物，乾卦（天）可以主宰萬物，坤卦（地）可以包容萬物。

〈解讀〉

① 本文簡述八卦及其所代表的現象對於萬物的重大作用。「烜」為使之乾燥，「說」為悅。

② 本文將八卦分為兩組，前四句說物象，後四句說四卦，所以翻譯時加注在內。依其次序可知兩卦一組，仍依先天八卦的方式排列，亦即位置對立的為一組。

5

帝出乎震，齊乎巽，相見乎離，致役乎坤，說言乎兌，戰乎乾，勞乎坎，成言乎艮。萬物出乎震，震東方也。齊乎巽，巽東南也；齊也者，言萬物之絜（ㄐㄧㄝˊ）齊也。離也者，明也；萬物皆相見，南方之卦也；聖人南面而聽天下，向明而治，蓋取諸此也。坤也者，地也；萬物皆致養焉，故曰致役乎坤。兌，正秋也；萬物之所

說也，故曰說言乎兌。戰乎乾，乾，西北之卦也，言陰陽相薄也。坎者，水也，正北方之卦也；勞卦也，萬物之所歸也，故曰勞乎坎。艮，東北之卦也，萬物之所成終而所成始也，故曰成言乎艮。

〈白話〉

天帝從震位出發，到了巽位使萬物整齊生長，到了離位使萬物彼此相見，到了坤位使萬物得到幫助，到了兌位使萬物愉悅歡喜，到了乾位使萬物相互交戰，到了坎位使萬物勞苦疲倦，到了艮位使萬物成功收場。萬物從震位生長出來，震卦位在東方。到了巽位萬物整齊生長，巽卦位在東南方；所謂整齊，是說萬物完備而整齊。離位是指光明而言；使萬物都可以相見，它是南方的卦；聖人面向南方聽取天下事務，面向光明來治理，大概就是取象於此。坤位是指大地而言；萬物都依賴大地的養育，所以說它使萬物得到幫助。兌位是正秋；是萬物所喜歡的，所以說它使萬物愉悅歡喜。到了乾位使萬物相互交戰，乾卦是西北方的卦，是說陰氣與陽氣在此互相接觸而激盪。坎位是指水，正北方的卦；它是勞苦的卦，是萬物所要歸藏的地方，所以說它使萬物勞苦疲倦。艮位是東北方的卦，萬物在此成功結束又重新開始，所以說它使萬物成功收場。

〈解讀〉

① 「帝」有二解。一是以「帝」為北極星，此星在古代有「天帝」之稱。如此則本文所述為依循後天八卦，配合天文地理，再推及人世間的某種規律。二是以「帝」為萬物之造化者，其位階顯然高於乾卦。在此，不妨視之為造化萬物的力量，或根本的元氣。

② 本文分為兩段，前面一小段簡述「震、巽、離、坤、兌、乾、坎、艮」的不同功能。此為後天八卦的位序。後半段則引申說明前面的簡述，並且清楚界定了各卦的方位與順序，值得仔細研讀。

❻

神也者，妙萬物而為言者也。動萬物者莫疾乎雷。撓萬物者莫疾乎風。燥萬物者莫熯（ㄏㄢˋ）乎火。說萬物者莫說乎澤。潤萬物者莫潤乎水。終萬物始萬物者莫盛乎艮。故水火不相逮，雷風不相悖，山澤通氣，然後能變化，既成萬物也。

〈白話〉

所謂神，是就萬物的奧妙而說的語詞。震動萬物，沒有比雷更迅捷的。曲撓萬物，沒有比風更快速的。乾燥萬物，沒有比火更炎熱的。取悅萬物，沒有比澤更有效的。滋潤萬物，沒有比水更潮濕的。使萬物終結又重新開始，沒有比山更宏大的。所以水火不相容納，雷風不相背離，山澤氣息貫通，然後才能出現變化，生育成就萬物。

〈解讀〉

① 「神」字在此得到清楚的界說，是就萬物的神奇奧妙而言，尤其是其中變化之難以預測。

② 本文就六大自然現象對萬物的作用，說明何以可用之為一切變化之示範。此處未談乾與坤，因為這兩者代表天與地，有如造成一切變化之父母。

❼

乾，健也；坤，順也；震，動也；巽，入也；坎，陷也；離，麗也；艮，止也；兌，說也。

〈白話〉

乾為剛健；坤為柔順；震為震動；巽為進入；坎為下陷；離為附麗；艮為阻止；兌為喜悅。

〈解讀〉

① 此為八卦的屬性，已經由自然現象移轉至人類觀察的對象，並且與人的生活世界產生了聯繫。

② 我們在理解六十四卦時，這八種屬性是認知的基礎，再輔以後續的各種取象。在此所談的順序又回到了先天八卦，以兩兩相對的方式呈現，並且自此以後皆依此序。

⑧

乾為馬，坤為牛，震為龍，巽為雞，坎為豕，離為雉，艮為狗，兌為羊。

〈白話〉

乾是馬，坤是牛，震是龍，巽是雞，坎是豬，離是野雞，艮是狗，兌是羊。

〈解讀〉

① 乾為馬，馬能健行。坤為牛，牛性溫順，又能負重致遠。震為龍，則因震為東方之卦，而古代四象以蒼龍居東。巽為風，古代風神皆為鳥形，雞屬鳥類。

② 坎為水，而豬喜潮濕，《賈子‧胎教》有「彘者，北方之牲也」的說法。離為南方之卦，而古代四象以朱雀居南，所以說它是雉。艮為狗，狗能看守家門，阻人入內。兌為羊，在西部草原的沼澤邊大量牧養。以上各種說法可供參考，但並非定論。

9

乾為首，坤為腹，震為足，巽為股，坎為耳，離為目，艮為手，兌為口。

〈白話〉

乾是頭，坤是肚子，震是腳，巽是腿，坎是耳朵，離是眼睛，艮是手，兌是口。

〈解讀〉

① 這是以八卦配合人的身體部位所作的說明。乾為主宰，理當在頭。坤能容納，成為肚子。震為起動，指涉雙腳。巽為風行，有如股腿。

② 坎能積水，有如耳能聚聲。離為光明，有如目之能視。《淮南子‧精神訓》說：「耳目者，日月也。」艮為手，人手可以止物。兌為澤又為口，因為人口可吞吐如澤。以上亦僅供參考而已。

10

乾，天也，故稱乎父；坤，地也，故稱乎母。震一索而得男，故謂之長男。巽一索而得女，故謂之長女。坎再索而得男，故謂之中男。離再索而得女，故謂之中女。艮三索而得男，故謂之少男。兌三索而得女，故謂之少女。

〈白話〉

乾卦象徵天，所以稱為父；坤卦象徵地，所以稱為母。震卦是坤卦從乾卦索取到第一個陽爻而生出的男孩，所以稱為長男。巽卦是乾卦從坤卦索取到第一個陰爻而生出的女孩，所以稱為長女。坎卦是坤卦從乾卦索取到第二個陽爻而生出的男孩，所以稱為中男。離卦是乾卦從坤卦索取到第二個陰爻而生出的女孩，所以稱為中女。艮卦是坤卦從乾卦索取到第三個陽爻

而生出的男孩，所以稱為少男。兌卦是乾卦從坤卦索取到第三個陰爻而生出的女孩，所以稱為少女。

〈解讀〉

① 乾坤象徵天地，進而象徵父母。乾坤生六子，所指原是自然界的六大現象，現在亦可用於人類家庭的組合成員。

② 震（☳）為長子，因為陽爻居初位，象徵首生之子。其形則如坤卦向乾卦索取一陽。其餘子女皆可依此類推。

⑪

乾為天，為圜（ㄩㄢˊ），為君，為父，為玉，為金，為寒，為冰，為大赤，為良馬，為老馬，為瘠馬，為駁馬，為木果。

坤為地，為母，為布，為釜，為吝嗇，為均，為子母牛，為大輿，為文，為眾，為柄，其於地也為黑。

〈白話〉

乾卦的象包括：天，圓形，君主，父親，玉，金，寒，冰，大紅色，良馬，老馬，瘦馬，雜色馬，植物果實。

坤卦的象包括：地，母親，布帛，鍋，吝嗇，均勻，小母牛，大車，文采，眾人，握柄，就地而言是黑色的。

震為雷，為龍，為玄黃，為旉（ㄈㄨ），為大塗，為長子，為決躁，為蒼筤（ㄌㄤˊ）竹，為萑（ㄏㄨㄢˊ）葦。其於馬也，為善鳴，為馵（ㄓㄨˋ）足，為作足，為的顙。其於稼也，為反生。其究為健，為蕃鮮。

巽為木，為風，為長女，為繩直，為工，為白，為長，為高，為進退，為不果，為臭（ㄒㄧㄡˋ）。其於人也，為寡髮，為廣顙，為多白眼，為近利市三倍。其究為躁卦。

〈白話〉

震卦的象包括：雷，龍，青黃色，展開，大路，長子，急躁，青色竹子，蘆荻葦子。就馬而言，是善鳴，後左蹄白色，抬足而動，白額頭。就禾稼而言，是反向而生。變到最後是剛健的乾卦，茂盛鮮潔的巽卦。

巽卦的象包括：木，風，長女，準繩，工巧，白色，長，高，進退不定，沒結果，有氣味。就人而言，是頭髮少，大腦袋，白眼多，近利市三倍。變到最後是急躁的震卦。

坎為水，為溝瀆，為隱伏，為矯輮，為弓輪。其於人也，為加憂，為心病，為耳痛，為血卦，為赤。其於馬也，為美脊，為亟（ㄐㄧˊ）心，為下首，為薄蹄，為曳。其於輿也，為多眚，為通。為月，為盜。其於木也，為堅多心。

離為火，為日，為電，為中女，為甲冑，為戈兵。其於人也，為大腹。為乾卦，為鱉，為蟹，為蠃（ㄌㄨㄛˊ），為蚌，為龜。其於木也，為科上槁。

〈白話〉

坎卦的象包括：水，溝渠，隱伏，可曲可直，弓或車輪。就人而言，是憂愁多，心病，耳痛，血象，紅色。就馬而言，是美脊，心急，低頭，薄蹄，肯拉車。就車而言，是多災難，通行。月亮，強盜。就樹木而言，是堅實多刺。

離卦的象包括：火，日，電，中女，盔甲，戈兵武器。就人而言，是大肚子。乾燥的象，鱉，螃蟹，甲蟲，蚌，龜。就樹木而言，是樹葉脫落而枯槁。

艮為山，為徑路，為小石，為門闕，為果蓏（ㄌㄨㄛˇ），為閽（ㄏㄨㄣ）寺，為指，為狗，為鼠，為黔喙之屬。其於木也，為堅多節。

兌為澤，為少女，為巫，為口舌，為毀折，為附決。其於地也，為

剛鹵。為妾，為羊。

〈白話〉

艮卦的象包括：山，小路，小石，門闕，植物果實，守門人，手指，狗，鼠，黑嘴禽獸。就樹木而言，是堅硬多節。

兌卦的象包括：澤，少女，巫覡，口舌是非，毀折，脫落。就地而言，是堅硬多鹹。妾，羊。

序卦傳

❶

有天地，然後萬物生焉。盈天地之間者唯萬物，故受之以屯。屯者，盈也，屯者，物之始生也。物生必蒙，故受之以蒙。蒙者，蒙也，物之稚也。物稚不可不養也，故受之以需。需者，飲食之道也。飲食必有訟，故受之以訟。訟必有眾起，故受之以師。師者，眾也。眾必有所比，故受之以比。比者，比也。比必有所畜也，故受之以小畜。物畜然後有禮，故受之以履。

〈白話〉

乾卦為天，坤卦為地，有天地，然後萬物才會產生。充滿天地之間的就是萬物，所以接著出現的是屯卦。屯是盈滿的意思，也是萬物開始出生的意思。萬物出生時一定是蒙昧的，所以接著有蒙卦。蒙是指蒙昧，萬物的幼稚狀態；萬物在幼稚時不可以不養育，所以接著有需卦。需是指飲食之道。飲食一定會有爭訟，所以接著是訟卦。爭訟一定會有眾人起來參與，所以接著是師卦。師是眾人的意思。人多了一定會有所親近，所以接著是比卦。比是親近依靠的意思。比合在一起一定會有所積蓄，所以接著是小畜卦。物資積蓄之後就要推行禮儀，所以接著是履卦。

履而泰，然後安，故受之以泰。泰者，通也。物不可以終通，故受之以否。物不可以終否，故受之以同人。與人同者，物必歸焉，故受之以大有。有大者不可以盈，故受之以謙。有大而能謙，必豫，故受之以豫。豫必有隨，故受之以隨。以喜隨人者必有事，故受之以蠱。蠱者，事也。有事而後可大，故受之以臨。臨者，大也。物大然後可觀，故受之以觀。

〈白話〉

遵守禮儀就會通達，然後得到安定，所以接著有泰卦。泰是通達的意思。事物不可能永遠通達，所以接著有否卦。事物不可能永遠阻滯，所以接著有同人卦。與人同心相處，外物必來歸附，所以接著是大有卦。富有的人不可以自滿，所以接著是謙卦。富有又能謙虛，一定會愉悅，所以接著是豫卦。愉悅一定會有人跟從，所以接著是隨卦。因喜悅而跟從人的一定會有事故，所以接著是蠱卦。蠱是事故的意思。有事故然後可以創造大業，所以接著是臨卦。臨是盛大的意思。事物盛大才有可觀之處，所以接著是觀卦。

可觀而後有所合，故受之以噬嗑。嗑者，合也。物不可以苟合而已，故受之以賁。賁者，飾也。致飾然後亨，則盡矣，故受之以剝。剝者，剝也。物不可以終盡，剝窮上反下，故受之以復。復則不妄矣，故受之以无妄。有无妄，然後可畜，故受之以大畜。物畜然後可養，故受之以頤。頤者，養也。不養則不可動，故受之以大過。物不可以終過，故受之以坎。坎者，陷也。陷必有所麗，故受之以離。離者，麗也。

〈白話〉

盛大可觀才可符合眾望，所以接著是噬嗑卦。嗑是相合的意思。事物不可以苟且求合，所以接著是賁卦。賁是文飾的意思。經過文飾而通達，也就到了盡頭，所以接著有剝卦。剝是剝蝕的意思。事物不能一直剝蝕下去，剝蝕到最上面還是會回到底下再開始，所以接著有復卦。回復正道就不會虛妄了，所以接著是无妄卦。能夠无妄就可以有所集聚，所以接著是大畜卦。事物集聚之後才可以蓄養，所以接著是頤卦。頤是養育的意思。不蓄養就不可以有所行動，所以接著是大過卦。事物不可能總是通過，所以接著是坎卦。坎是坎陷的意思。陷落時一定要有所附著，所以接著是離卦。離是附麗的意思。

有天地，然後有萬物；有萬物，然後有男女；有男女，然後有夫婦；有夫婦，然後有父子；有父子，然後有君臣；有君臣，然後有上下；有上下，然後禮義有所錯。夫婦之道，不可以不久也，故受之以恆。恆者，久也。物不可以久居其所，故受之以遯。遯者，退也。物不可以終遯，故受之以大壯。物不可以終壯，故受之以晉。晉者，進也。進必有所傷，故受之以明夷。夷者，傷也。傷於外者必反其家，故受之以家人。家道窮必乖，故受之以睽。睽者，乖也。乖必有難，故受之以蹇。蹇者，難也。物不可以終難，故受之以解。解者，緩也。

〈白話〉

有了天地，然後才會產生萬物；有了萬物，然後才會有男女兩性；有了男女兩性，然後才會有夫婦；有了夫婦，然後才會有父子；有了父子，然後才會有組成國家的君臣；有了君臣，然後才會有上下尊卑之分；有了上下尊卑之分，然後禮義才可以有所安排。夫婦的正道不可以不長久，所以在咸卦之後，接著就有恆卦。恆是長久的意思。事物不能長久占住一個位置，所以接著是遯卦。遯是退避的意思。事物不能一直退避，所以接著是大壯卦。事物不能一直壯大，所以接著是晉卦。晉是前進的意思。一味前進必定會受到傷害，所以接著是明夷卦。夷是傷害的意思。在外受到傷害一定會回家，所以接著是家人卦。家道困窮一定會出現乖離，所以接著是睽卦。睽是乖離的意思。乖離一定會遇到險難，所以接著是蹇卦。蹇是阻難的意思。事物不能永遠阻難，所以接著是解卦。解是緩解的意思。

緩必有所失，故受之以損。損而不已必益，故受之以益。益而不已必決，故受之以夬。夬者，決也。決必有所遇，故受之以姤。姤者，遇也。物相遇而後聚，故受之以萃。萃者，聚也。聚而上者謂之升，故受之以升。升而不已必困，故受之以困。困乎上者必反下，故受之以井。井道不可不革，故受之以革。革物者莫若鼎，故受之以鼎。

緩解鬆懈一定會有所損失，所以接著是損卦。一直減損下去必定會獲得增益，所以接著是益卦。一直增益下去必定會遇到潰決，所以接著是夬卦。夬是決退的意思。決退之後一定會有遇合，所以接著是姤卦。姤是相遇的意思。事情相遇之後才能聚合，所以接著是萃卦。萃是聚合的意思。聚合之後往上發展就稱為升進，所以接著是升卦。一直升進必然會遭遇困阻，所以接著是困卦。在上位受到困阻一定會回到底下，所以接著是井卦。正常的水井不能不定期變革清理，所以接著是革卦。能變革事物的沒有比得上鼎的，所以接著是鼎卦。

主器者莫若長子，故受之以震。震者，動也。物不可以終動，止之，故受之以艮。艮者，止也。物不可以終止，故受之以漸。漸者，進也。進必有所歸，故受之以歸妹。得其所歸者必大，故受之以豐。豐者，大也。窮大者必失其居，故受之以旅。旅而无所容，故受之以巽。巽者，入也。入而後說之，故受之以兌。兌者，說也。說而後散之，故受之以渙。渙者，離也。物不可以終離，故受之以節。節而信之，故受之以中孚。有其信者必行之，故受之以小過。有過物者，必濟，故受之以既濟。物不可窮也，故受之以未濟，終焉。

〈白話〉

主持國家之鼎的沒有比得上長子的，所以接著是震卦。震是動的意思。事物不可以一直在動，要使它停止，所以接著是艮卦。艮是停止的意思。事物不可以總是停止，所以接著是漸卦。漸是漸進的意思。漸進一定要有歸宿，所以接著是歸妹卦。得到所歸的一定盛大，所以接著是豐卦。豐是大的意思。窮極奢大的人一定會失去住所，所以接著是旅卦。旅行而無處容身，所以接著是巽卦。巽是進入的意思。進入安頓才會愉悅，所以接著是兌卦。兌是愉悅的意思。愉悅然後就會渙散，所以接著是渙卦。渙是離散的意思。事物不可以一直離散，所以接著是節卦。有節制才可取信於人，

所以接著是中孚卦。有憑信的人一定可以通行，所以接著是小過卦。能超過其他事物的人一定可以辦事成功，所以接著是既濟卦。事物發展不可能窮盡，所以接著是未濟卦，然後六十四卦結束。

雜卦傳

①

乾剛坤柔。比樂師憂。臨觀之義，或與或求。屯見而不失其居，蒙雜而著。震，起也；艮，止也。損、益，盛衰之始也。大畜，時也。无妄，災也。萃聚而升不來也。謙輕而豫怠也。噬嗑食也。賁无色也。兌見而巽伏也。隨，无故也。蠱，則飭也。剝，爛也；復，反也。晉，晝也；明夷，誅也。井通而困相遇也。咸，速也；恆，久也。渙，離也；節，止也。解，緩也；蹇，難也。睽，外也；家人，內也。否、泰，反其類也。大壯則止；遯則退也。大有，眾也；同人，親也。革，去故也；鼎，取新也。小過，過也；中孚，信也。豐，多故也；親寡，旅也。離上而坎下也。小畜，寡也；履，不處也。需，不進也；訟，不親也。大過，顛也。姤，遇也，柔遇剛也。漸，女歸待男行也。頤，養正也。既濟，定也。歸妹，女之終也。未濟，男之窮也。夬，決也，剛決柔也，君子道長，小人道憂也。

〈白話〉

乾卦剛健，坤卦柔順。比卦和樂師卦憂苦。臨卦觀卦的意義，有的給與，有的求取。屯卦出現而不會失去居所，蒙卦錯雜而顯著。震卦是發動，艮卦是阻止。損卦益卦是興盛與衰退的開始。大畜卦把握時機。无妄卦是災難。萃卦聚合而升卦不下來。謙卦輕己而豫卦懈怠。噬嗑卦講究飲食。賁卦沒有顏色。兌卦顯現於外而巽卦隱伏於內。隨卦沒有事故。蠱卦整飭積弊。剝卦是朽爛；復卦是返回。晉卦是白晝；明夷卦是誅滅。井卦暢通而困卦相遇受阻。咸卦是迅速；恆卦是長久。渙卦是離散；節卦是節制。解卦是緩解，蹇卦是險難。睽卦是乖離於外；家人卦是和睦於內。否卦泰卦是狀況相反。大壯卦就會停止；遯卦就會退避。大有卦擁有眾多；同人卦

彼此親近。革卦是除去舊的；鼎卦是採取新的。小過卦是越過；中孚卦是誠信。豐卦是故舊多；親友少是旅卦。離卦往上燒而坎卦往下流。小畜卦是積蓄少；履卦是不停留。需卦是不前進；訟卦是不親和。大過卦是顛覆。姤卦是相遇，柔爻遇到剛爻。漸卦是女子出嫁等待男方行聘。頤卦是養之以正。既濟卦是安定。歸妹卦是女子有終身歸宿。未濟卦是男子窮途末路。夬卦是決斷，剛爻決去柔爻，君子的作風成長，小人的作風受困。

〈附錄〉
《易經》難解之卦爻辭──天干地支篇　　　　　傅琪媜

　　《易經》中難解的卦爻辭相當多，本篇論文所探討的是與天干地支相關的卦爻辭。談到與干支相關，大多數人最先想到的應該是蠱卦卦辭「先甲三日，後甲三日」與巽卦九五爻辭「先庚三日，後庚三日」。首先，筆者就某些特定的解法，如「諧音雙關」、「六庚六甲」、「連續爻變」及「圓圖夾象」等加以分析。其次，再就詮釋邏輯的一致性和解卦時的獨立性，來選擇占卦時較適宜的解法。此外，筆者也依據卦爻辭創作時代的生活形態及習慣，提出一種平實且合理的解釋。

　　至於「已日」則是出現在革卦卦辭「己日乃孚」和六二爻辭「己日乃革之」。由於「己」「已」「巳」三字外型相似，極易有傳抄之誤，因此也出現兩種主要的版本。大多數義理派以「已日」解之，而象數派如朱震、來知德則釋為「己日」，筆者將針對這兩種觀點加以分析。

　　在解析與干支相關的卦爻辭後，筆者受象數派的啟發，用連續爻變的方式，得出一條串連四個卦的史事線。這四個卦與史事相關的密度之高，足以使人振奮。《易經》卦爻辭涵蓋當時的古史早已得到認同，但史事出現的方式似乎頗為隨機，並無一定的規則。這次提出探討的四個卦，除了卦義符合史事進程，連爻辭也多能和當時的重大事件契合。易學浩瀚，或許還有許多類似的史事線有待發掘，值得進一步研究。

關鍵字：天干地支、明夷、豐、革、同人、古史

易經中與天干地支相關的爻辭「應該」有四個，就是蠱卦☶☴卦辭「先甲三日，後甲三日」、巽卦☴☴九五爻辭「先庚三日，後庚三日」、革卦☱☲卦辭「己（己）日乃孚」以及革卦六二爻辭「己（己）日乃革之」。在此說「應該」，是因諸多箋註對於革卦有不同的看法。如為「已日」，則和天干地支無關；若為「己日」或「巳日」，則屬於本篇討論的範圍。

一、「先甲三日，後甲三日」與「先庚三日，後庚三日」

　　「先甲三日，後甲三日」是山風蠱☶☴的卦辭。《說文》：「蠱，腹中蟲也。」[1]《春秋傳》則解為：「淫溺惑亂之所生也。」[2]從字義上可看出這是個負面意涵的字。程頤（1033-1107 年）於《易程傳》[3]中的解釋相當清楚：「蠱，事也。蠱非訓事，蠱乃有事也。為卦，山下有風，風在山下，遇山而回則物亂，是為蠱象。蠱之義，壞亂也。在文為蟲皿，皿之有蟲，蠱壞之義。」[4]也就是當情勢敗壞到了一定的程度，就必須加以整飭。不過危機就是轉機，只要有適當的作為，依然可恢復「元亨」之象。所以本卦的卦義其實相當積極，[5]〈象傳〉也說：「山下有風，蠱。君子以振民育德。」那麼，何以會出現「先甲三日，後甲三日」如此特殊的卦辭呢？這是因為改變由來已久的積弊確非易事，貿然行動可能會招致反彈，所以事前的準備與事後的檢討都不可輕忽。

　　至於「先庚三日，後庚三日」，由於和「先甲三日，後甲三日」文句架構完全一致，很難忽略兩者的關連性。此句出於巽卦☴☴九五，整句爻辭為「九五，貞吉，悔亡，无不利。无初有終。先庚三日，後庚三日，

1　〔漢〕許慎撰、〔清〕段玉裁注《說文解字注》（台北：天工書局，1987），頁 676。（十三篇下，蟲部。）
2　〔周〕左丘明傳、〔晉〕杜預注、〔唐〕孔穎達正義，《春秋左傳正義》，收於《十三經注疏》（北京：北京大學出版社，2000），頁 1343。
3　程頤（1033-1107 年），《易程傳》（台北: 河洛圖書出版社，1974）。
4　《易程傳》，頁 162。
5　程頤認為：「以卦之象言之，所以成蠱也；以卦之才言之，所以治蠱也。」（《易程傳》，頁 162。）

吉。」為什麼如此相似的句型結構和內容出現在巽卦九五呢？巽卦的上下二體皆為巽，〈象〉曰：「重巽以申命。」也就是上下皆順，可理解為在上位者出令而在下者順從，這時「九五」的地位就格外重要。若在上位者有中正之德，所發佈的政令也都合於情理，國家自然上軌道。相反的，若在上位者優柔寡斷或德行不端，而臣民依然順從，則政風必然日趨敗壞。這點由卦象可得到印證：把巽卦九五爻變成六五（☴→☶），蠱卦就出現了。這也是為什麼巽卦六爻中有四個陽爻，其中九二、九三和上九的爻辭皆有「巽」字，而唯獨九五不言「巽」？就是為了凸顯君王要有定見，否則將有變蠱之患。由此可知，這一組卦爻辭確實有特殊的連結，因此有多本箋註將「先庚三日，後庚三日」併入蠱卦卦辭一起解釋。[6]

　　統整筆者所參考的箋註，對於甲與庚的看法大抵分為以下兩種：一、甲為事之開端，庚為事之更改。二、甲與庚互為首尾，形成一個循環，與人事更迭或天體運行相呼應。看似簡單，但是在詮釋的方法和取象的步驟上卻各有巧思。筆者會列出頗具特色的解法，但並不代表完全認同，因為結構如此相似的卦爻辭，應以能用「一致的邏輯」[7]來詮釋為佳。茲歸納如下：

（一）以諧音雙關解之

　　甲為十天干之首，用來比喻治蠱的開端。「先甲三日」就是從甲日往前推算三天，所得的天干是「辛」，引申出「改過自新」或「更新」之義，代表除弊之前的狀況已壞，必須加以改善。而「後甲三日」就是甲日往後推算三天，得出的天干是「丁」，引申為「叮嚀」。這是因為改變現況後還必須多加觀察、時刻警惕，莫忘前車之鑑。

　　根據來知德（1526-1604 年）在《周易集注》中的記載，[8]諧音雙關的

6　如《易程傳》、《東坡易傳》、《漢上易傳》、《周易集注》等。
7　所謂「一致的邏輯」，是指可以用相同的步驟得出所需之象，或解出卦爻辭之義。
8　來知德，《周易集注（上）》（北京：中華書局，2019），頁 299。

解法始於鄭玄（127－200年），[9]筆者在《周易正義》中也找到相關資料：孔穎達（574-648年）曾於其疏中點明鄭玄做此詮釋後，有許多學者從之。[10]然而孔穎達比較贊同王弼（226-249年）的說法，強調「甲」是指「創制之令」而非「創制之日」。[11]即便如此，諧音雙關的解法獲得南宋學者朱熹（1130-1200年）的認同，[12]並且引申之意也合於情理，所以仍有其可觀之處。

再者，諧音雙關的妙處，就是對於「先庚三日，後庚三日」也能用一致的邏輯產生合理的詮釋。那麼，「先庚三日，後庚三日」該如何解呢？在計算日期的十天干中庚排第七，以十日為週期等於已過了一半，所以「過中則變」。朱熹於《周易本義》云：「庚，更也，事之變也。」[13]若將庚日往前推算三天，得出的天干是「丁」，代表「叮嚀」。將庚日向後推算三天，得出的天干是「癸」，引伸為「揆度」。所以在更改現況或政令之前，要再三叮嚀避免出錯，之後則要揆察測度以示慎重。將這兩句卦爻辭合而觀之，顯示出古人對於事件的開始與變更特別重視，因此前後皆有「三日」，代表所作所為是經過深思熟慮和沙盤推演的，且在事後也會持續檢討成效。

9　鄭康成曰：「甲者，造作新令之日。甲前三日取改過自新故用辛也，甲後三日取丁寧之義故用丁也。」（《周易鄭注卷二》（四庫全書））

10　孔穎達疏：「褚氏、何氏、周氏等並同鄭義，以為『甲』者造作新令之日，甲前三日，取改過自新，故用辛也。甲後三日，取丁寧之義，故用丁也。」（〔魏〕王弼注；〔唐〕孔穎達疏，《周易正義》，收於《十三經注疏》（北京：北京大學出版社，2000），頁108。）

11　王弼、韓康伯，《周易王韓注》（台北：臺大出版中心，2016），頁58。

12　朱熹於《周易本義》中曰：「甲，日之始，事之端也。先甲三日，辛也；後甲三日，丁也。前事過中而將壞，則可自新以為後事之端，而不使至於大壞；後事方始而尚新，然更當存其丁寧之意，以監其前事之失，而不使至於速壞。」（朱熹，《周易本義》（台北：臺大出版中心，2016），頁93。）

13　《周易本義》，頁211。

（二）以六甲六庚解之

蘇軾（1037-1101年）於《東坡易傳》[14]中這樣解釋「先甲三日，後甲三日」與「先庚三日，後庚三日」：

先甲三日，後甲三日，則世所謂六甲也；先庚三日，後庚三日，則世所謂六庚也。甲庚之先後，陰陽相反，故《易》取此以寄治亂之勢也。[15]

我們將十天干與十二地支依序搭配製作成六十甲子表（表1）。於表中可見，每個天干都會重複六次，所以「六甲」指的是甲子、甲戌、甲申、甲午、甲辰、甲寅；而「六庚」指的是庚午、庚辰、庚寅、庚子、庚戌、庚申。蘇軾認為「先甲三日」為甲子、甲戌、甲申；「後甲三日」為甲午、甲辰、甲寅。而「先庚三日」為庚午、庚辰、庚寅；「後庚三日」為庚子、庚戌、庚申。由上所述可以看出「先甲三日」的地支（子、戌、申）剛好是「後庚三日」的地支；而「後甲三日」的地支（午、辰、寅）恰巧為「先庚三日」的地支。這就是蘇軾所謂的「甲庚之先後，陰陽相反，故《易》取此以寄治亂之勢也。」

表1：六十甲子表

甲子	乙丑	丙寅	丁卯	戊辰	己巳	庚午	辛未	壬申	癸酉
甲戌	乙亥	丙子	丁丑	戊寅	己卯	庚辰	辛巳	壬午	癸未
甲申	乙酉	丙戌	丁亥	戊子	己丑	庚寅	辛卯	壬辰	癸巳
甲午	乙未	丙申	丁酉	戊戌	己亥	庚子	辛丑	壬寅	癸卯
甲辰	乙巳	丙午	丁未	戊申	己酉	庚戌	辛亥	壬子	癸丑
甲寅	乙卯	丙辰	丁巳	戊午	己未	庚申	辛酉	壬戌	癸亥

---

14 蘇軾，《東坡易傳》（摛藻堂四庫全書薈要經部）。
15 《東坡易傳》，卷二，頁24。

他還提到一個重要的概念：「先甲三日」是先陽後陰，所以需要「後甲三日」讓陰盡而後復陽，這就是「終則有始」的道理。而「先庚三日」則是先陰後陽，先亂後治，所以「无初有終」。[16]仔細查閱六十甲子表，在十天干中，確實只有「甲」和「庚」的地支有互為首尾的關係。

由此觀之，易經中出現「先甲三日，後甲三日」與「先庚三日，後庚三日」的卦辭和爻辭確實蘊含了巧思。若此解法的原創者確實為蘇軾，筆者相信他對於干支排序和陰陽消息一定有相當的研究，才能琢磨出如此別出心裁的詮釋。

（三）虞翻與朱震的爻變解法

虞翻（164-233 年）對於「先甲三日，後甲三日」與「先庚三日，後庚三日」採用爻變與互體來解釋，[17]這種說法被朱震（1072-1138 年）沿用並且製作圖例詳加說明。[18]

1. 虞翻對於「先甲三日，後甲三日」的解法：

首先，將蠱卦初九爻變，下卦出現乾卦（☴→☰），乾為甲。再將九二爻變，下卦成為離卦（☰→☲），離為日。至此，「甲」與「日」的象都出現了，而下三爻在過程出現「甲」，所以卦辭云「先甲三日」，[19]全卦也由蠱卦變為賁卦☲。接著，繼續將九三和六四爻變，上卦出現離卦（☶→☲），再繼續把六五變為九五，此時上卦出現乾卦（☲→☰），而全卦已成无妄卦。[20]代表「甲」的乾卦出現在上三爻，所以是「後甲三

---

16 蘇軾云：「先甲三日，子、戌、申也，申盡於巳，而陽盈矣。盈將生陰，治將生亂，故受之以後甲。後甲三日，午、辰、寅也，寅盡於亥，然後陰極而陽生。……先庚三日，午、辰、寅也，後庚三日，子、戌、申也。庚之所後，甲之所先也。故先庚三日盡於亥，後庚三日盡於巳，先陰而後陽，先亂而後治，故曰『无初有終』。」（《東坡易傳》，卷二，頁 25。）

17 虞翻，《周易虞氏易箋》；張惠言述義；曾釗箋，卷二。

18 朱震，《漢上易傳》（上海：上海古籍出版社，2020），頁 556-557。

19 易卦中六爻卦順序是由下而上，所以下三爻為「先」，上三爻為「後」。

20 虞翻曰：「謂初變成乾，乾為甲。至二成離，離為日。乾三爻在前，故先甲三日。〈賁〉時也。變三至四體離，至五成乾。乾三爻在後，故後甲三日。〈无妄〉時也。」（《漢上易傳》，頁 556。）

日」。

2. 虞翻對於「先庚三日，後庚三日」的解法：

先闡明：「震，庚也」[21]，然後進行連續的爻變。先將初六、九二變為初九、六二（☷→☲），下卦成為離卦，再將九三變為六三（☲→☳），震卦出現。震代表庚，離代表日，震出現在下三爻，所以為「先庚三日」，此時全卦已變為益卦。[22]繼續將六四、九五變為九四、六五（☳→☲），上卦成為離卦。最後將上九變為上六（☲→☳），震出現在上三爻，是為「後庚三日」。

上述兩種解法看似相同，但成「象」先後卻沒有完全對稱。在「先甲三日，後甲三日」爻變過程中，「象」出現的順序為：乾、離、離、乾；而「先庚三日，後庚三日」的爻變過程，「象」出現的順序為：離、震、離、震。雖有些微差異，但能以相同手法於不同的卦得出所需的「象」，實屬不易。

朱震承襲了虞翻的解法，並且用天體運行來解釋「為何易經用甲與庚代表天地之終始」，相當有說服力。他以「日之出入圖」（圖1）解釋太陽在春分早晨於甲方升起，在秋分傍晚落於庚方；再用「月之盈虛圖」（圖2）說明月亮三日成震，震出庚，十五日成乾，乾納甲。由此總結出：「甲庚者，天地之終始也。」[23]綜上所述，虞翻用「乾成於甲，震成於庚」的納甲法，朱震再輔以日月天體的運行，兩相配合來解釋天地終始，或有所本。[24]

---

21 在納甲法中震納庚。

22 虞翻曰：「初至二成離，至三成震，震主庚，離為日，震三爻在前，故先庚三日。謂〈益〉時也。動四至五成離，終上成震，震三爻在後，故後庚三日也。」

23 朱震曰：「以日言之，春分旦出於甲，秋分暮入於庚。以月言之，三日成震，震納庚，十五成乾，乾納甲，三十日成坤，滅藏於癸，復為震。甲庚者，天地之終始也。」（《漢上易傳》，頁114。）

24 日與月在《易經》中的重要性，〈繫辭上〉已明確指出：如「日月運行，一寒一暑，乾道成男，坤道成女」、「陰陽之義配日月，易簡之善配至德」以及「法象莫大乎天地，變通莫大乎四時，懸象著明莫大乎日月」等。

圖1：日之出入圖（取自《漢上易傳》）

圖2：月之盈虛圖（取自《漢上易傳》）

（四）馬融與來知德的圓圖解法

李鼎祚[25]於《周易集解》中記載馬融（79－166 年）對於「先甲三
日，後甲三日」的看法[26]：

---

25 李鼎祚，生卒年不詳，資州磐石人，唐代經學家。
26 李鼎祚，《周易集解》（北京：中華書局，2016），頁 131。

蠱卦的組成為下巽上艮，在「文王圓圖」[27]（圖3）中，以順時針方向由坎向離前進，依序出現的卦為艮（東北）、震（東）、巽（東南）。由於甲在東方為震，且夾於艮與巽之間，所以在震之前的艮為「先甲」，在震之後的巽為「後甲」。[28]馬融對於「甲」也做了解釋：「甲為十日之首，蠱為造事之端，故舉初而明事始也。」至於為何前後各有三日呢？這是因為「不令而誅謂之暴」[29]，所以要讓百姓先熟悉新令，才不致於犯法。

用「文王圓圖」來解蠱卦卦辭相當有新意，可惜不適用於「先庚三日，後庚三日」。因為巽的上卦與下卦皆為巽，兩個同樣的卦象是無法把「庚」夾入其中的。明朝的來知德承襲了馬融的解法並加以延伸，用「伏羲圓圖」[30]（圖4）來解釋「先庚三日，後庚三日」。

以下為來知德的解法：

首先，來知德的「先甲」與「後甲」和馬融說的不同。[31]他認為蠱卦（䷑）下巽上艮，而「文王圓圖」中兩象夾震於東方，所以巽為「先甲」、艮為「後甲」[32]。至於「先庚三日，後庚三日」的解法則是用互兌加上錯綜法找出艮巽之象，並與「伏羲圓圖」相對照，西方剛好夾在巽艮之間，所以巽為「先庚」，艮為「後庚」[33]。然而，在「伏羲圓圖」中，西方是坎水而非兌金，是否要同時參照兩種圓圖，箋註中並未說明。再者，相較於「先甲三日，後甲三日」的解法，此處增加了以錯綜卦來取

27　文王圓圖即後天八卦。

28　馬融曰：「甲在東方，艮在東北，故云『先甲』。巽在東南，故云『後甲』。」（《周易集解》，頁131。）

29　《周易集解》，頁131。

30　伏羲圓圖即先天八卦。

31　《周易集注（上）》，頁298-299。

32　因六爻由下而上。此外，蠱卦含震木（九三、六四、六五）與巽木（下卦），所以是「分甲于蠱」。

33　巽卦的九二、九三、六四為互兌，兌為金、為西方。兌金錯艮綜巽，所以上錯下綜得出上艮下巽，夾坎水於伏羲圓圖中。至於兩種圓圖間的相互關係，可參考來氏書中「六十四卦致用之圖」的內容。

象，未能用同樣的步驟來解卦，頗為可惜。[34]來知德除了對此組卦爻辭有獨特的見解外，他還將甲、庚在圓圖中的位置對應到泰卦（小往大來）和否卦（大往小來），藉此闡述天地循環之道。至於「先三日」與「後三日」，來知德認為是由於一卦有六爻，所以應指下三爻與上三爻。

圖 3：文王圓圖

圖 4：伏羲圓圖

---

34 筆者以為，若要用「夾象」和「圓圖」來解，善加運用蠱卦和巽卦本身的架構再加上「文王圓圖」，也是足夠的。因為蠱卦 的六爻中原本就夾了一個震卦（九三、六四、六五），震在「文王圓圖」中位於東方（甲木），甲位在前三爻（巽）與後三爻（艮）間，所以是「先甲三日，後甲三日」。同樣的，巽卦 的六爻中夾了一個兌卦（九二、九三、六四），兌在「文王圓圖」中位於西方（庚金），而庚也位於前三爻（巽）與後三爻（巽）間，所以是「先庚三日，後庚三日」。如此一來，便可以用同樣的邏輯和同一幅圓圖來解釋這兩句卦爻辭。

（五）試探「三日」之說的其他可能性

　　以上所列的解法各有巧妙，只不過在逐步拆解這些方法的同時，心中不免疑惑，當初撰寫爻辭的作者是否先確認了結果，並加以逆推才下筆？以「諧音雙關」的解法為例：難道是先揣摩所需的雙關意含，如「更新」、「叮嚀」等，然後才決定用「三日」？還是原本就打算寫「先甲三日，後甲三日」與「先庚三日，後庚三日」，而後世的學者在做注時，發現剛好可以運用諧音雙關來解釋？再用同樣的角度分析象數派，以「先甲三日，後甲三日」為例：作者是否將六爻依序爻變，發現有離代表的「日」，並且過程中「下三爻成乾」和「上三爻成乾」，所以將「三日」寫入卦辭？抑或是後世學者根據卦辭，再從爻變中找答案？其實「先有結果，再找答案」原本就是理解《易經》的方式之一，並無不妥。但如果能從經典文獻中找到可靠資料相互印證，或許可以避免過度詮釋。

　　那麼，是否有其他來源支持「三日」之說呢？筆者以為，《易經》為卜筮之書，且當時有機會學習者多為貴族，所以其內容應該適度反映出貴族和執政階層的情況。筆者閱讀《禮記》時留意到以下內容：

> 《禮記·月令》[35]
> 是月也，以立春。先立春三日，大史謁之天子曰：某日立春，盛德在木。天子乃齊。立春之日，天子親帥三公、九卿、諸侯、大夫……。[36]
> 是月也，以立夏。先立夏三日，大史謁之天子曰：某日立夏，盛德在火。天子乃齊。立夏之日，天子親帥三公、九卿、大夫……。[37]
> 是月也，以立秋。先立秋三日，大史謁之天子曰：某日立秋，盛

35　〔漢〕鄭玄注；〔唐〕孔穎達疏，《禮記正義》，收於《十三經注疏》（北京：北京大學出版社，2000），頁512。
36　《禮記正義》，頁535。
37　《禮記正義》，頁577。

德在金。天子乃齊。立秋之日，天子親帥三公、九卿、諸侯、大夫……。[38]

是月也，以立冬。先立冬三日，太史謁之天子曰：某日立冬，盛德在水。天子乃齊。立冬之日，天子親帥三公、九卿、大夫……。[39]

　　眾所周知，《禮記‧月令》的成書年代頗有爭議，特別是文中的曆法、官制、行事等，似與西周的實際狀況有所出入。[40]學術界已有許多深入剖析〈月令〉出處的相關論文，在此不做贅述。至於筆者引用〈月令〉部分段落的原因，是為了指出「先……三日」與「天子乃齊」[41]的時序關係。由這樣的時序關係，可以推得天子所行的應為「三日齋」。「三日齋」在與禮相關的典籍中時有所見，通常是在祭祀或重大事件之前，為表慎重而行之。例如：周武王曾為了學習治國之道而「齋三日」；[42]孔子[43]也在「三日齋」後向魯哀公上奏討伐陳恆；[44]而像諸侯變更宗廟位址[45]之

38　《禮記正義》，頁 609。

39　《禮記正義》，頁 635。

40　鄭玄云：「名曰《月令》者，以其記十二月政之所行也，本《呂氏春秋‧十二月紀》之首章也，以禮家好事抄合之，後人因題之名曰《禮記》。言周公所作，其中官名時事多不合周法。此於《別錄》屬《明堂陰陽記》。」（《禮記正義》，頁 512。）

41　「齊」亦可作「齋」。（《禮記正義》，頁 535。）

42　「武王踐阼三日，召士大夫而問焉，曰：『惡有藏之約行之，行萬世可以為子孫恆者乎？』諸大夫對曰：『未得聞也。』然後召師尚父而問焉，曰：『昔黃帝顓頊之道存乎？意亦忽不可得見與？』師尚父：『在丹書，王欲聞之，則齊矣！』王齊三日，端冕奉書而入，負屏而立。王下堂，南面而立……。」（《大戴禮記‧武王踐阼（卷六）》（四庫全書））

43　子曰：「周監於二代，郁郁乎文哉！吾從周。」（《論語‧八佾》）孔子雖然生在春秋時代，但因其崇拜周公，且對於禮樂有深刻研究，故其言行應可作為參考。

44　《左傳》〈哀公十四年〉：「甲午，齊陳恆弒其君壬于舒州。孔丘三日齊，而請伐齊三。公曰：『魯為齊弱久矣，子之伐之，將若之何？』對曰：『陳恆弒其君，民之不與者半。以魯之眾，加齊之半，可克也。』公曰：『子告季孫。』孔子辭。退而告人，曰：『吾以從大夫之後也，故不敢不言。』」（《春秋左傳正義》，頁 1937。）

45　「成廟將遷之新廟，君前徙三日齊，祝、宗人及從者皆齊；徙之日，君玄服，從者皆玄服。」（《大戴禮記‧諸侯遷廟（卷十）》（四庫全書））

類的大事，自然也免不了「三日齋」。[46]

　　筆者以為，一個制度實行久了，自然會內化成一種習慣，所以「三日」在當時應已成為一個「適當的緩衝期」。[47]無論是事前的靜心思考、仔細推演和提醒，或者事後的觀察檢討、除錯改善，以「三日」為期，是個人心理上、眾人默契上都能接受的時間長度。再者，以「先三日、後三日」比擬「下三爻、上三爻」這種將一日和一爻相對應的卦爻辭在易經中也曾出現。[48]由此看來，無論是基於當時的禮教慣例與《易經》寫作體例的統一，「三日」確實是其來有自，用得恰如其分。基於同樣的邏輯，今人若占得這組卦爻辭便可以有更靈活的解釋空間。例如根據所占事件之大小、行規或相關法令來拿捏適當的時程。

　　綜合本章所述，我們可以從諧音雙關、六甲六庚、爻變取象以及先後天八卦（圓圖）等多種角度來分析「先甲三日，後甲三日」與「先庚三日，後庚三日」。然而，如果由解卦的角度出發，筆者會優先選擇「單獨存在也能有完整含意」的解法。也就是當占到二者任一時，可以直接解釋卦爻辭的意思，如「諧音雙關」的解法。否則，明明占到「先庚三日，後庚三日」，卻要把甲與庚的特殊關係[49]一併帶入，又或者在解卦過程中產

46　除了以上述舉例，《禮記》中還有許多禮在執行過程中以「三日」為觀察或準備期。

47　《禮記・月令》中記載：「先雷三日，奮木鐸以令兆民曰：雷將發聲，有不戒其容止者，生子不備，必有凶災……。」即便文中所載之事有迷信成分，但仍然可以從「先雷三日」看出，在提醒民眾注意某些事項時，也使用「三日」為緩衝。（《禮記正義》，頁556。）

48　《易經》復卦卦辭提到「反復其道，七日來復，利有攸往。」有箋註以一日為一爻釋之，如王弼注：「陽氣始剝盡，至來復時，凡七日。」（《周易王韓注》，頁75。）；俞琰曰：「易以一爻為一日，剝六畫併復初畫是為七日。易窮則變，其道與天道同。故反剝為復，則不過七日。」（俞琰（約1234-1297年），《俞氏易集說（上）》（台北：廣文書局，1974），頁115。）然而解《易》重變通，所以七日也可泛指歷經七個步驟（爻變）後變回復卦，形成一個循環。例如來知德曰：「七日來復者，自姤而遯、否、觀、剝、坤、復，凡七也，即七日得之意。」（《周易集注（上）》，頁333。）以上二種解釋各有其理，並不影響在撰寫卦爻辭時，以一日代表一爻的表述方式。

49　如利用六甲六庚互為首尾或「日之出入圖」、「月之盈虛圖」中甲與庚的重要位置，來輔助理解卦爻辭。

生其他卦象，恐有混淆占卦結果的疑慮。[50]

　　再者，筆者認為《經》重於《傳》，也就是應該以《易經》文本為主，《易傳》為輔。仔細閱讀《易經》文本中的蠱卦卦辭和巽卦九五爻辭：

　　蠱，元亨，利涉大川。先甲三日，後甲三日。

　　九五，貞吉，悔亡，无不利。无初有終，先庚三日，後庚三日，
　　吉。

　　如上所列，「初」與「終」兩個關鍵字只出現在巽卦九五的爻辭，並且明顯是指庚在天干中的位置。[51]然而有些箋註卻把出自〈象傳〉的「終則有始，天行也」當成重心，並由此連結甲與庚，才會需要日月圓圖或「六甲六庚」等說法來完善其詮釋。其實，如同「无初有終」之於庚，「終則有始」也可以是指甲在天干中「起始」的特殊位置，而「天行也」則是形容十天干週而復始，如同「天地之道，恆久而不已也。」[52]因此，在無須擴充概念的前提下，「諧音雙關」的解法在十天干的範圍內，用相對單純的方式給出更深入解釋，這是筆者予以較多認同的主要原因。[53]

　　所謂義理象數各有巧妙，筆者雖然不贊同過度繁複的取象，但是經由接觸這些有特色的解法，也從中領悟到不少觸類旁通的技巧，獲益良多。

50　例如虞翻和朱震的爻變取象法，在解釋卦爻辭的過程中出了現賁卦、无妄卦和益卦，是否要一併納入解釋，或是有什麼特殊的影響，該箋註未作說明。

51　十天干為甲、乙、丙、丁、戊、己、庚、辛、壬、癸。庚日的前三日為丁日，不是天干記日週期的開始，但後三日為癸日，是週期的最後一天，所以「無初有終」。

52　「終則有始」在象傳中出現兩次，一次為蠱卦，另一次為恆卦：「恆，久也。……；久於其道也，天地之道，恆久而不已也。利有攸往，終則有始也。」由此可以看出，所謂「天行也」應是指天地之道循環不已，而這和十天干週而復始是可以呼應的。

53　《易傳》包含了儒家經世濟民的理想，所以往往賦予卦爻辭諸多正向的發揮。不過在解卦時，還是應該回歸《易經》為卜筮之書的本質，找出實用的面向來解決疑惑。

二、「己日乃孚」與「己日乃革之」

「己日乃孚」與「己日乃革之」出自《易經》革卦，分別為卦辭與六二的爻辭。革卦的結構為下離上兌，是為澤中有火。程頤說：「革，變革也。水火，相息之物，水滅火，火涸水，相變革者也。」[54]火的性質向上，而澤水往下，倘若各安其位火上澤下，最多各行其道，好比睽卦。然而，在革卦中，澤與火的位置一經對調，便有直接衝突之勢。[55]在《易傳》成書之前，中國最重要的兩次革命事件，莫過於湯武革命。因此〈彖〉曰：「天地革而四時成，湯武革命，順乎天而應乎人。革之時大矣哉。」由〈彖傳〉的解釋可知，革卦相當重視「時」的重要性，而「己日」正是把握時機的關鍵。由於「己」、「已」、「巳」在隸書與楷書中字形相似，在傳抄時可能有「形近之誤」，因此出現不同的版本也不意外。我們將分兩組討論這組卦爻辭，第一組是「己日」，第二組是「己日」和「巳日」。

（一）「己日乃孚」與「己日乃革之」

雖然多本《易經》箋註採用「己日」或「巳日」[56]，但仍有兩本偏向象數派的箋註贊同「己日」，就是朱震的《漢上易傳》與來知德的《周易集註》。先討論朱震對於「己日乃孚」與「己日乃革之」的解法：

首先，朱震認為「己日」才是正確的。原因有二：

1.十天干「至庚而更」，「更」有改革、變革之義。那麼為何出現「己日」呢？因為由庚日起算，己日剛好是第十天，完成一個十天干循環的週期。而「浹日」代表十日，[57]所以朱氏曰：「己日者，浹日也。」[58]

54　《易程傳》，頁 436。

55　「火之性上，水之性下，若相違行，則睽而已。乃火在下，水在上，相就而相尅，相滅息者也，所以為革也。」（《易程傳》，頁 436。）

56　如《周易正義》、《易程傳》、《周易本義》、《誠齋易傳》、《俞氏易集說》等。

57　古代以干支紀日，稱甲至癸十日為「浹日」。（《重編國語辭典修訂本》）

58　「己日，先儒讀作『已事』之『已』，當讀『戊己』之『己』，十日至庚而更。更，革也。自庚至己，十日，浹矣。己日者，浹日也。」（《漢上易傳》，頁 273。）

2.庚和己的關係源自卦變。[59]六十四卦中凡是組合為四陽二陰者，都是由遯卦而來，而革卦是歷經四次變化而成：一變无妄卦☲☲→二變家人卦☲☲→三變離卦☲☲→四變革卦☲☲。而无妄卦下卦為震，納庚，革卦下卦為離，納己，由此取出庚和己的象。

由上所述，可知朱震由卦變與納甲法證明「己」和「庚」的特殊關係，並且用「浹日」強調變革不可遽然為之，在行動之前要先取得信任，也就是「上下既信之日，乃可革之。」[60]

接著，討論來知德支持「己日」之說的原因：

1.以五行搭配五性[61]，則甲乙木為仁，丙丁火為禮，戊己土為信，庚辛金為義，壬癸水為智。「孚」為誠信之意，而革卦下離上兌皆陰，所以用己土（陰土）[62]做為代表。[63]（圖5）

2.在「文王圓圖」中，坤土位於離火與兌金之間，[64]坤為陰土，所以用己土也合於其義。（圖5）

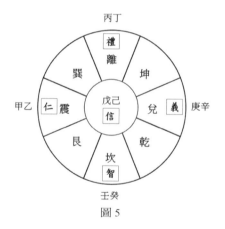

圖5

---

59 「革自遯來，无妄變也。二變家人，三變離，四變革，无妄之震納庚，革之離納己，故有此象。」（《漢上易傳》，頁273。）

60 《漢上易傳》，頁276。

61 五性就是仁、義、禮、智、信，又稱五常。

62 天干中單數者為陽，偶數者為陰。所以甲、丙、戊、庚、壬為陽，乙、丁、己、辛、癸為陰。

63 「己者，信也。五性，仁義禮智信，惟信屬土，故以己言之。不言戊而言己者，離、兌皆陰卦，故以陰土言。」（《周易集注（下）》，頁499。）

64 來知德曾在解釋「先甲三日，後甲三日」與「先庚三日，後庚三日」時使用過「圓圖」和「夾象」的取義法。（《周易集注（上）》，頁299。）

3. 來知德認為離火燒兌金所造成的破壞，只有土可以修復，這是〈月令〉篇將中央土置於火與金之間的原因。[65]而十天干的排列順序也是因為這個原因，將戊己土置於丙丁火和庚辛金之間，讓相剋轉為相生，才能彼此信任。（圖6）

　　除了上述原因，再加上離為「日」，所以是「己日乃孚」。來知德強調：「蓋不信而革，必生其悔，惟亨而正，則人心信我矣，所以己日乃孚而後革也。」[66]此外，他還提出變革之時若還沒到，即便是天地與聖人也不能提早行動；而到了該變革之時，天地與聖人也不能予以延遲。[67]

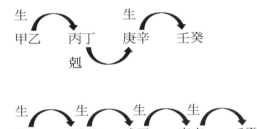

圖6

65　以下為〈月令〉段落，由文中記載當日所祭祀之神祇與迎接季節之地點，可知天干的五行屬性和代表方位。來知德認為，此五段內容的排序與十天干的排序，皆強調「土」的特殊作用。
　　「孟春之月，……其日甲乙。其帝大皥，其神句芒。……立春之日，天子親帥三公……以迎春於東郊。」
　　「孟夏之月，……其日丙丁。其帝炎帝，其神祝融。……立夏之日，天子親帥三公……以迎夏於南郊。」
　　「中央土。其日戊己。其帝黃帝，其神后土。」
　　「孟秋之月，……其日庚辛。其帝少皥，其神蓐收。……立秋之日，天子親帥三公……以迎秋於西郊。」
　　「孟冬之月，……其日壬癸。其帝顓頊，其神玄冥。……立冬之日，天子親帥三公……以迎冬於北郊。」
66　《周易集注（下）》，頁499。
67　來知德曰：「時不可革，天地、聖人不能先時；時所當革，天地、聖人不能後時。」他還引用《禮記‧禮器》中的一段話，強調「時」的重要性：「禮，時為大，順次之，體次之，宜次之，稱次之。堯授舜，舜授禹，湯放桀，武王伐紂，時也。」（《周易集注（下）》，頁500。）

（二）「已日乃孚」與「已日乃革之」

「已」與「巳」兩字關係相當密切，應合而觀之。《史記・律書》言：「巳者，言陽氣之已盡也。」[68]《釋名・釋天》則曰：「巳，已也，陽氣畢布已也。」[69]《說文》對於「巳」的解釋為：「已也。四月陽氣已出，陰氣已藏，萬物皆成文章……。」[70]而段玉裁《說文解字注》講得更詳細：「辰巳之巳既久用為已然已止之已。故即以已然之已釋之。」[71]由此可知，「已」出於「巳」。至於讀音，《韻補・紙韻》云：「古巳午之巳，亦讀如已矣之已。」[72]綜上所述，「已」與「巳」原本共用一字，讀音則隨字義而有所不同。此外，「巳」又通「祀」，《釋名・釋天》：「殷曰祀。祀，巳也，新氣升故氣巳也。」[73]這也可以解釋為何損卦初九爻辭有「已事遄往」和虞翻的「祀事遄往」兩種版本。[74]不過，虞翻在註釋革卦時，仍以「己日」解之，所以本章不將「祀日」列入討論。

釐清「已」與「巳」的關係後，再來研究義理派對於「己日」有哪些詮釋。

1.將「已」解作「已經」，則「己日」大致可以歸納為三種詮釋：

  （1）變革已成之日。王弼注：「夫民可與習常，難與適變。可與樂成，難與慮始。故革之為道，即日不孚，已日乃孚也。」[75]

---

68 何以言巳「陽氣之已盡」？將十二消息卦搭配十二地支，可知巳月或巳時為乾卦，陽爻上升之勢無以復加，故云「陽氣之已盡」或「陽氣畢布」。（表2）

69 〔漢〕劉熙，《釋名》（北京：中華書局，1985），頁4。

70 原文為「已也。四月陽氣已出，陰氣已藏，萬物皆成茲彰。」（《說文解字注》，頁745-746。十四篇下，巳部。）

71 《說文解字注》，頁745。

72 新文豐公司編輯部編：《叢書集成新編》（台北：新文豐，1985-1986），第39冊，頁748。

73 《釋名》，頁4。

74 「初九，已事遄往，无咎，酌損之。」注云：「〔釋文〕已，本亦作『以』，虞作『祀』。遄，荀作『顓』。〔按〕《說文》引作『㠯』。」引自孫星衍（1753-1818年），《孫氏周易集解》（北京：中華書局，2018），頁337。

75 孔穎達疏：「故革命之初，人未信服，所以『即日不孚，已日乃孚』也。」（《周易正義》，頁237。）

俞琰援引王弼之說，並加以解釋：「已日，已革之日也，孚，信也。」[76]

（2）天命已經來臨之日。干寶曰：「天命已至之日也。乃孚，大信著也。」[77]

（3）可以變革之時已到。李簡曰：「『已日』者，已可革之時也。先時而革，則人疑而罔孚，故已日乃孚。」[78] 此說與干寶的解釋相近，皆需等待適當的時機。

2.將「己日」解作「終日」，因為在上位者需要時間對人民詳加說明變革之故。程頤曰：「事之變革，人心豈能便信？必終日而後孚。在上者於改為之際，當詳告申令，至於已日，使人信之。」[79]

根據以上內容，無論是「己日」或「已日」，都是著眼於「革」和「孚」的關係，也就是孚於革之前、孚於革之時、孚於革之後。其實一場成功的變革或革命，三者缺一不可。孚於革之前，變革才有正當性；孚於革之時，變革的當下方能萬眾一心；孚於革之後，有益於招降納叛穩定局勢。而綜觀革卦六爻，也確實涵蓋前述三種狀況。因此各家箋註雖有不同，卻齊力呈現出革卦完整的面向。至於解卦方面，則需視所占之爻位，審慎評估「有孚」與否，方能行動。

表2

子	丑	寅	卯	辰	巳	午	未	申	酉	戌	亥
䷗	䷒	䷊	䷡	䷪	䷀	䷫	䷠	䷋	䷓	䷖	䷁
復	臨	泰	大壯	夬	乾	姤	遯	否	觀	剝	坤

---

76 《俞氏易集說（上）》，頁229。

77 干寶曰：「武王陳兵孟津之上，諸侯不期而會者八百國，皆曰紂可伐矣。武王曰：『爾未知天命，未可也。』還歸。二年，紂殺比干，囚箕子，爾乃伐之。所謂『已日乃孚，革而信』也。」（《周易集解》，頁302。）

78 引自李光地（1642-1718年），《御纂周易折中》（摛藻堂四庫全書薈要），卷七。

79 《易程傳》，頁437。

三、筆者心得：由連續爻變得出的四個史事卦

近日研究象數解易，在整理革卦時，用連續爻變的方式，找到一條貫穿四個卦的敘事線，特與讀者們分享。

筆者使用的方式為下卦離卦維持不變，由第四爻開始向上爻變，也就是上卦由全陰的坤卦開始，陽氣漸生至全陽的乾卦。這個象徵光明由埋藏地中到重見天日的過程，剛好和商末至周初的發展相符。這四個卦依序為明夷卦、豐卦、革卦與同人卦。（表3）

表3

明夷䷣	豐䷶	革䷰	同人䷌
商 → 周			

針對這四個卦，筆者先列出卦辭或爻辭，接著說明其對應之史事，再將相關記載列舉於文中或註中。

1. 地火明夷

明夷卦六爻的內容，是分別以離卦（光明）和坤卦（黑暗）來比喻西周和殷商的人與事。而〈彖傳〉也明確地將本卦內容導向史事，如「內文明而外柔順，以蒙大難，文王以之。利艱貞，晦其明也。內難而能正其志，箕子以之。」因此，大部分的箋註也都以相關的史實來詮釋。

初九。明夷於飛，垂其翼。君子於行，三日不食。有攸往，主人有言。

「明夷於飛，垂其翼」隱喻至暗者在上位，有德之士只能收斂，不敢

有所作為，[80]「三日不食」則是形容因不食君祿而導致困窘之狀。[81]楊萬里（1127-1206 年）以「伯夷、太公避居海濱之事」為例，[82]並說明「晦己之明，避上之暗，義當去之之速也，何食之暇？」[83]與爻辭甚合。

六二。明夷，夷於左股，用拯馬壯，吉。

　　六二是指涉文王蒙難及眾臣營救的過程。來知德曰：「言用健壯之馬以救之，則吉矣。文王囚于羑里，『夷于左股』也。散宜生之徒獻珍物美女，『用拯馬壯』也。脫羑里之囚，得專征伐，吉也。」[84]《史記·殷本紀》記載：「紂囚西伯羑里。西伯之臣閎夭之徒，求美女奇物善馬以獻紂，紂乃赦西伯。……賜弓矢斧鉞，使得征伐，為西伯。」

九三。明夷於南狩，得其大首，不可疾，貞。

　　九三位於離卦最高位，和處於坤卦最高位的上六相對應，可視為不同陣營的領導者。此二爻針鋒相對，剷除上六自然也成為九三的目標。[85]又，「南狩」有征伐之義[86]，「得其大首」則有兩種含意，一個是去除暗

80　王弼注：「懷懼而行，行不敢顯，故曰『垂其翼』也。」（《周易王韓注》，頁112。）程頤則認為其翼已傷：「昏暗在上，傷陽之明，使不得上進，是于飛而傷其翼也。」（《易程傳》，頁316。）

81　程頤曰：「君子于行，謂去其祿位而退藏也。三日不食，謂困窮之極也。」（《易程傳》，頁316。）朱震也認為：「斷之以義，雖困窮饑餓而不悔，故曰『君子于行，義不食也』。」（《漢上易傳》，頁204。）

82　孟子於《孟子·離婁上》中援引過「伯夷辟紂，居北海之濱」，以及「太公辟紂，居東海之濱」的史事，並認為「諸侯有行文王之政者，七年之內，必為政於天下矣。」亦可做為參考。（詳見傅佩榮，《孟子解讀》（新北市：立緒文化，2015），頁174。）

83　楊萬里，《誠齋易傳》（北京：九州出版社，2019），頁125。

84　引自《周易集注（下）》，頁416。陳夢雷也有相同看法：「如文王賴散宜生有美女奇物之獻，以脫羑里之囚也。」（陳夢雷（1650-1741 年），《周易淺述》（上海：上海古籍出版社，1982），頁138。）

85　程頤曰：「至明居下，而為下之上，至暗在上，而處窮極之地，正相敵應，將以明去暗者也。」（《易程傳》，頁318。）

86　來知德曰：「南狩者，去南方狩也。離為火，居南方，南之象也。離為戈兵，中爻震動，戈兵震動，出征遠討之象也。大首者，元惡也。」（《周易集注（下）》，頁416。）

之魁首[87]，另一個則是指實際的行為，也就是「斬紂頭」。[88]由「不可疾，貞」可知此舉尚處於計畫階段，須待時機成熟方能執行。《史記‧周本紀》記載：「武王自射之，三發而后下車，以輕劍擊之，以黃鉞斬紂頭，縣大白之旗。」

六四。入於左腹，獲明夷之心，於出門庭。

眾多箋註對此爻辭看法不一。程頤認為六四是紂王身邊的惡臣，楊萬里也有相同的看法，故曰：「所謂六四者，其飛廉、惡來之事乎？出門庭者，出而肆于外。」[89]另一種說法則認為六四應指微子奔周之事，從此說者有朱震、來知德等，[90]筆者以為此說較合理。因為本卦六爻所舉之事都屬當時的重要事件，且此爻位於互卦坎（六二、九三、六四）與互卦震（九三、六四、六五）中，坎為加憂、震為行，可解釋為因憂慮而遠行，和史書中的描述頗合。

《史記‧殷本紀》

紂愈淫亂不止。微子數諫不聽，乃與大師、少師謀，遂去。

六五。箕子之明夷，利貞。

六五的爻辭直接點出箕子之名，所以各家箋註幾乎都提及箕子裝瘋被囚之事。[91]至於箕子是否適宜擔當五爻的君王之位？馬融說得有理：「箕子，紂之諸父，明於天道《洪範》之九疇。德可以王，故以當五。」[92]

---

87 程頤曰：「大首，謂暗之魁首，上六也。」（《易程傳》，頁319。）
88 克敵致勝後用敵人的首級獻祭是當時的作風。（詳見《逸周書‧世俘》）
89 《誠齋易傳》，頁126。
90 朱震曰：「六四柔順而正，與上六同體，比於三而遠於上六，以譬則微子之類也。」（《漢上易傳》，頁206。）；來知德曰：「言微子終日在腹裏左邊，黑暗幽隱之中，已得明夷之心意，知其暴虐無道，必亡天下，不可輔矣，于是出門庭而歸周。」（《周易集注（下）》，頁418。）
91 「箕子懼，乃詳狂為奴，紂又囚之。」（《史記‧殷本紀》）
92 《周易集解》，頁226。

上六。不明，晦。初登於天，後入於地。

上六位於坤卦最高位乃至暗之君，應指商紂王。史書以「資辨捷疾，聞見甚敏；材力過人，手格猛獸」來形容他，可見資質極佳，原本可以造福天下，卻不幸失德成為臣民痛苦的來源。[93]楊萬里於《誠齋易傳》中根據史實加以發揮：「紂之嗣位，聞見甚敏，材力過人，其『初登于天，照四國』之時乎？及其以昏棄失德而為獨夫，其『後入于地』而『失則』之時乎？」[94]

2. 雷火豐

豐。亨。王假之，勿憂，宜日中。

豐卦卦辭應該是指文王遷都於豐邑[95]之事，而爻辭內容則與伐紂之前所做的準備工作有關。

文王自羑里獲釋後，繼續進行取代殷商的計畫，其中至關緊要的佈局為：一、與有可能結盟的諸侯國維持良好互動，逐步建立威信及領導地位。二、以紂王所賜「得征伐」[96]為由，剿滅不受控的異族與親近商王的諸侯國。[97]三、由岐下遷都至豐邑，作為進攻殷商的根據地。

「王假之」是指君王來到，「宜日中」是指應該像正午的太陽一樣，公平地照耀四方。[98]不過，文王遷都豐邑時商朝還存在，那麼卦辭中的「王」是指誰呢？《史記・周本紀》有云：「詩人道西伯，蓋受命之年稱

---

93 「帝紂資辨捷疾，聞見甚敏；材力過人，手格猛獸；知足以距諫，言足以飾非；矜人臣以能，高天下以聲，以為皆出己之下。……百姓怨望而諸侯有畔者，於是紂乃重刑辟，有炮格之法。」（《史記・殷本紀》）

94 《誠齋易傳》，頁 127。

95 「文王受命，有此武功。既伐于崇，作邑于豐。」（《詩經・大雅・文王之什・文王有聲》）

96 「帝紂乃囚西伯於羑里。閎夭之徒患之。乃求有莘氏美女，驪戎之文馬，有熊九駟，他奇怪物，因殷嬖臣費仲而獻之紂。紂大說，曰：『此一物足以釋西伯，況其多乎！』乃赦西伯，賜之弓矢斧鉞，使西伯得征伐。」（《史記・周本紀》）

97 文王伐犬戎、密須、耆、邘與崇。詳見《史記・周本紀》。

98 程頤曰：「宜如日中之盛明廣照，无所不及，然後无憂也。」（《易程傳》，頁 493。）

王而斷虞芮之訟。」所以商朝末年文王已經自立為王，但也是商王所冊封的「西伯」。[99]

豐卦的爻辭之所以特別，是因其內容為天象與人事雙線並行。天象方面，出現在六二、九三、九四三個爻，爻辭為：

六二。豐其蔀，日中見斗。
九三。豐其沛，日中見沫。
九四。豐其蔀，日中見斗。

依筆者所參閱的箋註[100]，可知許多學者是依照字詞與卦象解釋。先解釋「蔀」和「沛」為何物，再加入卦象詮釋，然後將太陽被遮蔽的情況帶入人世現狀。[101]但是，此解法未能說明何以「蔀」與「沛」能遮住太陽。[102]也有少數學者如虞翻認為太陽是被雲遮住，他說：「日蔽雲中稱蔀」，又曰：「日在雲下稱沛。」[103]然而雲是否能將太陽遮蔽到看得見星斗的程度，又是一大疑問。筆者以為，比較合理的說法是以「日食現象」解之。楊萬里曰：「今『日中』至明至盛之時而『見斗』，是能以晝為夜也，意者无日而晝晦與？意者非无日，其有日而食之既與。」[104]李光地抱

<hr/>

99　王國維在〈殷周制度論〉中提及：「自殷以前，天子、諸侯君臣之分未定也。故當夏后之世，而殷之王亥、王恆，累葉稱王。湯未放桀之時亦已稱王。當商之末，而周之文、武亦稱王。蓋諸侯之於天子，猶後世諸侯之於盟主，未有君臣之分也。」（王國維（1877-1927年），《觀堂集林》（石家莊：河北教育出版社，2001），頁238。）

100　詳見本文參考文獻。

101　王弼曰：「蔀，覆曖，鄣光明之物也。處明動之時，不能自豐以光大之德，既處乎內，而又以陰居陰，所豐在蔀，幽而无覩者也，故曰『豐其蔀，日中見斗』也。」（《周易王韓注》，頁173。）；程頤曰：「二五雖皆陰，而在明動相資之時，居相應之地。……蔀，周匝之義。用障蔽之物，掩晦於明者也。斗屬陰，而主運乎象。五，以陰柔而當君位。日中盛明之時，乃見斗，猶豐大之時，乃遇柔弱之主。斗以昏見，言見斗則是明喪而暗矣。」（《易程傳》，頁497。）；朱震曰：「震巽為草，二在草中，有周匝掩蔽之意，故曰蔀。……沛，古本作『旆』，王弼以為幡幔。震為玄黃，兌金斷之，旆也。幡幔圍蔽於內，故豐其沛。」（《漢上易傳》，頁310-311。）

102　來知德認為《易經》的內容，有其象卻未必確有其事，也不一定合乎常理。他說：「易止有此象無此事，亦無此理，如金車玉鉉之類是也。又如刲羊无血，天下豈有殺羊无血之理？所以易止有此象。」（《周易集注（下）》，頁544。）

103　《周易集解》，頁339-340。

104　《誠齋易傳》，頁190。

持同樣的看法，解釋得更為詳細：「然以實象求之，則如太陽食時是也。食限多則大星見，食限甚則小星亦見矣。」[105]也就是說隨著日食進程的變化，能看見的星體大小也不同。[106]當太陽被遮蔽至天色昏暗時，可以看見大星體，也就是「斗」；而遮蔽面積繼續增加時更加晦暗，連小星體「沫」也可以看見。筆者為求慎重，特地根據《中國歷史日食典》[107]的資料，以商紂在位其間（公元前 1075-1046 年）[108]所發生的日食進行查考。由結果得知食分大於 0.8[109]的可視日食至少有三次。[110]，所以將爻辭內容當作對日食現象之描述，是相當合理的。

由爻辭「見斗」、「見沫」、「見斗」的編排方式可知，當時的天色應為昏暗[111]、更暗[112]、恢復至昏暗[113]，這和日食過程由明、入晦、再復明的順序一致，因此以第三種說法較為合理。此外，古人習慣將君王比喻為太陽，日食屬不祥的徵兆，剛好對應紂王失德、天下離心的混亂情況。

接著討論與人事相關的爻辭。初九與九四處於相應的位置，並且爻辭內容有呼應之處，故一併討論。

---

105 《御纂周易折中》，卷七，頁 47。

106 日食有四種，其中全環食極為罕見。而常見的三種為日全食、日環食與日偏食。日全食有五個階段：初虧、食既、食甚、生光、復圓。日環食也有五個階段：初虧、環食始、食甚、環食終、復圓。日偏食只有三個階段：初虧、食甚、復圓。

107 劉次沅、馬莉萍，《中國歷史日食典》（北京：世界圖書出版公司，2005）。

108 根據「夏商周斷代工程」。

109 食分大小和觀測地點有關，此數據是以西安為觀測地點。觀測地點除了會影響所見日食種類，也會影響所見食分。而食分 0.8 左右的日食能否達到爻辭所形容的「日中見沫」，則有待商榷。因此爻辭作者未必是如實描述某次特定的日食，而是選擇以明暗差異最大的日全食現象來形容紂王失德。

110 日食是否可見，和觀測點有關，詳見《中國歷史日食典》。根據資料，在此期間發生的日食種類為全食和環食，不過實際看到的日食種類會因觀察者所處的地理位置而有所不同。

111 此處是指由初虧進入下一個日蝕階段前，遮蔽範圍相當大的狀態。

112 此處指更大面積的太陽被遮蔽，若為日全食時為食既、食甚、生光三個階段（此三階段掩蔽面積皆相當大，只不過日月的相對位置（切點）不同；若為日環食則是指環食始、食甚、環食終三個階段（此三階段掩蔽面積皆相當大，但日月的相對位置（切點）不同；若為日偏食則為食甚階段。筆者以為，爻辭用「豐其蔀」和「豐其沛」兩種不同的方式來形容遮蔽現象，再加上兩者間的明暗能分出「見斗」和「見沫」之別，因此遮蔽面積之大小應有差異。

113 太陽回復到部分面積被遮蔽，然後進入復圓。

初九。遇其配主，雖旬无咎；往有尚。

九四。遇其夷主，吉。

　　這兩句爻辭有三個關鍵字詞，也就是「配主」、「夷主」與「旬」。王弼曰：「處『豐』之初，其配在四，以陽適陽，……。旬，均也。」[114] 程頤的發揮為：「初九明之初，九四動之初，宜相須以成其用。故雖旬而相應。位則相應，用則相資，故初謂四為配主，己所配也。……故初於四云配，四於初云夷也。雖旬无咎：旬，均也。」程頤於《易程傳》又云：「夷主，其等夷也，相應故謂之主。」[115] 持類似看法的還有朱熹[116]、陳夢雷[117]等。由上述箋註可知「旬」為「均」，初九與九四屬同德相應，且彼此平等。然而，易經六十四卦中同德相應的爻甚多，也多有尊卑之分，何以豐卦初九與九四能以「均」相對待？《墨子》中有一段對於文王的描述可資參考：「昔者文王之治西土，若日若月，乍光于四方，于西土，不為大國侮小國，不為眾庶侮鰥寡，……。」[118] 其中「若日若月，乍光于四方」和豐卦卦辭「宜日中」相呼應，[119] 而「不為大國侮小國」則正是初九和九四能平等互待的原由。因此，筆者以為九四與初九係指大小不一的諸侯國，因文王對待臣民的公平原則，而有了相等的地位。

六二。往得疑疾。有孚發若，吉。

象曰：有孚發若，信以發志也。

　　「往得疑疾」是指人們看見日食的反應。一般而言，爻上行稱「往」，下行稱「來」。而六二是日食現象出現的第一個爻，所以「往」

---

115 《易程傳》，頁 496、500。

116 朱熹於豐卦初九云：「配主，謂四。旬，均也，謂皆陽也」，於九四云：「夷，等夷也，謂初九也。」（《周易本義》，頁 204-205。）

117 詳見《周易淺述》，頁 197-198。

118 「昔者文王之治西土，若日若月，乍光于四方，于西土，不為大國侮小國，不為眾庶侮鰥寡，不為暴勢奪穡人黍、稷、狗、彘。」（《墨子·兼愛中》）

119 《尚書·泰誓下》中也有以「若日月之照臨，光於四方，顯於西土」等字句形容文王。

是指繼續發展下去進入九三、九四，「得疑疾」則是有如得了疑心病般惶惶不安。在這樣的關鍵時刻若能「有孚發若」得到大家的信任，自然是吉祥的。〈象傳〉中「有孚發若，信以發志」的說明，和文王解決「虞芮之訟」所傳達的意涵若合符節。[120] 由「西伯陰行善，諸侯皆來決平」可看出文王處事公正深得諸侯們信賴，才會紛紛請他做仲裁。《詩經‧大雅‧緜》也以「虞芮質厥成，文王蹶厥生。」[121] 來形容文王「以德化人」的事蹟。

九三。折其右肱，无咎。
象曰：豐其沛，不可大事也。折其右肱，終不可用也。

　　剷滅不受控的異族與親近商王的諸侯國，是文王在伐商之前的重要計畫。筆者以為所謂的「右肱」，正是指崇國。崇國位於商朝王城的西方偏南，地處險峻，是商王重要的屏障。古代帝王南面而治，而當人面向南方時，西方剛好在其右手邊，故以商王的右肱稱之。

　　崇侯虎忠於商紂王，因擔心西伯勢力坐大造成威脅而出言提醒，導致文王被囚。[122] 所以無論是為了報被囚七年之仇，還是為了日後的革命，克滅崇國都勢在必行。我們可由《詩經》對此戰役的詳細形容看出克崇的艱難和重要性。[123] 不過，位於王城西方的黎國當時也頗為強大，且「西伯勘黎」[124] 也是重要的戰役，因此也不排除爻辭作者將此二國皆比作「右肱」。

---

120 「西伯陰行善，諸侯皆來決平。於是虞、芮之人有獄不能決，乃如周。入界，耕者皆讓畔，民俗皆讓長。虞、芮之人未見西伯，皆慚，相謂曰：『吾所爭，周人所恥，何往為，祇取辱耳。』遂還，俱讓而去。」（《史記‧周本紀》）
121 出自《詩經‧大雅‧文王之什‧緜》，意為虞芮兩國達成和解，是因文王感化其本性。
122 「崇侯虎譖西伯於殷紂曰：『西伯積善累德，諸侯皆嚮之，將不利於帝。』帝紂乃囚西伯於羑里。」（《史記‧周本紀》）
123 「帝謂文王，詢爾仇方，同爾兄弟，以爾鉤援，與爾臨衝，以伐崇墉。臨衝閑閑，崇墉言言，執訊連連，攸馘安安。是類是禡，是致是附，四方以無悔。臨衝茀茀，崇墉仡仡，是伐是肆，是絕是忽，四方以無拂。」（《詩經‧大雅‧文王之什‧皇矣》）
124 詳細內容可參考《尚書‧西伯勘黎》。

〈象〉曰：「豐其沛，不可大事也。」是指日食發生時人心惶惶，不宜做出重大決定。「折其右肱，終不可用也。」是指崇國被滅好比折斷了商紂王的右臂，無法再發揮作用。這裡又有一個可以討論的重點，就是爻辭為「折其右肱，无咎」，但是象傳卻解為「折其右肱，終不可用也」，筆者以為這是以不同角度評價同一件事。以周人的角度來看，伐崇等於替文王的牢獄之災討了一個公道，自然是「无咎」。而從客觀的角度看，諸侯國被滅對商王是無法彌補的損失，所以「終不可用也」。

六五。來章，有慶譽，吉。

程頤曰：「若能來致在下章美之才而用之，則有福慶，復得美譽，所謂吉也。」[125]此說可從，本爻是指眾多人才棄商從周，來到文王身邊，[126]其中最具指標性的便是辛甲。他原是紂臣，向紂王進諫了七十五次，皆不被採信，於是投靠文王，受封太史。[127]

上六。豐其屋，蔀其家，闚其戶，闃其无人，三歲不覿，凶。
象曰：豐其屋，天際（降）翔（祥）也。闚其戶，闃其无人，自藏也。

若六五是指文王廣納賢才之事，那麼以爻位更高且與九三相應的上六為商紂王，也就合理了。干寶曰：「此蓋記紂之侈造為璿室玉臺也。『蔀其家』者，以記紂多傾國之女也。社稷既亡，宮室虛曠，故曰『闚其戶，闃其无人』。」[128]可知此爻是指紂王豪奢淫逸，導致忠臣遠離，最終亡國。

上六〈象傳〉所書「天際翔也」在不同版本的箋註中有作「天際祥

125 《易程傳》，頁 501。
126 「伯夷、叔齊在孤竹，聞西伯善養老，盍往歸之。太顛、閎夭、散宜生、鬻子、辛甲大夫之徒皆往歸之。」（《史記・周本紀》）
127 班固注：「紂臣，七十五諫而去，周封之。」（《漢書・藝文志第十》）
128 《周易集解》，頁 342。

也」，[129]也有作「天降祥也」者。[130]孟喜[131]解作：「天降下惡祥也。」[132]《說文》注曰：「凡統言則災亦謂之祥。」[133]因此無論版本是「天際」還是「天降」，重點是災異現象的出現。那麼，「豐其屋」何以會出現「惡祥」呢？這是因為此舉違背了本卦卦辭「宜日中」的原則。豐卦卦辭強調，君王應像正午的太陽一樣公平照耀四方，是故應以「豐天下」為己任而非「豐其屋」。在上位者一旦以豐盛私人住所為目標，就會導致家風敗壞，進而忠臣遠去，淪落至「闃其无人」的困境。此外，若以「天際（降）祥也」解之，更可以和六二、九三與九四的日食現象前後呼應。而「自藏」亦有版本作「自戕」[134]，隱喻商紂王自食惡果。

3. 澤火革

革。巳日乃孚。元亨利貞。悔亡。

　　無論「巳日」或「己日」，都是在強調「時」為變革之關鍵，並且「巳日乃孚」和「巳日乃革之」應有先後之別。革卦中先於卦辭言「巳日乃孚」，再於六二爻辭言「巳日乃革之」，是因為沒有眾人信任的變革缺乏正當性，所以變革之前必先「有孚」。也就是說，「有孚」之時才是可革之時，而「有孚」在本卦首次出現是在九三。因此，將變革化暗為明展開具體的行動，應始於九三。

　　在解釋革卦時，常被提及的史事為「盟津之會」[135]與「武王伐紂」，且多以六二為可革之時。不過筆者認為革卦所描述的變革過程中，初九和六二係指文王的事蹟，「武王伐紂」始於九三。

---

129 《釋文》：「翔」，鄭、王肅作「祥」。按：《周易集解纂疏》作「祥」。（引自《周易正義》，頁267。）
130 《周易集解》，頁343。
131 孟喜，西漢人，從田王孫學易，倡導「卦氣說」。
132 《周易集解》，頁343。
133 《說文解字注》，頁3。一篇下，示部。
134 《釋文》：「藏」，眾家作「戕」。（引自《周易正義》，頁268。）
135 「九年，武王上祭于畢。東觀兵，至于盟津。……諸侯不期而會盟津者八百諸侯。」（《史記‧周本紀》）

初九。鞏用黃牛之革。

象曰：鞏用黃牛，不可以有為也。

　　干寶曰：「此喻文王雖有聖德，天下歸周三分有二，而服事殷，其義也。」[136]依此，本爻旨在說明變革的時機未到，只能隱忍以顧全大局。如文王自羑里被釋後，表面上依然順服於商紂王，甚至「率諸侯入貢」。[137]《左傳》曾提到「文王帥殷之叛國以事紂，唯知時也」[138]；《呂氏春秋》中也記載文王對於紂王「冤侮雅遜，朝夕必時，上貢必適，祭祀必敬。」[139]從爻辭「鞏用黃牛之革」便能看出文王心中的不平，[140]但仍以時機為優先考量。

六二。己日乃革之。征吉，无咎。

象曰：己日革之，行有嘉也。

　　此爻提到「己日乃革之」，卻不代表變革之時已至，因為「有孚」尚未出現，所以只是再次強調必須等到「己日」才能變革。六二為下卦離之主，離為戈兵有動武之象，但還不是正式的變革，所以應是指文王對於異族與諸侯國的征伐。根據《史記・周本紀》所述：「明年，伐犬戎。明年，伐密須。明年，敗耆國。……明年，伐邘。明年，伐崇侯虎。」由此看出文王出征的結果確實符合「征吉」。

九三。征凶，貞厲。革言三就，有孚。

象曰：革言三就，又何之矣？

　　「征凶，貞厲。」是說出征不吉祥，正固有危險。乍看之下會覺得相互矛盾，但這只是爻辭作者再次強調「時」的重要性。出征不吉祥是因為

---

136 《周易集解》，頁 303。

137 「帝辛三十年春三月，西伯率諸侯入貢。」（《竹書紀年・帝辛》）

138 「四年，春，……韓獻子患之，言於朝曰：『文王帥殷之叛國以事紂，唯知時也。』」（《春秋左傳正義》，頁 950-951。）

139 引自《呂氏春秋・季秋紀・順民》。

140 「王季歷困而死，文王苦之，有不忘羑里之醜，時未可也。」（《呂氏春秋・孝行覽・首時》）

時候未到就出兵；正固有危險是因為到了該出兵的時候卻按兵不動。而關鍵的「有孚」終於在此爻出現，不過有個先決條件，就是「革言三就」。此爻可對應到「盟津之會」與「武王伐紂」。「盟津之會」是指文王崩逝後，武王自稱太子發，以文王的名義號召諸侯會師盟津。[141]據《史記・周本紀》記載：「是時，諸侯不期而會盟津者八百諸侯。諸侯皆曰：『紂可伐矣。』武王曰：『女未知天命，未可也。』乃還師歸。」武王之所以認為時機未到，或許是因為紂王身邊仍然有幾位賢德之人。

過了兩年，紂王愈發暴虐，造成微子離去、比干被殺、箕子被囚，以及少師和太師投靠西周等事件。[142]「革言三就」的情況於是出現。所謂「革言三就」，乃指呼籲討伐紂王的諫言日益增加，匯聚成強大的共識與信心。至此，武王認為出兵征討的時機已到，便召集諸侯共同伐紂。然而，武王出兵的過程並非一帆風順。先是出發前占了一個凶卦，又遇上狂風暴雨，眾人因此信心動搖。只有太公呂尚勸導武王堅持原先的計畫，才迎來牧野之戰的重大勝利。[143]

由上述可之，武王知時，在於明白時未至而貿然出兵是不吉祥的；太公知時，則在於了解時已至卻按兵不動是危險的。一靜一動皆為知時，想要拿捏得宜確實不易。

九四。悔亡，有孚，改命，吉。

象曰：改命之吉，信志也。

爻辭所說的「命」是指天命。天命在當時有兩個主要特色：一、非主

---

141 「九年，武王上祭于畢。東觀兵，至于盟津。為文王木主，載以車，中軍。武王自稱太子發，言奉文王以伐，不敢自專。」（《史記・周本紀》）

142 「紂愈淫亂不止。微子數諫不聽，乃與大師、少師謀，遂去。比干曰：『為人臣者，不得不以死爭。』迺強諫紂。紂怒曰：『吾聞聖人心有七竅。』剖比干，觀其心。箕子懼，乃詳狂為奴，紂又囚之。殷之大師、少師乃持其祭樂器奔周。」（《史記・殷本紀》）

143 「武王將伐紂，卜龜兆，不吉，風雨暴至。群公盡懼，唯太公彊之勸武王，武王於是遂行。十一年正月甲子，誓於牧野，伐商紂。紂師敗績。」（《史記・齊太公世家》）

動性。個人無法主動爭取，必須由皇天上帝所授。[144]二、可轉移性。已受天命之人若長期失德，就會失去天命，導致天命轉移至他人的現象。[145]那麼，如何知道被授與天命了呢？從文王和武王的例子來看，可由信仰上和實質上兩方面的事件得到印證。信仰上的事件主要有祥瑞之兆、感應和龜卜。如《史記・周本紀》記載：「武王渡河，中流，白魚躍入王舟中，武王俯取以祭。既渡，有火自上復于下，至于王屋，流為烏，其色赤，其聲魄云。」《逸周書・程寤》載錄太姒夢見太子發在荊棘滿佈的商朝廷上種下一株梓樹，忽然間梓樹化為松柏棫柞；[146]《尚書・大誥》則描述了文王曾藉龜卜確認受命之事。[147]而實質上的受命應是指文王斷虞芮之訟後，「諸侯聞之，曰『西伯蓋受命之君』」，[148]也就是形成了眾人歸心的趨勢。[149]同樣的，改命之法也有信仰上的改命和實質上的改命。因此九四所謂的改命，除了戰場上的勝利，更有信仰上的儀式，也就是祭祀。

根據《逸周書・世俘》的記載，周人自牧野之戰大獲全勝、商紂自焚

---

144 由《詩經・周頌・清廟之什・昊天有成命》：「昊天有成命，二后受之。」；《詩經・大雅・文王之什・文王》：「上帝既命，侯于周服。」；《詩經・大雅・文王之什・大明》：「有命自天，命此文王。」；《逸周書・程寤》：「受商命於皇天上帝」等內容可知，天命並非主動爭取而來。

145 談及此觀念的資料甚多，因篇幅關係僅舉二例：「今在商紂，昏憂天下，弗顯上帝，昏虐百姓，棄天之命。上帝弗顯，乃命朕文考曰：『殪商之多罪紂！』」（《逸周書・商誓》）；「非我小國敢弋殷命。惟天不畀允罔固亂，弼我，我其敢求位？惟帝不畀，惟我下民秉為，惟天明畏。」（《尚書・多士》）

146 本篇亡佚，據「清華簡」補錄。詳見牛鴻恩，《新譯逸周書（上）》（台北：三民書局，2015），頁111。

147 《尚書・大誥》：「敷賁，敷前人受命，茲不忘大功。予不敢閉于天降威用。寧王遺我大寶龜，紹天明即命。……天休于寧王，興我小邦周，寧王惟卜用，克綏受茲命。」提及文王受命於龜卜；而武王則在《尚書・泰誓》中說：「朕夢協朕卜，襲于休祥，戎商必克。」以此加強出兵的信心與正當性。

148 「西伯陰行善，諸侯皆來決平。於是虞、芮之人有獄不能決，乃如周。入界，耕者皆讓畔，民俗皆讓長。……遂還，俱讓而去。諸侯聞之，曰『西伯蓋受命之君』。……詩人道西伯，蓋受命之年稱王而斷虞芮之訟。」（《史記・周本紀》）

149 「虞、芮之君，相與爭田，久而不平，乃相謂曰：『西伯，仁人也，盍往質焉？』乃相與朝周。……乃相讓，以其所爭田為閒田而退。天下聞之而歸者四十餘國。」（《毛詩正義》，收於《十三經注疏》（北京：北京大學出版社，2000），頁1165。）

於鹿台後，[150]便有一系列的獻馘俘和祭祀的活動。[151]待回師周都，武王繼續在周廟舉行殺俘獻祭的儀式，並燃燒祭品以祭天。[152]至辛亥日，武王祭祀天帝。又過了五日，武王率領諸侯在周廟祭祀，並獻上馘俘和牲禮，祈禱能獲得庇佑。[153]諸多祭禮中，最具「改命」意義的祭祀，就是祀天，因為祀天是天子獨有的權力。武王既已祀天，就代表完全承接了天命，而天命由商轉移至周的程序於焉完成。

九五。大人虎變，未占有孚。
象曰：大人虎變，其文炳也。

由於毛皮之於虎豹猶如服飾之於人，所以九五和上六以「虎變」和「豹變」來比喻「易服色」。[154]九五是君王之位，自然是指天子，上六則是泛指官員。《禮記・玉藻》有載：「君羔幦虎犆；大夫齊車鹿幦豹犆；朝車，士齊車，鹿幦豹犆。」[155]幦是帷席，也就是車前橫木上的覆蓋物，用來遮蔽風塵。天子的帷席是以虎皮鑲邊來裝飾，官員的則是以豹皮鑲邊來裝飾，所以爻辭以「虎」和「豹」代指天子和官員，確有其理。至於「其文炳也」，或許是因夏后氏尚黑、殷人尚白、而周人尚赤，相較於前

---

150 「周車三百五十乘，陳于牧野，帝辛從。武王使尚父與伯夫致師。王既誓，以虎賁戎車馳商師，商師大崩。商辛奔內，登于鹿臺之上，屏遮而自燔于火。」（《逸周書・克殷》）

151 如「戊辰，王遂禦，循追祀文王，時日，王立政。……辛亥，荐俘殷王鼎。武王乃翼矢珪、矢憲，告天宗上帝。王不革服，格于廟，……王烈祖自太王、太伯、王季、虞公、文王、邑考以列升，維告殷罪。籥人造；王秉黃鉞，正國伯。」；「壬子，王服袞衣，矢琰格廟。籥人造；王秉黃鉞，正邦君。」；「乙卯，籥人奏〈崇禹生開〉，三終。王定。」等等。（《逸周書・世俘》）

152 「武王朝至，燎于周廟。武王降自車，乃俾史佚繇書于天號。武王乃廢于紂共惡臣百人，伐右厥甲小子鼎大師，伐厥四十夫冢君鼎師，司徒、司馬初厥于郊號。乃夾于南門，用俘皆施佩衣，先馘入。武王在祀，大師負商王紂縣首白旂、妻二首赤旂，乃以先馘入，燎于周廟。」（《逸周書・世俘》）

153 「若翼日辛亥，祀于位，用籥于天位。越五日乙卯，武王乃以庶國祀馘于周廟：『翼予沖子！』斷牛六，斷羊二。庶國乃竟。」（《逸周書・世俘》）

154 鄭玄注革卦：「革，改也。水火相息而更用事，猶王者受命，改正朔，易服色，故謂之革也。」（《周易集解》，頁301。）

155 《禮記正義》〈卷二十九玉藻第十三〉正義曰：「此一節論君及大夫、士等齊車、朝車所飾之物，尊卑不同。」（《禮記正義》，頁1029。）

兩朝，的確比較顯眼。[156]而改換服色的重要性，除了有煥然一新的氣象外，也可讓百姓知曉已經改朝換代。

「未占有孚」則是由於革道已成、天命已改，自然無須再占。此處也可對應到文王曾以龜卜來確認天命之事。

上六。君子豹變。小人革面，征凶，居貞吉。
象曰：君子豹變，其文蔚也。小人革面，順以從君也。

豹變之說參請看九五的解說。但若單純由爻象來解，以陸績之說最為直接易懂：「兌之陽爻稱虎，陰爻稱豹。豹，虎類而小者也。君子小於大人。故曰『豹變，其文蔚也』。」[157]

「小人革面。征凶，居貞吉。」是指武王對於殷商諸侯和遺民的警告。《逸周書·商誓》中，武王不斷提醒殷人三個重點：一、由於商王失德，上帝才將天命授予「小國」周，因此一切都是上帝的命令。二、將商紂與殷人劃分開來，所以上天的懲罰不會波及他們。三、倘若不安分守己、妄圖反抗，武王隨時會來征伐他們。[158]由此處可見，信仰在當時確實相當有影響力，武王才會以信仰和軍事雙管齊下，使殷人「革面」且「順以從君」。

4. 天火同人

同人。同人於野，亨。利涉大川，利君子貞。
象曰：天與火，同人。君子以類族辨物。

同人，其義為「合同於人」[159]，程頤引申為「以天下大同之道，則聖賢大公之心也」[160]，這樣的卦義與筆者要代入的史事甚為契合。《禮記·

---

156 根據《禮記·檀弓上》記載：「夏后氏尚黑、殷人尚白、周人尚赤。」（《禮記正義》，頁 208）
157 《周易集解》，頁 306。
158 詳見《逸周書·商誓》。（《新譯逸周書（上）》，頁 312。）
159 《周易正義》，頁 86。
160 《易程傳》，120 頁。

大傳》云：「牧之野，武王之大事也。」[161]武王克商後曾在牧野舉行盛大的祭祀。除了追封其先祖、向天宗上帝報告外，武王還確定了諸侯長和諸侯國的席位。被分封的對象，有周王室成員、聖王後裔、重要功臣[162]以及商紂的兒子武庚[163]。這種不獨厚宗族的分封，確實符合「同人」的概念。此外，武王還「命召公釋箕子之囚。命畢公釋百姓之囚，表商容之閭。命南宮括散鹿臺之財，發鉅橋之粟，以振貧弱萌隸。……命閎夭封比干之墓。」[164]這些事蹟也十分符合程頤所述的「聖賢大公之心」。因此，筆者以為「同人於野」，是指在牧野祭祀分封之事。

當然，除了表明革命並非為了一己之私外，周人在以小併大的情況下，也必須「合同於人」才能穩定局勢。而重新分封後，大部分的貴族與官員有了不同於以往的身份類別，這與〈象傳〉所言的「類族辨物」不謀而合。

初九。同人於門，无咎。
象曰：出門同人，又誰咎也？

武王克商[165]後約二年崩逝，[166]因成王年幼，故由周公踐天子之位代為執政。周公曾召集大宗族的族長們於庫門[167]會面，[168]談話內容概述如下：首先，周公希望宗親們要以德輔君，認真訪求人才、舉薦賢士、提供善言到朝廷。接著再三強調，不可因嫉妒而妄作讒言詆毀賢德之人，並且希望

---

161 「牧之野，武王之大事也。既事而退，柴於上帝，祈於社，設奠於牧室。遂率天下諸侯，執豆籩，逡奔走。追王大王亶父、王季歷、文王昌，不以卑臨尊也。」（《禮記·大傳》）

162 「武王追思先聖王，乃襃封神農之後於焦，黃帝之後於祝，帝堯之後於薊，帝舜之後於陳，大禹之後於杞。於是封功臣謀士，而師尚父為首封。封尚父於營丘，曰齊。封弟周公旦於曲阜，曰魯。封召公奭於燕。封弟叔鮮於管，弟叔度於蔡。餘各以次受封。」（《史記·周本紀》）

163 「封紂子武庚祿父，以續殷祀，令修行盤庚之政。」（《史記·殷本紀》）

164 詳見《史記·周本紀》。

165 牧野之戰發生的時間點眾說紛紜，定於公元前 1046 年的說法目前獲得頗多學者認同。

166 《史記·封禪書》：「武王克殷二年，天下未寧而崩。」

167 周制王宮有五門：皋門、庫門、雉門、應門、路門。

168 傳本《周書·序》記載此集會地點在「閎門」。

他們能幫助自己度過難關。顯然這次集會是為了安定中央、團結宗族，在《逸周書‧皇門》[169]以及《竹書紀年》皆有記載，應有其重要性，故以此對應到「同人於門」。

六二。同人於宗，吝。
象曰：同人於宗，吝道也。

　　卦辭「同人於野，亨」指的是武王牧野大勝後的分封，然而「同人於宗，吝」說的也是這次分封。從整體來看，武王的分封雨露均沾，不過，聚焦於細節，便可發現武王將最重要的任務——看守武庚，交給了三個同胞弟弟，也就是管叔、蔡叔與霍叔。[170]武王崩逝後，由周公攝政當國，管叔和幾位弟弟們不服，竟然散播「公將不利於孺子」[171]的謠言，並聯合武庚、東夷等[172]一同造反。[173]當初武王只相信同宗之人的行為，卻造成周初第一次大型叛亂，的確反映了爻辭內容。

九三。伏戎於莽，升其高陵，三歲不興。
象曰：伏戎於莽，敵剛也，三歲不興，安行也。

　　筆者以為此爻所描述的史事為為三監之亂。原因有四：一、由「伏戎於莽」可看出係指戰爭，而周初的重要戰事即為三監之亂。二、戰事發生的區域，確實有許多崎嶇的地形，符合「升其高陵」之描述。[174]三、周公

---

169 《新譯逸周書（上）》，頁374。
170 對於「三監」有兩種主要說法：一說是以管叔、蔡叔與霍叔為「三監」；另一說是以管叔、蔡叔與武庚為「三監」。無論是哪一種，武王將重責大任委託給同宗之親人是可以確定的。
171 「武王既喪，管叔及其群弟乃流言於國，曰：『公將不利於孺子。』」（《尚書‧金縢》）
172 「周公立，相天子，三叔及殷、東、徐、奄及熊盈以略。」（《逸周書‧作雒》）
173 「成王少，周初定天下，周公恐諸侯畔周，公乃攝行政當國。管叔、蔡叔群弟疑周公，與武庚作亂，畔周。」（《史記‧周本紀》）
174 周公東征之對象包含奄國。《毛詩傳疏》曰：「東山，魯國蒙山，在今山東沂州府蒙陰縣南。周公所誅之奄國，在魯境內。」由此可知戰事發生之地確有高陵。

東征平亂耗時三年，[175]與爻辭「三歲」[176]相合。四、參考《詩‧大雅‧大明》中以「殷商之旅，其會如林。矢于牧野，維予侯興。」[177]形容牧野之戰，可知「興」字用於戰爭情況時，與勝利有所連結，故「不興」應指戰敗不起。[178]由上所述，可知爻辭內容應為三監、武庚等發動叛亂，三年後以戰敗收場。

九四。乘其墉，弗克攻，吉。

象曰：乘其墉，義弗克也；其吉，則困而反則也。

　　說明此爻前，要對易經卦爻辭中「其」的用法略做討論。卦爻辭中偶爾會出現兩個主體，一為爻辭本身這一方（占卦者），我們稱之為「己方」，另一個則為「他方」，而「其」這個字經常置於所有物之前。例如：小畜卦九五：「有孚攣如，富以其鄰。」此處的「其鄰」就是指「己方的鄰人」。再看明夷卦九三：「明夷於南狩，得其大首，不可疾，貞。」此爻「南狩」者為己方，「其大首」則是指「他方的首級」，由此可知，「其」字置於己方之物或他方之物前皆可。

　　回到九四爻辭，先把「其」省略，可解為：「登上城牆，無法進攻，結果吉祥。」我們試著由句末往前分析，或許能減少先入為主的影響。首先，占驗之辭是吉祥，所以「無法進攻」的應不是己方。[179]接著是「登上

---

175 「管、蔡畔周，周公討之，三年而畢定……。」（《史記‧周本紀》）

176 《說文‧步部》：「歲，木星也。越歷二十八宿，宣徧陰陽，十二月一次。」（《說文解字注》，頁68。二篇下，步部），由此可知一歲代表一年。

177 注曰：「興，起也。」（《毛詩正義》，頁1142。）

178 「周公奉成王命，伐誅武庚、管叔，放蔡叔。以微子開代殷後，國於宋。」（《史記‧周本紀》）

179 易經的占驗之辭通常站在占卦者（己方）的立場。如鼎卦九二：「鼎有實，我仇有疾，不我能即。吉。」也就是他方若有負面狀態，我方依然可以得吉。倘若爻辭內容為我方有負面狀態而占驗之辭卻為「吉」，則通常有以下二種表述法：一、在負面爻辭後有正面爻辭作為轉折。如震卦初九：「震來虩虩（負面），後笑言啞啞（正面），吉。」二、附加但書或警語並以「終吉」示之。如履卦九四：「履虎尾（負面），愬愬（但書），終吉。」以及蠱卦初六：「幹父之蠱，有子，考无咎。厲（警語），終吉。」綜上所述，以「弗克攻」之負面狀態直接給予「吉」之結果，確實有矛盾。因此若解釋為描述他方狀態，則合於上述爻辭撰寫方式的一致性。

城牆，無法進攻」，這似乎不合理，因為登上城牆是攻城最困難的過程之一。既然都上了城牆，怎麼又無法進攻？因此解作「己方登上城牆所以敵方（他方）無法進攻」於理更合。現在把「其」放回句中，再推論城牆是哪一方的。若是敵方的城牆，則變成我方（己方）在進攻，上了敵人的城牆，那麼「弗克攻」就不應是「吉」。所以比較合理的解釋為：我方在自己的城牆上，使敵方無法進攻，結果是吉祥。那麼這座牆是屬於哪個城的？為何敵人無法進攻？

周公平定三監之亂後，為避免戰事捲土重來，一方面計畫將殷貴族等潛在的反抗勢力遷居至洛邑附近[180]，以便就近看管。另一方面也緊鑼密鼓地依照武王的規劃營建東都，以鞏固對於領土東部的監管。[181]待洛邑建成後，有了鎬京和洛邑兩個王城，周朝對於國土的掌控更加全面，也奠定了數百年穩定的基礎。藉由上述史料，可推知「弗克攻」的是殷貴族及其他方國的反叛勢力[182]，「墉」則是指洛邑或洛邑的城牆。[183]

綜合以上所述，若將「乘其墉，弗克攻，吉」理解為「登上我方洛邑的城牆，敵人無法進攻，結果吉祥」，似乎比較合理。[184]

九五。同人，先號咷而後笑，大師克相遇。
象曰：同人之先，以中直也。大師相遇，言相克也。

「先號咷而後笑」可詮釋為原先有誤會，後來冰釋前嫌。九五是君王之位，能和君王有先哭後笑的糾結，應有相當的地位和份量，而周初剛好

180「凡所征熊盈族十有七國，俘維九邑。俘殷獻民，遷于九里。俾康叔宇于殷，俾中旄父宇于東。」（《逸周書・作雒》）

181武王克商後，回師途中曾因憂慮周朝的未來而失眠。周公前來探望時，武王便將理想的王城規劃告訴周公，並託付他完成營建洛邑的任務。此為《逸周書・度邑》內容之概述，詳見《新譯逸周書（上）》，頁327。

182由於殷貴族被遷至洛邑嚴加看管，無法再興兵作亂，故曰「弗克攻」。《尚書・多士》：「成周既成，遷殷頑民，周公以王命誥，作《多士》。」

183《詩經・大雅・皇矣》：「與爾臨衝、以伐崇墉」，注曰：「墉，城也」，便是以墉指城。（《毛詩正義》，頁1214。）

184再者，「乘」除了升、登之義外，還有「依憑」之意，如「乘地利之便」。因此理解為「依憑我方的洛邑，敵人無法進攻，吉祥」，也是一種解法。此外，三監之亂（九三）是由敵方發動攻擊，因此九四以「弗克攻」形容敵方（他方），在敘事上有其連貫性。

有一位不是君王但地位堪比九五之人：周公旦。[185]武王崩逝後，有許多人
對於周公代天子執政的作法有意見，導致流言不斷，連成王也起了疑心。
後來因為「金縢之書」的開啟，成王才解開心結，恢復對周公的信任。[186]
孔子對於「同人，先號咷而後笑」的發揮為：「二人同心，其利斷金。同
心之言，其臭如蘭。」（〈繫辭上〉）確實切中肯綮。[187]

「大師克相遇」的意思是「大軍（部隊）能夠會合」。除了指真正的
軍隊會師外，也可以引申為去除嫌隙後，王室恢復了團結。

此外，許多箋註解釋九三時，將「敵剛也」之「敵」視為九五。[188]而
筆者所代入的史事，以九五為成王與周公、九三為武庚與三監等反叛勢
力，亦符合這樣的詮釋。

上九。同人於郊，无悔。

象曰：同人於郊，志未得也。

東征平亂後，周公在國土中心地區營建洛邑，除了安定天下的考慮

---

185 周公曾踐天子位代成王執政。

186 《尚書・金縢》記載：「武王既喪，管叔及其群弟乃流言於國，曰：『公將不利於孺
子。』周公乃告二公曰：『我之弗辟，我無以告我先王。』……秋，大熟，未獲，天大
雷電以風，禾盡偃，大木斯拔，邦人大恐。王與大夫盡弁以啟金縢之書，乃得周公所自
以為功代武王之說。……王執書以泣，曰：『其勿穆卜！昔公勤勞王家，惟予沖人弗及
知。今天動威以彰周公之德，惟朕小子其新逆，我國家禮亦宜之。』王出郊，天乃雨，
反風，禾則盡起。二公命邦人凡大木所偃，盡起而築之。歲則大熟。」（《尚書正
義》，收於《十三經注疏》（北京：北京大學出版社，2000），頁 392-403。此事於
《史記・魯周公世家》亦有記載，然而事件發生的時間點卻是在「周公卒後」，參考
《尚書正義》及屈萬里《尚書集釋》（《尚書集釋》（新北市：聯經，2021 年 1 月三
版），頁 132。），以《尚書》之說為準。

187 程頤曰：「五既於君道无取，故更不言君道，而明二人同心，不可間隔之義。」（《易
程傳》，頁 126。）

188 程頤：「所敵者五既剛且正，其可奪乎？」（《易程傳》，頁 125。）；朱震：「言九
三剛而不中，不能同人，與五爭應。」（《漢上易傳》，頁 90。）；楊萬里：「其如
九五之剛而不可敵何，是以久而不能興也。」（《誠齋易傳》，頁 54。）；來知德：
「伏戎于莽者，俟其五之兵也。……以勢言，五居尊位，勢不敵。」（《周易集注
（上）》，頁 272。）；陳夢雷：「伏于下以伺五之隙，有伏戎于莽之象。」（《周易
淺述》，頁 62。）

外，更是為「致政成王」做準備。[189]我們藉由《逸周書‧作雒》的內容可知洛邑的規劃相當細緻：除了王城本身的建築外，連郊外的王畿也納入安排，讓士農工商得以各安其所、各司其職。[190]由於原本就預計作為行政中心，自然設有祭祀的場所，《逸周書‧作雒》的描述為：「乃設丘兆于南郊，以祀上帝，配以后稷，農星、先王皆與食。」[191]

根據《尚書‧洛誥》，洛邑完工後，周公請成王至新都執政、舉行祭典[192]。到了十二月戊辰，成王在洛邑進行冬祭，[193]並希望周公留守東都繼續處理政務。「致政成王」是周朝開國史上重要的里程碑，它象徵將上帝所受的天命順利傳承給子孫。從古公亶父遷都於岐[194]，歷經四代先王的耕耘及周公的努力，[195]周人終於如願以償承接天命，迎來了屬於自己的盛世——成康之治。筆者以為上九的爻辭「同人於郊」就是記載這次重要的祭典。

《尚書大傳》云：「周公攝政，一年救亂，二年克殷，三年踐奄，四年建侯衛，五年營成周，六年制禮作樂，七年致政成王。」[196]周公接下武王未完成的志業，竭心盡力付出，自然是「無悔」。然而又如成王所說：

---

189 《逸周書‧作雒》：「周公敬念于後，曰：『予畏周室不延，俾中天下。』及將致政，乃作大邑成周于土中。」（《新譯逸周書（上）》，頁 364。）
190 「立城方千六百二十丈，郭方十七里。南繫于雒水，北因于郟山，以為天下之大湊。制郊甸方六百里，因西土為方千里。分以百縣，縣有四郡，郡有四鄙。……都鄙不過百室，以便野事。農居鄙，得以庶士；士居國家，得以諸公、大夫。凡工賈胥市，臣僕州里，俾無交為。」（《逸周書‧作雒》）
191 《新譯逸周書（上）》，頁 367。
192 《尚書‧洛誥》：「周公曰：『王肇稱殷禮，祀于新邑，咸秩無文。予齊百工，伻從王于周。』」（《尚書正義》，頁 480。）
193 《尚書‧洛誥》：「戊辰，王在新邑，烝祭歲，文王騂牛一，武王騂牛一。王命作冊，逸祝冊，惟告周公其後。王賓，殺禋，咸格，王入太室祼。王命周公後，作冊逸誥。」《爾雅‧釋天》云：「春祭曰祠，夏祭曰礿，秋祭曰嘗，冬祭曰烝（蒸）。」（《爾雅注疏》，收於《十三經注疏》（北京：北京大學出版社，2000），頁 200。）至於烝祭何以在戊辰月舉行，詳見《尚書正義》，頁 495。
194 由「后稷之孫，實維大王。居岐之陽，實始翦商。」（《詩經‧魯頌‧閟宮》），可知從古公亶父開始便為取代殷商立下基礎。
195 四代先王為古公亶父、王季（季歷）、文王和武王。
196 引自《尚書大傳》（卷四）。

「四方迪亂，未定于宗禮，亦未克敉公功」[197]，還需要周公協助統領百官，照顧好文王與武王所託付的百姓，[198]因此也符合〈象傳〉所言：「志未得也。」

結論

筆者學《易》，多以義理和象數為詮釋途徑，史事方面的研習則大多為了舉例驗證之用，因此多以有占卦案例可資參考者為主。然而，即便以義理派之廣博、象數派之靈活，遇上某些極為特殊的卦爻辭，仍有難以圓滿解答之憾。例如豐卦的內容筆者就常縈念於心，總覺得尚有可究之處，這次帶入史事解之，算是有了相對合理的說明。

茲簡要歸納本文研究心得：

一、由爻變得出的四個史事卦中，確以豐卦和同人卦挑戰較大。筆者瀏覽過的箋註，在卦辭方面，有將「作邑於豐」對應豐卦的卦辭者，也有將「牧野之戰」對應同人卦的卦辭「同人於野」者。但是在爻辭方面，除了豐卦上六已由干寶代入紂王之事，其餘諸爻，即便為史事派所作的箋註，也鮮少著墨於特定的商周事蹟。因此，筆者特別針對此二卦的各爻，將「虞芮之訟」、「文王伐崇」、「辛甲歸周」、「武王分封」、「皇門之會」、「三監之亂」、「營建洛邑」、「啟金縢之書」以及「致政成王」等史事，一一代入並予以詮釋，這也是本篇論文主要用力之處。

二、明夷卦方面，由於〈象傳〉已點出文王與箕子之事，原本就有不少箋註從史事角度解說。本文將資料加以彙編補充，以利相互對照。

三、至於革卦，筆者和大多數箋註持不同看法的是六二和九三。許多箋註認為六二已到變革之時，但筆者以為需等到關鍵字「有孚」出現後，才能展開行動。此外，本文並找出合於九三爻辭中「征凶，貞厲」動靜皆

---

197 正義曰：「王意恐公意以四方既定，不須更留，故謂公云，四方雖已道治，而猶未能定於尊大之禮。言其禮樂未能彰明也。」（《尚書正義》，頁488。）

198「四方迪亂，未定于宗禮，亦未克敉公功。迪將其後，監我士師工，誕保文武受民亂，為四輔。」（《尚書·洛誥》）

為知時的史例，以及在經典中有關虎豹之說的印證資料。而正是在這樣琢磨舉證的寫作過程中，體悟到部分卦爻辭和史事確實有密不可分的關係。

筆者撰寫本文的初衷，是要探討義理派和象數派重要的箋註如何解釋與干支相關的卦爻辭，卻在進一步解析象數派的連續爻變法時，得出四個相連的史事卦。這說明了《易經》中的古史材料並非完全是隨意安插於各卦中，而是有其特殊的排列規則。因此義理、象數、史事三派是否能圓融互通用以解《易》，仍有值得探討的空間。今後筆者將致力於相關古史的學習，以期對《易經》有更全面的理解。

主要參考文獻

古籍（依作者出生年份）

〔周〕左丘明傳；〔晉〕杜預注；〔唐〕孔穎達正義；浦衛忠、龔抗雲、胡遂、于振波、陳咏明整理；楊向奎審定，《春秋左傳正義》（十三經注疏），北京：北京大學出版社，2000。

〔漢〕毛亨傳；〔漢〕鄭玄箋；〔唐〕孔穎達疏；龔抗雲、李傳書、胡漸逵、肖永明、夏先培整理；劉家和審定，《毛詩正義》（十三經注疏），北京：北京大學出版社，2000。

〔漢〕孔安國傳；〔唐〕孔穎達疏；廖名春、陳明整理；呂紹綱審定，《尚書正義》（十三經注疏），北京：北京大學出版社，2000。

〔漢〕司馬遷撰；〔宋〕裴駰集解；〔唐〕司馬貞索隱；〔唐〕張守節正義，《史記》，北京：中華書局，1959。

〔漢〕許慎撰、〔清〕段玉裁注，《說文解字注》，台北：天工書局，1987。

〔漢〕鄭玄注；〔唐〕孔穎達疏；龔抗雲整理；王文錦審定，《禮記正義》（十三經注疏），北京：北京大學出版社，2000。

〔魏〕王弼注；〔唐〕孔穎達疏；盧光明、李申整理；呂紹綱審定，《周易正義》（十三經注疏），北京：北京大學出版社，2000。

〔魏〕王弼、〔晉〕韓康伯，《周易王韓注》，台北：臺大出版中

心，2016。

〔晉〕郭璞注；〔宋〕邢昺疏；李傳書整理；徐朝華審定，《爾雅注疏》（十三經注疏），北京：北京大學出版社，2000。

〔唐〕李鼎祚，《周易集解》，北京：中華書局，2016。

〔宋〕程頤，《易程傳》，台北: 河洛圖書出版社，1974。

〔宋〕蘇軾，《東坡易傳》（摛藻堂四庫全書薈要經部）。

〔宋〕朱震，《漢上易傳》，上海：上海古籍出版社，2020。

〔宋〕楊萬里，《誠齋易傳》，北京：九州出版社，2019。

〔宋〕朱熹，《周易本義》，台北：臺大出版中心，2016。

〔宋〕俞琰，《俞氏易集說》，台北：廣文書局，1974。

〔明〕來知德，《周易集注》，北京：中華書局，2019。

〔清〕李光地，《御纂周易折中》（四庫全書）

〔清〕陳夢雷，《周易淺述》，上海：上海古籍出版社，1982。

近人著作

屈萬里，《尚書集釋》，新北市：聯經，2021。

牛鴻恩註釋，《新譯逸周書》，台北：三民，2015。

內容簡介

　　《易經》位列《十三經注疏》之首，不僅因為它在時代上最為古老，更因為內容涵蓋了「天道、人道、地道」，亦即要在天地之間讓人類安身立命。其方法是「設卦觀象」，以符號代表自然界的現象，再藉符號的組合與移動，描繪自然界千變萬化的奧妙情境，由之展示人世間的吉凶禍福與因應之道。

　　數千年來，《易經》不但吸引了中國歷代大家、學者投入研究，影響力還擴及西方學術界，例如：德國哲學家萊布尼茲由《易經》一陰一陽的啟示，領悟了二元對數（陰為零，陽為一），進而奠下了電腦運作的原理；瑞士心理學家榮格則由《易經》體認了共時性原理，亦即許多現象在同一時段發生，彼此之間可能有神祕的聯繫，而這正是占卜的主要依據。

　　《易經》的六十四卦形成一套完整的人生密碼，其中首尾相應，福禍相倚，甚至吉中帶凶，凶中帶吉；全書著墨於：自我意識的覺醒，自我責任的提升，德行修養的必要，以及樂天知命的智慧。

　　本書是傅佩榮教授對《易經》文本，包括《易經》與《易傳》，所做的譯解與詮釋，首版於 2005 年出版，歷經多年來所累積教學相長的心得，為本書修訂再版，並全新收錄傅琪媗所撰附錄〈易經難解之卦爻辭〉，使全書更臻完善。

　　傅佩榮教授集長年研究中西哲學之功，解讀中國重要經典《易經》，提供現代人簡單而有效的閱讀方法。透過他的精心解讀，我們看到《易經》所展現的無限寬廣與豐富的世界，是手邊的必備參考，每天念一兩卦，久之心領神會，人生境界自然開闊。

作者簡介

傅佩榮

　　美國耶魯大學哲學博士，曾任比利時魯汶大學與荷蘭萊頓大學講座教授，臺灣大學哲學系教授、主任兼研究所所長。著有《哲學與人生》、《柏拉圖》、《儒道天論發微》、《儒家哲學新論》、《孔門十弟子》、《不可思議的易經占卜》、《文化的視野》、《西方哲學心靈・全三卷》、《傅佩榮莊子經典五十講》、《傅佩榮生活哲思文選・全三卷》、《傅佩榮宗教哲學十四講》、《傅佩榮先秦儒家哲學十六講》、《傅佩榮周易哲學十五講》、《傅佩榮論語、孟子、易經二十四講》、《人性向善論發微》、《傅佩榮講道德經》等，並重新解讀中國經典《論語》、《孟子》、《老子》、《莊子》、《易經》、《大學・中庸》，譯有《四大聖哲》、《創造的勇氣》、《人的宗教向度》等書，策劃《世界文明原典選讀》（全六冊）及編譯《上帝・密契・人本》。

傅琪媗

　　畢業於美國波士頓伯克利音樂學院。長期負責傅佩榮教授四書三玄與西方哲學課程的影音製作，並為傅教授修整線上課程音頻。致力於易學研究多年，深受傅教授啟發。另著有〈試探傅佩榮教授易經教學之進路〉，收入立緒版《人性向善論發微》。

傅佩榮國學頻道

國家圖書館出版品預行編目(CIP) 資料

傅佩榮解讀易經 / 傅佩榮，傅琪媗作 -- 三版 -- 新北市:
立緒文化事業有限公司, 民111.04
544 面；14.8×23 公分. --（世界公民叢書）

ISBN 978-986-360-191-3(平裝)

1. 易經　2. 註釋

121.12　　　　　　　　　　　　　　　　111006431

傅佩榮解讀易經（增訂新版）

出版——立緒文化事業有限公司（於中華民國 84 年元月由郝碧蓮、鍾惠民創辦）
作者——傅佩榮、傅琪媗

發行人——郝碧蓮
顧問——鍾惠民

地址——新北市新店區中央六街 62 號 1 樓
電話——(02) 2219-2173
傳真——(02) 2219-4998
E-mail Address —— service@ncp.com.tw
劃撥帳號—— 1839142-0 號 立緒文化事業有限公司帳戶
行政院新聞局局版臺業字第 6426 號

總經銷——大和書報圖書股份有限公司
電話——(02) 8990-2588
傳真——(02) 2290-1658
地址——新北市新莊區五工五路 2 號
排版——菩薩蠻數位文化有限公司
印刷——尖端數位印刷股份有限公司

法律顧問——敦旭法律事務所吳展旭律師
版權所有・翻印必究
分類號碼—— 121.12
ISBN —— 978-986-360-191-3
平裝出版日期 ——中華民國 94 年 2 月～ 100 年 5 月初版　一～十刷（1 ～ 11,100）
　　　　　　　　中華民國 101 年 4 月～ 110 年 8 月二版　一～六刷（1 ～ 4,100）
　　　　　　　　中華民國 111 年 4 月～ 112 年 12 月三版　一～六刷（1 ～ 4,500）
　　　　　　　　中華民國 113 年 7 月三版　七刷（4,501~5,200）
精裝出版日期－中華民國 94 年 2 月～ 97 年 2 月初版　一～五刷（1 ～ 3,800）

定價◎ 620 元（平裝）